리더십 능력개발

교육훈련 프로그램

Leadership Development

leadership training program

박성식 저

학지사

머리말

오늘날 리더, 리더십, 좋은 리더, 나쁜 리더, 효과적인 리더, 탁월한 리더, 리더십의 부재, 리더십의 위기 등과 같은 용어들이 전 세계의 많은 사람들의 입을 통해 회자되고 있다. 리더십이라는 용어는 리더십에 관심을 가지고 있는 학자들의 오래된 학문적 관심 주제일 뿐만 아니라, 크고 작은 조직과 집단에 속해 활동하고 있는 사람들 그리고 일반 대중에게도 많은 관심을 받고 있다.

왜 리더십이라는 용어가 이토록 많은 사람들의 관심을 받고 있는 것일까? 여러 가지 이유들이 있을 것이다. 그중의 하나는 리더의 능력과 역할에 따라 국가, 조직, 개인의 삶이 결정적 영향을 받기 때문일 것이다. 또 하나의 이유는 우리 모두가 스스로 리더가 되고 싶다는 욕망 또는 우리가 직면하고 있는 여러 가지 사회적 문제들을 해결하고 행복한 삶을 인도해 줄 위대한 리더의 출현에 대한 기대를 마음속에 품고 있기 때문이 아닐까?

또한 리더십과 관련해서 여러 가지 중요한 질문들이 제기될 수 있을 것이다. 즉, 리더는 특정한 선천적인 자질과 능력을 가지고 태어난 소수의 사람들만이 리더가 될 수 있는 것인가? 아니면 교육과 훈련을 통한 후천적인 노력에 의해 누구나 리더가 될 수 있는 것일까?

이와 같이 리더십과 관련된 여러 가지 질문과 관심들이 있음에도 불구하고, 리더십 실제의 복잡성들을 명쾌하게 설명해 주는 저서들은 거의 없다. 따라서 이 책에서는 리더십과 관련된 이러한 근본적인 질문들에 대한 해답의 실마리를 제공하고자 하였다.

이 책은 크게 2부로 나누어 구성하였다. 먼저, 제1부 '리더십의 이해'에서는 리더십 이론에 중점을 두고, 리더가 되고자 하는 사람들에게 리더십의 개념과 실제(concepts and practice)에 관한 명확한 이해를 제시하고자 하였다. 즉, 리더십의 기본적인 개념, 원리, 이론들을 가능한 이해하기 쉽고, 실제 상황에 이용할 수 있도록 설명하려고 하였다. 따라서 제1장에서는 서로 다른 리더십 스타일이 리더십 실제에 어떻게 영향을 주는지를 분석하였다. 제2장에서는 리더십에 관한 사회과학적 연구결과들을 통해 밝혀진 리더의 중요한 자질과 특성들을 검토하였다. 제3장에서는 사람, 일 그리고 인간의 본질에 관한 사람들의 관점이 개인의 리더십 철학 형성과 어떻게 관련되고, 이러한 리더십 철학이 리더십 스타일과 어떻게 관련되고 있는가를 탐구하였다. 제4장에서는 리더들이 리더십 역할을 수행하면서 과업 행동(task behavior)과 관계 행동(relationship behavior)을 어떻게 통합하고 최적화하는가를 기술하였다. 제5장에서는 리더십 스킬(leadership skills)의 개발을 행정적 스킬, 대인관계적 스킬 그리고 개념적 스킬의 3가지 측면에 초점을 두고 설명하였다. 제6장에서는 비전(vision)의 창조와 관련해서 비전의 특징을 설명하였으며, 비전의 공표와 실행 방법을 기술하였다. 제7장에서는 긍정적 분위기를 조성하기 위해 조직과 집단의 리더들이 구조를 제시하고, 규범을 명확히 하며, 응집력을 구축하고, 수월성의 기준을 높이는 일이 얼마나 중요한가를 검토하였다. 제8장에서는 하위자들이 조직 활동에서 흔히 직면하는 7가지 중요한 장애물들을 검토하였으며, 리더가 이러한 장애물의 극복을 어떻게 도와줄 수 있는지를 설명하였다. 제9장에서는 갈등의 개념과 특징을 분석하고 갈등의 전개과정과 갈등의 처리행동에 대해 논의하였다. 마지막으로 제10장에서는 리더십 윤리(ethics of leadership)의 문제를 윤리적 리더십과 직접적으로 관련이 있는 6가지 요인들, 즉 성격, 행위, 목적, 정직, 권력 그리고 가치와 결부시켜 논의하였으며, 일반적인 리더십 원리들을 설명하였다.

제2부 '리더십 능력개발 강의안'에서는 리더십 능력개발에 초점을 두고, 8개의 예시적인 리더십 능력개발 강의안을 제시하였다. 즉, 현실 세계에서 직면할 수 있는 여러 가지 복잡한 문제들을 효과적으로 처리하기 위해 요구되고 있는 리더십 스킬들을 모의실험(simulation) 상황으로 구성하여 개인 활동, 소집단 활동, 대집단 활동을 통해 해결하고, 토론활동과 평가활동을 병행함으로써, 개인의 리더십 능력을 개발하고 향상시키기 위한 교육훈련 프로그램을 제시하였다. 리더십 능력개발 강의안의 핵심적인 특징은 '집단구성원들의 상호작용을 통해 실질적인 리더십 능력을 개발하고 향상시키는 활동중심 교육훈련 프로그램'이라는 점이다. 따라서 강의안을 효과적으로 활용하기 위해서는 강의시간은 기본적으로 4시간으로 편성하여야 하며, 강의집단의 규모는 최소 20명 이상, 최대 30명을 넘지 않아야 한다. 강의시간이 부족한 경우, 집단의 규모가 너무 작거나 또는 너무 클 경우에는 집단구성원들의 효율적인 상호작용이 심각한 제약을 받기 때문에 교육 프로그램의 효과를 극대화하기 어렵다.

이 책은 리더십에 관심이 있는 모든 사람에게 도움을 줄 수 있을 것이라고 기대한다. 특히 리더십 능력을 개발하고자 하는 개인, 효과적인 리더가 되고자 열망하는 사람, 리더십에 관한 강의를 담당하는 교수 그리고 리더십 능력을 개발하기 위해 교육훈련을 담당하는 강사들에게 특별한 도움을 줄 수 있을 것이라 기대한다.

이 책을 출판하기까지 많은 사람들로부터 받은 과분한 사랑과 관심에 대해 그동안 변변한 감사의 인사도 드리지 못했다. 직간접적으로 무지함을 일깨워 주고 귀한 가르침을 주신 은사님, 같은 길을 가는 동료 교수님 그리고 선후배님들께 심심한 감사의 말씀을 드린다. 아울러 어려운 사정에도 불구하고 흔쾌한 마음으로 출판을 결정하신 학지사 김진환 사장님과 편집 및 출판 과정에서 수고하신 직원들께도 감사를 드린다.

끝으로, 항상 함께 사랑과 믿음을 나누는 가족들에게 고마움을 전한다. 어느덧 결혼을 하여 일가를 이루고 초등교사로 교직생활에 몸담고 있는 큰딸 아람, 유치원 선생님의 역할과 교육대학원 학생의 역할을 함께하는 작은딸 보람이가 더없이 사랑스럽고 자랑스럽다. 항상 일상의 작은 일에 감사하면서 교육현장에서 만나는 모든 아이들에게 한결같은 사랑을 베푸는 삶을 살아가기를 기도한다. 엄마와 아내의 역할을 부족함 없이 수행하면서 초등학교 교사의 역할을 하고 있는 아내 김미진 선생님께 고마움을 마음으로 전한다. 항상 강건함과 마음의 평화를 영위하면서 남아 있는 교직생활을 아름답게 마무리하기를 기원한다. 또한 큰딸 아람이의 좋은 남편이 되어 준 사위 김석훈을 자랑스럽게 생각하며 고마움을 전하고, 훌륭하게 길러 주신 사돈 내외분에게 감사를 드린다. 끝으로 평생 동안 한결같은 사랑을 베푸시고 떠나신 부모님과 장인, 장모님의 은혜에 감사드리며, 하나님께 나의 삶의 영광을 바치고 싶다.

2015년 9월

박성식

차 례

머리말 … 3

제1부 리더십의 이해 … 9

제1장 리더십이란 … 11

제2장 리더의 자질과 특성 … 21

제3장 리더의 철학과 스타일 … 33

제4장 리더십 스타일: 과업행동과 관계행동 … 49

제5장 리더십 스킬 개발 … 57

제6장 비전의 창조 … 69

제7장 분위기 조성 … 79

제8장 장애물의 극복 … 89

제9장 갈등의 관리 … 103

제10장 리더십 윤리 … 117

제2부 리더십 능력개발 강의안 … 131

제11장 1차 강의안: 인간행동의 변화 … 133

제12장 2차 강의안: 리더십 행동특성과 스타일 … 153

제13장 3차 강의안: 리더십 개발 모형 … 185

제14장 4차 강의안: 리더십 스킬 개발 … 209

제15장 5차 강의안: 설득과 협상 … 241

제16장 6차 강의안: 팀 간의 경쟁과 협력 … 279

제17장 7차 강의안: 에니어그램 리더십 … 311

제18장 8차 강의안: 변화관리와 커뮤니케이션 … 339

참고문헌 … 369

부록: 리더십 이론 … 383

찾아보기 … 417

제1부

리더십의 이해

제1장

리더십이란

모든 사람은 인생의 많은 상황들 속에서 특정한 리더의 역할을 수행한다. 리더십이 요구되는 모든 상황은 리더에게 많은 것들을 요구하기 때문에 리더가 된다는 것은 흥분과 보상 그리고 많은 책임들이 수반되는 도전적인 일이다. 이 장에서는 리더십을 바라보는 상이한 방식들을 설명하고, 그것들이 리더가 되고자 하는 사람들에게 어떻게 영향을 미치는가에 대해서 논의하고자 한다.

먼저, "리더십이란 무엇인가?(What is leadership?)"라는 기본적인 질문을 제기하는 것이 무엇보다도 중요하다. 이 질문에 답하기 위해 리더십을 연구하는 학자들은 수십 년 동안 노력해 왔으며, 리더십의 본질에 관해 많은 저서와 논문들을 발표하였다(Antonakis, Cianciolo, & Sternberg, 2004; Bass, 1990; Conger & Riggio, 2007). 리더십 관련 문헌에는 리더십의 정의에 관해 100개 이상의 서로 다른 개념 정의가 확인되고 있다(Rost, 1991). 이렇게 많은 리더십에 관한 개념 정의들이 있음에도 불구하고, 리더가 된다는 것이 무엇인가를 정확하게 반영하는 몇 가지 개념들이 대부분의 사람들에게 인정되고 있다. 이러한 몇 가지 개념들을 살펴보면 다음과 같다(Northouse, 2009: 2-3).

■ **리더십은 하나의 특성이다**(Leadership is a trait): 첫째, 리더십을 하나의 특성으로 생각하는 것이다. 리더십을 하나의 특성으로 규정하는 것은 각 개인은 그의 리더십 방식에 영향을 주는 어떤 내재적인 자질을 가지고 있다는 것을 의미하는 것이다. 즉, 어떤 리더는 확신적이며, 어떤 리더는 결단력이 있으며, 또 다른 리더는 개방적이고 사교적이다. 리더십을 하나의 특성이라고 말하는 것은 리더와 리더의 특별한 재능을 특별히 강조하는 것이다. 이것은 '리더는 태어나는 것이지, 만들어지는 것이 아니다.'라는 신념을 표현하는 것이다. 일부 사람들은 특성에 초점을 두는 것은 특별

한 재능을 가진 일부 소수의 사람들만 리더가 될 수 있다는 것을 의미하기 때문에 리더십을 하나의 엘리트 정신으로 만드는 것이라고 주장한다. 비록 이러한 주장은 어느 정도 일리가 있지만, 우리 모두는 광범위한 독특한 특성들을 가지고 태어나며, 이러한 독특한 특성들의 많은 부분들이 우리의 리더십에 긍정적인 영향을 줄 수 있다. 또한 이러한 독특한 특성들의 일부는 수정되거나 변화될 수 있는 가능성이 있는 것이다.

■ **리더십은 하나의 능력이다**(Leadership is an ability): 리더십을 하나의 특성으로 생각하는 것에 덧붙여, 리더십은 또한 하나의 능력으로 개념화되어 왔다. 즉, 다른 사람들을 이끌어 갈 수 있는 역량을 가진 리더십 능력을 가진 사람이 리더가 될 수 있다. 능력이라는 용어는 종종 선천적 역량을 의미하지만, 능력은 획득될 수 있는 것이다. 어떤 사람은 스포츠에 탁월한 선천적인 신체적 능력을 가지고 있는 반면, 다른 사람은 연습과 훈련을 통해 운동능력을 개발한다. 리더십에서도 어떤 사람은 다른 사람들을 이끌어 가는 선천적 능력을 가지고 있는 반면, 다른 사람은 힘든 노력과 연습을 통해 그들의 리더십 능력들을 개발한다. 예를 들면, 어떤 사람은 선천적으로 대중연설을 잘하는 반면, 다른 사람은 연습을 통해 대중 앞에서 편안하게 연설할 수 있게 된다.

■ **리더십은 하나의 스킬이다**(Leadership is a skill): 리더십을 스킬로 개념화하는 것은 리더십을 효과적으로 과업을 달성하기 위해 개발된 하나의 역량으로 규정하는 것이다. 스킬을 가진 리더는 자신의 책임들을 수행하기 위한 수단과 방법들을 알고 있는 유능한 사람이다. 예를 들면, 기금모금운동에 관한 스킬을 가진 리더는 기금모금의 모든 단계와 절차를 알고 있으며, 기금모금운동을 효과적으로 운영하기 위해 이러한 지식들을 사용할 수 있는 사람이다. 요약하면, 스킬을 가진 리더는 해야 할 일이 무엇이며, 그것을 하는 방법을 알고 있는 유능한 사람이다.

리더십을 하나의 스킬로 규정하는 것은 리더십을 모든 사람이 이용할 수 있는 것으로 만드는 것이다. 왜냐하면 스킬들은 사람이 배울 수 있거나 또는 개발할 수 있는 역량들이기 때문이다. 선천적인 리더십 능력이 없을지라도 사람은 연습, 교육 그리고 다른 사람들의 피드백을 통해 자신의 리더십을 향상시킬 수 있다. 리더십을 하나의 스킬로 규정하는 것은 리더십은 연구될 수 있고 학습될 수 있는 것으로 보는 것이다. 따라서 경험을 통해 학습할 수 있는 능력이 있는 사람은 리더십을 습득할 수 있다.

■ **리더십은 하나의 행동이다**(Leadership is a behavior): 리더십은 리더가 리더십 역할을 할 때 리더가 실제로 하는 행동이다. 행동적 차원은 여러 가지 상황 속에서 리더가 다른 사람을 대하는 행동 방식과 관련되어 있다. 특성, 능력, 스킬 등과는 다르게 리더십 행동들은 관찰 가능하다. 어떤 사람이 다른 사람들을 이끌어 갈 때, 우리는 그 사람의 리더십 행동을 보게 된다.

리더십에 관한 연구결과에 따르면, 리더들은 주로 두 가지 종류의 일반적인 행동들, 즉 과업행동(task behaviors; 예: 회의 안건을 준비하는 행동)과 과정행동(process behaviors; 예: 구성원들에게 소속감을 느끼게 하는 행동)을 하고 있다. 리더십은 과업행동과 과정행동 모두를 요구하기 때문에 리더가 목표를 달성하기 위한 그들의 노력 속에 과업행동과 과정행동을 최선의 방식으로 결합시키는 방법을 알아야 하는 도전적인 과업이다.

■ **리더십은 하나의 관계다**(Leadership is a relationship): 다소 이례적이지만, 리더십에 관한 또 다른 사고방식은 리더십을 하나의 관계로 보는 것이다. 이러한 관점은 리더십의 핵심은 리더의 독특한 자질들이라기보다는 리더와 추종자들 사이의 의사소통을 강조한다. 리더십을 하나의 관계로 생각하면, 리더십은 리더와 추종자들 사이에서 발생하는 하나의 협동과정(a process of collaboration)이 된다(Rost, 1991). 리더는 추종자들과 영향을 주고받는다. 또한 리더와 추종자들 모두는 그들을 둘러싸고 있는 상황에 의해 영향을 받는다. 이러한 접근방법은 리더십이 하나의 선형적 사건이 아니라 상호작용적인 사건임을 강조하는 것이다. 전통적인 리더십에서는 권한이 종종 하향적인 반면, 상호작용적 리더십 방식에서는 권한과 영향력을 리더와 추종자들이 상호 공유한다. 리더십을 이러한 방식으로 규정하면, 리더십은 모든 사람이 이용할 수 있는 것이 된다. 즉, 리더십이 집단에서 공식적으로 리더로 지명된 리더에게만

국한되는 것이 아니다.

리더십을 하나의 관계로 생각한다는 것은 리더가 추종자들과 그들의 이해관심들을 리더십 과정에서 포함시켜야 한다는 것을 함축하고 있다. 리더는 추종자들과 그들의 이해관심, 아이디어, 입장, 태도 그리고 동기부여 등을 온전히 인식해야 할 필요가 있다. 덧붙여 이러한 접근방법은 윤리적 의미를 함축하고 있다. 왜냐하면 이러한 접근방법은 리더는 그들의 공동 목표들을 달성하기 위해 하위자들과 함께 일해야 할 필요가 있음을 강조하기 때문이다. 상호성(mutuality)을 강조하는 것은 리더가 강요적인 방식 또는 비윤리적인 방식으로 하위자들을 대하는 행동이 일어날 수 있는 가능성을 감소시키는 반면, 리더와 하위자들이 공동의 선(a common good)을 향해 함께 일할 수 있는 가능성을 증가시킨다(Rost, 1991).

요약하면, 리더십의 의미는 복잡하고 많은 차원들을 포함하고 있다. 어떤 사람에게는 리더십이 하나의 특성 또는 능력이며, 다른 사람에는 리더십이 하나의 스킬 또는 행동이고, 또 다른 사람에게 리더십은 하나의 관계다. 실제로 리더십은 아마도 이러한 모든 차원들의 구성요소들을 포함하는 것이며, 각각의 차원이 리더십의 한 측면을 설명해 주고 있다. 이러한 리더십에 대한 다양한 개념 규정을 고려해 볼 때, 당신이 리더십에 관해 어떻게 생각하느냐 하는 것은 당신이 실제에서 리더십을 실행하는 방식에 강력한 영향을 미칠 것이다.

오늘날 사회에서는 효과적인 리더십(effective leadership)을 강력히 요구하고 있다. 이러한 요구는 국내외의 지역과 공동체 수준에서뿐만 아니라 국가적 수준에서도 요구되고 있다. 사람들은 그들의 삶의 모든 측면에서 리더십의 필요를 느끼고 있다. 사람들은 학교와 직장 같은 그들의 개인적 삶의 영역에서뿐만 아니라 심지어는 그들의 정신적 삶의 영역에서조차 리더들을 원한다. 즉, 사람들은 모든 곳에서 리더십에 대한 요구를 강력하게 나타내고 있다.

사람들이 특정한 상황에서 리더십을 요구할 때, 그들이 원하는 것이 정확하게 무엇인지는 항상 명백한 것은 아니다. 그러나 대부분의 경우에 그들은 효과적인 리더십을 원한다. 효과적인 리더십은 의도된 영향력을 통해 보다 좋은 삶을 위한 변화를 창조하는 과정이다. 리더십은 긍정적 산출물들을 성취하기 위해 긍정적인 수단들을 사용한다. 무엇보다도 사람들은 그들이 처한 상황들을 고려하면서 그들의 요구들을 경청하고 이해해 주는 리더를 원한다. 따라서 효과적인 리더가 되는 일은 우리 각자에게 주어진 도전적인 과업이다.

종합적으로 요약하면, 우리 모두는 삶의 어느 순간에 다른 사람들로부터 리더십을 보여 줄 것을 요청받을 것이다. 당신이 리더가 되기를 요청받을 때, 그것은 요청과 보상(demanding and rewarding) 모두가 될 것이다. 당신이 리더십에 접근하는 방식은 리더십에 대한 당신의 개념 규정과 신념에 의해 강력하게 영향을 받는다. 오랜 기간에 걸쳐 사람들은 리더십을 여러 가지 방식으로 리더십의 개념을 규정하여 왔다. 리더십은 서로 다른 사람들에 의해 다양한 방식으로 개념화되고 있는 복잡하고 다차원적인 과정이다. 리더십에 관한 당신의 사고방식은 당신의 리더십 실행 방식에 강력한 영향을 미칠 것이다.

리더십 개념 진단검사

(Conceptualizing Leadership Questionnaire)

■ **목적**: 이 진단검사의 목적은 당신이 리더십을 어떻게 바라보고 있는가를 확인하고, 리더십의 상이한 측면들에 대한 당신의 인식을 탐구하는 데 있다.

■ **지시문**: 리더십(leadership)이라는 용어에 대한 당신 자신의 인상에 대해 잠시 동안 생각을 한 후, 당신이 인생 여정 속에서 리더와 함께한 당신의 경험들에 근거해서 "리더십이란 무엇인가?(What is leadership?)"에 관해 생각해 본 후, 아래 제시된 리더십에 관한 진술문 각각에 대한 당신의 견해 일치 정도를 척도 위에 ○로 표시하기 바랍니다.

진술문	강한 반대	반대	중립	찬성	강한 찬성
1. 나는 리더십을 생각할 때, 특별한 인성적 특성을 가진 사람을 생각한다.	1	2	3	4	5
2. 테니스 또는 피아노 연주 등과 같이, 리더십은 하나의 학습된 능력이다.	1	2	3	4	5
3. 리더십은 지식과 방법(know-how)을 요구한다.	1	2	3	4	5
4. 리더십은 '리더십을 발휘하는 사람'이라기보다는 '사람들이 하는 일'에 관한 것이다.	1	2	3	4	5
5. 추종자들은 리더십 과정에서 리더만큼 많은 영향력을 행사할 수 있다.	1	2	3	4	5
6. 어떤 사람은 리더로 태어난다.	1	2	3	4	5
7. 어떤 사람은 리더가 될 수 있는 선천적 능력을 가지고 있다.	1	2	3	4	5
8. 성공적인 리더십의 핵심은 올바른 스킬들(right skills)을 갖는 것이다.	1	2	3	4	5
9. 리더십은 '리더들이 하는 일(what leaders do)'에 의해 가장 잘 설명된다.	1	2	3	4	5
10. 리더와 추종자들은 리더십 과정을 공유한다.	1	2	3	4	5

11. 효과적인 리더가 되고자 하는 사람은 특정한 특성들을 가질 필요가 있다.	1	2	3	4	5
12. 모든 사람은 리더가 될 수 있는 역량을 가지고 있다.	1	2	3	4	5
13. 효과적인 리더는 그들의 역할들을 유능하게 수행을 하는 사람이다.	1	2	3	4	5
14. 리더십의 본질은 과업을 수행하고 사람들을 다루는 일이다.	1	2	3	4	5
15. 리더십은 리더와 추종자들의 공동 목표에 관한 것이다.	1	2	3	4	5
16. 사람들은 그들의 특성으로 인해 위대한 리더가 된다.	1	2	3	4	5
17. 사람들은 다른 사람들을 이끌 수 있는 능력을 개발할 수 있다.	1	2	3	4	5
18. 효과적인 리더들은 역량과 지식을 가지고 있다.	1	2	3	4	5
19. 리더십은 리더가 목표를 성취하기 위해 사람들과 함께 일하는 방식에 관한 것이다.	1	2	3	4	5
20. 효과적인 리더십은 리더와 추종자의 상호관계에 의해 가장 잘 설명된다.	1	2	3	4	5

■ 검사가 끝나면, 별도의 지시사항에 따라 검사결과를 WORKSHEET에 옮겨 적으시오.

WORKSHEET

■ 점수의 환산 방법

1. 특성(trait) 강조: (　　　점)
   (문항 1, 6, 11, 16의 점수를 합산한다)

2. 능력(ability) 강조: (　　　점)
   (문항 2, 7, 12, 17의 점수를 합산한다)

3. 스킬(skill) 강조: (　　　점)
   (문항 3, 8, 13, 18의 점수를 합산한다)

4. 행동(behavior) 강조: (　　　점)
   (문항 4, 9, 14, 19의 점수를 합산한다)

5. 관계(relationship) 강조: (　　　점)
   (문항 5, 10, 15, 20의 점수를 합산한다)

■ 점수의 해석

이 진단검사에서 당신이 받은 점수는 당신이 리더십의 개념을 어떻게 규정하고, 리더십을 어떤 방식으로 바라보고 있는가에 관한 정보를 제공하고 있다. 리더십의 다양한 차원들에 대해 당신이 부여하고 있는 강조 정도는 당신이 리더십 과정에 어떤 접근방식을 가지고 있는가를 함축적으로 시사하고 있다. 예를 들면, 당신이 특성에 관한 문항들에서 높은 점수를 받았다면, 당신은 리더십 과정에서 리더의 역할과 리더의 선천적인 특별한 재능들을 강조하고 있다는 것을 나타내는 것이다. 그러나 당신이 관계에 관한 문항들에서 높은 점수를 받았다면, 당신은 리더의 독특한 자질들을 강조하기보다는 리더와 추종자들 간의 의사소통에 중점을 두고 리더십을 생각하고 있다는 것을 나타내는 것이다. 진단검사에서 당신이 받은 5가지 측면의 점수들을 상호 비교하여 보면, 당신이 가장 강조하는 리더십의 측면과 가장 강조하지 않는 리더십의 측면에 관한 이해를 할 수 있다. 당신이 리더십에 관해 생각하는 방식은 당신의 실제적인 리더십 실행방식에 영향을 줄 것이다.

제2장

리더의 자질과 특성

무슨 이유 때문에 어떤 사람은 리더인 반면, 다른 사람은 리더가 아닌가? 사람을 리더로 만드는 것은 무엇인가? 리더는 어떤 특성들을 가지고 있는가? 이러한 질문들은 오랫동안 사람들의 관심과 흥미를 받아 왔다. 우리 모두는 효과적인 리더십을 설명해 주는 특징들이 무엇인가를 알기를 원하는 것 같다. 이 장에서는 리더가 되고자 하는 사람들에게 필요한 자질과 특성들에 대해 논의하고자 한다.

20세기 초부터 시작해서 오늘날까지 수많은 연구자들은 성공적인 리더들의 독특한 특성들에 대해 엄청난 관심을 집중하여 왔다. 효과적인 리더들의 특성을 확인하기 위해 수천 편의 연구들이 수행되었다. 이러한 연구들을 통해 엄청난 양의 이상적인 리더의 특성들이 밝혀졌다(Antonakis, Cianciolo, & Sternberg, 2004; Bass, 1990; Judge, Bono, Ilies, & Gerhardt, 2002; Kirkpatrick & Locke, 1991; Stogdill, 1974). 연구결과로 밝혀진 중요한 리더십 특성의 목록에는 성취, 지속성, 통찰력, 주도성, 책임감, 협동성, 인내력, 영향력, 추진력, 동기부여, 인지적 능력, 과업 지식, 근면성, 확실성, 신뢰성, 명료함, 사교성, 개방성, 지능, 신용, 자기 확신, 양심 등이 포함되어 있다.

연구결과로 밝혀진 리더십 특성의 목록에는 너무도 많은 특성들이 포함되어 있기 때문에 리더에게 필요한 본질적인 특성들이 구체적으로 어떤 것인지를 명확하게 밝혀내는 일은 쉬운 일이 아니다. 사실 거의 모든 특성들이 아마도 효과적인 리더십과 관련되어 있을 것이다. 따라서 이러한 연구결과들은 하나의 중요한 질문을 촉발한다. 즉, 그렇게 많은 중요한 리더십 특성들이 존재한다면, 성공적인 리더가 되고자 하는 사람에게 필요한 구체적인 특성들은 무엇인가? 이러한 질문에 대한 수정처럼 투명하고 명백한 답변은 아니지만, 일반적으로 연구결과들은 지능, 자신감, 카리스마, 결단력, 사교성, 성실성을 핵심 특성으로 제시하고 있다(Northouse, 2009: 20-

25). 따라서 다음에서는 이러한 6가지 핵심 특성들에 대한 논의를 제시하고자 한다.

■ **지능**(intelligence): 지능은 효과적인 리더십과 관련된 중요한 특성이다. 지능은 훌륭한 언어적 스킬, 인식적 스킬, 추리 능력을 포함하고 있다. 이러한 자질들의 조합을 통해 사람은 훌륭하게 사고를 하며, 보다 좋은 리더가 된다.

사람이 그의 지능지수(IQ)를 변화시키는 것은 어렵지만, 일반적으로 지능을 향상시킬 수 있는 확실한 방법들은 있다. 지적인 리더는 정보에 밝으며, 자신의 주변에서 일어나고 있는 일들을 인식하고 있으며, 처리할 필요가 있는 직무를 이해하고 있는 사람이다. 리더가 자신의 역할과 관련된 정보들을 획득하고, 자신의 작업환경에 관해 가능한 많이 배우는 것은 중요한 일이다. 이러한 정보는 리더를 보다 지적이고 통찰력 있게 만드는 데 도움이 될 것이다.

우리의 대부분은 평균적인 지능을 가지고 있으며, 우리가 할 수 있는 일에는 한계가 있다는 것을 알고 있다. 그럼에도 불구하고 우리가 리더십에 관하여 보다 많은 지식을 갖게 되는 것은 우리가 보다 훌륭한 리더가 되는 데 필요한 정보를 갖게 되는 것이다.

■ **자신감**(confidence): 자신감은 효과적인 리더의 또 하나의 중요한 특성이다. 자신감이 있는 사람은 자기 확신감을 느끼며, 자신의 목표들을 성취할 수 있다고 믿는다. 그들은 자신의 직위에 대해 불확실성을 느끼기보다는 강한 안전감을 느낀다. 그들은 명백한 비전을 갖고 프로젝트를 향해 앞으로 나아간다. 자신감이 있는 리더는 확실성을 느끼며, 자신이 옳은 일을 하고 있다고 믿는다. 분명히 자신감은 자기 자신과 성공에 대한 자신의 능력에 관해 긍정적으로 느끼는 것과 관련된 특성이다.

자신감이 성공적인 리더의 핵심적인 특성이라면, 자신감을 구축할 수 있는 방법은 무엇인가? 첫째, 자신감은 당신에게 요구되는 일에 대한 이해로부터 나온다. 예를 들면, 우리가 자동차를 운전하는 방법을 처음 배울 때, 우리는 무엇을 해야 하는지 모르기 때문에 자신감이 낮다. 만약 강사가 운전과정에 대해 설명을 하고, 운전하는 방법에 대해 시범을 보인다면, 우리는 강사의 설명과 시범을 통해 운전하는 방법을 이해하였기 때문에 자신감을 얻을 수 있다. 또한 자신감은 멘토(mentor)가 제시하는 시범과 건설적인 피드백을 통해 얻을 수 있다. 멘토는 직장상사, 경험이 많은 동료 또는 조직 외부에 있는 중요한 사람이 될 것이다. 멘토는 역할 모델처럼 행동하기 때문에 리더십의 역동성(dynamics of leadership)을 배우는 데 본질적인 도움을 제공한다.

또한 자신감은 연습을 통해 얻을 수 있다. 연습은 모든 사람이 할 수 있는 일이기 때문에 이 점을 지적하는 것은 중요하다. 예를 들면, 타이거 우즈(Tiger Woods)는 오늘날 전 세계적으로 가장 잘 알려진 운동선수들 중의 하나다. 우즈는 매우 재능이 많은 운동선수이지만, 그는 골프 연습에 엄청난 시간을 할애하였다. 그가 골프시합에서 보여 주고 있는 자신감과 탁월한 성적은 그의 선천적 재능과 연습의 결과다.

리더십에서도 연습은 자신감을 구축시켜 준다. 왜냐하면 연습은 리더가 되고자 열망하는 사람에게 해야 할 필요가 있는 일을 할 수 있다는 확신을 제공하기 때문이다. 위원회 활동 또는 자원봉사 활동에서 사소한 리더십 역할을 맡는 것도 리더가 되고자 하는 사람에게는 연습의 기회가 된다. 리더십을 연습할 수 있는 기회들을 받아들이는 사람은 자신의 리더십 능력에 대한 자신감이 증가함을 경험할 수 있을 것이다.

■ **카리스마**(charisma): 효과적인 리더십과 관련된 모든 특성들 중에서 카리스마가 가장 많은 관심을 받는 특성이다. 카리스마는 리더의 특별한 매력(special magnetic charm and appeal)을 의미하며, 그것은 리더십 과정에 엄청나게 큰 영향을 줄 수 있다. 카리스마는 탁월한 일들을 할 수 있는 능력을 리더에게 주는 특별한 인성적 특성이다. 특히, 카리스마는 리더에게 엄청난 영향력을 행사할 수 있는 권력을 제공한다. 예를 들면, 존 F. 케네디(John F. Kennedy) 전 대통령은 전형적인 카리스마적인 리더 중의 하나다. 그는 설득력이 있고 감동적인 연설 스타일을 통해 미국인을 동기부여 시킨 재능 있고 카리스마가 있는 리더였다. 카리스마는 모든 사람이 가지고 있는 공통적인 인성적 특성이 아니기 때문에 소수의 선택된 사람만이 카리스마를 가지고 있으며, 우리의 대부분은 카리스마를 가지고 있지 않다.

리더십을 연구하는 학자들의 연구결과에 따르면, 카리스마적 리더십에는 여러 가지 특징적인 행동들이 있다(Conger, 1999; House, 1976; Shamir, House, & Arthur,

1993). 첫째, 카리스마적인 리더는 다른 사람들이 리더가 원하는 가치들을 채택하도록 하기 위해 강력한 역할 모델로서 행동한다. 마하트마 간디(Mahatma Gandhi)는 비폭력을 옹호한 시민 불복종 운동의 전형적인 역할 모델이었다. 그의 카리스마가 다른 사람들에게 영향력을 행사할 수 있도록 만든 것이다. 둘째, 카리스마적인 리더는 리더십의 모든 국면에서 역량을 나타냄으로써 다른 사람들이 그들의 결정들을 신뢰하게 만든다. 셋째, 카리스마적인 리더는 명백한 목표와 강력한 가치들(clear goals and strong values)을 분명하게 말한다. '나는 하나의 꿈을 가지고 있다(I Have a Dream)' 라는 제목으로 연설을 한 마틴 루터 킹(Martin Luther King)이 이러한 카리스마적인 리더십의 전형이다. 그는 자신의 꿈을 분명하게 말함으로써, 수많은 사람들이 그의 비폭력 운동을 따르도록 영향력을 행사할 수 있었다. 넷째, 카리스마적인 리더는 하위자들에게 높은 기대감(high expectations)을 전달하고, 하위자들이 이러한 기대감들을 충족시킬 수 있는 능력을 가지고 있다는 확신을 표현한다. 끝으로, 카리스마적인 리더는 다른 사람들에게 영감(inspiration)을 불어넣는 사람들이다. 그들은 다른 사람들을 실제적인 변화에 참여시키기 위해 자극하고 동기부여를 한다.

■ **결단력**(determination): 결단력은 효과적인 리더의 또 다른 특성 중 하나다. 결단력이 있는 리더는 특히 과업에 초점을 두고 세심한 관심을 기울인다. 결단력은 직무를 처리하기 위한 의사결정이며, 주도성, 지속성 및 추진력을 포함하는 특성이다. 일반적으로 결단력이 있는 사람은 자기주장이 강하고, 행동지향적이며, 직면한 장애물들을 잘 견디어 낼 수 있는 능력을 가진 사람이다. 일반적으로 결단력 있는 리더는 인내력이 있으며, 과업을 고수하고, 목표를 명확하게 제시하고, 비전을 분명하게 말하며, 과업 수행과정에서 이탈하지 않도록 다른 사람들을 격려하는 일과 같은 특성들을 지니고 있다.

경이로운 업적을 성취했던 사람들 중에는 결단력이 있는 사람이 많다. 예를 들면, 넬슨 만델라(Nelson Mandela)는 결단력 있는 리더십을 보여 준 대표적인 인물이다. 그의 유일한 목표는 남아프리카 공화국에서 흑인에 대한 인종차별을 종식시키는 것이었다. 그는 여러 해 동안 교도소에 수감되어 있었지만, 흔들림 없는 비전과 원칙들을 굳건히 지켜 나감으로써 흑인에 대한 인종차별 종식이라는 그의 목표를 성취하였다.

■ **사교성**(sociability): 리더의 중요한 특성 중 하나는 사교성이다. 사교성은 유쾌한 사회적 관계를 조성할 수 있는 리더의 역량을 의미한다. 사람들은 자신들과 잘 어울려 지낼 수 있는 사교적인 리더를 원한다. 사교성이 있는 리더는 친절하고, 개방적이며, 예의가 바르고, 재치가 있으며, 외교적인 수완이 있는 사람이다. 사교성이 있는 리더는 다른 사람들의 요구에 대해 민감하며, 그들의 복지에 대해 관심을 나타낸다. 사교적인 리더는 훌륭한 대인관계 스킬들(interpersonal skills)을 가지고 있으며, 작업환경 속에 협력적 관계를 조성한다.

사교적인 사람이 된다는 것은 어떤 사람에게는 다른 사람들보다 상대적으로 쉬운 일이 될 수 있다. 예를 들면, 외향적인 리더는 다른 사람들과 개방적으로 대화를 하는 일이 쉬운 반면, 내향적인 리더가 그렇게 행동하는 것은 상대적으로 어려운 일이다. 마찬가지로 일부 개인들은 선천적으로 다른 사람들과 함께 있는 것을 좋아하는 반면, 다른 사람들은 혼자 있는 것을 더 좋아한다. 비록 사람들의 개방성의 정도는 다양하지만, 사교성을 증가시키는 일은 가능한 일이다. 사교적인 리더는 작업환경 속에서 다른 동료들과 좋은 관계를 유지하며 지낸다. 사교적인 리더는 집단에 긍정적인 에너지를 가져오며, 작업환경을 보다 즐거운 장소로 만든다.

■ **성실성**(integrity): 아마도 성실성은 효과적인 리더의 가장 중요한 특성일 것이다. 정직과 신뢰의 자질을 갖고 있는 리더의 특징이 바로 성실성이다. 일련의 원칙들을 고수하며 자신의 행동에 대한 책임감을 갖고 있는 사람들에게서는 성실성이 드러난다. 성실성을 갖고 있는 리더는 다른 사람들의 신뢰를 고취시키며, 충실하고 의지할 수 있으며 솔직 · 공정하다. 기본적으로 성실성은 리더를 믿을 수 있고 신뢰할 수 있는 사람으로 만든다.

'절대로 거짓말을 하지 말라.'라는 말을 들으며 자란 아이들은 '착한 아이들은 정직하다.'라는 교훈을 배운다. 리더에게도 이러한 교훈은 동일하게 적용된다. 즉, '훌륭한 리더들은 정직하다(Good leaders are honest).' 부정직(dishonesty)은 다른 사람들의 불신을 초래하며, 부정직한 리더는 믿을 수 없고 신뢰할 수 없는 사람으로 여겨진다. 정직은 리더가 다른 사람들에게 영향력을 미칠 수 있는 능력을 증가시켜 준다. 왜냐하면 그들이 리더를 믿고 신뢰하기 때문이다.

성실성은 다른 사람들에게 공개적이면서 동시에 가능한 온전하게 현실을 표현할 것을 요구한다. 그러나 이것은 쉬운 과업이 아니다. 온전하게 진리를 말하는 것이 파괴적 또는 역효과적인 결과를 초래할 수 있는 경우도 있기 때문이다. 따라서 리더가 솔직한 공개와 공개의 적정한 상황과 시점을 검토하는 것 사이에 균형을 유지하는 일은 도전적인 일이다. 리더가 믿을 만한 사람이 되는 것은 중요하지만, 리더가 다른 사람들과의 관계에서 성실성을 갖는 것 또한 본질적인 것이다.

성실성은 리더십의 모든 측면들을 단단히 결합시킨다. 성실성은 리더의 핵심적 특성이다. 성실성은 리더가 발휘하는 영향력의 핵심적 측면이다. 사람들이 리더를 신뢰하지 않는다면, 리더의 잠재적 영향력은 약화된다. 본질적으로 성실성은 리더의 기반이다. 리더의 성실성에 대해 의문이 제기된다면, 리더의 영향력은 상실된다.

지금까지 논의한 것을 종합적으로 요약하면, 효과적인 리더십과 관련되어 있는 특성들은 매우 많다. 앞서 논의한 6가지 특성들은 리더십 과정에서 특별히 중요한 것들이다. 리더십은 매우 복잡한 과정이다. 이 6가지 특성들은 매우 중요하지만, 다차원적인 리더십 과정에서는 단지 하나의 차원일 뿐이다. 리더십은 복잡한 과정이기 때문에 성공적인 리더가 되는 것을 보장해 주는 단순한 경로들은 존재하지 않는다. 각각의 개인은 독특한 존재이며, 자신만의 독특한 리더십 재능들을 가지고 있다. 여기서 논의한 6가지 특성들에 대해 선천적인 강점을 지닌 사람은 효과적인 리더가 될 가능성이 높다. 당신이 이러한 특성들에 대해 강점을 가지고 있지 못하더라도, 당신이 열심히 노력한다면, 당신은 여전히 효과적인 리더가 될 수 있다.

리더십 특성 진단검사

(Leadership Traits Questionnaire)

- **목적**: 이 진단검사의 목적은 리더십 평가에서 특성들이 어떻게 사용되는지를 이해하고, 당신 자신의 리더십 특성들을 평가해 보는 것이다.

- **지시문**: 아래에는 리더십 특성에 관한 진술문들이 제시되어 있습니다. 각각의 진술문에 대해 당신의 견해 일치 정도를 척도 위에 ○로 표시하기 바랍니다.

진술문	강한 반대	반대	중립	찬성	강한 찬성
1. 나는 다른 사람들과 효과적으로 의사소통을 한다.	1	2	3	4	5
2. 나는 분별력과 통찰력이 있다.	1	2	3	4	5
3. 나는 나 자신과 나의 능력을 믿는다.	1	2	3	4	5
4. 나는 나 자신의 안전에 대해 의심을 하지 않는다.	1	2	3	4	5
5. 나는 방해가 있어도 목표를 지속적으로 추구한다.	1	2	3	4	5
6. 나는 확고한 태도를 유지하며, 확실하게 행동한다.	1	2	3	4	5
7. 나는 믿을 만하고, 신뢰를 느끼게 한다.	1	2	3	4	5
8. 나는 시종 일관되고 확실하게 행동을 한다.	1	2	3	4	5
9. 나는 다른 사람들을 친절하고 따뜻하게 대한다.	1	2	3	4	5
10. 나는 다른 사람들과 자유롭게 대화하면서 잘 지낸다.	1	2	3	4	5
11. 나는 철저하고 조직적으로 일을 처리한다.	1	2	3	4	5
12. 나는 지속성을 유지하면서 열심히 일을 한다.	1	2	3	4	5
13. 나는 인내심이 있고, 재치가 넘치며, 공감적이다.	1	2	3	4	5
14. 나는 다른 사람들을 잘 이해하고 인정한다.	1	2	3	4	5

※ 앞에 제시된 '리더십 특성 진단검사'는 자기평가(Self-Assessment)와 동료평가(Coworkers-Assessment) 모두에 사용할 수 있다. 동료평가용으로 사용할 때는 각각의 진술문에 있는 '나는'이라는 용어 대신에 평가 대상이 되는 '동료의 이름'을 대신 기입하여 사용하면 된다.

■ 검사가 끝나면, 별도의 지시사항에 따라 검사결과를 WORKSHEET에 옮겨 적으시오.

WORKSHEET

리더십 특성 진단검사 프로파일 및 동료평가 결과표
(Leadership Traits Questionnaire Profile & Chart)

자기평가 프로파일 (Self-Assessment Profile)						동료평가 결과표 (Coworkers-Assessment Chart)				
리더십 특성	강한 반대	반대	중립	찬성	강한 찬성	동료 A	동료 B	동료 C	평균 점수	본인
1. 의사소통 명료성	1	2	3	4	5					
2. 분별력과 통찰력	1	2	3	4	5					
3. 자신감	1	2	3	4	5					
4. 자기 확신	1	2	3	4	5					
5. 지속성	1	2	3	4	5					
6. 결단력	1	2	3	4	5					
7. 신뢰감	1	2	3	4	5					
8. 믿음성	1	2	3	4	5					
9. 친절함	1	2	3	4	5					
10. 사교성	1	2	3	4	5					
11. 성실성	1	2	3	4	5					
12. 근면성	1	2	3	4	5					
13. 민감성	1	2	3	4	5					
14. 공감 능력	1	2	3	4	5					

■ **자기평가 프로파일과 동료평가 결과표 작성 방법**

자기평가 프로파일은 리더십 특성 진단검사의 결과를 그대로 옮겨 적은 다음, 각 문항에 표시된 점수들을 직선으로 연결하면 완성된다. 동료평가 결과표는 평가자(동료 A, 동료 B, 동료 C)와 본인의 평가점수를 그대로 옮겨 적고, 평균 점수는 동료 평가자들의 점수의 평균을 계산하여 적으면 완성된다.

■ **자기평가 프로파일과 동료평가 결과표 해석**

리더십 특성 진단검사에서 '완벽한 점수'는 존재하지 않는다. 리더십 특성 진단검사에서 당신이 받은 점수는 당신이 자기 자신을 어떻게 평가하고 있으며, 동료들이 리더로서 당신을 어떻게 평가하고 있는가에 대한 정보를 제공한다. 당신은 자기평가 프로파일을 통해 강점인 리더십 특성과 약점인 리더십 특성이 무엇인가를 확인할 수 있다. 또한 당신은 동료평가 결과표를 통해 리더십 특성에 대한 당신의 인식과 동료들의 인식이 어떤 차이가 있는가를 확인할 수 있다. 따라서 당신은 진단검사의 결과를 통해 당신의 리더십 특성들을 이해할 수 있을 뿐만 아니라, 당신의 리더십 특성들을 향상시킬 수 있다.

제3장

리더의 철학과 스타일

당신의 개인적 리더십 철학은 무엇인가? 당신은 하위자들을 철저하게 감독하고 지시하는 리더인가? 아니면 당신은 하위자들에게 상당히 많은 권한과 재량권을 주는 리더인가? 당신의 리더십 스타일이 어디에 해당되든 간에, 당신이 자신의 리더십 철학을 정확하게 인식하는 일은 매우 중요하다. 왜냐하면 당신의 개인적 리더십 철학은 다른 사람들의 행동 방식과 직무수행 방식에 영향을 주며, 궁극적으로 당신의 리더십 효과에 영향을 미치기 때문이다.

리더십에 대한 접근방법들은 각각 인간의 본질(nature of human)과 작업의 본질(nature of work)에 관해 일련의 독특한 믿음과 태도를 내포하고 있다. 이것이 우리의 개인적 리더십 철학의 기반이 되고 있다. 예를 들면, 어떤 사람은 인간은 기본적으로 선하며, 기회가 주어진다면 행복하게 일을 할 것이라고 생각하는 반면, 또 어떤 사람은 인간은 다소 게으른 성향이 있기 때문에 직무를 완성시키기 위해서는 어느 정도 그들을 자극할 필요가 있다고 생각한다. 인간과 작업에 대한 이러한 믿음들은 개인의 리더십 스타일에 중요한 영향을 미친다. 사실 이러한 믿음들은 아마도 개인적 리더십의 모든 측면에서 중요한 역할을 할 것이다.

이 장에서는 인간의 본질과 작업의 본질에 관해 사람들이 가지고 있는 관점이 개인의 리더십 철학 형성에 어떻게 작용하고 있는가를 논의하고자 한다. 덧붙여 가장 일반적인 형태의 개인적 리더십 스타일로 언급되고 있는 전제적 스타일(authoritarian style), 민주적 스타일(democratic style) 그리고 자유방임적 스타일(laissez-faire style)과 관련시켜 리더십 철학을 설명하고자 한다. 즉, 세 가지 리더십 스타일의 본질과 특징을 논의하고, 그것이 효과적인 리더십 성과에 대해 어떤 함축적 시사점을 가지고 있는가를 살펴보고자 한다.

먼저, 인간의 본질과 작업의 본질에 관해 사람들이 가지고 있는 관점이 개인의 리더십 철학 형성에 어떻게 작용하고 있는가를 더글라스 맥그리거(Douglas M. McGregor)의 X · Y이론을 중심으로 살펴보면 다음과 같다.[1)]

당신은 사람들이 일하는 것을 좋아한다고 생각하는가, 아니면 사람들이 일하는 것을 싫어한다고 생각하는가? 맥그리거는 그의 유명한 저서 『기업의 인간적 측면(The Human Side of Enterprise)』(1960)에서 이것을 핵심적인 문제들 중의 하나로 제기하였다. 맥그리거는 관리자는 인간의 본질에 관해 자신이 가지고 있는 핵심 가정들(core assumptions)과 이러한 가정들이 실제 관리업무와 어떻게 관련되는가를 분명하게 이해할 필요가 있다고 믿었다. 특히 맥그리거는 노동자의 동기부여 문제와 작업에 대한 노동자의 태도에 대해 관리자가 어떻게 생각하고 있는가에 큰 관심을 가지고 있었다. 맥그리거는 동기부여에 대한 이해는 효과적인 관리자가 되는 방법을 알아내는 데 핵심적인 것이라고 믿고 있었다.

맥그리거는 '인간은 어떤 존재인가?' 또 '그러한 인간을 관리하기 위한 가장 효과적인 방법에 대한 가정은 무엇인가?' 라는 의문으로부터 에이브러햄 매슬로(Abraham Maslow)의 욕구계층이론에 바탕을 둔 두 가지 가설을 세웠다. 맥그리거(1960)는 『기업의 인간적 측면』에서 인간의 저수준 욕구에 착안한 인간관과 그 관리전략의 가설을 X이론으로, 그리고 인간의 고수준 욕구에 착안한 인간관과 그 관리전략의 가설을 Y이론으로 설명하였다.

인간욕구의 저수준에 바탕을 둔 X이론은 인간본질과 관리전략에 관한 전통적인 관점으로서, 이때 X이론이 가정하고 있는 인간관은 다음과 같다(McGregor, 1960: 33-34).

① 평범한 인간은 본질적으로 일을 싫어하며 될 수 있으면 일을 하지 않으려고 한다.
② 인간은 본래 일을 싫어하는 속성이 있기 때문에 조직의 목적을 달성하기 위해

---

1) 박성식(2011). 교육행정학. 서울: 학지사, pp. 181-184.

서는 인간을 강제적으로 통제하고 벌로써 위협하여야 한다.

③ 평범한 인간은 지시받는 것을 좋아하고 책임을 회피하려 하며, 비교적 야망이 적고 무엇보다도 안전을 원한다.

관리자가 인간본질에 대한 X이론의 가정을 받아들일 때 다음과 같은 관리전략을 세우게 된다. 즉, 경제적 목적을 위해 자본, 물자, 도구 등의 생산요소를 조정할 책임이 있는 관리자는 종업원의 행동을 수정하고, 동기를 유발하기 위해 지도하고 통제하는 임무를 맡아야 한다. 관리자의 이와 같은 적극적인 개입이 없으면 종업원은 조직의 목표에 대해 회피적이거나 심지어는 저항적으로 나오기 쉽다. 따라서 관리자는 일을 싫어하는 인간의 속성을 타파하는 방책을 써야 한다. 인간의 노동기피성을 억제하려면 적정한 작업량, 업적에 대한 보상 등을 강조하는 한편 편히 놀고 산출을 기피하는 것을 죄악시하게 하여야 한다. 종업원으로 하여금 조직의 목적을 달성하게 하기 위해서는 강제, 통제, 지시, 처벌 등의 수단을 사용하여야 한다. 인간은 일을 싫어하는 성향이 매우 강하기 때문에 보상의 약속만으로는 부족하고 처벌과 위협을 가해야 한다.

리더의 개인적 리더십 철학과 스타일이 앞에서 살펴본 맥그리거의 X이론과 비슷하다면, 다음과 같은 시사점을 도출할 수 있을 것이다. 리더는 하위자들을 게으르고, 일을 하는 것에 대해 가치를 부여하지 않기 때문에 일 자체에 대해 관심이 없는 사람들로 생각하는 경향을 가지고 있다. 따라서 리더는 다른 사람들이 그들의 과업을 성취하도록 자극하고 고무하는 중요한 역할을 할 것이다. 즉, 리더는 지시적이고 통제적인 역할을 할 것이다. 리더는 하위자들을 스스로 동기부여 할 수 있는 능력이 없는 사람으로 생각하는 경향이 있기 때문에 리더십 과정에서 과업을 성취하기 위해 처벌과 보상을 적절하게 활용하는 적극적인 동기부여자의 역할을 할 것이다.

맥그리거는 이와 같이 X이론에 대하여 논술한 후, '인간성과 그 관리방식에 대한 이와 같은 견해가 옳은 것인가?' 그리고 '이러한 인간관에 근거하여 관리한다는 것이 현대사회의 많은 상황에 적합한 것이라고 할 수 있는가?' 또한 '교육수준과 생활수준이 향상되고 있는 현대의 민주사회에서 생활하고 있는 사람들이라면 보다 성숙한 행동을 할 수 없을 것인가?' 하는 일련의 의문을 제기하게 되었다. 이러한 의문에 대해 맥그리거는 주로 매슬로의 욕구계층이론에 기초하여 다음과 같은 결론을 내렸다. 즉, X이론의 인간성에 대한 가설은 보편적으로 적용되기에는 적절하지 않으며, 이 가설에서 도출된 관리전략도 종업원에게 조직의 목표달성은 위해 일하도록 동기유발하기가 어렵기 때문에 명령과 통제에 의한 관리는 성공할 수 없다.

맥그리거는 관리자가 인간본질과 동기부여에 대하여 보다 올바르게 이해하고 이를 바탕으로 관리활동을 하는 것이 필요하다고 생각하였다. 그리하여 Y이론이라고 불리는 인간본질과 그 관리방식에 관한 또 하나의 이론을 발전시켰는데, 이 Y이론이 가정하고 있는 인간관은 다음과 같다(McGregor, 1960: 47-48).

① 작업에 있어서 신체적 · 정신적 노력의 소모는 유희나 휴식을 취하는 것처럼 자연스러운 것이다. 평범한 인간은 본질적으로 일을 싫어하는 존재가 아니다. 일은 작업 상황을 어떻게 통제하느냐에 따라 인간에게 만족을 주는 원천이 될 수도 있고, 불만족을 주는 원천이 될 수도 있다.

② 외재적 통제나 처벌의 위협만이 종업원의 노력을 조직목표에 향하도록 하는 유일한 방법은 아니다. 인간은 자신에게 부과된 목적을 위하여 자기지향적이며, 자기통제적으로 봉사할 수도 있다.

③ 목표에 대한 헌신적인 관여(commitment)는 목표의 성취와 관련된 보상의 기능을 한다. 이러한 보상의 가장 중요한 것들로는 자아의 충족, 자아실현에 대한 욕구 등을 들 수 있는데, 이것들은 조직목표를 향한 노력의 직접적인 산물이다.

④ 평범한 인간은 적절한 상황 아래에서는 책임지기를 좋아할 뿐만 아니라 책임지는 일을 추구한다. 책임을 회피하고 야망이 없으며, 지나칠 정도로 자기보호를 강조하는 것 등은 일반적으로 인간 본래의 속성이 아니라 경험의 결과다.

⑤ 조직문제를 해결하는 데 필요한 비교적 높은 수준의 상상력, 연구력, 창의력을 가진 사람은 소수에 불과한 것이 아니라 많이 있다.

⑥ 현대 산업사회의 상황 아래에서는 평범한 인간의 잠재능력이 부분적으로만 이용되고 있다.

이러한 Y이론의 인간관은 인간의 욕구 가운데서 자아실현의 욕구, 긍지와 존경에 대한 욕구 그리고 일부의 사회적 활동의 욕구에 착안한 것이라고 할 수 있다. 이와 같은 Y이론의 가정을 받아들이는 관리자는 종업원을 후원하고 작업조건을 용이하게 하여 조직목표의 달성을 촉진해 나가야 한다. X이론이 종업원의 관리방법에 있어서 정태적이고 경직된 것이라고 한다면, Y이론은 동태적이고 조직의 상황에 따라 다양해질 수 있다는 것을 암시한다. 또 조직에 있어서 종업원의 협력이 부족한 경우가 발생하면 그것은 인간본질 때문이 아니고 인간의 잠재능력을 충분히 활용할 줄 모르는 관리자 때문에 기인한다는 것이다.

Y이론에 따르면, 외재적인 위협에 의해 종업원이 통제되는 것은 아니며, 종업원이 조직목표 성취를 위해 노력하는 것이 바로 그들 개인의 목표를 달성하는 길이라고 생각하도록 관리자나 조직상황을 만들기 때문에 통제의 목적이 달성되는 것이다. 이것을 맥그리거는 조직과 개인의 통합의 원리(principle of integration)라고 하였다. 여기서 말하는 통합이란 개인의 목표와 조직의 목표를 일치시키는 것이다. 따라서 통합의 원리는 조직의 구성원들이 조직의 목적을 위해 일하는 것이 자기 자신들의 목표를 성취하는 길이라고 생각하도록 조직상황을 조성하는 것이다.

리더의 개인적 리더십 철학과 스타일이 앞에서 살펴본 맥그리거의 Y이론과 비슷하다면, 다음과 같은 시사점을 도출할 수 있을 것이다. 리더는 하위자들을 능력이 있고, 일하는 것에 흥미를 가지고 있으며, 외부의 지시 없이도 열정을 가지고 내재적인 동기부여와 자율규제(self regulation)를 통해 일을 하는 사람이라고 생각하는 경향이 있다. 따라서 리더는 하위자들을 통제하려고 하지 않으며, 외재적인 동기부여 방법을 사용하려고 하지 않을 것이다. 리더는 하위자들이 자신들이 원하는 직무를 할 때 동기부여 수준이 높아진다는 것을 알고 있다. 따라서 리더는 하위자들에게 지시를 하거나 통제를 하지 않고, 적정한 책임과 권한을 위임하며, 후원적 역할을 수행하려고 할 것이다.

지금까지 논의한 것을 요약하면, 우리 모두는 인간의 본질과 작업의 본질에 관해 특정한 기본적인 신념과 가정을 가지고 있다. 우리 각자의 개인적 리더십 스타일 속에는 이러한 기본적 신념과 가정들이 내포되어 있다. 여기서는 리더십 스타일을 리더의 행동(behaviors of leader)이라고 규정하였다. 즉, 리더십 스타일을 리더가 하는 일과 일을 하는 방법에 초점을 두고 규정하였다. 따라서 하위자들에 대한 리더의 행동은 상황과 맥락에 따라 다양하게 나타날 수 있다. 개인의 리더십 철학이 맥그리거의 X이론과 유사하든지 또는 Y이론과 유사하든지 간에, 그의 리더십 철학은 리더십 스타일에 영향을 준다. 따라서 우리 자신의 리더십 스타일의 철학적 기반을 이해하는 일은 매우 중요한 일이다.

가장 일반적인 개인적 리더십 스타일로 언급되고 있는 전제적 스타일, 민주적 스타일 그리고 자유방임적 스타일의 본질과 특징을 논의하고,[2] 그것이 효과적인 리더십 성과에 대해 어떤 함축적 시사점을 가지고 있는가를 살펴보면 다음과 같다.

서로 다른 리더십 행동 스타일이 집단에 미치는 영향에 관한 초기의 연구는 아이오와 대학교(Iowa University)에서 수행되었다(Lewin, Lippitt, & White, 1939: 271-299). 일련의 실험에서 연구자들은 하위자들의 태도와 생산성에 미치는 영향을 결정하기 위해 세 가지 리더십 스타일을 조작하였다. 리더십은 실험 기간 동안에 여러 가지 의사결정 상황들을 처리하는 리더십 스타일에 따라 다음과 같은 세 가지 서로 다른 유형으로 분류되었다.

■ **전제적 리더십**(authoritarian leadership): 리더는 매우 지시적이었고, 의사결정에 참여를 허용하지 않았다. 그들은 하위자들을 위해 작업상황을 완벽하게 구조화하였다. 리더는 완전한 권한을 가지고 있었으며, 과업의 시작에서 완료까지 완전한 책임을 떠맡았다.

■ **민주적 리더십**(democratic leadership): 리더는 집단 토론과 의사결정을 촉진하였다. 하위자들은 그들에게 영향을 미치는 조건들에 관한 정보를 제공받았으며, 그들의 아이디어를 표현하고 제안들을 제시하도록 조장되었다.

---

2) 박성식(2011). **교육행정학**. 서울: 학지사, pp. 391-393.

■ **자유방임적 리더십**(laissez-faire leadership): 리더는 집단에게 완전한 자유를 주었으며, 하위자들이 그들 스스로 개인적 결정을 하도록 내버려 두었다. 본질적으로 리더는 리더십을 제공하지 않았다.

아이오와 대학교의 리더십 연구 결과들을 요약하면 다음과 같다(Lewin, Lippitt, & White, 1939: 271-299).

① 세 가지 리더십 스타일 중에서 하위자들은 민주적 스타일을 가장 선호하였다. 오늘날 일반적인 경향은 참여적 관리 관행(participatory management practices)의 활용이 점차 확대되고 있다. 왜냐하면 참여적 관리 관행이 현대조직의 지원적이고 합의적인 모형들(supportive and collegial models)과 일치되기 때문이다.

② 하위자들은 전제적 리더십 스타일보다 자유방임형 리더십 스타일을 선호하였다. 심지어 하위자들은 혼란을 경직성보다 훨씬 선호하였다.

③ 전제적 리더는 전제적 리더에 의해 야기된 좌절감에 대한 반동이라고 생각되는 공격적 행동 또는 무관심한 행동을 유발하였다.

④ 리더십 스타일이 전제적 스타일에서 자유방임적 스타일로 변했을 때, 무관심한 행동은 공격적 행동으로 변했다. 즉, 자유방임적 리더가 더 많은 공격적 행동을 야기하였다.

⑤ 생산성은 민주적 리더보다 전제적 리더 아래서 다소 높았으며, 자유방임적 리더 아래서 가장 낮았다.

여기서는 맥그리거의 X이론 Y이론과 전제적 리더십 스타일, 민주적 리더십 스타일 그리고 자유방임적 리더십 스타일과 관련시켜 세 가지 리더십 스타일의 본질과 특징을 구체적으로 논의하고, 그것이 효과적인 리더십 성과에 대해 어떤 함축적 시사점을 가지고 있는가를 살펴보고자 한다. 구체적인 논의에 앞서 한 가지 분명히 알아야 할 점은 세 가지 리더십 스타일은 분명하고 일정한 실체(예: 인성적 특성들)를 가지고 있는 것은 아니다. 즉, 특정 리더는 어떤 문제에 관해서는 전제적 스타일을 나타내는 반면, 다른 문제들에 관해서는 민주적 스타일을 보여 주기도 한다. 또한 다른 리더는 프로젝트를 수행하는 특정한 시점에서는 전제적인 스타일을 나타내다가도 다른 시점에서는 민주적 스타일을 보여 주기도 한다.

■ **전제적 리더십 스타일**(authoritarian leadership style): 전제적 리더십 스타일은 많은 부분에서 맥그리거의 X이론과 매우 비슷하다. 예를 들면, 전제적 리더는 하위자들을 지시를 필요로 하는 사람이라고 인식한다. 따라서 전제적 리더는 하위자들과 그들의 직무를 통제한다. 전제적 리더는 집단구성원들에 대해 영향력을 행사하며 통제하는 것을 강조한다. 전제적 리더는 집단구성원들을 위해 과업과 과업수행 절차들을 결정하지만, 집단 토론과정에는 거의 참여하지 않는다. 전제적 리더는 집단구성원들 간의 의사소통을 자극하거나 고무하지 않는다. 대신 그들은 명령적 의사소통을 선호한다. 전제적 리더는 다른 사람들을 평가함에 있어서 자유롭게 칭찬과 비판을 한다. 그러나 전제적 리더의 평가는 객관적 비판에 근거한 것이 아니라 개인의 주관적 기준에 따라서 평가를 한다.

어떤 사람들은 전제적 리더십이 다른 사람들에 대해 상당히 비관적 · 부정적 · 실망적인 관점을 나타내고 있다고 주장해 왔다. 예를 들면, 전제적 리더는 "하위자들은 게으르기 때문에 나는 그들에게 해야 할 일에 대해 말할 필요가 있다."는 식으로 말을 할 것이다. 반면에 다른 사람들은 전제적 리더십은 매우 필요한 리더십의 한 형태라고 주장한다. 예를 들면, 전제적 리더는 과업을 성취하기 위해 다른 사람들을 매우 효율적이고 성공적으로 동기부여를 시킨다. 이러한 맥락에서 보면, 전제적 리더십은 매우 유용하다.

전제적 리더십은 어떤 산출물을 가져올까? 전제적 리더십은 긍정적 산출물과 부정적 산출물 모두를 가져온다. 긍정적 측면에서 보면, 전제적 리더십은 효율적이고 생산적이라는 점이다. 전제적 리더들은 사람들에게 명확한 작업지시를 하고, 단기간에 과업을 성취하도록 한다. 더욱이 전제적 리더십은 목표와 작업 표준을 설정하는 데 유용하다. 부정적인 측면에서 보면, 전제적 리더십은 의존성, 복종 그리고 개성(individuality)의 상실을 조장한다. 하위자들의 창의성과 개인적 성장은 방해를 받을 수 있을 것이다. 시간이 오래 경과하면 하위자들은 하는 일에 대해 흥미를 잃게 되며, 불만족을 나타내게 될 것이다. 만약 그러한 일이 발생하게 되면, 전제적 리더십은 불만, 적대감, 심지어는 공격성을 초래할 수 있다.

전제적 리더십의 부정적 측면이 긍정적 측면을 압도할지라도, 전제적 리더십이 선호되는 맥락을 생각하는 일은 어려운 일이 아니다. 예를 들면, 다양한 응급상황에서 수많은 환자들을 치료 우선순위에 따라 치료해야 하는 병원응급실의 의사에게는 전제적인 리더십 스타일이 매우 적절할 것이다. 전제적 리더십은 부정적 측면이 있음에도 불구하고, 이러한 리더십 스타일은 많은 상황에서 일반적이며 필요한 형태다.

■ **민주적 리더십 스타일**(democratic leadership style): 민주적 리더십 스타일은 앞서 살펴본 맥그리거의 Y이론과 매우 유사하다. 민주적 리더는 하위자들을 스스로 일을 할 수 있는 능력 있는 사람으로 취급한다. 민주적 리더는 하위자들을 통제하기보다는 모든 사람을 공평하게 취급하려고 노력하면서 그들과 함께 일한다. 본질적으로 민주적 리더는 자신을 지시자라기보다는 안내자로 본다. 민주적인 리더는 다른 사람들에게 제안을 하지만, 그들을 변화시키려는 의도는 결코 가지고 있지 않다. 하위자들 각자가 개인적 목표를 달성하도록 돕는 것이 민주적 리더에게는 중요하다. 민주적 리더는 하향식 의사소통 방식을 사용하지 않는다. 대신 그들은 하위자들과 수평적 의사소통 방식으로 대화를 하면서도 모든 사람의 말을 듣는 것을 가장 중요시한다. 민주적 리더는 정보, 안내, 제안을 제공하지만, 그러한 것을 명령과 압력으로 사용하지는 않는다. 민주적 리더는 하위자들을 평가함에 있어서 객관적인 칭찬과 비판을 한다.

민주적 리더십의 산출물은 가장 긍정적이다. 첫째, 민주적 리더십은 집단구성원들의 만족감, 헌신 그리고 응집력을 보다 크게 한다. 둘째, 민주적 리더십이 발휘되는 상황에서는 하위자들은 상호 칭찬을 하면서 잘 지내고, 집단의 문제에 적극적으로 참여하며, 높은 동료의식을 갖고 있다. 셋째, 민주적 리더십은 노동자의 동기부여와 창의성을 보다 높게 해 준다. 사람들은 민주적 리더십의 지원적 구조 아래서 그들 자신의 재능을 발휘하기 위해 동기부여 된다. 끝으로, 민주적 리더 아래서 집단구성원들은 집단 의사결정에 보다 많이 참여하며 몰입한다.

■ **자유방임적 리더십 스타일**(laissez-faire leadership style): 자유방임적 스타일은 맥그리거의 X이론, Y이론 어느 것과도 유사하지 않다. 자유방임적 리더는 X이론의 리더처럼 하위자들을 통제하려고 시도하지 않으며, Y이론의 리더처럼 하위자들을 안내하고 지원하려고 시도하지도 않는다. 자유방임적 리더는 하위자들에 대해 냉담하며, 그들의 작업 동기부여에 대해 무관심하다. 자유방임적 리더는 최소한의 영향력을 행사하는 유명무실한 리더다. 그들은 하위자들을 인정하지만 냉담하며, 그들의 활동에 대해 영향력을 행사하려고 하지 않는다. 자유방임적 리더십 아래에서 하위자들은 그들이 하고 싶은 일을 그들이 하고 싶은 시간에 할 수 있는 많은 자유를 누린다. 자유방임적 리더는 하위자들에 대한 평가와 규제를 하려고 시도하지 않는다.

자유방임적 리더십이 유명무실한 영향력을 내포하는 것이라면, 자유방임적 리더십은 어떤 산출물을 가져올까? 자유방임적 리더십은 주로 부정적인 결과를 초래할 것이다. 자유방임적 리더 아래서는 과업이 거의 성취되지 않는다는 것이 가장 큰 특징이다. 왜냐하면 해야 할 일이 무엇인지 몰라서 당황해하는 사람들은 아무것도 하지 않으려는 경향이 있기 때문이다. 하위자들에게 완전한 자유가 부여되면, 집단의 분위기는 무질서하게 되는 경향이 있다. 하위자들은 좌절감에 사로잡혀 홀로 방치되어 있을 때, 어느 정도 지시받는 것을 선호한다. 목표의식과 방향감이 없다면, 집단구성원들은 그들의 직무수행에서 의미를 발견하기가 어려우며, 동기부여가 되지 않아 결국에는 생산성이 떨어진다.

흔하지 않은 상황이지만, 자유방임적 스타일은 하위자들에게 완전한 자유를 허용하기 때문에 성공적일 수 있을 것이다. 즉, 어떤 경우에는 사람들은 그의 완전한 자유를 추구할 것이다. 그렇지만 대부분의 경우에 자유방임적인 리더십은 비성공적이고 비생산적인 결과를 초래할 것이다.

지금까지 논의한 것을 종합적으로 요약하면, 우리 모두는 인간의 본질과 작업의 본질에 관한 우리의 신념에 근거한 리더십 철학을 가지고 있다. 어떤 리더는 맥그리거의

X이론과 유사한 철학을 가지고 있다. 그들은 노동자를 동기부여가 되어 있지 않으며 지시와 통제가 필요한 사람이라고 본다. 한편 다른 리더는 맥그리거의 Y이론과 유사한 철학을 가지고 있다. 그들은 노동자를 내재적으로 동기부여가 되어 있으며 리더의 강력한 영향이 없이도 독자적으로 일을 할 수 있는 능력이 있는 사람이라고 본다.

우리의 개인적 리더십 철학은 우리 자신의 리더십 스타일에서 드러난다. 가장 일반적으로 언급되고 있는 개인적 리더십 스타일은 전제적 · 민주적 · 자유방임적 스타일이다. 맥그리거의 X이론과 유사한 전제적 리더는 하위자들을 지시가 필요한 사람으로 인식한다. 따라서 전제적 리더는 하위자들에게 강력한 영향력과 통제력을 행사한다. 맥그리거의 Y이론과 유사한 민주적 리더는 하위자들을 내재적 동기부여와 자율규제 능력이 있는 사람으로 인식한다. 그래서 민주적 리더는 하위자들에게 자문과 지원을 제공하는 역할을 한다. 한편, 자유방임적 리더는 하위자들을 그들 스스로 알아서 하도록 내버려 두며, 지시도 하지 않고 격려도 제공하지 않는다.

효과적인 리더가 되기 위해서는 무엇보다도 먼저 자신의 리더십 철학을 이해하고, 그것이 리더십 스타일 형성에 어떻게 영향을 미치는가를 분명하게 이해할 필요가 있다.

리더십 스타일 진단검사

(Leadership Style Questionnaire)

■ **목적**: 이 진단검사의 목적은 당신의 리더십 스타일을 확인하고, 당신의 리더십 스타일이 다른 리더십 스타일들과 어떻게 관련되는가를 검토하는 것이다.

■ **지시문**: 아래 제시된 진술문들에는 정답과 오답이 있는 것이 아닙니다. 잠시 동안 각각의 진술문에 대해 생각해 본 후에 각각의 진술문에 대한 당신의 견해 일치 정도를 척도 위에 ○로 표시하기 바랍니다.

진술문	강한 반대	반대	중립	찬성	강한 찬성
1. 고용인은 그들의 직무를 수행하려고 하지 않기 때문에 철저하게 감독할 필요가 있다.	1	2	3	4	5
2. 고용인은 의사결정 과정에 참여하기를 원한다.	1	2	3	4	5
3. 복잡한 상황에서 리더는 하위자들이 작업상의 문제들을 스스로 알아서 처리하도록 내버려 두어야 한다.	1	2	3	4	5
4. "대부분의 고용인은 게으른 사람들이다."라고 말하는 것은 사실을 공평하게 표현한 것이다.	1	2	3	4	5
5. 압력을 가하지 않으면서 지도하는 것이 좋은 리더가 되는 핵심이다.	1	2	3	4	5
6. 하위자들이 그들의 직무를 수행할 때, 리더는 그들의 직무수행 방식에 관여하지 않아야 한다.	1	2	3	4	5
7. 일반적으로 조직목표를 성취하기 위해 고용인을 동기부여 시키기 위해서는 보상 또는 처벌을 사용해야 한다.	1	2	3	4	5
8. 대부분의 노동자는 그들의 리더와 자주 의사소통을 하면서 지원받기를 원한다.	1	2	3	4	5
9. 일반적으로 리더는 하위자들에게 스스로 자신의 업무를 평가하도록 한다.	1	2	3	4	5

10. 대부분의 고용인은 그들의 직무에 대해 불안감을 느끼며, 지시와 감독을 원한다.	1	2	3	4	5
11. 리더는 하위자들이 스스로 직무 완성에 대한 책임을 받아들이도록 도와줄 필요가 있다.	1	2	3	4	5
12. 리더는 하위자들에게 스스로 문제를 해결할 수 있도록 완전한 자유를 주어야 한다.	1	2	3	4	5
13. 리더는 집단구성원들의 성취 결과를 판단하는 핵심 인물이다.	1	2	3	4	5
14. 리더의 직무는 하위자들이 그들의 열정을 발견하도록 돕는 것이다.	1	2	3	4	5
15. 대부분의 상황에서 노동자는 최소한의 리더의 개입과 지시를 선호한다.	1	2	3	4	5
16. 효과적인 리더는 지시사항의 명령과 작업 절차들을 명확하게 제시한다.	1	2	3	4	5
17. 사람들은 기본적으로 유능하며, 주어진 과업을 잘 처리한다.	1	2	3	4	5
18. 일반적으로 하위자들을 홀로 내버려두는 것이 최선이다.	1	2	3	4	5

■ 검사가 끝나면, 별도의 지시사항에 따라 검사결과를 WORKSHEET에 옮겨 적으시오.

WORKSHEET

■ 점수의 환산 방법

1. 전제적 리더십(authoritarian leadership): (점)
   (문항 1, 4, 7, 10, 13, 16의 점수를 합산한다)

2. 민주적 리더십(democratic leadership): (점)
   (문항 2, 5, 8, 11, 14, 17의 점수를 합산한다)

3. 자유방임적 리더십(laissez-faire leadership): (점)
   (문항 3, 6, 9, 12, 15, 18의 점수를 합산한다)

■ 점수의 해석

이 진단검사에서 당신이 받은 점수를 비교해 봄으로써, 당신은 자신의 리더십 스타일에서 어떤 스타일이 가장 지배적인 스타일이고, 어떤 스타일이 가장 덜 지배적인 스타일인지를 확인할 수 있다.

획득한 점수의 범위가 26~30점: 매우 높음
획득한 점수의 범위가 21~25점: 높음
획득한 점수의 범위가 16~20점: 중간
획득한 점수의 범위가 11~15점: 낮음
획득한 점수의 범위가 6~10점: 매우 낮음

제4장

리더십 스타일:

과업행동과 관계행동

훌륭한 의사는 질병 치료의 전문가인 동시에 자신의 환자에 대해 깊은 관심을 가지고 있는 사람이라는 말에 대하여 대부분의 사람은 동의할 것이다. 마찬가지로 훌륭한 교사는 교과 내용에 관해 정통하고 있을 뿐만 아니라 학생의 개인적 생활에 대해 세심한 관심을 기울인다. 리더십에서도 마찬가지로 훌륭한 리더는 해야 할 직무들을 잘 이해하고 있을 뿐만 아니라 사람들이 직무수행을 잘할 수 있도록 도와준다.

리더가 하는 일(즉, 그들의 행동들)을 살펴보면, 우리는 그들이 두 가지 중요한 일을 하고 있음을 알 수 있다. 즉, 하나는 리더는 과업(tasks)을 수행하고 있으며, 다른 하나는 다른 사람들과 관계(relationships)를 맺고 있다. 리더의 성공 여부는 이 두 가지 행동들을 어떻게 드러내느냐에 의해 결정된다. 상황은 다를 수 있지만, 모든 상황에서 리더십은 어느 정도의 과업행동(task behaviors)과 관계행동(relationship behaviors) 모두를 필요로 한다.

리더는 어떻게 행동하는가(how leaders behave)에 초점을 두고 수행된 많은 연구와 저서들(Blake & McCane, 1991; Kahn, 1956; Misumi, 1985; Stogdill, 1974)은 여기서 논의하고자 하는 과업행동과 관계행동을 강조하고 있다. 즉, 리더십 행동은 본질적으로 과업행동과 관계행동이라는 두 가지 차원을 가지고 있다. 어떤 상황에서는 과업행동이 강력하게 요청되는 반면, 다른 상황에서는 관계행동이 강력하게 요구될 수도 있다. 그러나 모든 상황에서 두 차원 모두가 어느 정도는 요구되고 있다. 이러한 두 차원은 서로 매우 밀접하게 결합되어 있기 때문에 리더가 그의 리더십 역할을 수행하면서 과업 차원과 관계 차원을 통합하고 최적화하는 일은 도전적인 일이 된다.

따라서 이 장에서는 먼저 과업행동과 관계행동에 대한 개인적 스타일에 대하여 논의를 하고, 과업 지향적 리더십과 관계 지향적 리더십의 특징을 살펴보고, 그것이 효과적인 리더십에 대하여 어떤 함축적인 시사점을 가지고 있는가를 논의하고자 한다.

리더십의 과업행동과 관계행동에 대한 당신의 개인적 스타일은 무엇인가? 리더십에 대하여 우리 자신의 과업 관점과 관계 관점을 탐구하는 하나의 방법은 이 두 영역에서 우리의 개인적 스타일을 탐구하는 것이다. 우리 모두는 오랜 시간에 걸쳐 형성된 일과 놀이에 관련된 자기만의 독특한 습관들을 가지고 있다. 과거에 뿌리를 둔 일과 놀이에 관련된 이러한 습관들은 우리 자신의 일부가 되어 현재의 행동방식에 영향을 미치고 있다. 개인적 스타일 탐구와 관련해서 먼저 과업 지향적 행동(task-oriented behaviors)과 관계 지향적 행동(relationship-oriented behaviors)의 특징을 살펴보는 것이 도움이 된다.

■ **과업 지향적 스타일**: 과업 지향적인 사람은 목표 지향적이다. 그들은 성취하기를 원한다. 그들이 하는 일은 의미가 있으며, 그들은 일하는 것을 좋아한다. 그들의 존재이유는 '일을 하고, 일을 성취하는 것'에 있다. 즉, 그들의 존재이유는 일을 하는 것(doing)으로부터 나온다. 그들은 삶의 의미를 일하는 것에서 찾는다.

■ **관계 지향적 스타일**: 관계 지향적인 사람은 일하는 것(doing)에서 의미를 찾는 것이 아니라 존재(being)에서 의미를 추구한다. 관계 지향적인 사람은 사람들과 접촉하는 것을 원한다. 그들은 사람들과 어울려 쾌활하게 지내는 것을 즐거워한다. 일반적으로 관계 지향적 사람은 현재 지향성이 강하다. 그들은 성취해야 할 미래의 어떤 목표보다는 현재를 더 중시하며 의미를 부여한다.

과업행동과 관계행동에 초점을 맞춰 리더십 스타일을 분류하면, 리더십 스타일은 다양하게 분류될 수 있다.[1] 여기서는 과업행동과 관계행동에 대한 강조 정도에 따라 리더십 스타일을 단순하게 과업 지향적 리더십(task-oriented leadership)과 관계 지향적 리더십(relationship-oriented leadership)으로 분류하여 각각의 특징들을 살펴

---

1) 박성식(2011). **교육행정학**. 서울: 학지사, pp. 393-396.

보고자 한다.

과업행동과 관계행동과 관련하여 당신의 리더십 스타일은 어떤 것인가? 과업 지향적 리더십은 주로 절차, 활동 그리고 목표 달성을 특히 강조한다. 반면에 관계 지향적 리더십은 주로 하위자들에 초점을 두고, 하위자들 상호 간의 의사소통 방식과 작업집단의 분위기를 특히 강조한다. 훌륭한 리더는 해야 할 과업과 과업을 수행하는 사람들을 분명하게 이해할 필요가 있다. 리더십 실행과정에서 리더는 과업과 관계 모두에 관심을 가져야 한다. 따라서 특정한 상황과 맥락 속에서 리더는 과업과 관계에 대해 각각 어느 정도의 강조점을 둘 것인가를 결정해야 한다. 이것은 리더에게 도전적인 일이 된다.

■ **과업 지향적 리더십**: 과업 지향적 리더십 행동은 목표 성취를 촉진한다. 즉, 과업 지향적 리더십 행동은 집단구성원들이 그들의 목표를 성취하도록 돕는 행동이다. 연구결과에 따르면, 과업 지향적 리더십은 많은 행동들이 포함되어 있다. 이러한 행동들은 종종 다른 방식으로 명명되고 있지만, 언제나 과업 성취에 관한 것이다. 예를 들면, 어떤 연구자들은 과업 지향적 리더십을 리더가 작업을 조직하고, 역할 책임을 규정하고, 작업 활동들의 계획을 작성하는 것을 강조한다는 의미에서 '구조 중심(initiating structure)' 리더십이라고 명명하였다(Hemphill & Coons, 1950; Lunenburg & Ornstein, 1996; Stogdill, 1974). 한편 다른 연구자들은 과업 지향적 리더십을 리더가 생산과 직무의 기술적 측면을 강조한다는 의미에서 '생산 중심(production orientation)' 리더십이라고 명명하였다(Bowers & Seashore, 1966; Lunenburg & Ornstein, 1996). 과업 지향적 리더십에는 많은 행동들이 포함되지만, 각각의 행동들은 공통적으로 목표 성취를 향하도록 사람들에게 영향력을 행사한다.

사람들의 과업 지향적 리더십 능력은 사람마다 다르다. 어떤 사람은 과업 지향적 리더십이 매우 강한 반면, 다른 사람은 상대적으로 약하다. 이것은 사람들의 개인적 스타일에서 기인하는 것이다. 개인적인 생활이 과업 지향적인 사람은 그들의 리더십 스타일에서 보다 과업 지향적인 성향을 나타내는 반면, 개인적인 생활이 거의 과업 지향적이지 않은 사람은 과업 지향적인 리더가 되기 어려울 것이다. 사람들의 과업 지향성은 사람마다 다르지만, 리더는 한 가지 중요한 사실을 기억하고 있어야 한다. 즉, 리더는 언제나 어느 정도의 과업 지향적 행동을 보여 주어야 할 것이다. 어떤 사람에게는 이것이 쉬운 일인 반면, 다른 사람에게는 이것이 하나의 도전적인 일이 될 수도 있다. 그러나 효과적인 리더십 실행과정에서 어느 정도의 과업 지향적인 행동은 본질적이고 핵심적인 것이다.

■ **관계 지향적 리더십**: 관계 지향적 리더십 행동은 하위자들이 자기 자신, 다른 사람 그리고 작업환경에 대해 편안함을 느끼도록 도와주는 것이다. 예를 들면, 교실에서 교사가 개별 학생에게 다른 모든 학생의 이름을 알도록 요구하는 것은 교사가 관계적 리더십을 보여 주는 것이다. 교사는 학생들이 그들 자신, 다른 학생들 그리고 교실 환경에 대해 편안함을 느끼도록 도와주고 있는 것이다. 연구자들은 '도와주는 것'의 의미를 명확히 하기 위하여 여러 가지 방식으로 명명하여 왔다. 어떤 연구자들은 관계 지향적 리더십을 리더와 추종자들의 동지애, 존경 그리고 신뢰의 형성을 포함하는 '배려 행동(consideration behavior)'이라고 명명하였고(Lunenburg & Ornstein, 1996; Stogdill, 1974), 다른 연구자들은 인간존재 자체로서 노동자들에 대해 관심을 갖고, 그들의 독특함을 인정하고, 그들의 개인적 욕구에 특별한 관심을 기울이는 것을 강조하면서 관계 지향적 리더십을 '고용인 중심(employee orientation)' 리더십이라고 명명하였다(Bowers & Seashore, 1966; Lunenburg & Ornstein, 1996). 또 다른 연구자들은 관계 지향적 리더십을 '사람 중심(concerned for people)' 리더십이라고 규정하였다(Blake & Mouton, 1964). 조직 속에서 사람에 대한 관심은 신뢰 형성, 좋은 작업조건의 제공, 공정한 봉급 구조의 유지, 좋은 사회적 관계의 조장을 포함한다.

본질적으로 관계 지향적 리더십 행동은 세 가지 일, 즉 하위자들을 존엄성과 존경을 지닌 존재로 취급하고, 사람들 간에 좋은 관계 형성을 도와주고, 그리고 유쾌한 작업환경을 만들어 주는 것이다. 따라서 관계 지향적 리더십 행동은 효과적인 리더십 실행과정의 필수적인 요인의 일부다. 개인적인 생활이 고도로 관계 지향적인 사람은 관계 지향적 리더가 되는 것이 비교적 쉬울 것이다. 반면에 개인적인 생활이 고도로 관계 지향적인 사람은 과업 지향적인 리더가 되는 일이 커다란 도전이 될 것이다. 개인적 생활에 대한 스타일과 관계없이 효과적인 리더십 실행과정의 모든 상황에서는 어느 정도의 관계 지향적인 행동이 요구되고 있다.

지금까지 논의한 것을 종합적으로 요약하면, 리더십 행동은 본질적으로 과업행동과 관계행동이라는 두 가지 차원을 가지고 있다. 이러한 두 차원은 서로 매우 밀접하게 결합되어 있기 때문에 리더가 그의 리더십 역할을 수행하면서 과업 행동과 관계 행동을 통합하고 최적화하는 일은 도전적인 일이 된다. 서로 다른 사람 및 다양한 상황은 과업 지향적 리더십과 관계 지향적 리더십에 대한 강조점의 차이 정도로 인해 서로 다른 리더십 스타일을 요구한다. 따라서 오늘날과 같이 급격한 변화와 다양성이 특징인 사회에서 가장 효과적인 리더는 과업 지향적 리더십과 관계 지향적 리더십에 대한 강조의 적정성을 보여 주어야 한다.

훌륭한 리더는 과업 지향성과 관계 지향성 모두를 가지고 있다. 일과 놀이에 대한 개인적 스타일을 이해하는 것은 개인의 리더십 스타일을 보다 잘 인식하는 데 도움이 된다. 과업 지향적인 사람은 일하는 것(doing)에서 의미를 찾는 반면, 관계 지향적인 사람은 다른 사람들과의 접촉을 통해서 의미를 발견한다. 효과적인 리더십은 리더에게 과업 지향적 행동과 관계 지향적 행동 모두를 요구한다.

리더십 행동 진단검사

(Leadership Behavior Questionnaire)

■ **목적**: 이 진단검사의 목적은 당신이 생활 속에서 과업행동과 관계행동을 어느 정도 강조하고 있는가를 확인하고, 당신의 과업행동이 관계행동과 어떻게 관련되어 있는가를 탐구하는 것이다.

■ **지시문**: 아래 제시된 각각의 진술문에 기술된 행동에 대해 당신이 어느 정도 관여하고 있는가를 잠시 동안 생각해 본 후, 척도 위에 당신의 행동과 일치하는 곳에 ○로 표시하기 바랍니다.

진술문	전혀	거의	때때로	종종	항상
1. 해야 할 일들의 목록을 작성한다.	1	2	3	4	5
2. 다른 사람을 위해 직무를 즐겁게 만들려고 노력한다.	1	2	3	4	5
3. 다른 사람들에게 직무 자체에 집중할 것을 촉구한다.	1	2	3	4	5
4. 다른 사람들의 개인적 복지에 대해 관심을 나타낸다.	1	2	3	4	5
5. 직무 완성에 관한 시간계획표를 작성한다.	1	2	3	4	5
6. 집단구성원들이 잘 지내도록 돕는다.	1	2	3	4	5
7. 성취해야 할 것들을 확인하기 위한 목록을 작성한다.	1	2	3	4	5
8. 개별 집단구성원의 특별한 요구에 대해 귀를 기울인다.	1	2	3	4	5
9. 프로젝트 수행과 관련된 규칙과 요구사항들을 다른 사람들에게 강조한다.	1	2	3	4	5
10. 프로젝트에 대한 다른 사람들의 아이디어를 탐색하는 데 시간을 할애한다.	1	2	3	4	5

■ 검사가 끝나면, 별도의 지시사항에 따라 검사결과를 WORKSHEET에 옮겨 적으시오.

WORKSHEET

■ 점수의 환산 방법

1. 과업 지향적 리더십 행동(task-oriented leadership behavior) 점수: (　　　점)
   (문항 1, 3, 5, 7, 9의 점수를 합산한다)

2. 관계 지향적 리더십 행동(relationship-oriented leadership behavior)
   점수: (　　　점)
   (문항 2, 4, 6, 8, 10의 점수를 합산한다)

■ 점수의 해석

이 진단검사는 당신의 과업 지향적 리더십 행동과 관계 지향적 리더십 행동을 측정하기 위해 고안되었다. 진단검사에서 당신이 획득한 두 차원의 점수를 비교해 보면, 당신의 리더십 스타일은 어느 차원이 더 지배적인가를 결정할 수 있다. 만약 당신의 과업 지향적 리더십 행동 점수가 관계 지향적 리더십 행동 점수보다 높다면, 당신은 목표 성취에 보다 많은 관심을 기울이는 경향이 있는 반면, 사람과 관련된 문제들에 대해서는 다소 적은 관심을 기울이는 경향이 있다. 만약 당신의 관계 지향적 리더십 행동 점수가 과업 지향적 리더십 행동 점수보다 높다면, 당신의 주요 관심은 사람을 다루는 일에 있는 반면, 과업과 관련된 일에는 부차적인 관심을 기울이는 경향이 있다. 만약 당신의 점수가 두 차원에서 서로 비슷하다면, 당신의 리더십 스타일은 과업 행동과 관계 행동의 균형을 이루고 있다는 것을 시사한다.

획득한 점수의 범위가 20~25점: 높음
획득한 점수의 범위가 15~19점: 중간 이상
획득한 점수의 범위가 10~14점: 중간 이하
획득한 점수의 범위가 5~9점: 낮음

제5장

리더십 스킬 개발

최근에 와서야 비로소 리더십 스킬(leadership skills)이라는 문제가 연구자와 실무자들 모두에게 관심의 대상이 되고 있다. 리더십 스킬이란 리더가 과업 성과를 입증할 수 있는 학습된 능력(learned competencies)을 의미한다(Katz, 1955). 리더십 스킬은 사람이 다른 사람들에게 영향을 줄 수 있는 능력이다. 따라서 리더십 스킬은 성공적인 리더십의 핵심적인 구성요소다.

리더십 과정에서 스킬들이 핵심적인 역할을 할지라도, 그동안 리더십 스킬은 연구자들의 관심을 거의 받지 못했다(Lord & Hall, 2005; Mumford, Campion, &

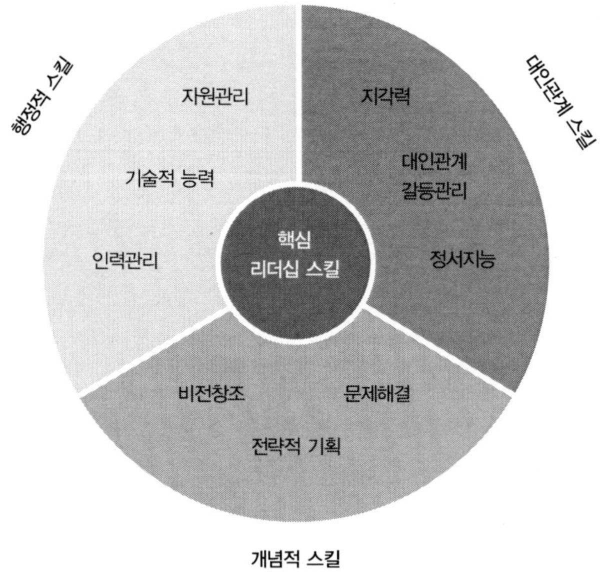

그림 5-1 리더십 스킬 모형

* 출처: Northouse(2009). *Introduction to Leadership: Concepts and Practice*. Thousand Oaks, CA: Sage, p. 66.

Morgeson, 2007). 리더십 스킬보다는 리더십 특성들이 100년 이상 연구의 초점이 되어 왔다. 그러나 지난 10년 동안에 걸쳐 변화가 일어나면서 현재는 리더십 스킬들이 연구자들과 실무자들 모두로부터 더 많은 관심을 받고 있다(Mumford, Zaccaro, Connelly, & Marks, 2000; Yammarino, 2000).

당신의 핵심 리더십 스킬은 무엇인가? 리더십 스킬들은 리더십 과정에서 어떤 영향을 미치는가? 이러한 문제를 탐구하기 위해 이 장에서는 수많은 리더십 스킬들을 세 집단으로 분류하여 각각의 특성들을 살펴보고, 이러한 리더십 스킬들이 리더십 과정에 어떤 영향을 주는가를 논의하고자 한다. 먼저, 논의의 편의상 수많은 리더십 스킬들을 세 집단, 즉 행정적 스킬, 대인관계 스킬, 개념적 스킬로 분류하여 각각의 특성들을 살펴보고자 한다(Northouse, 2009).

행정적 스킬

행정적 스킬들(administrative skills)은 종종 낮게 평가되어 왔기 때문에 매력적이거나 흥미진진한 것은 아니지만, 효과적인 리더십에서 중요한 역할을 한다. 어떤 연구자들은 행정적 스킬들이 리더들에게 요구되는 모든 스킬들 중에서 가장 기본적인 스킬이라고 주장한다.

행정적 스킬이란 무엇인가? 행정적 스킬은 조직의 목표를 달성하기 위해서 조직을 운영하는 리더의 능력들을 의미한다. 이러한 능력에는 직무를 조직하고 기획하는 것, 사람들에게 과업을 할당하는 것 그리고 직무활동들을 조정하는 것이 포함된다(Mann, 1965). 행정적 스킬들을 인력 관리, 자원 관리, 기술적 능력으로 세분화하여 구체적으로 살펴보면 다음과 같다.

■ **인력 관리**(managing people): 영리적 · 비영리적 조직의 리더들에게 "어떤 것에 가장 많은 시간을 할애하고 있는가?"라는 질문을 하면, 대부분의 리더들의 대답은 '인력 관리'다. 사람을 효과적으로 다루기 위해서는 리더에게 엄청난 능력들, 즉 고용

원들이 하나의 팀으로 일하도록 돕는 능력, 고용인들이 그들의 최선을 다하도록 동기부여하는 능력, 고용인들 간의 인간관계를 만족스럽게 촉진하는 능력, 고용인들의 요구에 적절하게 대응하는 능력 등이 요구된다. 리더는 또한 고용인의 충원과 유지에도 관심을 기울어야 한다. 그리고 리더들은 조직과 이해관련을 맺고 있는 외부집단들과 효과적으로 의사소통을 해야 할 필요가 있다.

■ **자원 관리**(managing resources): 리더는 종종 자원과 관련된 문제들을 처리하는 데 상당한 시간을 할당한다. 조직의 자원에는 사람, 돈, 사무용품, 장비, 공간, 및 조직 운영에 필요한 그 밖의 것들이 모두 포함된다. 자원 관리는 리더에게 자원의 획득과 분배 모두에서 유능함을 요구한다. 리더는 종종 중간 관리자들이 자원을 관리하는 일을 지원하지만, 자원 관리의 궁극적인 책임은 리더에게 있다.

■ **기술적 능력**(technical competence): 기술적 능력은 직무에 관한 전문화된 지식을 갖는 것을 의미한다. 조직의 경우, 기술적 능력에는 조직의 여러 가지 복잡한 기능들이 어떻게 작용하고 있는가를 이해하는 것이 포함된다. 기술적 능력을 가진 리더는 조직 운영의 복잡한 측면들을 이해한다. 예를 들면, 대학총장은 교육, 연구, 학생 충원, 학생 보유 등에 관한 전문적 지식을 가지고 있어야 한다. 리더가 하위자들에 의해 수행되고 있는 과업활동들에 관한 지식과 기술적 능력을 가지고 있을 때, 리더는 더욱 효과적인 리더가 된다.

기술적 능력은 때때로 '기능적 능력(functional competence)'을 의미하기도 한다. 왜냐하면 기술적 능력은 특정한 기능 또는 분야에 대한 유능함을 의미하기 때문이다. 어느 누구도 인생의 모든 분야에 유능한 사람은 없다. 마찬가지로 리더에게 모든 상황에 기술적 능력을 갖기를 요구하지는 않는다. 기술적 능력을 갖는다는 것은 작업의 특정 분야에 유능하게 되는 것이다.

대인관계 스킬

효과적인 리더십은 대인관계 스킬(interpersonal skills)을 요구한다. 대인관계 스킬은 사람을 다루는 스킬이다. 즉, 리더가 조직 목표를 달성하기 위해 하위자, 동료, 상위자들과 함께 효과적으로 일하는 것에 도움이 되는 사람을 다루는 능력이다. 어떤 사람들은 대인관계 스킬을 경시하거나 또는 다루기 힘들고 불합리한 것이라고 비난하지만, 리더십 연구는 효과적인 리더십에 대인관계 스킬이 중요하다는 것을 일관되게 지적하고 있다(Bass, 1990; Blake & McCanse, 1991; Katz, 1955). 대인관계 스킬들을 지각력, 정서 지능, 대인관계 갈등관리로 세분화하여 구체적으로 살펴보면 다음과 같다.

■ **지각력**(being socially perceptive): 조직변화를 성공적으로 이끌기 위해 리더는 자신의 아이디어와 다른 사람들의 아이디어가 어떻게 조화를 이룰 수 있는가에 대해 민감할 필요가 있다. 사회적 지각력(social perceptiveness)에는 다른 사람들이 중요하게 여기는 것, 그들을 동기부여하는 방법, 그들이 직면하고 있는 문제들 그리고 변화에 대한 그들의 반응에 대한 통찰력과 인식을 포함하고 있다. 또한 사회적 지각력에는 다양한 조직구성원들의 독특한 욕구, 목표 및 요구에 대한 이해를 포함하고 있다(Zaccaro, Gilbert, Thor, & Mumford, 1991). 사회적 지각력을 가지고 있는 리더는 조직의 변화 도입 문제에 대한 고용인들의 반응을 예리하게 인식한다.

리더십은 변화에 관한 것이다. 조직구성원들은 동일한 곳에 머물면서 일을 하는 것을 좋아하기 때문에 종종 변화에 저항한다. 조직구성원들은 새로운 아이디어, 다른 규칙, 새로운 작업방식 등에 대해 위협을 느낀다. 사회적 지각력을 가지고 있는 리더는 제안된 변화가 관련된 모든 사람에게 어떤 영향을 미칠 것인가를 이해하고 있다면, 효과적으로 변화를 창조할 수 있다.

■ **정서 지능**(showing emotional intelligence): 리더에게 또 다른 중요한 스킬

은 정서 지능을 보여 줄 수 있는 능력이다. 정서 지능이 하나의 개념으로 나타난 것은 20년이 채 안 되었지만, 정서 지능은 리더십을 연구하는 많은 학자들과 실무자들의 관심을 사로잡아 왔다(Caruso & Wolfe, 2004; Goleman, 1995; Mayer & Salovey, 1995). 정서 지능은 자신과 다른 사람의 정서를 이해하고, 이러한 이해를 인생의 과업에 적용하는 능력과 관련된 것이다. 특히 정서지능은 정서를 인식하고 표현하는 능력, 사고를 촉진하기 위해 정서를 사용하는 능력, 정서를 가지고 이해하고 추론하는 능력 그리고 자신의 정서와 다른 사람들과의 관계를 효과적으로 관리하는 능력으로 정의될 수 있다(Mayer, Salovey, & Caruso, 2000).

정서 지능에 대한 연구의 중요한 전제는 자신의 정서에 민감한 사람과 자신의 정서가 다른 사람들에게 영향을 주는 사람은 보다 효과적인 리더가 될 것이라고 전제하고 있다. 정서 지능을 보여 주는 것이 효과적인 리더십과 긍정적으로 관련되어 있다면, 리더는 그의 정서적 스킬을 높이기 위해 무엇을 해야 하는가? 리더는 정서적 스킬을 높이기 위해 다음과 같은 세 가지 일을 해야 한다.

첫째, 리더는 지속적으로 자기 자신의 정서를 인식하고, 정서적 성향을 받아들이고, 느낌을 확인하는 일을 할 필요가 있다.

둘째, 리더는 다른 사람들의 정서를 인식하는 훈련을 해야 한다. 다른 사람들의 정서를 알고 있는 리더는 그들의 욕구들에 대해 적절하게 반응할 수 있다. 즉, 리더는 다른 사람들에 대한 공감 능력을 가져야 한다. 공감(empathy)은 정서 지능의 핵심 요인이다(Salovey & Mayer, 1990).

셋째, 리더는 자기 자신의 정서를 조절하는 방법을 배워야 한다.

■ **대인관계 갈등관리**(managing interpersonal conflicts): 리더는 또한 갈등을 처리하는 스킬을 가지고 있어야 한다. 갈등은 불가피한 것이다. 갈등은 변화에 대한 요구를 창출하며, 변화의 결과로서 갈등은 일어난다. 일반적으로 갈등은 매우 복잡하기 때문에 그것을 처리하는 것은 결코 간단한 문제는 아니다. 갈등은 실제적인 문제들(예: 올바른 작업절차)에 관한 인식의 차이 또는 관계적 문제들(예: 개인의 통제력)에 관한 인식의 차이로 인해 두 사람 이상이 서로 투쟁하는 것이라고 정의될 수 있다. 갈등

에 직면하면 리더와 추종자들은 갈등에 수반되는 긴장, 논쟁, 스트레스 때문에 불편함을 느낀다. 갈등은 불편한 것이지만, 그것은 건강하지 못한 것도 아니며, 반드시 나쁜 것도 아니다. 중요한 것은 '리더가 갈등을 어떻게 회피하고, 변화를 감소시킬 수 있는가?' 하는 문제가 아니라, '리더가 어떻게 효과적으로 갈등을 관리하고, 긍정적인 변화를 가져올 수 있는가?' 하는 문제다. 갈등이 효과적이고 생산적인 방식으로 관리된다면, 스트레스의 감소, 창의적인 문제해결의 증가 그리고 리더와 추종자 간의 상호 관계가 강화되는 결과를 초래할 것이다.[1)]

개념적 스킬

행정적 스킬은 직무를 조직하는 것에 관한 것이고, 대인관계 스킬은 효과적으로 사람들을 다루는 것에 관한 것인 반면, 개념적 스킬(conceptual skills)은 개념과 아이디어를 가지고 일하는 것(working with concepts and ideas)에 관한 것이다. 개념적 스킬에는 리더십의 사고적 측면 또는 인지적 측면들이 포함된다. 개념적 스킬들을 문제해결, 전략적 기획, 비전 창조로 세분화하여 구체적으로 살펴보면 다음과 같다.

■ **문제해결**(problem solving): 우리 모두는 특별히 문제해결에 능통한 사람을 알고 있다. 그들은 문제가 발생하면 가만히 앉아 있지 않는다. 그들은 재빨리 '무엇이 잘못되어 가고 있는가?'를 묻고, 잘못된 점을 수정할 수 있는 가능한 방법들을 탐색한다. 문제해결 스킬은 효과적인 리더십의 핵심적인 요소다.

문제해결 스킬이란 무엇인가? 문제해결 스킬은 바람직한 목표를 달성하기 위해서 문제 상황에서 올바른 조치를 취할 수 있는 리더의 인지적 능력을 의미한다. 문제해결 스킬에는 문제의 확인, 해결 대안의 탐색과 도출, 대안들 중에서 최선의 해결책 선택 그리고 해결책을 실행하는 것을 포함한다. 문제해결 스킬은 진공 속에서 기능하는

---

1) 박성식(2011). 교육행정학. 서울: 학지사, pp. 261-284.

것이 아니라, 특정한 상황 또는 맥락 속에서 수행되는 것이다.

■ **전략적 기획**(strategic planning): 개념적 스킬의 또 다른 중요한 요인은 전략적 기획이다. 문제해결과 마찬가지로 전략적 기획은 주로 인지적 활동이다. 리더는 조직의 효과적인 전략들을 개발하기 위해 아이디어들을 고려할 수 있는 능력이 필요하다. 전략적 기획은 목표를 성취하기 위해 이용할 수 있는 자원과 인력에 기초해서 실행 계획을 주의 깊게 개발하는 것이다. 즉, 전략적 기획은 바람직한 목표를 달성하기 위한 실행 계획을 설계하는 것에 관한 것이다. 전략적 기획을 통해 리더와 고용인들은 그들의 목표에 도달할 수 있는 가능성과 조직의 목표를 성취할 수 있는 가능성을 증가시킬 수 있다.

■ **비전 창조**(creating vision): 전략적 기획과 마찬가지로 비전을 창조하는 것은 특별한 종류의 인지적 · 개념적 능력을 필요로 한다. 비전을 창조하려면, 리더는 현재보다 나은 미래의 모습을 설정할 수 있는 능력과 다른 사람들을 미래로 인도할 수 있는 일련의 새로운 이념과 가치들을 향해 움직이게 하는 능력이 필요하다. 리더는 비전을 분명하게 표현할 수 있는 능력과 다른 사람들을 비전 추구 활동에 참여시킬 수 있는 능력이 필요하다. 또한 리더는 비전을 실행할 수 있는 능력이 필요하다.

지금까지 논의한 것을 종합적으로 요약하면, 최근 리더십 스킬에 대한 연구는 연구자와 실무자들 모두에게 큰 관심이 되고 있다. 스킬은 효과적인 리더가 되는 데 핵심적인 역할을 한다. 선천적인 특성들과는 다르게, 리더십 스킬들은 후천적으로 학습된 능력이다. 모든 사람은 리더십 스킬을 학습을 통해 획득할 수 있다.

여기서는 수많은 리더십 스킬들을 행정적 스킬, 대인관계 스킬, 개념적 스킬로 분류하여 각각의 특징들을 살펴보았다. 행정적 스킬은 효과적인 리더십에서 중요한 역할을 한다. 행정적 스킬은 조직의 목표를 달성하기 위해서 조직을 운영하는 리더의 능력들을 의미한다. 특히, 행정적 스킬에는 인력 관리, 자원 관리, 기술적 능력이 중요하다. 대인관계 스킬은 사람을 다루는 스킬이다. 즉, 리더가 조직 목표를 달성하기 위해 하위자, 동료, 상위자들과 함께 효과적으로 일하는 것에 도움이 되는 사람을 다루는 능력이다. 대인관계 스킬에서는 지각력, 정서 지능, 대인관계 갈등관리가 특히 중요하다. 개념적 스킬은 개념과 아이디어를 가지고 일하는 것에 관한 것이다. 개념적 스킬에는 리더십의 사고적 측면 또는 인지적 측면들이 포함된다. 특히, 개념적 스킬에서는 문제해결, 전략적 기획, 비전 창조가 중요한 요소다.

효과적인 리더십에서는 행정적 스킬, 대인관계 스킬 및 개념적 스킬이 중요한 역할을 한다. 우리는 부단한 연습과 노력을 통해 이러한 리더십 기술들을 향상시킴으로써 효과적인 리더가 될 수 있다.

리더십 스킬 진단검사

(Leadership Skills Questionnaire)

■ **목적**: 이 진단검사의 목적은 당신의 리더십 스킬을 확인하고, 당신의 강점과 약점을 보여 주는 당신의 리더십 스킬 프로파일을 제공하는 데 있다.

■ **지시문**: 아래 제시된 진술문들에는 정답과 오답이 있는 것이 아닙니다. 잠시 동안 각각의 진술문에 대해 생각해 본 후에 각각의 진술문이 당신의 실제적인 행동과 일치하는 정도에 따라 척도 위에 ○로 표시하기 바랍니다.

진술문	전혀 불일치	거의 불일치	가끔 일치	종종 일치	매우 일치
1. 나는 내가 수행하는 과업의 상세한 측면들을 효과적으로 처리한다.	1	2	3	4	5
2. 일반적으로 나는 사람들이 새로운 아이디어 또는 계획안에 대해 어떻게 반응할 것인지를 사전에 알고 있다.	1	2	3	4	5
3. 나는 문제해결을 효과적으로 처리한다.	1	2	3	4	5
4. 나는 문서의 복잡한 서식 작성과 상세한 일들을 쉽게 처리한다.	1	2	3	4	5
5. 나는 조직의 사회적 구조를 이해하는 것을 중요하게 생각한다.	1	2	3	4	5
6. 문제들이 발생하면, 나는 즉시 문제들을 처리한다.	1	2	3	4	5
7. 인력과 자원의 관리가 나의 강점 중의 하나다.	1	2	3	4	5
8. 나는 집단구성원들의 내면적인 정서적 의향을 감지하는 능력이 있다.	1	2	3	4	5
9. 나는 미래에 관한 큰 그림을 쉽게 그린다.	1	2	3	4	5
10. 나는 직무수행을 하면서 다른 사람들의 요구와 관심에 반응하는 것을 즐긴다.	1	2	3	4	5

11. 나는 다른 사람들을 동기부여하기 위해 나의 정서적 에너지를 사용한다.	1	2	3	4	5
12. 나는 내가 속한 조직을 위해 전략적 기획을 수립하는 일에 흥미를 느낀다.	1	2	3	4	5
13. 자원을 획득하고 할당하는 일은 내가 수행하는 직무의 도전적인 측면이다.	1	2	3	4	5
14. 성공적인 갈등해결의 핵심은 반대자들을 존중하는 것이다.	1	2	3	4	5
15. 나는 조직의 가치와 철학에 대해 구성원들과 토론하는 것을 즐긴다.	1	2	3	4	5
16. 나는 집단의 프로그램들을 지원하기 위한 자원들을 효과적으로 획득한다.	1	2	3	4	5
17. 나는 갈등 상황에서 합의를 도출하기 위해 열심히 노력한다.	1	2	3	4	5
18. 나는 조직의 변화도입 문제에 관해 유연한 태도를 가지고 있다.	1	2	3	4	5

■ 검사가 끝나면, 별도의 지시사항에 따라 검사결과를 WORKSHEET에 옮겨 적으시오.

WORKSHEET

■ 점수의 환산 방법

1. 행정적 스킬(administrative skill): (점)
   (문항 1, 4, 7, 10, 13, 16의 점수를 합산한다)

2. 대인관계 스킬(interpersonal skill): (점)
   (문항 2, 5, 8, 11, 14, 17의 점수를 합산한다)

3. 개념적 스킬(conceptual skill): (점)
   (문항 3, 6, 9. 12, 15, 18의 점수를 합산한다)

■ 점수의 해석

리더십 스킬 진단검사는 리더십 스킬들을 행정적 스킬, 대인관계 스킬 및 개념적 스킬 측면에서 측정하기 위해 고안된 것이다. 진단검사에서 당신이 획득한 점수들을 비교하여 보면, 당신이 가지고 있는 리더십 스킬의 강점과 약점을 확인할 수 있다.

획득한 점수의 범위가 26~30점: 매우 높음
획득한 점수의 범위가 21~25점: 높음
획득한 점수의 범위가 16~20점: 중간
획득한 점수의 범위가 11~15점: 낮음
획득한 점수의 범위가 6~10점: 매우 낮음

제6장

비전의 창조

효과적인 리더는 사람들의 행동을 인도하는 강력한 비전을 창조한다. 리더십 맥락에서 보면, 비전(vision)은 이상적인 미래 상태에 대한 정신적 모형(a mental model of an ideal future state)이다. 비전은 변화를 함축하고 있으며, 사람들에게 보다 높은 수준의 수월성에 도달하도록 요구할 수 있다. 동시에 비전은 사람들에게 의미와 목표를 제시하는 안내철학 같은 것이다.

비전을 개발할 때, 리더는 미래의 긍정적인 산출물들을 가시화할 수 있으며, 그것들에 관해 다른 사람들과 의사소통을 할 수 있다. 리더와 조직구성원들이 비전을 공유하는 것은 이상적이다. 비록 가능한 미래에 대한 그림이 항상 수정처럼 명확할 수는 없을지라도, 비전 그 자체는 리더와 추종자들이 서로 영향력을 주고받는 과정에서 중요한 역할을 한다.

1980년대 중반부터 비전은 리더십 연구의 중요한 연구주제가 되어 왔다. 비전은 리더십 훈련과 개발에서 중요한 역할을 해 왔으며(Covey, 1991; Kouzes & Posner, 2003; Loehr & Schwartz, 2001), 리더십에 관한 많은 이론들도 공통적으로 비전의 핵심적 역할을 다루고 있다(Bass & Avolio, 1994; Conger & Kanungo, 1998; House, 1977; Nanus, 1992; Sashkin, 2004; Zaccaro & Banks, 2001). 따라서 이 장에서는 효과적인 리더십에서 비전의 역할을 분명하게 이해하기 위해 먼저 비전의 특성들에 관해 논의한 다음, 비전을 다른 사람들에게 분명하게 설명하고 전달하는 구체적인 방법과 비전을 실행하는 방법에 관해 살펴보고자 한다.

비전의 특성(Characteristics of a Vision)

리더가 비전을 갖는 것이 핵심적인 일이라면, 비전은 어떻게 만들어지며, 비전의 주요 특성들은 무엇인가? 비전 리더십(visionary leadership)에 관한 연구는 비전의 특성을 다음과 같이 다섯 가지로 제시하고 있다(Nanus, 1992; Zaccaro & Banks, 2001).

첫째, 비전은 현재 상태보다 나은 미래에 관한 그림을 그리는 것이다. 비전은 사람들에게 신념에 따라 행동할 것을 요구하는 미래에 관한 아이디어에 관한 것이다. 비전은 집단 또는 조직이 가야 할 곳에 관한 이상적인 이미지를 그리는 것이다. 일반적으로 이러한 정신적 이미지들은 공동 목표를 달성하기 위해 생산적으로 일을 하는 시간과 장소에 관한 것이다. 때때로 최초로 제시되는 리더의 비전은 추종자들에게 단지 일반적인 방향 또는 제한된 안내만을 제공하지만, 몇 년의 시간이 흐르면 명확한 비전이 된다. 그럼에도 불구하고 리더가 매력적이고 영감을 불러일으키는 미래에 관한 그림을 그릴 수 있을 때, 그것은 효과적으로 다른 사람들을 이끌어 가는 리더의 능력에 커다란 영향을 줄 수 있다.

둘째, 비전은 조직이 보다 긍정적인 미래의 어떤 것을 향해 움직이도록 현재 상태에 변화를 가져오게 하는 특징이 있다. 비전은 과거의 일 처리방식보다 나은 새로운 일 처리방식을 제시한다. 비전은 변화를 함축하고 있기 때문에 리더가 비전에 대한 저항에 직면하는 것은 비일상적인 것이 아니다. 일반적으로 비전은 다른 사람들에게 과거의 일 처리방식을 옆으로 제쳐 놓도록 강요하고 자극하지만, 리더가 제시한 비전은 긍정적 변화의 일부가 된다.

셋째, 비전은 가치에 관한 것이다. 조직에서 변화를 옹호하기 위해서는 자신의 가치, 타인의 가치 그리고 조직의 가치를 이해하는 것이 필요하다. 비전은 그러한 가치들의 변화에 관한 것이다. 예를 들면, 리더가 조직에 있는 모든 사람이 중요하다는 것을 강조하는 비전을 창조한다면, 비전에는 인간의 존엄성이 지배적인 가치로 표현되어 있어야 한다.

넷째, 비전은 조직이 지향하는 것을 향해 나아가는 길을 제시해 주는 안내도(road map)를 제공하는 특성이 있다. 사람들은 그들이 올바른 방향으로 가고 있다는 것을 알게 되면 종종 안정감과 평온을 느낀다. 비전은 이러한 확신을 제공한다. 조직의 단기 목표와 장기 목표를 제시한 안내도를 가지고 있는 사람들은 종종 편안함을 느낀다. 또한 비전은 사람들에게 의미와 목표를 제시해주는 안내철학(guiding philosophy)을 제공한다. 사람들이 조직의 목표, 원리, 가치들을 알게 되면, 사람들은 조직에서 그들의 적합한 위치를 확인하고 적응하는 것이 훨씬 쉬우며, 조직에 대한 그들의 기여도를 평가할 수 있다. 비전의 가치는 그들이 하는 일의 의미를 다른 사람들에게 보여 주는 것이다.

다섯째, 비전은 다른 사람들에게 이익이 되는 어떤 일에 사람들이 도전하도록 만드는 특성을 가지고 있다. 비전은 보다 나은 것을 위해 어떤 것을 변화시키려는 도전이다. 비전은 가치 있는 대의명분에 사람들이 헌신하도록 만든다. 이러한 비전의 대표적인 예가 케네디 전 대통령의 취임 연설이다. 즉, 케네디 전 대통령은 취임 연설에서 "국가가 여러분을 위해 무엇을 해줄 것인가를 묻지 말고, 여러분이 국가를 위해 무엇을 할 수 있는가를 물어라."라고 말함으로써 미국인에게 도전의식을 불러일으켰다.

비전의 공표(Articulation of Vision)

리더가 비전을 갖는 것은 매우 중요하지만, 리더가 다른 사람들에게 비전을 분명하게 설명하고 기술할 수 있는 능력은 특히 중요하다. 어떤 사람은 다른 사람보다 이러한 것을 잘한다. 그러나 모든 리더는 다음과 같은 방법을 통해 그들의 비전을 다른 사람들에게 분명하게 전달하는 능력을 향상시킬 수 있다. 만약 리더가 비전을 분명하게 전달하는 능력을 가지고 있다면, 그는 비전의 수용 가능성과 목표의 성취 가능성을 증가시킬 수 있을 것이다.

첫째, 리더는 청중의 수준에 맞춰 비전을 전달해야 한다. 심리학자들에 따르면, 대부분의 사람은 일관성의 욕구를 가지고 있기 때문에 변화의 요구에 직면할 때, 변화가 그들의 현 상태와 너무 차이가 나지 않는다면 그들은 변화를 받아들인다. 리더는 다른 사람의 수용 태도에 맞춰 비전을 분명하게 전달해야 할 필요가 있다(Conger & kanungo, 1987). 만약 비전이 너무 강력하게 요구되고, 너무 큰 변화가 요구된다면, 비전은 거부될 것이다. 현재의 상태를 고려하면서 너무 큰 변화를 요구하지 않는다면, 비전은 수용될 것이다.

둘째, 리더는 비전이 제시하고 있는 이상이 추구할 가치가 있다는 것을 강조함으로써 비전의 가치를 두드러지게 할 필요가 있다. 즉, 리더는 비전의 내재적 가치를 강조할 필요가 있다. 비전의 가치를 제시하는 것은 집단구성원들이 자신들의 직무가 가치 있는 것이라는 것을 발견하도록 돕는 것이다.

셋째, 리더가 비전을 분명하게 전달하기 위해서는 올바른 언어를 선택할 필요가 있다. 리더는 동기부여와 영감을 불러일으키는 단어와 상징을 사용해야 한다(Sashkin, 2004; Zaccaro & Banks, 2001). 케네디 전 대통령과 마틴 루터 킹 목사는 그들의 비전을 분명하게 전달하기 위해 영감을 불러일으키는 언어를 사용한 전형적인 리더들이다.

넷째, 리더는 포괄적인 언어를 사용하여 기술한 비전을 직간접적으로 관련이 있는 사람들에게 전달할 필요가 있다. 예를 들면, '우리'라는 단어가 '그들'이라는 단어보다 포괄적인 언어다. 포괄적인 언어를 사용하여 비전을 기술하는 것은 다른 사람들의 참여를 확대하고, 공동 목표를 중심으로 공동체를 구축하는 데 도움이 되기 때문이다.

비전의 실행(Implementation of Vision)

비전의 창조와 분명한 표현에 덧붙여, 리더는 비전을 실행할 필요가 있다. 아마도 리더의 진정한 능력은 비전의 실행 국면에서 검증된다. 비전의 실행은 리더에게 엄청난 시간과 노력을 요구한다. 비전의 실행에서 가장 중요한 점은 리더가 비전에 포함되어 있는 태도, 가치 그리고 행동에 대한 역할 모델을 다른 사람들에게 보여 주어야 한다는 점이다. 리더는 비전에 포함되어 있는 이상의 살아 있는 표본이다. 리더가 비전을 행동으로 보여 준다면, 리더는 다른 사람들의 신뢰를 구축할 수 있을 것이다. 또한 비전의 실행은 리더에게 높은 성과 기대들을 설정할 것을 요구한다. 도전적인 목표를 설정하는 것은 사명을 달성하도록 사람들을 동기부여 시킨다.

비전을 실행하는 과정은 신속하게 완료되는 것이 아니기 때문에 지속적인 노력을 요구한다. 즉, 비전의 실행과정은 한 순간에 모든 것이 일어나는 것이 아니라, 한 단계씩 앞으로 나아가는 순차적인 과정이다. 이러한 이유 때문에 리더는 목표에 대해 한 순간도 눈을 돌릴 수 없다. 리더는 혼자서 비전을 실행할 수 없다. 따라서 리더는 비전의 실행과정에서 다른 사람들과 함께 일을 해야 하며, 다른 사람들에게 권한과 책임을 위임해야 한다. 리더가 목표를 성취하기 위해서는 다른 사람들과 작업을 공유하고 협력하는 것이 핵심적인 일이다.

지금까지 논의한 것을 종합적으로 요약하면, 유능한 리더는 보다 높은 수월성 기준을 향해 사람들이 일하도록 자극하는 강력한 비전을 가지고 있어야 할 것이다. 비전은 이상적인 미래 상태에 대한 정신적 모형이다. 비전은 현재보다 나은 미래에 대한 그림을 제공한다. 비전은 가치에 근거를 두고 있으며, 새로운 이상을 향한 변화를 옹호한다. 비전은 사람들에게 방향을 제시해 주는 안내지도의 기능을 하며, 보다 큰 공동선에 헌신하도록 도전의식을 불러일으킨다.

리더가 다른 사람들에게 비전을 분명하게 설명하고 기술할 수 있는 능력은 특히 중요하다. 만약 리더가 비전을 분명하게 전달하는 능력을 가지고 있다면, 그는 비전의 수용 가능성과 목표의 성취 가능성을 증가시킬 수 있을 것이다. 비전의 실행은 리더에게 엄청난 시간과 노력을 요구한다. 비전의 실행에서 가장 중요한 것은 리더가 비전에 포함되어 있는 태도, 가치 그리고 행동에 대한 역할모델을 다른 사람들에게 보여 주는 것이다. 리더는 혼자서 비전을 실행할 수 없다. 따라서 리더는 비전의 실행과정에서 목표를 성취하기 위해서는 다른 사람들과 작업을 공유하고 협력하는 것이 핵심적인 일이다.

리더십 비전 진단검사

(Leadership Vision Questionnaire)

■ **목적**: 이 진단검사의 목적은 집단 또는 조직을 위한 당신의 비전 창조 능력을 평가하고, 비전의 형성에 대한 당신의 이해를 도와주기 위해 고안되었다.

■ **지시문**: 당신이 구성원으로 참여하고 있는 집단 또는 조직에 대해 잠시 동안 생각해 본 다음, 만약 당신이 집단 · 조직의 리더가 되어 집단 · 조직을 위해 비전을 창조해야 한다면, 당신은 무엇을 할 것인가에 대해 생각해 보기 바랍니다. 비전 창조에 대한 당신의 생각에 기초해서 아래 제시된 각각의 진술문이 당신의 생각과 일치하는 정도에 따라 척도 위에 ○로 표시하기 바랍니다.

진술문	강한 반대	반대	중립	찬성	강한 찬성
1. 나는 내가 속한 집단 또는 조직을 현재보다 나은 상태로 만들 수 있는 정신적 그림을 가지고 있다.	1	2	3	4	5
2. 나는 내가 속한 집단 또는 조직을 개선하기 위한 여러 가지 변화들을 상상할 수 있다.	1	2	3	4	5
3. 나는 내가 속한 집단 또는 조직을 보다 강력하게 만들 수 있는 비전을 가지고 있다.	1	2	3	4	5
4. 나는 내가 속한 집단 또는 조직을 보다 나은 상태로 만들기 위해 현 상태를 변화시킬 수 있는 방법을 알고 있다.	1	2	3	4	5
5. 나는 내가 속한 집단 또는 조직을 개선하기 위해 취해야 할 조치가 무엇인지를 분명히 알고 있다.	1	2	3	4	5
6. 나는 내가 속한 집단 또는 조직에서 보다 높은 수월성의 기준을 달성하기 위해 무엇을 해야 할 것인지에 관한 분명한 그림을 가지고 있다.	1	2	3	4	5
7. 나는 마음속에 내가 속한 집단 또는 조직의 이상적인 미래 모습에 관한 분명한 그림을 가지고 있다.	1	2	3	4	5

8. 나는 내가 속한 집단 또는 조직을 개선하기 위해 강조해야 할 핵심 가치들이 무엇인가를 분명히 알고 있다.	1	2	3	4	5
9. 나는 내가 속한 집단 또는 조직에서 강조해야 할 도전적인 목표들을 확인할 수 있다.	1	2	3	4	5
10. 나는 내가 속한 집단 또는 조직이 보다 나은 성과를 올리도록 고무하는 여러 가지 일들을 상상할 수 있다.	1	2	3	4	5

■ 검사가 끝나면, 별도의 지시사항에 따라 검사결과를 WORKSHEET에 옮겨 적으시오.

WORKSHEET

■ 점수의 환산 방법

비전 능력 점수(vision ability scores): (점)
(각 문항에 ○로 표시된 점수를 모두 합산한다)

■ 점수의 해석

리더십 비전 진단검사는 리더로서의 당신의 비전 창조 능력을 측정하기 위해 고안된 것이다.

획득한 점수의 범위가 41~50점: 매우 높음
획득한 점수의 범위가 31~40점: 높음
획득한 점수의 범위가 21~30점: 중간
획득한 점수의 범위가 10~20점: 낮음

제7장

분위기 조성

지금까지 앞에서 논의한 바와 같이, 리더는 과업과 사람에 대해 관심을 가져야 한다. 또한 리더는 비전을 가지고 있어야 하며, 그것을 분명하게 표현하고 실행할 수 있어야 한다. 마찬가지로 중요한 점은 리더는 집단 · 조직 구성원들을 위해 긍정적인 분위기를 조성할 수 있는 능력을 가지고 있어야 한다. 리더는 집단 · 조직의 분위기를 긍정적으로 조성함으로써, 리더는 구성원들이 보다 효과적으로 함께 일하는 것을 보장한다. 여기서 분위기란 용어는 집단 · 조직의 전반적인 활동과 성과에 영향을 주는 조직 · 집단 전체를 관통하고 있는 기운 또는 풍토를 의미한다. 예를 들면, 기업의 독특한 문화, 학교의 교풍 같은 것이 여기에 해당된다. 이 장에서는 집단의 긍정적 분위기를 조성하는 데 중요한 역할을 하는 네 가지 요인들의 중요성을 설명한 다음, 그러한 요인들이 효과적인 집단성과에 어떻게 기여하는가를 논의하고자 한다.

리더가 생산적인 방식으로 집단 분위기를 조성할 때, 리더는 집단구성원들이 과업수행에서 최고 수준의 수월성을 발휘하도록 돕고 있는 것이다(Larson & LaFasto, 1989). 효과적인 리더는 집단의 긍정적인 분위기를 조성하기 위해 다음과 같은 네 가지 일을 할 필요가 있다(Northouse, 2009: 105-117).

업무와 활동의 구조화

리더는 업무와 활동의 구조화를 통해 집단의 긍정적인 분위기를 조성할 필요가 있다. 업무와 활동이 비구조화되어 있는 집단에서 일을 하는 것은 집단의 모든 구성원들에게 큰 어려움이 된다. 따라서 효과적인 리더는 집단의 업무와 활동들을 구조화함으로써 집단구성원들에게 도움을 줄 수 있다. 집단의 업무와 활동의 구조화는 집단구성원들에게 그들의 직무에 대한 청사진을 주는 것과 매우 비슷하다. 조직의 업무와 활동의 구조화는 사람들에게 안전감, 방향감 및 안정성을 제공하는 것이다. 또한 그것은 그들이 성취해야 할 목표들을 이해하는 데 도움이 된다.

리더는 어떤 방법을 통해 집단의 업무와 활동을 구조화 할 수 있는가? 첫째, 리더는 집단구성원들과 집단의 목표에 대해 의사소통을 하고, 그것을 기초로 해서 업무와 활동을 구조화해야 한다. 리더가 임무와 책임에 대한 명확한 청사진을 제시할 때, 집단구성원들은 보다 나은 방향감을 얻을 수 있다. 예를 들면, 군대에서 군인은 특정한 사명을 수행하기 위한 명령(orders)을 받으며, 대학에서는 학생들이 개강 첫 시간에 교수로부터 강의계획서(syllabus)를 받는다. 리더가 제공하는 업무와 활동의 구조화는 군인이 받은 명령, 학생이 받은 강의계획서와 같은 역할을 하는 것이다.

둘째, 리더는 집단의 개별 구성원들이 집단에 기여할 수 있는 독특한 방식들을 확인함으로써 업무와 활동을 구조화해야 한다. 효과적인 집단들은 구성원 개인들의 재능을 활용하며, 그 결과로 집단은 더 많은 것을 성취한다. 이것이 시너지(synergy) 효과다. 즉, 집단의 산출물은 개별 구성원들의 산출물을 모두 합한 것보다 훨씬 크다. 집단의 개별 구성원은 다른 사람들과 구별되는 재능을 가지고 있으며, 그것을 통해 집단에 독특한 기여를 할 수 있다. 따라서 효과적인 리더들은 전체 집단에 유익한 도움이 되는 개별 구성원들의 재능을 발견하는 방법을 알아야 한다.

규범의 명료화

리더는 집단의 규범을 명료하게 함으로써 집단의 긍정적인 분위기를 조성할 필요가 있다. 규범은 집단구성원들에 의해 만들어져서 공유되고 있는 행동의 규칙이다. 사회심리학자들은 규범이 집단의 성과와 효과성에 중요한 영향을 미친다고 주장하여 왔다(Cartwright & Zander, 1968; Harris & Sherblom, 2007; Napier & Gershenfeld, 2004). 규범은 집단에서 우리의 행동방식을 안내하는 지도와 같은 것이다. 규범은 행동의 적절성 여부, 옳고 그름 그리고 허용 여부를 알려 준다(Schein, 1969). 규범은 저절로 나타나는 것이 아니라, 사람들 간의 상호작용의 산물이다.

리더는 집단 규범의 설정에 중요한 영향을 미칠 수 있다. 리더가 건설적인 규범을 설정하면, 그것은 집단 전체에 긍정적인 효과를 가져올 수 있다. 일반적으로 규범은 집단이 형성되는 초기에 개발되며, 규범을 변경시키는 것이 어려울 때도 있다. 따라서 리더는 규범 개발에 세심한 주의를 기울여야 하며, 집단의 효과성을 극대화할 수 있는 규범을 만들려고 노력해야 한다.

응집력 구축

리더는 응집력 구축을 통해 집단의 긍정적인 분위기를 조성할 필요가 있다. 응집력은 고도로 기능을 발휘하는 집단의 파악하기 어렵지만 핵심적인 구성요소로 종종 간주되고 있다. 응집력은 집단을 단단하게 결속시키는 '우리 의식(sense of we-ness)' 또는 집단 내에 존재하는 '단체 정신(esprit de corps)'을 의미한다. 집단에 응집력이 있을 때, 구성원들은 다른 구성원들과 전체 집단에 대해 특별한 연대감을 느낀다.

응집력은 집단의 많은 긍정적인 산출물들과 관련되어 있다(Cartwright, 1968; Shaw, 1976). 즉, 응집력이 높은 집단에서는 구성원들의 참여가 증가하고, 구성원들이 서로에 대해 긍정적인 감정을 가지며, 구성원들은 서로 영향을 주고받으며, 집단 규범을 준수하고, 집단행동이 보다 목표 지향적이며, 구성원들은 보다 생산적이고 만족도가 높다.

응집력이 집단의 산출물에 긍정적인 영향을 준다면, 리더는 집단의 응집력을 어떤 방법을 통해 높일 수 있는가? 집단의 응집력은 즉각적으로 개발되는 것은 아니지만, 장기간에 걸쳐 점진적으로 개발할 수 있다. 효과적인 리더는 다음과 같은 조치들을 통해 집단구성원들을 지원함으로써 집단의 응집력을 구축할 수 있다. 즉, 리더는 신뢰의 분위기를 창조하기 위해 구성원들을 돕고, 적극적인 참여자가 되도록 구성원을 돕고, 수동적인 구성원의 참여를 격려하고, 구성원들의 견해를 기꺼이 경청하고 수용하며, 구성원들이 개인적 목표를 성취하도록 돕고, 다양한 관점의 자유로운 표현을 조장하고, 구성원들과 책임을 공유하며, 단지 리더와 추종자의 상호작용이 아니라 구성원 대 구성원의 상호작용을 조장하고 촉진함으로써 집단의 응집력을 구축할 수 있다.

수월성 기준의 제고

리더는 수월성의 기준을 높게 설정함으로써 집단의 긍정적인 분위기를 조성할 필요가 있다. 수월성의 기준(standards of excellence)은 무엇인가? 일반적으로 수월성의 기준은 집단 또는 조직 속에 존재하는 성과에 대한 기대들을 의미한다. 본질적으로 수월성의 기준은 바람직한 집단의 성과 척도를 의미한다. 리더가 성과에 영향을 주기 위해서는 세 가지, 즉 결과를 요구하고, 결과를 검토하고, 결과를 보상하는 것을 강조해야 한다(LaFasto & Larson, 2001).

■ **결과의 요구**(require results): 리더는 집단구성원들에게 명확하고 구체적인 기대들을 분명하게 말할 필요가 있다. 함께 일하는 리더와 구성원들은 공동 목표들을 설정해야 하며, 그러한 목표들과 관련된 결과들을 성취하기 위해 구체적인 하위 목표들을 확인해야 한다. 명확한 기대가 없다면, 구성원들은 그들에게 요구되는 것이 무엇인지 정확하게 모르고, 성취해야 할 결과에 대해서도 불안감을 느낀다. 결과를 요구하는 것은 성과 관리의 중요한 첫 단계다.

■ **결과의 검토**(review results): 결과를 요구하는 것에 덧붙여, 리더는 결과를 검토할 필요가 있다. 리더는 건설적인 피드백을 제공하고 성과와 관련된 문제들을 해결해 줌으로써 결과를 검토한다. 리더가 피드백을 제공하는 것은 집단구성원들이 수월성의 기준을 유지하도록 도와주는 것이다. 건설적인 피드백은 집단구성원들의 성

과에 관한 정직하고 직접적인 의사소통이다. 건설적인 피드백은 집단구성원들이 옳은 일을, 올바른 방식과 속도로 처리하고 있는지를 알도록 도와주는 것이다. 건설적인 피드백을 제공하는 것은 쉬운 일이 아니지만, 건설적인 피드백은 모든 사람이 배울 수 있는 스킬이다. 건설적인 피드백이 정확하게 이루어질 때, 건설적인 피드백은 집단구성원들이 자기 자신을 정직하게 바라볼 수 있도록 하며, 유지해야 하는 것 또는 개선해야 하는 것이 무엇인지를 집단구성원들이 알도록 해준다.

성과와 관련된 문제들을 해결하는 것은 결과를 검토하는 두 번째 단계다. 무엇보다도 효과적인 리더의 뚜렷한 특징은 구성원들의 부적절한 성과에 기꺼이 맞서 그것을 해결해 주는 것이다. 리더가 집단구성원들의 부적절한 성과에 대처하는 일은 도전적이고 정서적으로 긴장되는 일이다. 이것은 쉬운 일은 아니지만, 리더십에서는 반드시 필요한 부분이다. 효과적인 리더는 문제가 발생하면 적극적으로 대처한다. 리더가 부적절한 성과와 관련된 행동적 문제점들을 적절한 방식으로 언급하는 것은 성과 문제를 가지고 있는 개인과 전체 집단 모두에게 유익한 일이다.

■ **결과의 보상**(reward results): 끝으로, 효과적인 리더는 집단구성원들에게 성취한 결과에 대해 보상을 한다. 효과적인 리더에게 요구되는 많은 행동들은 추상적이고 (예: 규범의 설정) 도전적인 것(예: 집단 응집력 구축)이다. 그러나 결과를 보상하는 것은 여기에 해당되지 않는다. 결과를 보상하는 것은 매우 실제적이고 간단한 과정이며, 모든 리더가 할 수 있는 일이다.

리더는 집단구성원들의 기여도를 인정하고, 개인의 수월성에 대해 감사를 표시해야 할 필요가 있다. 이것은 집단구성원들에게 관심 표명, 격려의 제공, 개인화된 감사를 표시하는 것을 포함한다. 리더가 집단구성원들에게 인정과 격려를 제공하면, 구성원들은 가치를 인정받았다는 느낌을 갖게 되며, 집단에 대한 보다 큰 일체감과 공동체 정신을 갖게 된다.

지금까지 논의한 것을 종합적으로 요약하면, 분위기를 조성하는 것은 복잡한 과정이며, 리더에게 많은 것을 요구하는 도전적인 일이다. 분위기를 조성하는 것은 효과적인 리더십의 난해하지만 본질적인 측면이며, 집단 또는 조직이 효과적으로 기능하도록 하는 데 있어서 중요한 역할을 한다. 분위기를 조성한다는 것은 회사의 직원들을 위해 긍정적인 분위기를 창조하는 것과 비슷한 것이다. 리더는 조직의 구조화, 규범의 명료화, 응집력 구축, 수월성 기준의 제고를 통해 조직의 전반적인 활동과 성과에 영향을 주는 긍정적인 분위기를 조성해야 한다. 리더가 긍정적인 분위기를 조성한다면, 집단의 성과는 현저하게 향상될 것이다.

분위기 조성 진단검사

(Setting Climate Questionnaire)

■ **목적**: 이 진단검사의 목적은 당신의 리더십이 다른 사람들에게 어떤 영향을 미치고, 집단을 위해 분위기를 조성하는 일에 있어서 당신의 강점과 약점을 이해하는 데 있다.

■ **지시문**: 아래 제시된 진술문들에 대해 잠시 동안 생각해 본 후에 각각의 진술문이 당신의 실제적인 행동과 일치하는 정도에 따라 척도 위에 ○로 표시하기 바랍니다.

진술문	전혀 불일치	거의 불일치	가끔 일치	종종 일치	매우 일치
1. 나는 집단구성원들에게 명확한 업무 할당을 한다.	1	2	3	4	5
2. 나는 집단 회의의 정시 시작과 종결을 강조한다.	1	2	3	4	5
3. 나는 집단구성원들이 전체 집단의 가치를 인정하도록 자극하고 격려한다.	1	2	3	4	5
4. 나는 집단구성원들이 그들의 능력을 최대한 발휘하여 일하도록 고무한다.	1	2	3	4	5
5. 나는 집단 목표를 모든 사람들에게 명확하게 알린다.	1	2	3	4	5
6. 나는 구성원들을 위해 집단 규범의 모형을 만든다.	1	2	3	4	5
7. 나는 집단구성원들이 서로를 존경하면서 상대방의 말을 경청하도록 고무한다.	1	2	3	4	5
8. 사람들이 업무를 잘 처리할 때, 나는 그들을 인정하는 것을 중요시한다.	1	2	3	4	5
9. 나는 집단구성원들에게 할당된 담당 업무의 전반적인 목표들을 강조한다.	1	2	3	4	5
10. 나는 집단구성원들에게 효과적인 의사소통 방식을 시범을 통해 보여 준다.	1	2	3	4	5
11. 나는 집단구성원들이 서로의 차이점을 인정하고 존중하도록 고무한다.	1	2	3	4	5

12. 나는 수월성의 기준을 높이려고 노력한다.	1	2	3	4	5
13. 나는 집단구성원들이 집단에서 그들의 존재 이유를 이해하도록 도와준다.	1	2	3	4	5
14. 나는 집단구성원들이 집단의 규칙들에 대해 동의하도록 자극하고 고무한다.	1	2	3	4	5
15. 나는 집단구성원들이 서로를 독특한 개인으로 받아들이도록 자극하고 고무한다	1	2	3	4	5
16. 나는 집단구성원들에게 그들의 업무수행에 관한 정직한 피드백을 제공한다.	1	2	3	4	5
17. 나는 집단구성원들이 집단에서 그들의 역할을 이해하도록 도와준다.	1	2	3	4	5
18. 나는 집단구성원들에게 다른 집단구성원들의 말을 경청하기를 기대한다.	1	2	3	4	5
19. 나는 집단구성원들이 서로 동지애를 구축하도록 도와준다.	1	2	3	4	5
20. 나는 직무수행을 잘하지 못하는 집단구성원들에게 직무의 질을 개선할 수 있는 방법을 알려 준다.	1	2	3	4	5

■ 검사가 끝나면, 별도의 지시사항에 따라 검사결과를 WORKSHEET에 옮겨 적으시오.

WORKSHEET

■ 점수의 환산 방법

1. 업무와 활동의 구조화(providing structure): (점)
   (문항 1, 5, 9, 13, 17의 점수를 합산한다)

2. 규범의 명료화(clarifying norms): (점)
   (문항 2, 6, 10, 14, 18의 점수를 합산한다)

3. 응집력 구축(building cohesiveness): (점)
   (문항 3, 7, 11, 15, 19의 점수를 합산한다)

4. 수월성 기준의 제고(promoting standards of excellence): (점)
   (문항 4, 8, 12, 16, 20의 점수를 합산한다)

■ 점수의 해석

이 진단검사는 집단의 분위기 조성과 관련된 중요한 4개의 요인들을 측정하기 위해 고안된 것이다. 진단검사에서 당신이 획득한 점수들을 비교하여 보면, 당신은 분위기 조성과 관련된 리더로서의 당신의 강점과 약점을 확인할 수 있다.

획득한 점수의 범위가 20~25점: 높음
획득한 점수의 범위가 15~19점: 중간 이상
획득한 점수의 범위가 10~14점: 중간 이하
획득한 점수의 범위가 5~9점: 낮음

제8장

장애물의 극복

우리는 인생의 여정에서 수많은 도전과 어려움에 직면한다. 우리가 직면하는 수많은 장애물들은 때로는 우리의 꿈과 목표를 좌절시키기도 한다. 우리가 직면하는 수많은 장애물과 도전들은 삶의 불가결한 요소이기 때문에 우리의 인생은 결코 쉬운 과정이 아니다. 직장생활에서도 이것은 사실이다. 장애물은 항상 존재하기 때문에 리더가 할 수 있는 가장 중요한 일들 중의 하나는 다른 사람들이 이러한 장애물들을 극복하도록 도와주는 것이다.

리더가 다른 사람들이 직면한 장애물을 극복하도록 도와주는 일은 결코 쉽지 않은 도전적인 일이다. 리더가 이러한 도전적인 일을 하기 위해서는 우선 장애물로 인해 야기된 문제들이 무엇인가를 명확하게 규명하고, 해결되어야 할 문제가 무엇인지를 결정한 다음, 다른 사람들의 장애물 극복을 도와주어야 한다. 리더가 이러한 일을 하게 되면, 하위자들은 더욱 동기부여가 되고, 생산적으로 활동하며, 그들의 업무에 대해 만족감을 느끼게 될 것이다.

하우스(House, 1971, 1996)는 '경로-목표 리더십(path-goal leadership)'에 관한 연구에서 '생산성을 방해하는 장애물들을 극복하는 과정에서 다른 사람들을 지원할 수 있는 방법'에 관해 직접적으로 언급하였다. 경로-목표 이론은 리더가 하위자들을 어떻게 동기유발시켜 설정된 목표들을 달성하도록 할 것인가에 관한 이론이다. 이 이론이 표방하고 있는 목표는 종업원들의 동기유발에 초점을 두어 종업원들의 업적과 만족감을 증진시키는 것이다. 간단하게 설명하면, 경로-목표 이론은 리더가 어떻게 하면 종업원들의 요구와 그들의 작업 상황을 가장 적합한 리더행동을 선택함으로써 그들이 목표달성의 경로를 잘 따라가도록 도울 수 있는가를 설명하기 위해 설계된 이론이다. 따라서 이 이론에 따르면, 리더가 적절한 리더십 스타일을 선택함으로써 종업원들의 '성공적인 과업수행과 만족감' 수준을 증진시킬 수 있다.

여기에서는 경로-목표 이론에 근거해서 먼저, 경로-목표 이론에서 검증된 리더행동의 네 가지 유형의 특징을 간단하게 살펴보고, 경로-목표 이론에서 도출된 7개의 중요한 장애물들의 특징을 기술하고, 장애물에 직면한 하위자들이 장애물을 극복하는 과정에서 리더가 어떤 방법을 통해 그들을 도와줄 수 있는가를 논의하고자 한다.

리더 행동(Leader Behavior Style)

경로-목표 이론에서 검증된 리더행동의 네 가지 유형은 지시적 행동(directive behavior), 지원적 행동(supportive behavior), 참여적 행동(participative behavior) 및 성취지향적 행동(achievement-oriented behavior)이다(House & Mitchell, 1974: 83). 각각의 리더행동의 특징을 살펴보면 다음과 같다.

■ **지시적 리더십**(directive leadership): 지시적 리더는 하위자들에게 그들에게 기대되는 것이 무엇인지를 알려 주며, 해야 할 일이 무엇이며 그것을 어떤 방법으로 해야 하는지에 관한 구체적 지침을 제공하며, 성과기준을 설정하고, 하위자들이 표준적인 규칙과 절차를 따르도록 요구하며, 업무를 계획하고 조정하며, 집단의 리더로서의 그의 역할을 설명한다. 지시적 리더십은 오하이오 주립대학교의 연구(Hempill & Coons, 1950)에서 제시한 구조 중심(initiating structure) 차원, 미시간 대학교의 리더십 연구에서 제시한 생산 중심 리더십(production-centered leadership), 그리고 허시와 브렌차드(Hersey & Blanchard, 1988)가 상황적 리더십 이론(situational leadership theory)에서 제시한 지시형(telling style) 리더십과 유사하다.

■ **지원적 리더십**(supportive leadership): 지원적 리더는 친구처럼 접근 가능하고 하위자들의 욕구, 지위 및 복지에 관심을 가지고 있다. 지원적 리더는 작업환경을 보다 유쾌하고 즐겁게 만들기 위해 하위자들을 동등하게 취급한다. 이러한 리더십 스타일은 오하이오 주립대학교 연구(Hempill & Coons, 1950)에서 제시한 인간에 대한 배

려(consideration) 차원, 미시간 대학교의 리더십 연구에서 제시한 고용인 중심 리더십(employee-centered leadership) 그리고 허시와 브렌차드(1988)가 상황적 리더십 이론에서 제시한 지원형(supporting style) 리더십이라고 명명한 것과 유사하다.

■ **참여적 리더십**(participative leadership): 참여적 리더는 하위자들과 함께 작업과 관련된 문제들을 협의하며, 그들에게 의견을 요청하고, 종종 의사결정에서 하위자들의 아이디어를 활용하려고 시도한다.

■ **성취지향적 리더십**(achievement-oriented leadership): 성취지향적 리더는 하위자들을 위해 도전적인 목적들을 설정하며, 성과의 수월성을 강조하며, 높은 수준의 성과를 달성하기 위해 하위자들의 능력에 신뢰를 표명한다.

경로-목표 이론을 활용한 수많은 연구들은 동일한 리더가 다양한 상황에서 이러한 네 가지 스타일의 리더십을 나타낼 수 있다는 것을 제시하고 있다. 리더십 행동을 단일 차원으로 간주하는 피들러(Fiedler, 1967)의 상황 중심 이론(contingency leadership theory)과는 다르게 경로-목표 이론은 리더십 행동을 상대적으로 융통성 있는 것으로 간주한다.

목표 성취를 방해하는 장애물

경로-목표 이론에서는 개인이 목표를 성취하는 과정에서 직면하는 7개의 중요한 장애물들을 다음과 같이 제시하였다(Northouse, 2009: 142-161). 여기서는 이러한 장애물의 특징을 기술하고, 장애물에 직면한 하위자들이 장애물을 극복하는 과정에서 리더가 어떤 방법을 통해 그들을 도와줄 수 있는가를 논의하고자 한다.

■ **불분명한 목표**(unclear goals): 우리는 인생 초기에 자신의 생애 목표를 선택했

던 사람들을 알고 있다. 우리는 의사가 되겠다고 이야기했던 고등학교 친구가 의과대학에 진학하여 나중에 정신과 의사가 된 친구를 기억할 수 있을 것이다. 우리는 가수가 되는 것이 꿈이라고 말했던 중학교 친구가 나중에 유명한 가수가 된 친구를 기억할 수 있을 것이다. 이들은 특히 목표 지향적인 사람들이었다. 그들은 자신들이 원하는 것이 무엇인지를 알고 있었고, 원하는 것을 성취하려는 행동들을 하였다. 문제는 이러한 사람들이 흔하지 않다는 점이다. 대부분의 사람에게 있어서 자신의 진정한 생애 목표를 발견하는 일은 쉽지 않은 도전적인 일이다.

리더십 상황에서도 이것은 동일하게 적용된다. 자신이 성취해야 할 목표에 관하여 분명하게 알고 있지 못하거나 혼란에 사로잡혀 있는 개인을 흔하지 않게 발견할 수 있다. 예를 들면, 판매 할당량을 충족시키도록 요구받은 판매원, 환자를 돕도록 기대되는 병원 자원봉사자, 학기말 보고서를 써야 하는 대학생 등의 사람들은 종종 성취해야 할 목표를 분명하게 알지도 못하거나 성취하는 방법을 모르고 있다.

때때로 목표는 분명하게 알려져 있지 않으며, 때때로 목표는 모호하기도 하고, 그리고 때때로 목표는 상충하는 여러 개의 목표들 속에 숨겨져 있기도 한다. 목표를 분명하게 이해하지 못한 사람은 목표를 성취하는 활동에서 성공적일 가능성은 낮을 것이다. 더욱이 그러한 사람은 자신의 직무활동에 관해 덜 관심을 보일 것이고, 자신의 성취 결과에 대해서도 덜 만족할 것이다.

리더는 목표를 분명하고 이해 가능하도록 만들 필요가 있다는 말은 아무리 강조해도 지나치지 않는 말이다. 리더가 자신의 비전을 분명하게 제시해야 할 필요가 있는 것과 마찬가지로, 리더는 다른 사람들이 모든 활동들이 궁극적으로 지향하는 목표에 관해 분명하게 알도록 도와주어야 한다. 집단에 있는 모든 사람은 자신의 노력이 지향하는 목표를 분명하게 알 권리가 있다. 목표가 애매할 때, 리더는 목표를 명료화할 필요가 있다. 마찬가지로 목표가 서로 관련된 일련의 복잡한 목표들 속에 포함되어 있다면, 리더는 집단구성원들을 위해 구체적인 목표를 확인할 필요가 있으며, 목표가 다른 목표들과 어떻게 조화를 이루는지 설명해 주어야 한다. 목표를 분명하게 알면서 자신의 직무를 수행하는 개인은 보다 효과적으로 직무를 수행하게 될 것이고, 직무성과에 대해서도 더 만족하게 될 것이다.

■ **불분명한 지시**(unclear directions): 조립을 해야 하는 제품을 주문한 사람이 배달된 주문품 상자 속에 조리하는 방법을 알려주는 설명서가 없거나 또는 읽을 수 없는 외국어 설명서가 들어 있다면, 제품을 조립할 수 없어 당황스럽고 짜증스러울 것이다. 리더가 그들의 지시 사항을 분명하게 제시하지 않는다면, 이러한 일은 작업 상황에서도 마찬가지로 일어난다. 잘못된 지시 사항은 비효과적인 성과를 초래한다. 리더는 분명한 지시를 제시함으로써 목표로 향하는 경로(path)를 분명하게 규정할 필요가 있다. 지시가 모호하고 혼돈스럽고 산만하고 부정확하고 불완전하다면, 어느 누구에게도 도움이 되지 못한다. 사실 불명료한 지시는 개인의 역량을 약화시키는 부정적 영향을 줄 수 있다.

리더가 하위자들에게 분명한 지시를 제시하는 것은 중요하지만, 리더는 지시에 대한 하위자들의 개인적 요구가 다양하다는 사실을 분명하게 인식하는 것 역시 중요하다. 즉, 어떤 사람은 매우 정교하고 구체적인 지시를 원하는 반면, 다른 사람은 자신들에게 어느 정도의 재량권을 허용하는 일반적인 지시를 원한다. 따라서 개별 구성원들의 욕구에 적합한 지시를 제시하는 것은 리더가 해야 할 몫이다.

■ **낮은 동기부여**(low motivation): 개별 구성원이 동기부여가 되어 있지 않다면, 리더는 무엇을 해야 하는가? 하위자들이 일하는 것을 원하지 않을 때, 리더는 어떤 방법을 통해 그들이 일하도록 고무시킬 수 있을까? 리더는 어떤 방법을 통해 하위자들이 직무에 관해 관심과 흥미를 느끼도록 할 수 있을까? 이러한 질문들에 대한 대답은 오랫 동안 리더들에게 관심을 받아 왔다. 사실 지금까지 인간의 동기부여의 토대를 설명하려는 수많은 연구들[예: 허즈버그(Herzberg, 1966)의 동기-위생 이론과 매슬로(Maslow, 1954)의 욕구계층 이론]이 수행되어 왔다. 이러한 연구들은 다른 사람들을 동기부여 시키는 일이 복잡하고 도전적인 과제라는 점을 공통적으로 지적하고 있다.

브룸(Vroom, 1964)이 제시한 기대이론(expectancy theory)은 다른 사람들을 동기부여시키는 데 중요한 시사점을 제시하고 있다. 브룸의 기대이론은 유인가(valence), 기대감(expectancy) 및 수단성(instrumentality)이라는 개념을 중심으로 형성되어 있기 때문에 VIE 모형으로 알려져 있다. 이러한 기대이론의 기본적인 가정은 행동의 과정 중에서 선택된 행동은 행동을 일으키는 심리적 사건과 관련된다는 것이다(Vroom, 1964: 14-15).

브룸의 기대이론에 따르면, 개인의 동기는 산출에 대한 욕구의 강도(유인가)와 자신의 행동이 원하는 산출물을 실제로 가져오리라는 기대감의 복합적인 함수다. 즉, 개인의 동기부여의 힘은 자신의 능력에 비추어 자기 자신이 달성할 수 있으리라고 기대하는 1차적 성과와 이러한 1차적 성과가 실제로 2차적 결과를 가져오리라는 기대감의 복합적 함수에 의하여 결정된다. 따라서 가장 강력한 동기를 유발할 수 있는 세 가지 요인의 조합은 높은 긍정적 유인가, 높은 기대감 및 높은 수단성이다(Hoy & Miskel, 1991: 180; Lunenburg & Ornstein, 1991: 102). 따라서 개인의 능력이 실제로 성과를 거두리라고 기대하고 실제 성과가 승진이나 보상 등 개인이 원하는 결과를 항상 가져오리라고 기대할수록 개인의 동기는 강하게 작용하고, 반면에 거둘 수 있는 성과에 의심이 많고 성과와 개인이 원하는 보상 간에 아무런 상관관계가 없다고 믿을수록 개인의 동기는 낮게 나타난다. 이와 같은 브룸의 기대이론은 결과에 대한 가치는 물론 노력과 성과에 대한 기대감과 성과결과에 대한 기대감(수단성) 등에 대한 개인의 인지(cognition) 여하에 따라서 개인의 행동방향과 동기의 강도가 결정된다고 설명하는 것이 특징이다.

요약하면, 리더가 다른 사람들을 동기부여시키려고 한다면, 다른 사람들이 유능함(competent)을 느끼도록 돕고, 그들이 원하는 것(expect)을 얻을 수 있도록 돕고, 그들이 자신들의 직무의 전반적인 가치(value)를 인식하도록 돕는 것이 매우 중요하고 필요하다. 이러한 세 가지 조건들이 충족된다면, 개인들은 그들의 직무에 관해 훨씬 높게 동기부여가 될 것이다.

■ **복잡한 과업**(complex tasks): 때때로 사람들이 직면하는 장애물은 과업 그 자체다. 과업이 비구조화되어 있고 모호하거나 복잡하다면, 그것은 개인에게는 장애물이 된다. 사람들은 복잡한 과업에 직면하게 되면, 종종 좌절하거나 위협을 느낀다. 어떤 사람은 심지어 과업에 압도당하기도 한다.

과업이 복잡하면, 리더는 과업에 대한 책임을 떠맡고, 목표 달성에 이르는 경로를 분명하게 하는 지시적 리더가 될 필요가 있다. 지시적 리더는 다른 사람들에게 하위자들에게 기대되는 것이 무엇이고, 그것을 처리하는 방법, 과업의 완수 시간이 언제인지를 포함하는 지시를 한다. 지시적이 된다는 것은 성과 기준을 명확하게 설정하고, 다른 사람들을 위해 명확한 규칙과 규정을 만든다는 것을 의미한다. 리더가 복잡한 과업들을 단순하게 만드는 것은 하위자들이 그들의 직무에 대해 보다 유능함을 느끼도록 돕는 것이다.

■ **단순한 과업**(simple tasks): 때때로 사람들의 성공에 방해가 되는 것은 복잡함이 아니라 단순함이다. 복잡한 과업과 마찬가지로 단순하고 반복적인 과업들은 동기부여에 부정적인 영향을 줄 수 있다. 동일한 일을 반복적으로 계속 하는 것은 거의 흥미를 불러일으키지 못한다. 단순한 과업들은 사람들의 흥미를 잃게 한다.

이와 같이 단순한 일에 대해서는 리더가 지원적 역할을 하는 것이 중요하다. 지원적 리더십 스타일은 지루하고 따분한 과업들을 수행하는 사람들을 격려함으로써 상실된 것(예: 인간적인 접촉과 관계)을 제공한다. 즉, 지원적 리더십은 세속적인 기계적인 활동들[예: 자동차 공장의 일관 작업장(assembly line)에서의 작업, 식당에서 접시 닦는 일]을 수행하는 사람들에게 사회적 지원(예: 인간적인 접촉을 통한 의미)을 제공하는 것이다. 사회적 지원은 다양한 형태와 방식을 통해 제공될 수 있지만, 사회적 지원의 핵심은 다른 사람들의 복지와 개인적 욕구에 대해 관심을 표명하는 것이다. 과업이 단순하며 도전적인 것이 아니라면, 효과적인 리더는 사회적 지원의 방식을 통해 구성원들에게 자극을 제공할 필요가 있다.

■ **낮은 개입**(low involvement): 일반적으로 사람들은 자신과 관련이 있는 일에 관해 발언권을 갖는 것을 매우 중요하게 생각한다. 사람들이 집단 또는 조직에 개입하지 않는다면, 그들의 생산성은 낮아지고, 집단 또는 조직은 어려움을 겪게 된다. 사람들은 다른 사람들과는 구별되는 독자적인 정체성을 갖기를 원기를 원하지만, 그들 또한 집단의 일원이 되어 다른 구성원들과 어울리기를 원한다. 조직구성원들은 다양한 이슈들에 대해 자신의 생각과 의견을 표현함으로써 자신들이 조직에 기여하고 있다

는 의식을 가질 수 있다. 자신이 집단에서 소외되고 있다는 것을 알게 되는 사람들은 집단 활동 참여가 감소되고, 집단에 대한 기여가 낮아지며, 종종 집단으로부터 이탈하기도 한다.

리더는 이러한 낮은 개입의 문제들을 처리하기 위해서 참여적 리더십 스타일을 사용할 필요가 있다. 참여적 리더는 처리해야 할 일을 하는 방법과 수단을 공유하기 위해 다른 사람들을 초대한다. 참여적 리더는 새롭고 다양한 의견들이 허용되는 개방적인 분위기를 조성하려고 노력한다. 참여적 리더는 다른 사람들과 상담하며, 그들의 아이디어와 의견을 확보하며, 집단의 운영 방식에 관련된 의사결정에 그들의 제안들을 통합시킨다.

모든 구성원들이 집단의 활동에 능동적·적극적으로 개입하게 되면, 현저한 성과를 창조하는 시너지 효과가 일어날 수 있으며, 구성원들의 집단에 대한 헌신은 증가하며 집단의 응집력은 현저하게 강해질 수 있다.

■ **도전의식 결여**(lack of a challenge): 어떤 사람은 자신이 하고 있는 일에 대해 도전적이지 않기 때문에 일을 잘하지 못한다. 도전의식이 없는 사람은 일에 흥미를 느끼지 못하며, 일에서 가치를 발견하지 못한다. 결과적으로 이들은 일을 열심히 하지 않으며, 직장을 옮기거나 그만둔다.

도전의식이 없는 사람을 다루어야 하는 리더는 성취지향적 리더십 스타일을 채택해야 한다. 성취지향적 리더십은 리더가 가능한 최고 수준으로 과업을 수행하도록 구성원들을 자극하는 것이 특징이다. 이러한 리더는 높은 수월성 기준을 설정하고, 지속적인 개선을 추구한다. 성취지향적 리더는 사람들이 도전적인 목표에 도달할 수 있다는 강한 신념을 나타낸다.

한 가지 중요한 점을 지적하면, 성취지향적 리더십이 어떤 사람에게는 좋은 것이지만, 모든 사람에게 성취지향적 리더십이 좋은 것은 아니다. 어떤 사람은 경쟁을 추구하며, 자신의 최선을 다해 일하는 것을 좋아하지만, 내재적으로 동기부여가 되어 있는 사람은 성취지향적 리더로부터 자극을 필요로 하지 않는다. 따라서 성취지향적 리더십이 필요한 사람과 시기를 결정하기 위해 추종자의 욕구를 평가해야 하는 책임은 리더에게 있는 것이다.

지금까지 논의한 것을 종합적으로 요약하면, 도전과 어려움은 조직 속에서 직무를 수행하는 사람에게 언제나 있는 일이다. 리더는 하위자들이 직면한 장애물들을 극복하도록 도와주는 중요한 역할을 해야 한다. 장애물 극복과 관련해서 리더가 해야 할 가장 중요한 것은 먼저, 하위자들이 그들 자신의 목표와 목표에 도달하는 경로를 분명하게 규정하도록 돕는 것이다. 다음으로, 하위자들이 직면하는 장애물은 매우 다양하다. 따라서 효과적인 리더는 하위자들이 직면하고 있는 장애물의 특성에 적합한 리더십 스타일을 채택하여 효과적으로 장애물을 극복하도록 도와주는 것이다.

기대이론에 따르면, 리더가 다른 사람들을 동기부여시키려고 한다면, ① 다른 사람들이 유능함(competent)을 느끼도록 돕고, ② 그들이 원하는 것(expect)을 얻을 수 있도록 돕고, ③ 그들이 자신들의 직무의 전반적인 가치(value)를 인식하도록 돕는 것이 매우 중요하고 필요하다. 이러한 세 가지 조건들이 충족된다면, 개인은 자신의 직무에 관해 훨씬 높게 동기부여될 것이며, 자신의 목표를 효과적으로 성취할 수 있을 것이다.

리더행동 스타일 진단검사

(Leader Behavior Style Questionnaire)

■ **목적**: 이 진단검사의 목적은 당신의 리더행동 스타일을 확인하고, 당신이 어떤 리더행동 스타일을 가장 빈번하게 사용하고 또 어떤 리더행동 스타일을 가장 적게 사용하는가에 대한 정보를 제공하는 데 있다.

■ **지시문**: 아래 제시된 진술문들을 읽고, 각각의 진술문이 당신의 실제적인 행동과 일치하는 정도에 따라 척도 위에 ○로 표시하기 바랍니다.

행동특성 척도

1	2	3	4	5	6	7
결코 그런 적이 없다	거의 그런 적이 없다	좀처럼 그렇지 않는다	때때로 그렇게 한다	가끔 그렇게 한다	보통 그렇게 한다	항상 그렇게 한다

진술문	척도수준						
	1	2	3	4	5	6	7
1. 나는 하위자들에게 '그들에게서 기대하는 것이 무엇인지'를 알려 준다.							
2. 나는 하위자들과 우호적인 '작업상의 관계'를 유지하고 있다.							
3. 어려운 문제에 봉착했을 때, 나는 하위자들과 상의한다.							
4. 나는 수용적인 자세로 하위자들의 아이디어나 제안을 경청한다.							
5. 나는 하위자에게 무슨 일을 수행해야 하는지에 대해 알려 준다.							
6. 나는 하위자들에게 최고 수준의 업무 수준을 기대한다고 말한다.							

7. 나는 하위자들과 상의 없이 내 나름대로 결정하고 행동한다.							
8. 나는 우리 집단의 구성원이 된 것을 즐겁고 행복하게 느끼도록 하기 위해 할 수 있는 일들을 다 한다.							
9. 나는 하위자들에게 표준적 규칙이나 규정을 따르도록 요구한다.							
10. 나는 꽤 도전적인 '하위자들의 업적 목표'를 설정하고 있다.							
11. 나는 하위자들의 감정을 상하게 할 만한 말들을 하곤 한다.							
12. 나는 집단 과업을 어떻게 수행할 것인지에 관한 제안이나 아이디어를 제출하도록 하위자들에게 요청한다.							
13. 나는 하위자들에게 그들의 업무수행에서 계속적인 개선을 위해 노력하도록 고무한다.							
14. 나는 하위자들에게 '그들에게서 기대하고 있는 업적 수준'이 어느 정도인가에 대해 설명해 준다.							
15. 나는 하위자들을 도와 그들의 과업수행에 방해가 되는 문제들을 극복하도록 해 준다.							
16. 나는 하위자들에게 그들의 목표 달성 능력에 대한 나의 의심을 나타내 보인다.							
17. 나는 하위자들에게 업무 할당을 어떻게 하면 좋은지에 대한 제안을 하도록 요청한다.							
18. 나는 하위자들에게 직무상 그들에게 기대하고 있는 것이 무엇이라는 것을 대충 설명해 준다.							
19. 나는 일관되게 하위자들에게 도전적인 목표를 설정해 준다.							
20. 나는 하위자들의 개인적 욕구의 충족을 위해 마음을 쓴다.							

■ 검사가 끝나면, 별도의 지시사항에 따라 검사결과를 WORKSHEET에 옮겨 적으시오.

WORKSHEET

■ 점수의 환산 방법

※ 먼저, 문항 7, 11, 16, 18의 점수는 역산한 후, 다음과 같이 합산한다.

1. 지시적 행동(directive behavior): (　　　점)
   (문항 1, 5, 9, 14, 18의 점수를 합산한다)

2. 지원적 행동(supportive behavior): (　　　점)
   (문항 2, 8, 11, 15, 20의 점수를 합산한다)

3. 참여적 행동(participative behavior): (　　　점)
   (문항 3, 4, 7, 12, 17의 점수를 합산한다)

4. 성취지향적 행동(achievement-oriented behavior): (　　　점)
   (문항 6, 10, 13, 16, 19의 점수를 합산한다)

■ 점수의 해석

이 진단검사는 경로-목표 이론에서 검증된 리더행동의 네 가지 유형, 즉 지시적 행동, 지원적 행동, 참여적 행동 및 성취지향적 행동을 측정하기 위해 고안된 것이다. 진단검사에서 당신이 획득한 점수들을 다음에 제시한 점수들과 비교하여 보면, 당신이 어떤 리더행동 스타일을 가장 빈번하게 사용하고 또 어떤 리더행동 스타일을 가장 적게 사용하는가를 확인할 수 있을 것이다.

지시적 행동: 중간(23점), 높은(28점 이상), 낮은(18점 이하)
지원적 행동: 중간(28점), 높은(33점 이상), 낮은(23점 이하)
참여적 행동: 중간(21점), 높은(26점 이상), 낮은(16점 이하)
성취지향적 행동: 중간(19점), 높은(24점 이상), 낮은(14점 이하)

제9장

갈등의 관리[1)]

1) 박성식(2011). 교육행정학. 서울: 학지사, pp.261-284.

조직 내의 복잡한 대인관계는 매일매일의 생활 속에서 갈등을 피할 수 없게 만든다. 이와 같이 갈등 생성의 불가피성에도 불구하고, 우리는 갈등은 나쁜 것이고, 또 피해야만 된다는 생각을 가지고 있다. 즉, 대부분의 우리는 사람들 사이에 갈등이 없으면 좋은 관계라고 믿고 있다. 그러나 갈등이 없다는 것이 건강한 관계가 아니라 무관심과 불개입의 징표로 나타날 수도 있음에 유의해야 한다. 사실상 다소간의 의견차는 창의적 사고와 진정한 혁신을 위해서 얼마간 필요함을 우리는 일상의 경험을 통해서 알고 있다. 그러므로 갈등은 적절하게 다루어질 수만 있다면 매우 가치 있는 요소가 될 수 있기 때문에 갈등을 전적으로 부정적인 현상으로 간주할 필요는 없다. 이 장에서는 먼저 갈등의 개념에 관해 논의하고, 갈등의 전개과정과 갈등의 처리행동을 분석함으로써 효과적인 갈등관리에 대한 시사점을 도출하고자 한다.

갈등의 개념

갈등이란 무엇을 의미하는가? 갈등에 대한 개념적 정의는 매우 다양하다. 갈등현상을 어떠한 측면에서 보느냐 그리고 그 범위를 어떻게 설정하느냐에 따라 그 의미가 달라진다. 여기서는 몇 가지 개념적 정의를 소개하고, 그들 간의 공통점을 추출해 봄으로써 갈등의 개념을 이해하고자 한다.

토마스(Thomas, 1976: 889)는 갈등이란 상대방이 욕구불만을 경험하고 있거나 혹은 좌절할 가능성이 있는 것을 지각할 때 나타나는 과정이라고 정의하였다. 즉, 그는 갈등을 양 당사자의 지각, 감정, 행동 그리고 결과를 포함하는 과정으로 보면서, 상대방이 욕구불만을 가지고 있다는 것을 지각하게 될 때 시작되는 과정으로 규정하였다. 한편 리커트(Likert)는 갈등이란 자신들이 선호하는 결과를 얻기 위해서 상대방이 그것을 얻지 못하도록 방해하는 노력을 의미한다고 정의하고 있으며(Likert & Likert, 1976: 7-8), 도이치(Deutsch, 1973: 10)는 갈등이란 단지 양립할 수 없는 여러 활동들이 일어날 때마다 나타나는 현상이라고 정의하였다. 반면에 로빈스(Robbins, 1983: 289)는 갈등이란 목적을 달성하고 이익을 계속적으로 추구함에 있어서 B에게 좌절을 초래케 할 방해 행동을 취함으로써 B의 노력을 상쇄하기 위해 A에 의해 의도적으로 이루어지고 있는 노력의 과정이라고 정의하였다. 로빈스가 제시한 갈등에 관한 정의에는 지각, 반대 입장, 자원의 희소성, 방해 등의 개념을 포괄하고 있으며, 더욱이 의도적인 결심에 의해 행해진 내재적 · 외현적 행동을 가정하고 있다.

한편, 폰디(Pondy, 1982: 360-364)는 하나의 갈등 현상은 서로 맞물려 있는 네 개의 갈등단계로 구성되어 있다고 전제하면서 갈등은 이 모든 것을 포함하는 개념이어야 한다고 진술하였다. 네 가지의 갈등단계는 ① 갈등의 조건(자원 부족, 정책의 상이성 등), ② 갈등 당사자의 감정 상태(긴장, 스트레스, 불안, 적대감 등), ③ 갈등 당사자의 인지 상태(갈등 상황의 지각과 인지), 그리고 ④ 갈등행동(소극적 저항부터 공격까지)으로 되어 있다. 특히 갈등의 조건은 잠재적 갈등으로 작용하며, 잠재적 갈등은 다음과 같이 세 가지 원천을 가진다(Pondy, 1982: 361).

첫째, 부족한 자원에 대한 경쟁이다. 자원에 대한 요구는 많은 데 비해서 가용 자원이 부족할 때 자원 획득을 위한 경쟁은 갈등을 일으키게 된다.

둘째, 자율성의 행사다. 상대방의 영역에 해당되는 어떤 활동에 대해서 통제를 가하거나, 이러한 통제로부터 그 활동을 격리시키려 할 때 자율성에 대한 요구가 갈등 유발의 기초가 된다.

셋째, 하위 단위 목표의 다양성이다. 서로 협동을 해야 하는 쌍방이 통일된 행동에 대한 합의가 이루어지지 않을 때 목표의 다양성은 갈등의 원천이 된다.

지금까지 살펴본 갈등의 정의에서 다음과 같은 몇 가지 공통점을 발견할 수 있다.

첫째, 갈등은 양편 모두에 의해서 지각되어야 한다. 즉, 갈등의 존재 여부는 지각의 문제로 귀착된다. 만일 어느 한편이 갈등을 인지하고 있지 않다면, 갈등은 없는 것으로 간주된다. 물론 지각된 갈등이 모두 현실적인 갈등으로 나타나는 것은 아니다.

그리고 갈등적이라고 할 수 없는 상황들이라고 해서 관련된 조직구성원들이 갈등을 지각하지 않고 있는 것은 아니다. 따라서 갈등이 존재하려면 그러한 갈등이 지각되어야 한다.

둘째, 갈등은 대립, 결핍 그리고 방해의 개념을 포함하며, 쌍방 간에 서로 양립할 수 없는 목표와 이해관계가 존재한다고 가정한다. 돈, 직무, 직위, 명예, 권력 등의 제 자원은 제한되어 있고, 또 자원의 부족이 상대방을 방해하도록 유인한다. 그래서 쌍방이 대립하게 된다. 한편이 상대편의 목표 달성을 방해할 때 갈등 상태는 존재하는 것이다.

셋째, 갈등에 대한 정의들 간의 차이는 갈등의 의도(intent)와 갈등이란 용어가 단지 공공연한 행동(overt acts)에만 한정되는 것인가 아닌가에 집중되고 있다. 의도의 문제는 방해 행동이 사전의 결심, 즉 의도에 의해 행해진 행동인가 아니면 예기치 않은 환경의 결과로 일어난 것인가의 여부에 관한 논쟁이다. 그리고 갈등이 공공연한 행동만을 가리키는 용어인가 하는 문제는, 어떤 정의에서는 갈등이 존재한다는 판단 기준으로서 명백하고 공개적인 투쟁의 흔적이 있어야 한다고 주장하고 있는 것이다.

갈등의 과정과 갈등의 처리행동

조직 내에서 갈등은 일련의 과정을 거쳐 발생한다. 로빈스(Robbins, 1986: 297-305)의 관점에 따르면, 갈등의 과정은 [그림 9-1]와 같이 잠재적 대립, 인지 및 개인화, 행동 그리고 결과의 4단계로 이루어진다.

갈등과정의 1단계는 잠재적 대립(potential opposition)으로서, 여기서는 갈등을 제공해 주는 여러 가지 조건들이 나타난다. 그 조건들이 직접적으로 갈등을 일으키지는 않지만 갈등이 발생하려면 이들 조건 중 하나가 필요하게 된다.

1단계의 여러 조건들이 불만을 야기하면, 2단계에서는 잠재적 대립이 현실로 나타난다. 한편이든 양편 모두든 갈등에 의해서 영향을 받고 또 이를 인지할 때 1단계의 조건들이 갈등을 유발한다. 한편이든 양편 모두든 갈등의 조건들이 존재함을 인지해

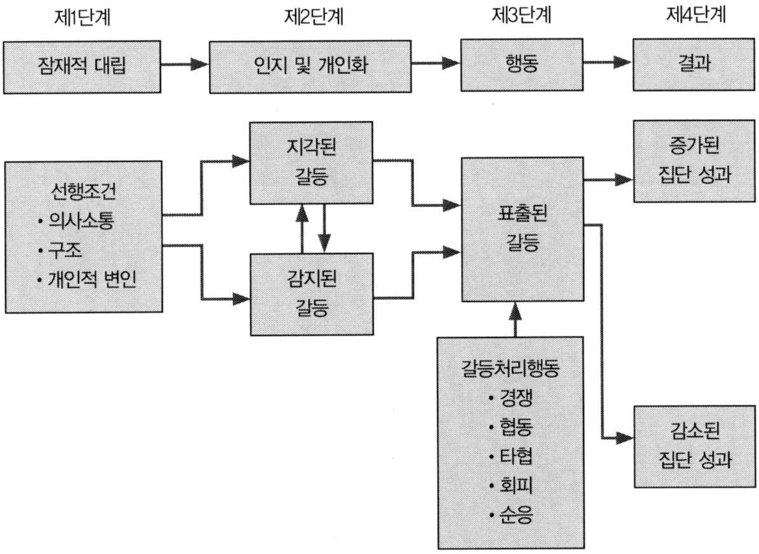

그림 9-1 갈등의 과정

* 출처: Rabbins(1986). *Organizational Behavior*. N. J. : Prentice-Hall, p. 297.

야 한다. 그러나 갈등을 지각한다는 것이 반드시 갈등의 개인화(personalized)를 의미하지는 않는다. 여기서 개인화는 양편이 불안, 긴장, 불만, 적대를 경험하면서 감정적으로 깊이 빠져드는 상태를 지칭한다.

갈등과정의 3단계에서는 상대방의 목적 달성을 방해하거나 이익 획득을 저지하는 행동을 취한다. 이 행동은 반드시 의도된 것이어야 한다. 다시 말하면, 상대방을 좌절시키거나 훼방 놓기 위한 행동이어야 한다. 이 시점에서 갈등은 공개적으로 표출된다. 표출된 갈등은 간접적이며, 고도로 통제된 형태부터 직접적이며 공격적인 형태에 이르기까지 다양하게 나타날 수 있다. 또 이 단계에서 갈등 처리행동을 취한다. 이러한 것들은 갈등 발생을 예방하기 위한 조치라기보다는 나타난 갈등을 감소시키기 위한 방법들이다.

토마스(Thomas, 1976: 900-901)는 갈등의 처리행동에 관해 [그림 9-2]와 같이 협동성을 X축으로, 독단성을 Y축으로 하여 이들 간의 조합을 통해서 경쟁, 순응, 회피, 협력 그리고 타협으로 개념화하였다. 여기서 협동성은 한편이 상대편의 관심과 이익을 어느 정도 만족시켜 주느냐와 관련된 개념인 반면, 독단성은 한편이 자기 자신의 이익과 관심을 어느 정도 만족시키려고 하느냐와 관련된 개념이다.

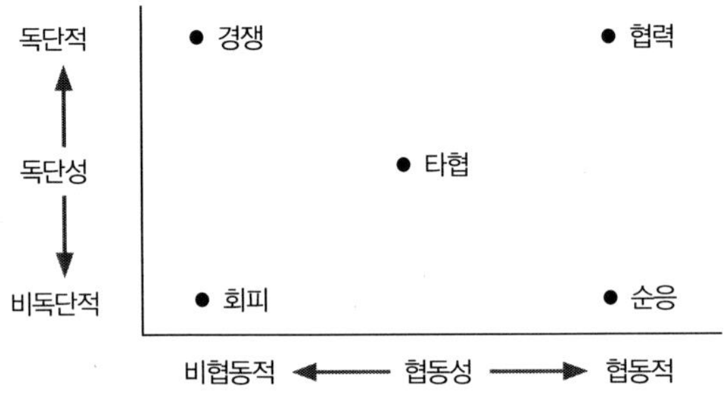

그림 9-2 갈등의 처리행동

* 출처: Thomas(1976). Conflict and Conflict Management. In M. D. Dunnette(ed.), *Handbook of Industrial and Organizational Psychology*. Chicago : Rand McNally, p. 900.

[그림 9-2]에 제시된 갈등의 처리행동에 관해 구체적으로 설명하면 다음과 같다.

■ **경쟁**: 한편이 자기 자신의 목적과 이익을 쟁취하기 위해서 상대편을 희생시키는 경우다. 한편이 지배적이고 유리한 고지를 점하려고 한다. 이것은 한편은 이기고 상대편은 지는 승-패 전략(win-lose strategy)으로 갈등 상황을 벗어나고자 한다. 여기서는 자신의 목적이 인간관계보다 훨씬 더 중요하다. 어떠한 희생을 치루더라도 자신의 목적을 성취하려고 애쓰지만, 상대방의 욕구에 대해서는 전혀 관심을 가지지 않으며, 다른 사람들이 자신을 좋아하고 수용할 것인가에 대해서는 상관하지 않는다. 자신이 승리자가 되어 자부심과 성취감을 갖고자 한다.

■ **순응**: 상대편의 이익과 관심을 자기 자신의 그것보다 더 우위에 둠으로써 상대편을 회유한다. 자기 자신의 이익을 돌보지 않으며, 인간관계를 계속 유지하기 위해서 한편이 자기희생을 감수한다. 자신의 목적보다는 인간관계를 더 중요시하며, 다른

사람들에 의해서 수용되기를 원한다. 갈등은 화합과 조화를 이루는 방향에서 피해야 한다고 본다.

■ **회피**: 갈등이 존재하지만 이를 억누른다. 마치 거북이가 목을 집어넣듯이 갈등을 피한다. 개인적 목적과 인간관계 양 측면을 모두 포기한다. 갈등에 정면으로 대응하기보다는 갈등으로부터 신체적 · 심리적으로 멀리 물러서는 편이 낫다고 믿는다. 만일 갈등상황으로부터의 후퇴가 가능하지 않으면, 갈등 자체를 억누르거나 보류한다. 갈등 자체를 무시함으로써 아무런 결정을 내리지 않는 가장 소극적인 방법이다.

■ **협력**: 양편의 관심과 이익을 모두 충족시키기 위해서 상호 협조와 공생공존을 추구한다. 양편의 행동은 문제를 해결하고 견해차를 분명히 하는 데 그 목적을 둔다. 다양한 대안이 폭넓게 제시될 것이고, 관점상의 유사성과 상이점이 적나라하게 표면화된다. 해결책이 양편 모두에게 도움이 되기 때문에 협력은 갈등 해소에 있어 자주 윈-윈 전략(win-win approach)으로 간주된다.

■ **타협**: 각 편이 무엇인가를 얼마간 포기해야만 할 때 상호 공유하는 부분이 생긴다. 그 결과로서 서로 간에 절충된 결과를 얻을 수 있다. 타협에서는 승자와 패자가 명확하게 구분되지 않는다. 타협의 가장 두드러진 특징은 각 편으로 하여금 무엇인가를 양보 또는 포기하도록 하는 것이다. 이것은 노사 간의 협상이 타협을 필요로 하는 상황에서 잘 나타나고 있다.

이와 같은 갈등의 처리행동은 조직이 처한 상황에 따라 적절하게 고려되어야 한다. 〈표 9-1〉은 갈등의 처리행동과 상황과의 관계를 예시적으로 제시한 것이다.

표 9-1 갈등의 처리행동과 상황과의 관계

갈등처리의 행동	적절한 상황
1. 경쟁	1.1 신속하고 단호한 행동이 취해져야 할 경우(비상시) 1.2 수용되기 어려운 행동이라도 해야만 할 중요한 문제인 경우 1.3 조직의 복지 향상에 직결되는 중요한 문제가 있을 경우 1.4 비경쟁적 행동을 이용하는 사람에게 반대할 경우
2. 순응	2.1 자신이 틀렸다는 것을 알게 될 경우 2.2 문제가 자신보다는 상대방에게 더 중요할 경우 2.3 차후에 이득을 얻고자 할 경우 2.4 손실을 최소화하고자 할 경우 2.5 조화와 안정이 무엇보다도 중요할 경우 2.6 부하들로 하여금 실수를 통해서 학습하도록 할 경우
3. 회피	3.1 문제가 덜 중요하거나, 더 중요한 문제가 압박을 가할 경우 3.2 자신의 이해 관심을 충족시킬 기회가 없다고 지각될 경우 3.3 잠재적 혼란이 갈등해소로 인해 얻어지는 이득보다 더 클 경우 3.4 사람들로 하여금 냉정을 되찾고, 새로운 관점을 갖도록 하기 위한 경우 3.5 즉각적인 결정에 앞서 많은 정보 수집이 요구되는 경우 3.6 다른 사람이 보다 효과적으로 갈등을 해결할 수 있는 경우 3.7 문제가 다른 문제와 연결되어 있는 경우
4. 협력	4.1 양측의 관심이 너무 중요하여 타협하기 어려우나, 해결책을 찾아야 할 경우 4.2 상이한 관점을 가진 사람들의 통찰력을 결합하고자 하는 경우 4.3 서로의 이해관심을 합의로 전환시켜 헌신하도록 할 경우 4.4 대인관계를 방해하는 감정을 극복하고자 하는 경우
5. 타협	5.1 목적은 중요하나 협력할 만한 가치가 없는 경우 5.2 동일한 힘을 가지고 있는 상대편이 상호 배타적인 목적을 가지고 있는 경우 5.3 복잡한 문제에 대해 잠정적인 해결책을 강구할 경우 5.4 시간적 제약 때문에 임시방편의 해결책을 모색하는 경우 5.5 협력 또는 경쟁이 성공적이지 못한 상황에서 하나의 대안

* 출처: Thomas(1977). Toward Multidimensional Values in Teaching: The Example of Conflict Behaviors. *Academy of Management Review*, p. 487.

표출된 갈등행동과 갈등의 처리행동 간의 상호작용은 여러 가지 결과를 도출시킨다. 그 결과들은 조직의 성과를 개선하는 데 기여함으로써 순기능적일 수도 있고, 이와는 반대로 조직성과를 해침으로써 그 결과가 역기능적일 수도 있다.

[그림 9-3]에서 보듯이, 갈등의 수준은 매우 높거나 매우 낮을 수 있다. 갈등 수준

이 너무 높아도 성과를 저하시키고, 마찬가지로 너무 낮아도 성과를 감소시킨다. 갈등이 침체를 예방하고 창의성을 자극하며, 긴장을 해소시키고, 변화를 일으킬 수 있을 정도로 충분히 있을 경우가 적정 수준이라고 말할 수 있다. 갈등 수준이 충분하지 못하거나 지나치게 과도할 때 구성원의 만족도가 저하되고, 결근과 퇴직률이 높아지며, 생산성이 낮아지는 등 조직의 효과성이 떨어진다. 갈등이 적정 수준을 유지할 때

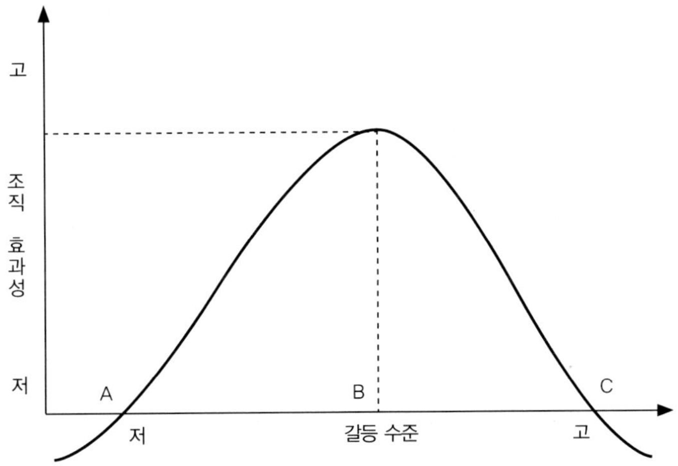

상황	갈등 수준	갈등의 형태	내적 특성	성과
A	낮음 또는 없음	역기능적	• 무관심 • 침체 • 변화에 대한 무관심 • 새로운 아이디어의 결핍	낮음
B	최적	순기능적	• 활력 • 자기비판 • 혁신	높음
C	높음	역기능적	• 분열 • 혼란 • 비협조	낮음

그림 9-3 갈등과 조직 효과

* 출처: Robbins(1983). *Organization Theory: The Structure and Design of Organizations*. Englewood Cliffs, N. J.: Prentice-Hall, Inc., p. 291.

자기만족이 높아지고 무관심이 최소화되며, 일을 보다 재미있게 할 수 있는 도전적인 환경이 조성됨으로써 동기를 증대시킨다.

[그림 9-3]에 제시된 바에 따르면, 갈등 수준(conflict level)이 너무 높거나 너무 낮으면 바람직하지 않다. 상황 B는 갈등의 최적 수준을 나타내고 있다. 상황 A부터 B까지의 영역(B점은 포함되지 않음)에서는 리더가 갈등을 고무하여 기능적 특성으로부터 충분한 유익을 얻으려고 노력하여야 한다. 반면에 상황 B의 우측에 있는 영역은 갈등 수준을 감소시키기 위한 노력을 필요로 한다.

지금까지 논의한 것을 종합적으로 요약하면, 갈등이란 전적으로 좋은 것도 아니고 전적으로 나쁜 것도 아니다. 조직 목표의 달성을 지원하거나 업적 향상에 도움이 되는 갈등은 순기능을 하고, 업적을 방해하는 갈등은 역기능을 한다. 오늘날 조직 내에서 갈등은 피할 수 없는 일상적인 현상으로써 현실적으로 갈등을 없애는 것이 거의 불가능한 일이다. 따라서 효과적인 조직관리의 요체는 갈등을 제거하려는 데 있는 것이 아니라, 갈등을 창의적으로 잘 관리하는 방법을 터득하여 그 에너지를 건설적인 목적을 위해 사용하도록 유도하는 데 있다고 할 수 있다. 만일 어느 조직이 적정한 수준의 긴장을 관리하고 유지할 수 있는 정교한 방법을 모르고 있다면, 갈등은 쉽게 파괴적 요인으로 작용할 것이다. 즉, 조직 내의 갈등은 조직구성원들의 사기를 저하시키고, 불신과 반목을 증폭시켜 협동적 행동을 방해함으로써 주요 과업에 투입되어야 할 에너지를 분산시켜 생산성을 떨어뜨리게 될 것이다. 따라서 조직의 리더는 조직을 효과적으로 관리하기 위해서 조직 내의 갈등 상황을 정확히 인지하고, 갈등 상황에 맞는 갈등관리 전략을 사용함으로써 갈등을 조직에 순기능적으로 작용하도록 하여야 할 것이다.

갈등 처리행동 진단검사
(Conflict Behaviors Questionnaire)

■ **지시문:** 제시된 각각의 진술문에 대해 당신의 견해 일치 정도를 척도 위에 ○로 표시하기 바랍니다.

진술문	전혀 아니다	대체로 아니다	보통 정도	대체로 그렇다	매우 그렇다
1. 나는 문제를 해결할 수 있는 해결책을 다른 사람과 함께 찾으려고 노력한다.	1	2	3	4	5
2. 나는 내 아이디어가 채택되도록 영향력을 행사하는 편이다.	1	2	3	4	5
3. 나는 원하는 결정을 내리기 위해 지식을 사용한다.	1	2	3	4	5
4. 나는 난처한 질문을 받는 상황을 피하려고 한다.	1	2	3	4	5
5. 나는 다른 사람의 만족을 위해 노력한다.	1	2	3	4	5
6. 나는 결정을 내리기 위해 내 아이디어에 다른 사람의 아이디어를 포함하려고 노력한다.	1	2	3	4	5
7. 나는 유리한 의사결정을 위해 권한을 행사한다.	1	2	3	4	5
8. 나는 보통 의견 대립을 무마하기 위해 타협안을 제안한다.	1	2	3	4	5
9. 나는 직장동료와 의견차에 대해 자유로운 토론을 피한다.	1	2	3	4	5
10. 나는 다른 사람이 원하는 바를 수용한다.	1	2	3	4	5
11. 나는 문제해결책을 찾기 위해 다른 사람과 함께 노력한다.	1	2	3	4	5
12. 나의 입장에서 문제해결책에 접근하는 편이다.	1	2	3	4	5
13 나는 다른 사람과 타협안에 도달하기 위해 협의를 한다.	1	2	3	4	5
14. 나는 다른 사람과 의견 충돌을 피한다.	1	2	3	4	5
15. 나는 다른 사람이 원하는 바에 따른다.	1	2	3	4	5

16. 나는 문제해결을 위해 다른 사람들과 정확한 정보를 교환한다.	1	2	3	4	5
17. 나는 나의 의사가 관철되도록 인내를 가지고 끝까지 협상한다.	1	2	3	4	5
18. 나는 타협안을 만들기 위해 협상을 한다.	1	2	3	4	5
19. 나는 다른 사람이 나에 대해 나쁜 감정을 가질까봐 그 사람과의 의견 차이를 말하지 않는다.	1	2	3	4	5
20. 나는 견해 차이가 있을 때, 다른 사람의 견해에 양보를 한다.	1	2	3	4	5
21. 나는 모든 문제를 공개해서 가장 바르게 해결되도록 노력한다.	1	2	3	4	5
22. 나는 때때로 경쟁의 위치에서 이기기 위해 나의 힘을 이용한다.	1	2	3	4	5
23. 나는 교착 상태를 해결하기 위해 타협점을 찾으려고 노력한다.	1	2	3	4	5
24. 나는 대인관계에서 불쾌감이 생기는 것을 피하려고 노력한다.	1	2	3	4	5
25. 나는 다른 사람들의 제안을 따르는 편이다.	1	2	3	4	5
26. 나는 수렴할 수 있는 결정을 다른 사람들과 함께 찾는다.	1	2	3	4	5
27. 나는 협상에서 나의 의사가 관철되지 않을 때 힘들고 괴롭다.	1	2	3	4	5
28. 나는 협상을 할 때, 상대방의 입장에서 생각하는 편이다.	1	2	3	4	5
29. 나는 다른 사람들과 의견 차이를 피하려고 노력한다.	1	2	3	4	5
30. 나는 다른 사람들의 기대를 만족시키려고 노력한다.	1	2	3	4	5

■ 검사가 끝나면, 별도의 지시사항에 따라 검사결과를 WORKSHEET에 옮겨 적으시오.

WORKSHEET

갈등 처리행동 프로파일 (Conflict Behaviors Profile)

30	•	•	•	•	•
29	•	•	•	•	•
28	•	•	•	•	•
27	•	•	•	•	•
26	•	•	•	•	•
25	•	•	•	•	•
24	•	•	•	•	•
23	•	•	•	•	•
22	•	•	•	•	•
21	•	•	•	•	•
20	•	•	•	•	•
19	•	•	•	•	•
18	•	•	•	•	•
17	•	•	•	•	•
16	•	•	•	•	•
15	•	•	•	•	•
14	•	•	•	•	•
13	•	•	•	•	•
12	•	•	•	•	•
11	•	•	•	•	•
10	•	•	•	•	•
9	•	•	•	•	•
8	•	•	•	•	•
7	•	•	•	•	•
6	•	•	•	•	•
점수 (번호)	협동 (1,6,11,16,21,26)	경쟁 (2,7,12,17,22,27)	타협 (3,8,13,18,23,28)	회피 (4,9,14,19,24,29)	순응 (5,10,15,20,25,30)

■ 갈등 처리행동 진단검사 점수의 환산 방법

1. 협동적 갈등 처리행동: (　　　점)
   (문항 1, 6, 11, 16, 21, 26의 점수를 합산한다.)

2. 경쟁적 갈등 처리행동: (　　　점)
   (문항 2, 7, 12, 17, 22, 27의 점수를 합산한다.)

3. 타협적 갈등 처리행동: (　　　점)
   (문항 3, 8, 13, 18, 23, 28의 점수를 합산한다.)

4. 회피적 갈등 처리행동: (　　　점)
   (문항 4, 9, 14, 19, 24, 29의 점수를 합산한다.)

5. 순응적 갈등 처리행동: (　　　점)
   (문항 5, 10, 15, 20, 25, 30의 점수를 합산한다.)

■ 갈등 처리행동 프로파일 작성 방법

갈등 처리행동 프로파일은 갈등 처리행동 진단검사의 결과(갈등 처리행동 점수)에 따라 해당되는 곳에 점(•)을 표시한 다음, 표시된 점들을 직선으로 연결하면 완성된다.

■ 점수의 해석

갈등 처리행동 진단검사는 갈등 처리행동을 협동, 경쟁, 타협, 회피, 순응의 측면에서 측정하기 위해 고안된 것이다. 진단검사에서 당신이 획득한 점수들과 프로파일을 살펴보면, 당신이 갈등 상황에서 어떤 갈등 처리행동을 통해 갈등을 처리하고 있는가를 확인할 수 있다.

획득한 점수의 범위가 25~30점: 매우 높음
획득한 점수의 범위가 19~24점: 높음
획득한 점수의 범위가 13~18점: 낮음
획득한 점수의 범위가 6~12점: 매우 낮음

제10장

리더십 윤리

리더는 다른 사람들의 삶에 영향을 미치기 때문에 리더십은 도덕적 차원을 가지고 있다. 이러한 영향력 차원 때문에 리더십에는 엄청난 윤리적 책임이 수반된다. 의사결정의 권한을 갖는다는 것은 리더가 공동선을 위해 그의 권한을 사용해야 하는 의무다. 일반적으로 리더는 추종자들보다 많은 권력과 통제력을 가지고 있기 때문에 리더는 자신의 리더십이 다른 사람들의 복지에 어떤 영향을 미치는지에 대해 특히 민감해야 한다.

리더가 되려고 하는 사람은 "윤리적 리더가 되기 위해서는 무엇을 해야 하는가?" 라는 중요한 질문에 관해 대답을 해야 한다. 우선, 윤리적 리더십이 무엇인가를 규정하는 것이 중요하다. 가장 간단하게 정의하면, 윤리적 리더십이란 옳은 명분을 위해 올바른 방법으로 옳은 일을 하도록 다른 사람들을 움직이는 도덕적인 사람의 영향력이다(Ciulla, 2003). 달리 표현하면, 윤리적 리더십은 선한 사람이 공동선을 성취하기 위해 다른 사람들에게 올바르게 영향력을 행사하는 과정이다.

이 장에서는 윤리적 리더십의 본질에 관해 논의하고자 한다. 먼저, 윤리적 리더십과 직접적으로 관련이 있는 요인들이 윤리적 리더십에서 어떠한 역할을 하는가에 초점을 두고 논의를 한 다음, 윤리적 리더십의 원리들을 제시하고 설명하고자 한다.

윤리적 리더십과 관련된 요인

노스하우스(Northouse, 2009: 158-170)은 윤리적 리더십과 관련이 있는 중요한 6개 요인을 [그림 10-1]과 같이 제시하고, 논의를 전개하였다.

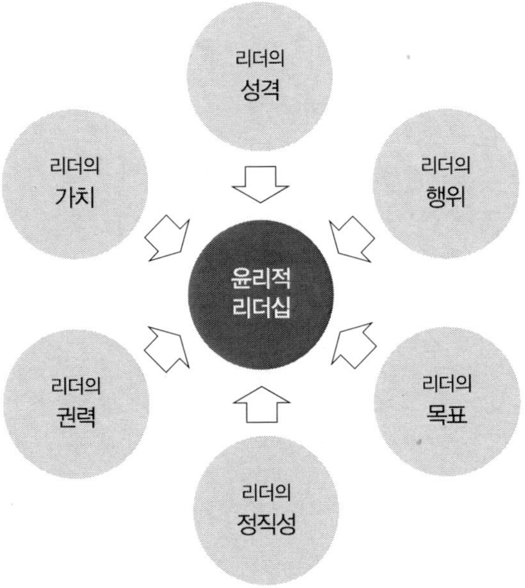

그림 10-1 윤리적 리더십 관련 요인

* 출처: Northouse(2009). *Introduction to Leadership: Concepts and Practice*. Thousand Oaks, CA: Sage, p. 156.

■ **윤리적 리더십은 리더의 성격에 관한 것이다:** 리더의 성격(character)은 윤리적 리더십의 근본적인 측면이다. 일반적으로 리더가 강한 성격을 소유하고 있다고 말하면, 그 리더는 착하고 존경받을 만한 사람으로 간주된다. 리더의 성격은 리더의 기질과 핵심 가치를 의미한다. 이미 2,000년 전에 아리스토텔레스(Aristoteles)는 도덕적인 사람은 용기, 관대, 자제력, 정직, 사교성, 공정, 정의, 그리고 겸손의 미덕을 행동으로 입증해야 한다고 주장하였다(Velasquez, 1992). 오늘날까지 이러한 자질들은 여전히 강한 성격 형성에 기여하고 있다.

성격은 개발되는 것이다. 그 결과로서 최근 대부분의 학교에서는 공식적인 교육과정의 일부로서 성격 교육을 하고 있다. 리더는 훌륭한 가치들을 배울 수 있다. 훌륭한 가치들을 어린 시절부터 계속적으로 실천함으로써 가치들은 습관화되어 그 사람의 일부가 된다. 리더의 성격은 심지어 굉장히 어려운 역경의 시기에도 그의 핵심적인 윤리적 가치들을 유지할 수 있도록 해 준다. 성격은 사람들이 가지고 있는 가치들의 중심적 요소이며, 윤리적 리더십의 근본적인 요인이다.

■ **윤리적 리더십은 리더의 행위에 관한 것이다:** 여기서 리더의 행위(actions)는 리더가 목표를 성취해 나가는 방법을 의미한다. 윤리적 리더들은 그들의 목표를 성취하기 위해서 도덕적 수단들을 사용한다. 리더가 그의 직무를 수행하는 방식은 그가 윤리적 리더인지 아닌지를 결정하는 중요한 요인이다. 마키아벨리(Machiavelli)는 "목적이 수단을 정당화한다."고 주장하였지만, 윤리적 리더들은 이것과는 다른 관점을 마음속에 가지고 있으면서 "목적이 수단을 정당화하는가?"에 대해 의문을 제기해야 한다. 다른 말로 하면, 리더가 목표를 달성하기 위해 취하는 행위들은 윤리적일 필요가 있다. 리더의 행위는 리더가 추구하는 목표의 필요성 또는 중요성에 의해 정당화될 수는 없다. 윤리적 리더십은 목표를 성취하기 위해서 도덕적으로 적절한 행위를 사용하는 것을 포함하고 있다.

■ **윤리적 리더십은 리더의 목표에 관한 것이다:** 리더가 설정한 목표(goals)는 윤리적 리더십과 관련된 세 번째 요인이다. 리더가 다른 사람들에게 영향력을 행사하기 위해 목표를 사용하는 방식은 리더의 윤리에 관해 많은 함축적 의미를 내포하고 있다. 예를 들면, 히틀러는 수백만의 사람들을 설득하여 유대인 말살을 정당화하였다. 그것은 사악한 목표였으며, 그는 비도덕적 리더였다. 반면에 권리를 빼앗긴 가난한 사람들을 돕는 테레사 수녀의 목표는 도덕적 목표다. 이러한 예에서 알 수 있는 바와 같이 리더십의 윤리성 여부를 결정하는 데 있어서 목표는 아주 중요한 역할을 한다. 윤리적 리더가 해야 할 가장 중요한 일은 공정하고 가치 있는 목표들을 확인하고 추구하는 일이다. 목표를 선택함에 있어서 윤리적 리더는 다른 사람들의 이해 관심을 고려하여 목표들의 상대적 가치를 평가하는 것이 중요하다. 윤리적 목표를 가진 윤리적 리더들은 그의 의지를 다른 사람들에게 강요하지 않을 것이다.

■ **윤리적 리더십은 리더의 정직성에 관한 것이다:** 윤리적 리더십의 또 다른 중요

한 요인은 정직(honesty)이다. 사람들은 다른 자질들보다도 그들의 리더가 정직한 사람이기를 원한다. 사실, 정직한 것과 윤리적인 것은 동의어라고 말할 수 있을 것이다. 우리는 어린 시절부터 성장하면서 계속적으로 "절대로 거짓말을 하지 말라."는 말을 들어 왔다. 따라서 선하다는 것은 진실만을 말하는 것을 의미하였다. 리더에게도 이러한 교훈은 동일하게 적용된다. 윤리적인 리더가 되기 위해서 리더는 정직해야 한다.

정직의 중요성은 정직의 반대인 부정직(dishonesty)을 생각해 보면 더욱 명백하게 이해될 수 있다. 부정직은 거짓말의 한 형태이며, 진실을 대변하지 못하는 행동방식이다. 부정직은 많은 부정적인 결과를 초래할 수 있으며, 최악의 경우에는 불신을 야기할 수 있다. 리더가 정직하지 않으면, 다른 사람들은 리더를 의지할 수 없고 신뢰할 수 없는 사람으로 간주한다. 결과적으로, 다른 사람들이 리더가 하는 말을 더 이상 믿지 않고 신뢰하지 않는다면, 리더의 영향력은 손상을 입게 된다.

■ **윤리적 리더십은 리더의 권력에 관한 것이다**: 윤리적 리더십과 관련된 또 다른 요인은 권력(power)이다. 권력은 다른 사람들에게 영향을 행사할 수 있는 능력이다. 리더는 다른 사람들의 신념, 태도 및 행동에 영향을 줄 수 있는 능력을 가지고 있기 때문에 권력을 가지고 있다. 리더십은 영향력에 관한 문제다. 영향력은 리더십의 핵심이다. 리더가 다른 사람들에게 행사하는 권력 또는 영향력의 원천으로 가장 많이 인용되는 것이 프렌츠와 라벤(French & Raven, 1959; 1968)의 사회적 권력의 기초에 관한 연구다. 그들은 리더의 권력 또는 영향력의 원천을 다음과 같이 다섯 가지로 제시하였다.

① **합법적 권력**(legitimate power): 합법적 권력은 조직에서 리더가 차지하고 있는 직위 또는 역할에 부여되어 있는 권력이다. 합법적 권력은 리더가 하위자들에게 영향력을 행사할 수 있는 권리를 가지고 있다는 점에 대해 상호 간에 수용할 수 있는 지각에 근거하고 있다. 예를 들면, 학교조직에서 교장은 교사들에 의해 완수되어야 할 구체화된 과업들을 기대할 수 있는 권리를 가지고 있다.

② **보상적 권력**(reward power): 일반적으로 리더들은 조직에서 하위자들에게 보

상을 제공할 수 있는 그들의 능력으로 인해 보상적 권력을 가지고 있다. 권력의 힘은 리더가 통제하는 보상의 양과 보상에 대한 하위자들의 욕망의 강도에 따라 달라진다. 봉급 인상, 승진, 좋은 업무의 할당, 칭찬 등이 보상적 권력에 속한다.

③ **강제적 권력**(coercive power): 강제적 권력은 보상적 권력의 반대다. 강제적 권력은 리더의 지시에 대한 불복종에 대해 하위자들을 통제하고 처벌할 수 있는 리더의 능력을 의미한다. 강등, 감봉, 징계, 처벌의 위협 등이 강제적 권력에 속한다.

④ **전문적 권력**(expert power): 전문적 권력은 리더가 가지고 있는 특수한 능력과 지식에 근거하고 있으며, 집단은 이러한 능력과 지식을 필요로 한다. 리더는 단위 부서에 할당된 과업들을 분석 · 집행 · 통제할 수 있는 능력을 가지고 있는 사람으로 간주된다. 전문적 권력은 교육, 훈련 및 경험에 의해 좌우된다.

⑤ **준거적 권력**(referent power): 준거적 권력은 리더의 개인적 인성의 힘으로부터 추종자들을 개발하는 리더의 능력이다. 어떤 의미에서 이것은 리더가 다른 사람들로부터 존경과 매력을 이끌어 내는 카리스마적인 힘이다. 마하트마 간디, 마틴 루터 킹 등이 역사적으로 잘 알려진 리더들이다. 또한 준거적 권력은 조직 내에 있는 강력한 개인과의 친분관계에서 연유될 수도 있다. 예를 들면, 교장과 친분관계가 두터운 교사는 어떠한 합법적 · 보상적 · 강제적 권력도 가지고 있지 않을지라도, 다른 사람들은 이 사람이 교장의 행동에 영향을 미치고 있다고 지각할 수도 있을 것이다.

권력은 다른 사람들에게 도움이 되는 긍정적인 방식으로 사용될 수도 있고, 다른 사람들에게 해가 되는 파괴적인 방식으로 사용될 수도 있기 때문에 리더는 권력의 사용 방법에 관한 정확한 이해와 민감한 태도를 항상 가지고 있을 필요가 있다. 윤리적 리더는 공동 목표를 달성하기 위해 하위자들과 함께 일하기 위해 권력을 사용해야 한다.

■ **윤리적 리더십은 리더의 가치에 관한 것이다**: 윤리적 리더십을 이해하는 데 기여하는 마지막 요인은 가치(values)다. 가치는 사람들이 바람직하게 생각하는 아이디

어, 신념, 행동 방식들(예: 평화, 정의, 성실성, 공정성)이다. 윤리적 리더가 되고자 하는 사람은 자신의 리더십 가치들에 대해 충실해야 하며, 추종자들의 가치들에 대해서도 민감해야 한다. 리더와 추종자들은 종종 상충하는 가치들을 가지고 있다. 따라서 리더가 가치의 문제들을 다룰 때에는 자신의 가치들을 분명하게 이해하고, 자신의 가치를 다른 사람들의 가치와 통합하는 일이 무엇보다 중요한 일이다.

윤리적 리더십의 원리

여기서는 윤리적 리더십의 원리에 대해 논의하기로 한다. 윤리적 리더십 원리의 중요성은 다양한 학문 영역에서 논의되어 오고 있다(Beauchamp & Boeie, 1988; Kitchener, 1984; Komives, Lucas, & McMahon, 1998). 여기서는 노스하우스(Northouse, 2007: 350-356)가 [그림 10-2]와 같이 제시한 다섯 가지 윤리적 원리들을

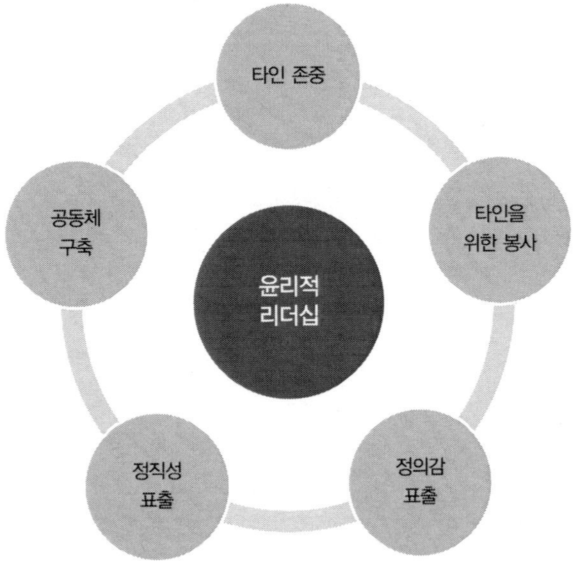

그림 10-2 윤리적 리더십의 원리

* 출처: Northouse(2007). *Leadership: Theory and Practice*(4th ed.). Thousand Oaks, CA: Sage, p. 350.

중점적으로 살펴보고자 한다.

■ **윤리적 리더는 타인을 존중한다**: 철학자 칸트(Kant)는 다른 사람들을 대할 때 존경심을 가지고 대하는 것이 우리의 의무라고 주장하였다. 이것은 사람 자체가 목적이어야 하고, 수단이 되어서는 안 된다는 것을 의미한다. 다른 사람들을 대할 때 수단으로서가 아니라 목적으로 대하려면, 다른 사람의 결정이나 가치를 존중해야 한다. 타인을 존중하는 리더는 추종자들의 창조적인 열망을 인정하고 존중한다. 다른 사람을 존중한다는 것은 다른 사람의 생각을 신뢰하고, 그들을 인간존재(human being)로서 인정하는 것을 의미한다. 또한 다른 사람을 존중한다는 것은 리더가 그들과 관련된 결정을 그들에게 맡겨야 한다는 것을 의미하기도 한다.

다른 사람을 존중하는 리더는 추종자들의 의견을 수용적인 자세로 경청하고, 공감을 표시하며, 반대의 견해도 관대하게 받아들인다. 리더가 추종자들을 존중한다는 것은 그들의 신념, 태도 및 가치관을 인정하는 것이다. 요약하면, 타인을 존중하는 리더는 그들을 존경할 만한 가치가 있는 인간으로 대하는 리더다.

■ **윤리적 리더는 타인을 섬긴다**: 섬김의 원리(service principle)는 윤리적 이타주의의 하나의 예다. 섬김의 리더는 이타적인 리더다. 섬김의 리더는 계획을 수립할 때 추종자들의 복지를 최우선적으로 고려한다. 다른 사람들을 섬기는 리더의 윤리적 책임은 히포크라테스적 전통에 기반을 두고 환자를 돌보는 자선의료 전문가들의 윤리와 매우 유사하다.

지난 수십 년 동안 리더십 관련 문헌에서는 섬김의 원리를 크게 강조하여 왔다(Greenleaf, 1977; Kouzes & Posner, 1995). 이러한 문헌에서 공통적으로 강조하고 있는 점은 다른 사람들에 대해 관심을 가지는 것이 도덕적 리더십의 일차적인 기본적 요소라는 것이다. 요약하면, 섬김의 배후에 있는 의도는 다른 사람들의 보다 큰 유익을 위하여 공헌하는 것이다. 섬김의 원리를 실천하는 윤리적 리더들은 기꺼이 추종자들을 중심에 두어야 하며, 그들의 직무에서 다른 사람들의 이해 관심을 최우선적으로 고려하며, 다른 사람들에게 유익한 방식으로 행동해야 한다.

■ **윤리적 리더는 공정하다:** 윤리적 리더는 공정성(fairness)과 정의(justice)에 관심을 기울여야 한다. 리더는 하위자들을 평등하게 대하는 것을 최우선 과제로 해야 한다. 정의는 리더가 그들의 의사결정의 중심에 공정성을 둘 것을 요구한다. 일반적으로 어쩔 수 없는 특별한 예외적인 경우를 제외하고는 조직 내의 어느 누구도 특별한 대접 또는 배려를 받아서는 안 된다. 조직 내의 개인이 불가피하게 차별대우를 받아야 하는 경우에는 차별적 대우의 원인이 분명하고 합리적이며 건전한 도덕적 가치에 근거를 두어야 한다.

공정성과 관련된 이슈들이 문제가 되는 경우가 있다. 예를 들면, 재화나 자원이 한정되어 있는 상황에서 재화나 자원을 확보하려는 경쟁이 일어날 때, 공평한 배분의 방법을 둘러싸고 개인들 간에 갈등이 발생할 수 있다. 따라서 리더는 보상 배분에 관한 명확한 규칙들을 확립하는 것이 매우 중요하다. 이러한 규칙들의 내용은 리더와 구성원들이 활동하고 있는 조직의 윤리적 기초가 되는 것이다.

■ **윤리적 리더는 정직하다:** 우리는 어린 시절부터 성장하면서 계속적으로 "절대로 거짓말을 하지 말라."는 말을 들어 왔다. 따라서 선하다는 것은 진실만을 말하는 것을 의미하였다. 리더에게도 이러한 교훈은 동일하게 적용된다. 윤리적인 리더가 되기 위해서 리더는 정직해야 한다.

정직의 중요성은 정직의 반대인 부정직(dishonesty)을 생각해 보면 더욱 명백하게 이해될 수 있다. 부정직은 거짓말의 한 형태이며, 진실을 대변하지 못하는 행동방식이다. 부정직은 많은 부정적인 결과를 초래할 수 있으며, 최악의 경우에는 불신을 야기할 수 있다. 리더가 정직하지 않으면, 다른 사람들은 리더를 의지할 수 없고 신뢰할 수 없는 사람으로 간주한다. 결과적으로, 다른 사람들이 리더가 하는 말을 더 이상 믿지 않고 신뢰하지 않는다면, 리더의 영향력은 손상을 입게 된다.

■ **윤리적 리더는 공동체를 구축한다:** 리더십이란 공동 목표 또는 공동체 목표를 달성하기 위해 다른 사람들에게 영향력을 행사하는 과정이다. 리더십에 대한 개념 규정에서 공동 목표를 언급하고 있다는 점에서 리더십은 명백한 윤리적 차원을 내포하고

있는 것이다. 공동 목표는 리더와 추종자들 사이에 집단이 나아가야 할 방향에 관하여 동의가 이루어져야 한다는 것을 요구한다. 따라서 리더는 공동 목표를 향해 나아가는 동안 자신과 추종자들의 목표를 동시에 고려할 필요가 있다. 즉, 윤리적 리더는 집단에 참여하는 모든 구성원들의 목표를 고려하고, 공동체의 이해 관심과 문화에 대해 세심한 배려를 할 필요가 있다. 가장 포괄적인 의미에서 보면, 윤리적 리더는 공동선에 관심을 가져야 하는 것이다.

지금까지 논의한 것을 종합적으로 요약하면, 오늘날 우리 사회에는 윤리적 리더십을 강력하게 요청하고 있다. 리더가 되려고 하는 사람은 "윤리적 리더가 되기 위해서는 무엇을 해야 하는가?"라는 중요한 질문에 관해 대답을 해야 한다. 윤리적 리더십은 선한 사람이 가치 있는 목표들을 성취하기 위해 다른 사람들에게 올바르게 영향력을 행사하는 과정이다. 윤리적 리더십에 영향을 주는 중요한 요인은 리더의 성격, 리더의 행위, 리더의 목표, 리더의 정직성, 리더의 권력 그리고 리더의 가치다.

윤리적 리더십 원리의 중요성은 다양한 학문 영역에서 논의되어 왔다. 윤리적 리더십의 원리는 다양하게 제시되고 있지만, 윤리적 리더는 타인을 존중하고, 타인을 섬기며, 공정성과 정직을 유지하며, 공동체 구축을 위해 노력하는 사람이다.

리더 성실성 진단검사

(Leader Integrity Questionnaire)

■ **지시문:** 아래 진술문들은 당신의 직속상관과 관련된 사항입니다. 여기서 당신의 직속상관은 당신이 느끼기에 당신의 직장에서 일상적인 활동에 가장 큰 영향을 미치는 사람을 지칭하는 것입니다. 직속상관에 관한 진술문에 대한 당신의 견해 일치 정도를 척도 위에 ○로 표시하기 바랍니다.

진술문	전혀 그렇지 않다	약간 그렇다	매우 그렇다	전적으로 그렇다
1. 나의 실수를 가지고 나를 개인적으로 공격하는 데 사용하곤 한다.	1	2	3	4
2. 언제나 손해를 안 본다.	1	2	3	4
3. 특정 구성원들만 편애하고 나에게는 관심도 없다.	1	2	3	4
4. 나에게 거짓말을 하곤 한다.	1	2	3	4
5. 작업상황에서 자신을 보호하기 위해 나를 위험에 빠뜨리기도 한다.	1	2	3	4
6. 구성원들 사이의 반목을 고의적으로 심화시킨다.	1	2	3	4
7. 사악하다.	1	2	3	4
8. 나의 업적 평가를 '나를 개인적으로 흠잡고 비난하기 위해' 사용하기도 한다.	1	2	3	4
9. 나에게 (악의적인) 감정이 있다.	1	2	3	4
10. 리더 자신의 잘못인데도 내가 리더로부터 비난받도록 내버려 둔다.	1	2	3	4
11. 자신의 일에 도움이 된다면 문서 기록을 왜곡하기도 한다.	1	2	3	4
12. 높은 도덕의식이 부족하다.	1	2	3	4
13. 내가 잘못을 저질렀을 때, 내가 일을 더 잘할 수 있도록 지도하기보다는 조소하는 것이 보통이다.	1	2	3	4

14. 나의 업적을 상관에게 보고할 때 나의 잘못을 더 과장하여 나를 나쁘게 보이도록 한다.	1	2	3	4
15. 매우 보복적이다.	1	2	3	4
16. 자신의 잘못을 가지고 나를 비난한다.	1	2	3	4
17. 내가 실패하기를 원하기 때문에 나를 지도하기를 꺼린다.	1	2	3	4
18. 만약 내가 자기와 같은 종족이었다면, 내게 더 잘 해주었을 것이다.	1	2	3	4
19. 내가 말하는 것을 고의적으로 왜곡시켜 해석하는 경향이 있다.	1	2	3	4
20. 의도적으로 직원들 서로 간에 반목하도록 만든다.	1	2	3	4
21. 위선적이다.	1	2	3	4
22. 내가 승진하는 것을 막기 위해 나의 교육 기회를 제한한다.	1	2	3	4
23. 어떤 일의 책임을 면할 수 있다고 생각되면, 직원들에게 협박과 공갈까지 하곤 한다.	1	2	3	4
24. 나의 요구를 거절하는 것을 즐긴다.	1	2	3	4
25. 내가 눈 밖에 날 경우, 날 곤경에 빠뜨리곤 한다.	1	2	3	4
26. 나의 아이디어를 그의 공적(실적)으로 돌리는 경우가 있다.	1	2	3	4
27. 조직 내 공공물품, 공금을 도용하기도 한다.	1	2	3	4
28. 나를 누군가에게 앙갚음을 당할 곤경에 빠지게 한다.	1	2	3	4
29. 조직의 이익에 반하는 태업 등의 행위에 관여하곤 한다.	1	2	3	4
30. 상사가 자신의 책임을 면하기 위해 단지 싫어한다는 이유만으로 사람들을 해고한다.	1	2	3	4
31. 조직의 정책에 반하는 일을 하고는 부하 직원들이 자신을 보호해 주기를 기대한다.	1	2	3	4

■ 검사가 끝나면, 별도의 지시사항에 따라 검사결과를 WORKSHEET에 옮겨 적으시오.

WORKSHEET

■ 점수의 환산 방법

이 진단검사는 크레이그와 구스타프슨(Craig & Gustafson, 1998)이 공리주의 윤리에 근거하여 개발한 '리더 성실성 인지 척도(Perceived Leader Integrity Scale: PLIS)'다. '리더 성실성 인지 척도'는 하위자들이 그들의 리더가 '최대 다수를 위한 최대의 선'을 창출해 내기 위해 노력하는 정도를 하위자들로 하여금 판단하게 함으로써 리더의 윤리를 평가하기 위해 개발한 것이다.

'리더 성실성 인지 척도'는 조직 상황에서 리더의 성실성(integrity)에 대한 하위자들의 지각을 측정하고 있다. 진단검사의 31개 문항의 응답을 모두 합산한다.

총 점: (　　　)점

■ 점수의 해석

진단검사에서 각 문항의 낮은 점수는 당신이 상관을 매우 윤리적이라고 인식하고 있음을 의미하며, 반대로 높은 점수는 당신이 상관을 매우 비윤리적이라고 생각하고 있음을 나타내는 것이다. 당신이 진단검사에서 획득한 총점은 다음과 같이 해석할 수 있다.

31~35점	매우 윤리적	당신이 상관을 매우 윤리적이라고 지각하고 있음을 나타낸다. 당신의 상관에 대한 인식은 그가 매우 신뢰할 만하고 도덕적이라는 것이다.
36~66점	보통	당신이 상관을 적당히(중간 정도) 윤리적이라고 지각하고 있음을 나타낸다. 당신의 상관에 대한 인식은 상관이 가끔씩 약간은 비윤리적인 행동을 보인다는 것이다.
67~124점	매우 비윤리적	당신이 상관을 매우 비윤리적이라고 지각하고 있음을 나타낸다. 당신은 상관이 매우 정직하지 못하고, 공정하지 못하며, 도덕적이지 못하다고 생각한다.

제2부

리더십 능력개발 강의안

제11장

1차 강의안:
인간행동의 변화

모의실험(Simulation): 관점과 사고방식의 변화

■ **목적**

이 진단검사는 참여자들에게 사람들이 가지고 있는 기존의 '사고방식'을 변화시키는 데 따르는 어려움(degree of difficulty)을 경험하도록 하기 위해 설계되었다. 또한 당신은 집단활동을 통해 동일한 것에 대해 사람들마다 서로 다른 관점을 가지고 있음을 관찰할 수 있고 경험할 수 있을 것이다.

■ **절차**

1단계: 각 집단을 5명으로 구성하라. 과외인사(extra person)가 제6의 구성원으로 참여할 수도 있지만, 어떤 집단도 6명 이상 또는 4명 이하가 되어서는 안 된다.

2단계(개인 활동; 소요 시간: 5분): 강사가 제시한 '진단검사: 속담과 격언'을 읽고, 개별적인 답을 WORKSHEET '개인득점' 칸에 적어라.

3단계(집단 활동; 소요 시간: 15분): 각 집단은 강사가 제시한 '진단검사: 속담과 격언'을 읽고, 집단토론을 거쳐 집단합의(group consensus)에 도달해야 한다. 대부분의 개별 구성원들은 동일한 답을 가지고 있지 않을 것이다. 그러나 각 집단은 반드시 15분 이내에 집단합의에 도달하여야 한다. 집단에 의해 합의된 답을 WORKSHEET '팀 해답득점' 칸에 적어라.

4단계(소요 시간: 5분): 강사가 제시하는 '정답'에 따라 개인들은 채점을 하고, 각 집단의 리더는 개인들의 채점결과를 통해 WORKSHEET의 '팀 효율표'를 완성하라.

5단계(전체 토론; 소요시간: 15분): 각 집단을 다시 하나의 집단으로 통합한 다음, 다음에 제시한 질문들에 초점을 맞추어 전체 토론을 한다.

① 당신의 집단에서는 의견의 불일치가 많았는가?
② 의견의 불일치가 있었다면, 그 이유는 무엇인가?
③ 당신의 집단은 어떤 방식으로 합의에 도달했는가(예: 합의, 투표, 협상, 등)?
④ 당신의 의견을 변화시키려고 하는 사람에 대해 당신의 반응은 무엇인가?
⑤ 이 진단검사는 사고(생각)의 변화에 관해 무엇을 시사하는가?

6단계(종합 강평; 소요시간: 5분): 강사는 모의실험(Simulation) 활동 전반에 관해 종합적인 강평을 제시한다.

속담과 격언

■ 아래에는 20개의 속담과 격언들이 나열되어 있습니다. 그 속담과 격언이 맞다고 생각하면 '맞다'에, 틀리다고 생각하면 '틀리다'에, 그리고 상황에 따라 맞을 수도 있고 틀릴 수도 있다고 생각하면 '때에 따라'에 ○표 해 주십시오.

맞다(T):	때에 따라(D):	틀리다(F)	1. 티끌 모아 태산.
맞다(T):	때에 따라(D):	틀리다(F)	2. 유유상종.
맞다(T):	때에 따라(D):	틀리다(F)	3. 모르는 게 약.
맞다(T):	때에 따라(D):	틀리다(F)	4. 가화만사성.
맞다(T):	때에 따라(D):	틀리다(F)	5. 사공이 많으면 배가 산으로 간다.
맞다(T):	때에 따라(D):	틀리다(F)	6. 뭉치면 살고 흩어지면 죽는다.
맞다(T):	때에 따라(D):	틀리다(F)	7. 대기만성.
맞다(T):	때에 따라(D):	틀리다(F)	8. 모난 돌이 정 맞는다.
맞다(T):	때에 따라(D):	틀리다(F)	9. 짚신도 짝이 있다.
맞다(T):	때에 따라(D):	틀리다(F)	10. 매에는 장사 없다.
맞다(T):	때에 따라(D):	틀리다(F)	11. 열 번 찍어 안 넘어가는 나무 없다.
맞다(T):	때에 따라(D):	틀리다(F)	12. 시작이 반이다.
맞다(T):	때에 따라(D):	틀리다(F)	13. 멀수록 돌아가라.
맞다(T):	때에 따라(D):	틀리다(F)	14. 구관이 명관이다.
맞다(T):	때에 따라(D):	틀리다(F)	15. 뱁새가 황새 쫓다 가랑이 찢어진다.
맞다(T):	때에 따라(D):	틀리다(F)	16. 아니 땐 굴뚝에 연기 나랴.
맞다(T):	때에 따라(D):	틀리다(F)	17. 모로 가도 서울만 가면 된다.
맞다(T):	때에 따라(D):	틀리다(F)	18. 코에 걸면 코걸이, 귀에 걸면 귀걸이.
맞다(T):	때에 따라(D):	틀리다(F)	19. 암탉이 울면 집안이 망한다.
맞다(T):	때에 따라(D):	틀리다(F)	20. 될 성 싶은 나무는 떡잎부터 알아본다.

WORKSHEET

■ **정답과 해설**: 진단검사에서 모든 문항의 정답은 '때에 따라'다. 이 모의실험(Simulation)은 우리 몸에 습관적으로 배어 있는 경직된 사고방식, 즉 '이분법적 사고방식, 흑백논리'를 자각하고, '유연한 관점과 사고방식'을 갖도록 하기 위해 설계된 것이다.

팀 효율표

성 명	개인득점	팀 해답득점: ( )
		★ 팀 효율 = {(팀 해답득점 - 개인 평균점) ÷ (만점 - 개인 평균점)} × 100 = ( )%

개인득점의 합계		개인득점의 평균점	

※소수점 둘째자리에서 반올림할 것

팀	A	B	C	D	E
최고득점					
최저득점					
평균득점					
팀 득점					
팀 효율					
팀 순위					

모의실험(Simulation): 태도와 가치관의 변화

■ **목적**

이 모의실험은 참여자들에게 사람들을 변화시키는 데 따르는 어려움(degree of difficulty)을 경험하도록 하기 위해 설계되었다. 또한 당신은 변화에 대한 외관상 복종(overt compliance) 또는 허위 복종(pseudo compliance)과 변화에 대한 진정한 내면적 헌신(internal commitment)을 관찰할 수 있고 경험할 수 있을 것이다.

■ **절차**

1단계: 각 집단을 5명으로 구성하라. 과외인사(extra person)가 제6의 구성원으로 참여할 수도 있지만, 어떤 집단도 6명 이상 또는 4명 이하가 되어서는 안 된다.

2단계(개인 활동; 소요시간: 20분): 강사가 제시한 '젊은 부인의 비극'에 관한 이야기를 읽고, 이야기 바로 아래 제시된 질문에 대해 개별적인 답을 WORKSHEET '개인(1차)' 칸에 적어라.

3단계(집단 활동; 소요시간: 30분): 각 집단은 그 질문에 대한 답에 관하여 집단합의(a group consensus)에 도달해야 한다. 대부분의 구성원들은 동일한 답을 가지고 있지 않을 것이다. 그러나 각 집단은 반드시 그 질문에 대한 답에 관하여 집단합의에 도달하여야 한다. 집단에 의해 합의된 답을 WORKSHEET '팀' 칸에 적어라.

4단계(개인 활동; 소요시간: 10분): 각 개인은 제시된 '젊은 부인의 비극'에 관한 이야기를 다시 읽고, 개인적 판단(an individual basis)에 근거한 답을 WORKSHEET '개인(2차)' 칸에 적어라.

5단계(개인 활동; 소요시간: 5분): WORKSHEET '개인(2차)' 칸에 적힌 개인들이 응답이 어떠한 것인가를 알아보기 위해 원래의 집단으로 돌아가라. WORKSHEET '개인(2차)' 칸의 응답이 이전에 답한 WORKSHEET '개인(1차)' 칸과 WORKSHEET '팀' 칸의 응답과 동일한지 다른지를 관찰하라.

6단계(소요시간: 30분): 각 집단을 다시 하나의 집단으로 통합한 다음, 다음에 제시한 질문들에 초점을 맞추어 전체 토론을 한다.

① 당신의 집단에서는 의견의 불일치가 많았는가? 불일치의 이유는 무엇인가?
② 당신의 집단은 어떤 방식으로 합의에 도달했는가(예: 합의, 투표, 협상 등)?
③ 당신 집단의 다른 구성원들은 집단의 의사결정을 어느 정도 지지하고 있다고 당신

은 생각하는가?

④ 당신은 앞으로 당신이 속한 집단의 구성원들을 변화시키려고 시도함에 있어서 다른 방식을 사용하겠는가?

⑤ 이 모의실험은 다른 사람의 태도변화에 관해 무엇을 시사하는가?

⑥ 당신을 변화시키려고 하는 사람에 대해 당신의 반응은 무엇인가?

젊은 부인의 비극

옛날 어느 마을에 매우 성실한 노총각과 결혼한 젊은 부인이 살고 있었다. 묵묵히 자기 일만 열심히 하는 노총각의 성실한 태도에 호감을 갖고 결혼한 젊은 부인은 결혼 후에도 자신에게는 별 관심을 보이지 않고 일에만 열중하는 남편이 자기를 무시하고 있다는 느낌을 갖게 되었다. 어느 날 남편이 출장을 떠나고 텅 빈집을 혼자 지키고 있는 그녀에게 강 건너 마을에 살고 있는 남자친구가 초대를 하였다. 저녁때 친구의 집에 도착한 젊은 부인은 그곳에서 밤을 지새우며 놀다가 남편이 돌아올 시간이 지났다는 것을 알고 동틀 무렵에 애인의 집을 떠나 황망히 자신의 집으로 돌아오고 있었다. 그런데 강을 건너려고 다리에 도착했을 때, 누구나 죽이는 미친 사람이 다리를 가로막고 서있었다. 젊은 부인은 하는 수 없이 강을 따라 거슬러 올라가다가 나룻배 사공을 만났다. 그녀에게서 사정을 들은 사공은 강을 건너 주는 대가로 10만 원을 요구하였다. 돈을 하나도 가지고 있지 않았던 젊은 부인은 다시 애인의 집으로 돌아가 10만 원을 빌려 달라고 부탁하였으나, 그는 그녀의 요청을 거절하였다. 애인의 집에서 나온 그녀는 그 마을에 어린 시절에 순수한 감정으로 사귀었던 남자의 집이 있다는 것을 생각하고 그 친구에게 찾아가서 자신이 처한 어려운 사정을 설명하고 도움을 청하였다. 그녀의 이야기를 듣고 난 그 친구는 "난 네가 그런 여자인 줄 정말 몰랐어. 너는 내가 알고 있는 여자가 아니야. 따라서 너 같은 여자에게는 한 푼도 빌려줄 수가 없어. 너와 함께 있다는 것조차 불결해. 빨리 나가 줘."라고 말하였다. 남자친구의 집에서 쫓겨난 젊은 부인은 힘없이 터벅터벅 다리를 향해 걸어갔다. 젊은 부인이 이제 집으로 갈 수 있는 유일한 방법은 죽음의 위험을 무릅 쓰고 다리를 건너가는 것밖에 없다. 젊은 부인이 다리를 건너가게 되면 그 미친 사람은 틀림없이 그녀를 죽일 것이다.

WORKSHEET

등장 인물	개인순위		팀 순위	순위 오차	순위 결정 이유
	1차	2차			
남편					
부인					
애인					
뱃사공					
미친 사람					
남자친구					

1. 제시된 사례에 등장하는 인물들(남편, 부인, 애인, 뱃사공, 미친 사람, 남자친구) 중에서 젊은 부인의 비극에 대한 책임은 누구에게 있다고 당신은 생각하십니까? 가장 책임이 많다고 생각되는 순서대로 WORKSHEET에 기록해 주시기 바랍니다.
   - 팀 구성원이 개별적으로 기록하십시오.
   - 팀 토의를 통하여 팀의 순위를 매기되 전원합의에 의한 의사결정을 해 주십시오.
   - 팀의 순위 결정이 이루어진 후, 다시 구성원이 개별적으로 순위를 기록하십시오.

2. 팀의 순위가 결정된 후, 다음 사항들에 대하여 토의하고, 그 결과를 플립 차트에 써서 팀별 발표 준비를 하십시오.
   - 당신의 팀에서는 의견의 불일치가 많았는가?
   - 의견의 불일치가 있었다면, 그 이유는 무엇인가?
   - 팀은 어떤 방식(예: 합의, 투표, 협상…)을 통해 합의에 도달했는가?
   - 구성원들은 팀의 의사결정을 어느 정도 지지하고 있다고 생각하십니까?

■ **모의실험(Simulation)에 대한 해설**

사람들은 자신만의 독특한 성격(personality)을 가지고 있다. 개인의 독특한 성격은 지식, 가치, 태도, 신념 등 여러 가지 요인들이 복합적으로 작용하여 오랜 기간에 걸쳐 형성되며, 이렇게 형성된 개인의 성격은 쉽게 변화하지 않으며, 개인의 행동을 결정하는 주요한 요인으로 작용한다. 성격이 가진 이런 특성으로 인해 사람들마다 '동일한 사건'에 대해 서로 다른 관점을 가질 수 있고, 서로 다른 행동을 하게 되는 것이다. 즉, 사람들은 성격이 바탕이 되어 형성된 자신의 주관적인 참조기제(self framework)을 통해 사물을 '선택적으로 지각하고 해석(selective perception and interpretation)'한다. 즉, 사람들은 사물을 객관적으로 인식하고 행동하는 것이 아니라, 주관적인 관점에서 선택하고 의미를 부여하는 것이다.

여러분은 제시된 모의실험(Simulation)의 집단활동 과정에서 개별 구성원들의 다양한 관점을 목격하였을 것이며, 집단구성원들의 합의를 도출하는 과정에서 개인행동을 변화시키는 것이 결코 쉽지 않은 일임을 경험했을 것이다. [그림 11-1]에 따르면, 지식, 태도, 개인행동, 집단행동, 조직행동 순으로 변화가 어렵고 시간도 많이 소요됨을 알 수 있을 것이다.

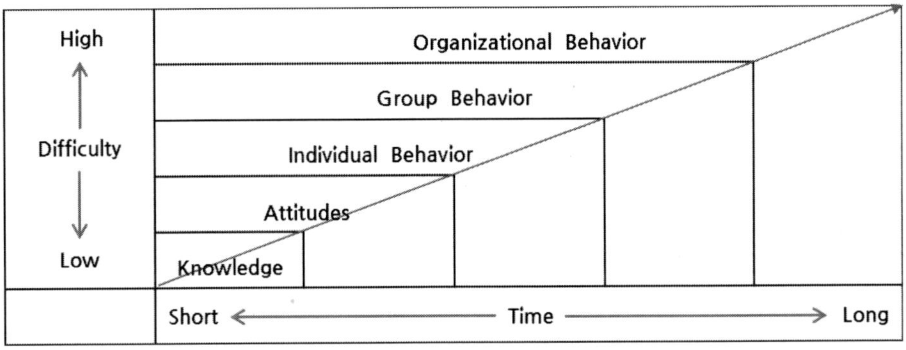

그림 11-1 **행동 변화의 어려움**

■ **결과의 해석**

오차의 합* 이 큰 사람	오차의 합이 0 또는 적은 사람
양보를 잘한다. 소극적으로 참여한다. 방관적으로 참여한다. 수동적이다. 팀에 대한 기여도가 낮다.	고집이 세다. 적극적으로 참여한다. 자기주장이 강하고 책임감이 있다. 능동적이다. 팀에 대한 기여도가 높다.

* 오차의 합은 '절댓값'으로 기입함

리더십 역량 진단검사

(Leadership Skill Inventory)

■ **지시문**: 아래 각 문항을 주의 깊게 읽고, 당신 자신을 가장 잘 설명하고 있는 척도 수준에 ○표를 하십시오.

문항 내용	전혀 그렇지 않다	좀처럼 그렇지 않다	때때로 그렇다	약간 그렇다	매우 그렇다
1. 나는 일의 효과적이고 구체적인 수행 방법을 즐거운 마음으로 배우고 있다.	1	2	3	4	5
2. 일반적으로 나의 생각을 다른 사람의 필요에 적응시키는 것은 나에게 비교적 쉬운 일이다.	1	2	3	4	5
3. 나는 추상적인 아이디어와 관련된 일들을 즐겨 수행한다.	1	2	3	4	5
4. 기술과 관련된 일들이 나를 즐겁게 해 준다.	1	2	3	4	5
5. 다른 사람들을 이해하는 것은 나의 일 중에서 가장 중요한 부분이다.	1	2	3	4	5
6. '큰 그림'을 그릴 수 있는 것(포괄적인 전망을 할 수 있는 것)은 나에게 쉬운 일 이다.	1	2	3	4	5
7. 나의 역량 중의 하나는 일들이 잘 되어 가게 하는 데 능숙한 것이다.	1	2	3	4	5
8. 나의 주된 관심사는 원활한 의사소통을 위해 협력적인 분위기를 조성하는 것이다.	1	2	3	4	5
9. 나는 복잡한 조직문제를 해결하는 일에서 흥미를 느낀다.	1	2	3	4	5
10. 지시대로 따라서 일하고 서식대로 서류를 작성하는 일은 나에게 즐겁고 쉬운 일이다.	1	2	3	4	5
11. 조직의 사회적 구조(구성원 서로 간의 사회적 관계)를 이해하는 것이 나에게는 매우 중요하다.	1	2	3	4	5
12. 나는 내 자신이 조직성장을 위한 전략을 수립하여 그것을 실행에 옮기는 것을 좋아한다.	1	2	3	4	5

13. 나는 내게 부여된 일들을 완성하는 데 능숙하다.	1	2	3	4	5
14. 모든 부분이 다함께 협동적으로 일하게 하는 것은 나를 즐겁게 하는 도전적인 일이 아닐 수 없다.	1	2	3	4	5
15. 조직의 사명 선언문을 작성(창안)하는 일은 할 만한 가치가 있는 일이다.	1	2	3	4	5
16. 나는 나에게 부여된 일들의 기본적인 수행방법을 이해하고 있다.	1	2	3	4	5
17. 나는 나의 의사결정이 다른 사람들에게 미치게 될 영향을 고려하면서 의사결정을 한다.	1	2	3	4	5
18. 조직이 추구하는 가치와 경영철학을 세우고 그것을 실천에 옮기는 것은 나에게 즐겁고 보람있는 일이다.	1	2	3	4	5

■ 검사가 끝나면, 별도의 지시사항에 따라 검사결과를 WORKSHEET에 옮겨 적으시오.

WORKSHEET

리더십 역량 진단검사(Leadership Skill Inventory)에 대한 해설

■ **점수의 환산 방법:** 다음을 참조하여 ○표 문항의 점수를 모두 합산한다.

기술적 스킬: 문항 1, 4, 7, 10, 13, 16(점수의 범위 6~30점)
인간관계 스킬: 문항 2, 5, 8, 11, 14, 17(점수의 범위 6~30점)
개념적 스킬: 문항 3, 6, 9, 12, 15, 18(점수의 범위 6~30점)

총점: 기술적 스킬(　　　　점)
　　　인간관계 스킬(　　　　점)
　　　개념적 스킬(　　　　점)

■ **점수의 해석**

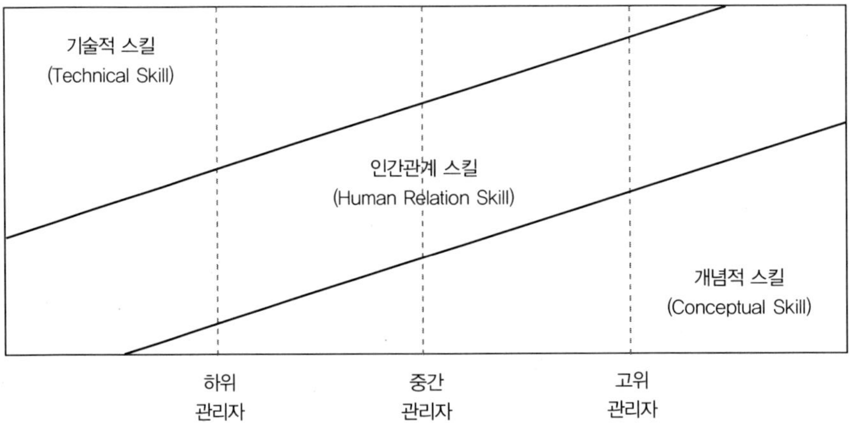

리더십 능력 진단검사

(Leadership Skills: Self Test)

■ 아래 제시된 각각의 문항에 대해 자신의 행동과 가장 일치하는 것에 √ 표시를 하시오.

문항 내용	거의 그렇지 않다	가끔 그렇다	종종 그렇다	자주 그렇다
1. 나는 내가 느끼는 것이 무엇인지를 알고 있다.				
2. 나는 나의 강점과 약점을 알고 있다.				
3. 나는 스트레스를 침착하게 처리한다.				
4. 나는 미래가 현재보다 좋아질 것이라고 믿는다.				
5. 나는 변화를 쉽게 처리한다.				
6. 나는 계획을 할 때 목표를 측정 가능하게 설정한다.				
7. 다른 사람들은 내가 그들을 이해하며 민감하다고 말한다.				
8. 다른 사람들은 내가 갈등들을 해결한다고 말한다.				
9. 다른 사람들은 내가 인간관계를 구축하고 유지한다고 말한다.				
10. 다른 사람들은 내가 그들의 용기를 고무시킨다고 말한다.				
11. 다른 사람들은 내가 협력자(team player)라고 말한다.				
12. 다른 사람들은 내가 그들의 능력들을 개발하는 것을 돕는다고 말한다.				
세로 점수의 합계(√ 표시 개수)				
전체 점수의 합계				

■ 검사가 끝나면, 별도의 지시사항에 따라 검사결과를 WORKSHEET에 옮겨 적으시오.

WORKSHEET

리더십 능력 진단검사(Leadership Skill: Self Test)에 대한 해설

■ **점수의 환산 방법**: 다음을 참조하여 당신의 점수를 계산하여 전체 점수를 산출합니다.

문항 내용	거의 그렇지 않다	가끔 그렇다	종종 그렇다	자주 그렇다
세로 점수의 합계 (각각의 세로 점수: √ 개수) × (세로 칸 숫자)	× 1	× 2	× 3	× 4
전체 점수의 합계				

■ **점수의 해석**

획득한 점수의 범위가 36점 이상: 핵심 리더십 능력들을 잘 활용하고 있음

획득한 점수의 범위가 30~35점: 상당히 강점이 있지만 리더십 능력들을 충분히 사용하고 있지 못함

획득한 점수의 범위가 29점 이하: 리더십 능력들은 사용하고 있지 않으며 개선의 여지가 있음

리더십의 도전[1)]

(Leadership Challenge)

■ **지도자의 자질이란?**

선천적으로 타고난 것인가?

후천적으로 개발이 가능한 것인가?

■ **리더십은 특출한 재능을 가진 소수의 카리스마적인 사람이 발휘하는 것이 아니라, 자신의 과업을 훌륭히 수행하는 보통 사람들이 발휘하는 것이다.**

■ **5단계 리더십 향상법**

1단계: 변화의 모색과 모험의 감수

- 끊임없이 새로운 변화를 시도하고, 실패의 모험을 감수하라.
  (Experiment and take risks even though you might fail.)
- '실수의 교훈'을 유익하게 이용하라.
  (Ask 'what can we learn' when things don't go as expected.)
- 항상 개선과 혁신의 방법을 추구하라.
  (Always look for ways to improve and innovate.)

2단계: 사람들과의 관계의 증진

- 계획수립의 과정에 계획에 의해 영향을 받게 될 사람들을 참여시켜라.
  (Involve others in planning the actions that affect them.)
- 사람들에게 자신의 업무에 관해 스스로 의사결정을 하도록 하라.
  (Give people the freedom to make their own decisions.)
- 조직 내에 상호 존경과 신뢰의 분위기를 조성하라.
  (Create an atmosphere of mutual respect and trust.)

---

1) Kouzes & Posner(1999). *The Leadership Challenge*. 송경근 · 김진철(역)(1999). 리더십 불변의 법칙 5. 서울: 한국언론자료간행회.

3단계: 바람직한 모델행동의 제시

- 당신의 가치와 신념을 명백히 표명하라.
  (Be clear about your values and beliefs.)
- 사람들로 하여금 합의된 가치를 확실하게 고수하도록 하라.
  (Make certain that people adhere to agreed-upon value.)
- 당신이 설파하고자 하는 것을 실행하는 과정에서 일관성을 유지하라.
  (Be consist in practicing what you preach.)

4단계: 공동의 비전 고취

- 창조하고자 하는 미래에 관해 다른 사람들에게 설명하라.
  (Describe to others the kind of future you can create together.)
- 사람들의 관심이 공동비전을 통해 어떻게 충족될 수 있는지 보여 주어라.
  (Show others how their interests can be fulfilled by a common vision.)
- 긍정적이고 희망적인 미래의 전망을 분명히 전달하라.
  (Clearly communicate a positive and hopeful outlook.)

5단계: 격려와 보상의 제공

- 직무를 잘 수행한 사람들을 칭찬하라.
  (Praise people for a job well done.)
- 계획이 달성되면 축하와 찬양의 기회를 만들어라.
  (Celebrate when project milestones are met.)
- 보상과 성과를 분명하게 연결시켜라.
  (Link rewards to achievements.)

구성원들은 리더에게 무엇을 기대하는가?[2)]

- 리더십은 모든 사람의 과업이다(Leadership is everyone's business.).
- 리더십은 리더와 구성원과의 상호작용이기 때문에 이들 간의 역학관계를 고려해야 한다.
- 리더십은 다른 사람들로 하여금 공유된 열망을 달성시키기 위해 노력하도록 만드는 종합 행위예술이다(Kouzes & Posner, 1995).
- 신뢰성 없이 당신은 아무도 리드할 수 없다(Brian Carroll).

■ 부하들은 어떤 리더를 존경하는가?

설문: 당신은 상급자의 어떤 가치(개인적 속성 또는 특성)를 추구하고 존경하는가?

특성	1995년 응답자의 선택비율(%)	1987년 응답자의 선택비율(%)
정직한 리더	88	83
앞일을 생각하는 리더	75	62
용기를 주는 리더	68	58
능력 있는 리더	63	67
공정한 마음을 가진 리더	49	40
지원적인 리더	41	32
포용력 있는 리더	40	37
영리한 리더	40	43
솔직한 리더	33	34
의존적인 리더	32	32
용기 있는 리더	29	27
협력적인 리더	28	25
상상력이 풍부한 리더	28	34

2) Kouzes & Posner(1999). *The Leadership Challenge*. 송경근 · 김진철(역)(1999). 리더십 불변의 법칙 5. 서울: 한국언론자료간행회.

봉사하는 리더	23	26
결연한 리더	17	20
신중한 리더	13	23
야망 있는 리더	13	21
성실한 리더	11	11
자제력 있는 리더	5	3
독립적인 리더	5	10

리더십의 신화[3)]

■ **여기서 신화(myth)란 우리가 잘못 알고 있는 태도나 신념을 의미한다.**

- 리더십은 매우 귀한 기술이다.
  전혀 사실이 아니다. 모든 사람은 누구나 잠재적인 리더십 능력을 가지고 있다.
- 리더는 태어나는 것이지 만들어지는 것이 아니다.
  성공적인 리더가 되기 위해서는 선천적인 자질보다 후천적으로 양육된 자질이 훨씬 더 중요하다. 리더의 주요 능력과 역량들은 학습될 수 있으며, 실제로 최소한 배우려는 기본적인 욕구가 있고, 심각한 학습 장애를 갖고 있지 않다면 누구나 배울 수 있다.
- 리더는 카리스마가 있어야 한다.
  어떤 리더들은 그렇겠지만, 대부분은 그렇지 않다. 카리스마는 성공적인 리더십의 결과다.
- 리더십은 조직의 최고위직에 있는 사람에게만 존재한다.
  이것은 명백히 잘못된 이야기다. 실제로 조직이 커지면 커질수록 더 많은 리더십 역할이 요구된다.
- 리더란 통제하고 지시하고 잔소리하는 존재이다.
  이 신화야말로 다른 어떤 신화보다도 위험한 것이다. 리더십은 부하에게 임파워먼트(empowerment)하기 때문에 자체적인 권력 행사는 많지 않다. 리더십의 핵심은 추종자의 자긍심을 불러일으키고 개발하는 능력이다. 성공적인 리더는 종업원들을 통제하기보다는 보상함으로써, 종업원들의 경험과 행동을 부정하거나 제한하기보다는 종업원 스스로 자신의 주도권과 경험을 이용할 수 있도록 함으로써 리더십을 발휘한다.

■ **성공한 리더들로부터 배운 원칙들을 명료하게 설명할 수 있다 하더라도 그것을 내재화하는 과정은 일생을 걸고 도전해야 할 과제다.**

---

3) Bennis & Nanus(2005). *Leaders*. 김원석(역)(2005). 리더와 리더십. 서울: 황금 부엉이.

제12장

2차 강의안:

리더십 행동특성과 스타일

나는 누구일까요?

나는 누구일까요?

나는 당신의 영원한 동반자입니다. 또한 당신의 가장 훌륭한 조력자일 뿐만 아니라 가장 무서운 짐이 되기도 합니다. 나는 당신을 성공으로 이끌기도 하고, 실패의 나락으로 끌어내리기도 합니다. 나는 전적으로 당신이 하는 대로 그저 따라갑니다. 그렇지만 당신 행동의 90%가 나 때문에 좌우됩니다. 나는 당신의 행동을 빠르고 정확하게 좌지우지합니다. 나에게 그것이 매우 쉬운 일입니다. 당신이 어떻게 행동하는지 몇 번 보고 나면, 나는 자동적으로 그 일을 해냅니다.

나는 위대한 사람들의 하인일 뿐만 아니라 모든 실패자들의 주인이기도 합니다. 나는 인공지능 기계처럼 정밀하지만, 그렇다고 해서 기계는 아닙니다. 나를 당신의 이익을 위해 이용할 수도 있고, 당신의 실패를 위해 사용할 수도 있습니다. 그것은 나와는 아무런 상관이 없습니다. 나를 착취하십시오. 나를 훈련시키십시오. 그리고 나를 확실하게 당신의 것으로 만든다면 나는 당신의 발 앞에 이 세상을 가져다 줄 것입니다. 만일 당신이 날 가볍게 여긴다면, 난 당신을 파멸의 길로 이끌 것입니다.

내가 누군지 아시겠습니까?(   )

WORKSHEET

'나는 누구일까요?'에 대한 해설

- **정답:** 습관(habits)

- **해설:** 습관은 하루아침에 형성된 것이 아니다. 오랜 기간에 걸쳐 형성된 습관은 우리의 행동을 지배하고, 우리의 삶에 엄청난 영향을 미친다. 따라서 우리가 습관을 바꾼다면, 우리의 행동과 삶도 변하게 된다. 그러나 습관을 바꾸는 일은 결코 쉬운 일이 아니다. 습관을 바꾸려는 확고한 결심과 부단한 노력과 실천만이 습관을 바꾸게 할 수 있는 방법이다.

- **습관을 바꾸면 운명이 바뀐다!**

- **성공과 실패는 '사소하지만 치명적인 습관의 차이'에 의해 결정된다. 성공을 방해하는 나쁜 습관들을 즉각 중단하라!**

- Do it now!

금전등록기

■ 아래의 제시문을 읽고, 각 문항의 진술이 '맞으면 ○' '틀리면 ×' '진위를 판단할 수 없으면?'로 WORKSHEET에 표시하시오.

※활동 시간: 개인(5분), 집단(15분)

한 상인이 상점 안의 전기 불을 껐을 때 한 남자가 나타나 돈을 요구했다. 주인이 금전등록기를 열었다. 그 금전등록기에 들어 있던 것이 꺼내어졌고 그 남자는 재빨리 사라졌다. 한 경찰에게 즉시 통보되었다.

1. 주인이 자기 상점 전기 불을 껐을 때 한 남자가 나타났다.
2. 그 강도는 남자였다.
3. 그 남자는 돈을 요구하지 않았다.
4. 금전등록기를 연 남자는 주인이었다.
5. 상점 주인이 금전등록기에 들어있던 것을 꺼내가지고 달아났다.
6. 누군가가 금전등록기를 열었다.
7. 돈을 요구한 남자가 금전등록기에 들어있던 것을 꺼내가지고 달아났다.
8. 금전등록기에 돈은 있었으나 이야기 내용에는 액수를 밝히지 않았다.
9. 그 강도는 주인의 돈을 요구했다.
10. 이야기의 내용에 나오는 사람들은 오직 세 사람뿐이다. 즉, 상점 주인, 돈을 요구한 남자 그리고 경찰.
11. 이야기 중 다음 내용은 사실이다.
    "어떤 사람이 돈을 요구했고 금전등록기가 열렸으며 그 안에 있던 것이 꺼내어졌으며 한 남자가 상점 밖으로 달아났다."

WORKSHEET

	1	2	3	4	5	6	7	8	9	10	11
개인											
집단											

WORKSHEET

■ '금전 등록기' 정답

번호	1	2	3	4	5	6	7	8	9	10	11
정답	?	?	×	?	?	○	?	?	?	?	?

팀효율표

성 명	개인득점	팀 해답득점: ( )
		★ 팀 효율 = {(팀 해답득점 - 개인 평균점) ÷ (만점 - 개인 평균점)} × 100 = ( )%

개인득점의 합계		개인득점의 평균점	

※소수점 둘째자리에서 반올림할 것.

팀	A	B	C	D	E
최고득점					
최저득점					
평균득점					
팀 득점					
효율					
순위					

리더 행동특성 진단검사

■ 아래 제시되어 있는 각 문항을 읽고, 당신의 행동특성을 가장 잘 기술하고 있다고 생각되는 행동특성 척도상의 번호를 각 문항의 끝에 제시된 ( ) 안에 기입하십시오.

행동특성 척도

1	2	3	4	5	6	7
결코 그런 적이 없다	거의 그런 적이 없다	좀처럼 그렇지 않는다	때때로 그렇게 한다	가끔 그렇게 한다	보통 그렇게 한다	항상 그렇게 한다

1. 나는 명확하고 간결하면서도 설득적인 방식으로 의사소통을 할 수 있는 능력을 가지고 있다.	( )
2. 나는 순간적인 자극에 직면해서도 자연스럽게 말하고 행동한다.	( )
3. 나는 적절한 규칙과 절차에 따라 일을 처리한다.	( )
4. 나는 다른 사람들이 좀처럼 생각하지 못하는 방식으로 문제를 처리한다.	( )
5. 나는 무슨 일이든 최선을 다하여 성공(승리)하기를 원한다.	( )
6. 나는 다른 사람들의 말을 경청하고 이해할 수 있다.	( )
7. 나는 다른 사람들의 기분과 감정을 알아차린다.	( )
8. 나는 모든 일들을 신중하게 처리하면서 고통을 감수한다.	( )
9. 나는 여러 가지 방식으로 문제를 처리할 것을 제안한다.	( )
10. 나는 일들이 혼동스러울 때 다른 사람에게 방향을 제시한다.	( )
11. 나는 방어적 또는 적대적인 반응 없이 다른 사람의 비판을 수용한다.	( )
12. 나는 갈등과 분노를 다스릴 수 있는 능력이 있다.	( )
13. 나는 어려운 과업을 시작하기 전에 먼저 전체적인 계획을 세우고 자세한 작업 일정을 짠다.	( )
14. 나는 모호하고 복잡한 상황을 논리적 사고와 분석을 통해 처리한다.	( )
15. 나는 도전적인 문제에 직면하면 자신감이 생긴다.	( )
16. 나는 다른 사람에게 도움이 되는 피드백을 제공할 수 있다.	( )

17. 나는 색다른 일들을 시도하고, 새로운 사람과 만나는 것을 좋아한다.	( )
18. 나는 야망이 크기 때문에 달성하기 어려운 목적을 설정하는 경향이 있다.	( )
19. 나는 행동하기에 앞서 먼저 상황을 면밀하게 분석한다.	( )
20. 나는 혁신적인 프로젝트를 효과적으로 주도해 나간다.	( )
21. 나는 다른 사람과 토론을 하는 과정에서 새로운 아이디어를 찾아낸다.	( )
22. 나는 다른 사람과 애정을 주고받는 긴밀한 관계를 유지하는 경향이 있다.	( )
23. 나는 직장에서 직무 규정에 따라 일을 처리한다.	( )
24. 나는 다른 사람이 자신의 문제를 스스로 해결할 수 있도록 자극과 격려를 제공한다.	( )
25. 나는 자신의 능력과 판단에 따라 일을 처리하고 결과에 대해 스스로 책임을 진다.	( )
26. 나는 나의 생각들을 다른 사람에게 효과적으로 전달할 수 있다.	( )
27. 나는 상황을 주도적으로 통제할 수 있기를 바라며, 다른 사람으로부터 능력을 인정받기를 원한다.	( )
28. 나는 생각과 일에 깊게 몰두하는 경향이 있다.	( )
29. 나는 문제해결 방안에 대해 비판적으로 평가할 수 있다.	( )
30. 나는 비협조적이고 적대적인 상황에서도 직무를 수행할 수 있다.	( )

■ 검사가 끝나면, 별도의 지시사항에 따라 검사결과를 WORKSHEET에 옮겨 적으시오.

WORKSHEET

■ **리더 행동특성 프로파일 작성 방법:** 당신이 '리더 행동특성 진단검사'에서 각 문항에 기입한 숫자에 해당되는 척도에 점(•)을 표시한 후, 모든 점을 직선으로 연결하면 프로파일이 완성된다.

문항 \ 척도		완전 불일치			중간			완전 일치	
		1	2	3	4	5	6	7	
의사소통 스킬	1. 의사소통 능력	•	•	•	•	•	•	•	•
	6. 경청과 이해	•	•	•	•	•	•	•	•
	11. 피드백 수용	•	•	•	•	•	•	•	•
	16. 피드백 제공	•	•	•	•	•	•	•	•
	21. 새로운 아이디어 탐색	•	•	•	•	•	•	•	•
	26. 아이디어 전달	•	•	•	•	•	•	•	•
대인관계 스킬	2. 자연스러운 행동	•	•	•	•	•	•	•	•
	7. 감정 파악 능력	•	•	•	•	•	•	•	•
	12. 갈등처리 능력	•	•	•	•	•	•	•	•
	17. 새로운 시도	•	•	•	•	•	•	•	•
	22. 긴밀한 관계유지	•	•	•	•	•	•	•	•
	27. 주도적(지배적)	•	•	•	•	•	•	•	•
야망 성취 수준	3. 규칙과 절차의 준수	•	•	•	•	•	•	•	•
	8. 신중한 일 처리	•	•	•	•	•	•	•	•
	13. 계획적 · 조직적	•	•	•	•	•	•	•	•
	18. 원대한 야망	•	•	•	•	•	•	•	•
	23. 직무규정의 준수	•	•	•	•	•	•	•	•
	28. 일과 생각에 몰두함	•	•	•	•	•	•	•	•

문제해결 스킬	4. 창조적인 문제 처리	•	•	•	•	•	•	•	•
	9. 지략이 풍부함	•	•	•	•	•	•	•	•
	14. 논리적 사고	•	•	•	•	•	•	•	•
	19. 면밀한 상황 분석	•	•	•	•	•	•	•	•
	24. 자극과 격려를 제공	•	•	•	•	•	•	•	•
	29. 비판적 평가	•	•	•	•	•	•	•	•
리더십 스킬	5. 경쟁적	•	•	•	•	•	•	•	•
	10. 방향 제시자	•	•	•	•	•	•	•	•
	15. 자신감	•	•	•	•	•	•	•	•
	20. 주도적	•	•	•	•	•	•	•	•
	25. 결과에 대한 책임 감수	•	•	•	•	•	•	•	•
	30. 불리한 상황서도 직무	•	•	•	•	•	•	•	•

■ **해석:** 프로파일을 살펴보면, 리더로서의 당신의 행동특성의 강점과 약점을 확인할 수 있을 것이다.

리더십 유형의 분석

■ **리더십 유형이란?**: 다른 사람들이 인지하는 리더의 행위(말과 행동)의 유형

리더십 유형의 핵심요소는 리더십 '행위', 즉 언행에 초점이 맞추어져 있다. 태도는 어떤 것에 대한 긍정적 혹은 부정적 가치 혹은 관심을 나타내지만, 행위는 태도와는 달라서 내적인 표현 그 자체를 의미한다. 사람의 행위는 내적 요소로서 오랫동안 위장하기 힘들며 다른 사람에게 어떠한 반응을 야기하기 마련이다.

리더십의 유형은 여러 가지로 표현될 수 있다. 여기서는 '과업 중심 행위'와 '인간관계 중심 행위'에 초점을 둔 오하이오 주립대학교의 리더십 유형을 중심으로 살펴보기로 한다.

과업 중심 행위: 여기서 과업 중심이란 리더가 조직의 성과 목적에 직접적으로 초점을 맞추고, 과업들을 조직하고 정의하며, 업무를 할당하고, 의사소통 채널을 확립하고, 하위자들과의 상호관계를 도출하고, 작업집단의 성과를 평가하는 정도를 의미한다. 과업 중심의 리더들은 구성원들에게 특정한 과업들을 할당하고, 명확한 성과 기준들을 유지하며, 일정한 절차들의 사용을 촉진하며, 구성원들에게 그들에게 기대되는 것이 무엇인지를 알게 하며, 구성원들이 역량껏 작업하도록 하는 데 관심을 갖는다.

인간관계 중심 행위: 여기서 인간관계 중심이란 리더가 하위자들에게 보여 주는 신뢰, 존경, 따스함, 지지 및 복지에 대한 관심의 정도를 의미한다. 구성원들의 아이디어를 경청하는 데 관심을 표명하는 리더는 모든 구성원들을 친구처럼 동등하게 취급하며, 종종 고용인들의 아이디어를 활용한다. 배려 차원의 점수가 높다는 것은 리더와 하위자 사이의 심리적 밀접함을 나타내는 것이다.

설득형(단순 방향 제시자): 과업과 인간관계를 직접 챙기려는 리더이므로 본인이 원하는 방향을 제시하고 항상 대화할 자세를 보여 줌으로써 구성원들과 자주 접촉하려고 하는 것을 의미한다.

위임형(완전 위임자): 과업과 인간관계 측면에서 전적으로 구성원을 신뢰하여 방향 설정이나 과업 수행 과정에 크게 관여하지 않는 리더십 스타일을 의미한다.

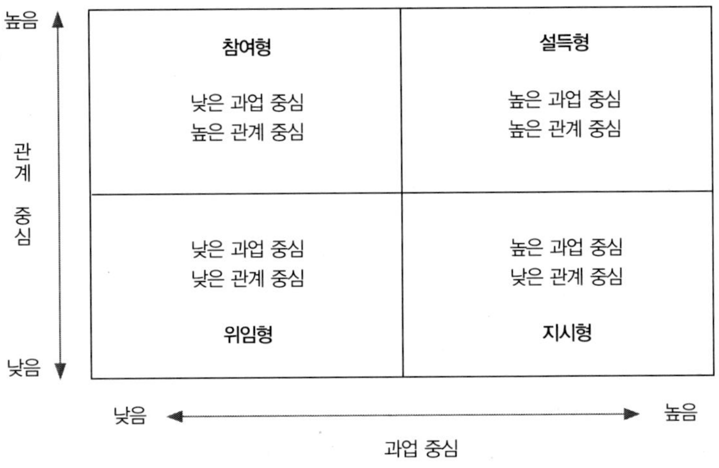

그림 12-1 리더십 유형의 분류

지시형(방향 제시 및 확인자): 과업 달성을 강조하며 인간관계에는 크게 연연하지 않는 리더십 스타일을 의미한다.

참여형(단순 동기부여자): 가능한 한 동기부여를 통해서 사람의 마음을 움직이게 하려고 하는 리더십 스타일이다.

리더십 유형은 리더가 과업성취와 인간관계를 어떠한 시각에서 보느냐에 따라 구분한 것이다. 물론 각 유형이 모두 장단점이 있으므로 각 리더십 유형에 대해서 좋고 나쁨을 가리는 것은 바람직하지 못하다. 중요한 점은 상황에 맞는 리더십을 발휘하는 것이 리더십 효과성을 좌우하게 된다는 사실을 인식하는 것이다.

■ 리더십 지수(LQ)란?: 상황에 적절한 리더십 유형을 구사할 수 있는 능력

사람들은 대체로 특정한 리더십 스타일을 가졌다고 하더라도 모든 상황에서 항상 동일한 스타일로 조직을 이끌지는 않는 것이 현실이다. 즉, 위임하는 것이 옳다고 판단되면 위임할 것이고, 때에 따라서 세심하게 지시하는 것이 좋겠다는 판단이 서면 지시하는 방향에서 구성원들을 이끌 것이다. 결국 리더십의 효과성은 상황에 적절한 리더십 판단을 얼마나 일관성 있게 잘할 수 있느냐에 근거해서 결정될 것이다.

■ **당신의 리더십 유형 및 리더십 지수는?**

우리는 앞에서 리더십의 유형을 네 가지로 분류하여 살펴보았다. 이제 당신은 '나의 리더십 유형은 어떤 것일까?' 하는 궁금증이 생길 것이다. 그리고 보다 큰 의문은 '과연 나의 리더십이 얼마나 효과적일까? 즉, 리더십 지수는 몇 점일까?' 하는 것일 것이다. 이제부터 그와 같은 궁금증을 '리더십 유형의 진단'이라는 도구를 사용하여 밝혀 보기로 하자.

리더십 유형의 진단검사

■ 이 진단지는 여러분 자신의 리더십 유형을 알아보고자 하는 것입니다. 여러분은 아래 제시된 각각의 상황에서 어떻게 행동하실 것인지를 보기 중에서 하나만 선택하여 해당 번호에 ○표 하시면 됩니다.

1. 당신이 속한 조직의 구성원들이 최근 당신의 부드러운 지시나 발전적인 지적에 대하여 반응을 보이지 않고 있다. 그들의 업무 실적은 형편없다.

① 업무 절차를 일관되게 따를 것과 업무 달성의 필요성을 강조한다.
② 대화를 유도하지만 강요하지는 않는다.
③ 직원들과의 대화를 통해서 목표를 결정한다.
④ 직원들의 업무에는 대해 상관하지 않는다.

2. 당신이 속한 조직의 가시적인 업무 성과는 향상되고 있다. 당신의 구성원들도 자신의 역할과 업무 표준을 확실히 이해하고 있다.

① 우호적인 관계를 갖지만, 그들로 하여금 각자의 역할과 업무 표준을 재차 인지시킨다.
② 특별한 행동을 취하지 않는다.
③ 구성원들이 모두 중요하고 관심의 대상이 되고 있다는 것을 느낄 수 있도록 하는 무엇인가를 한다.
④ 업무 및 마감일의 중요성을 강조한다.

3. 당신의 구성원들이 어떠한 문제를 스스로 해결하지 못하고 있다. 당신은 보통 그대로 내버려 두었다. 그들의 업무 성과와 인간관계는 좋은 편이다.

① 조직에 관여해서 구성원들과 함께 문제해결에 동참한다.
② 구성원들이 스스로 문제를 해결하도록 내버려 둔다.
③ 문제해결에 필요한 즉각적인 행동 조치와 지시를 내린다.
④ 구성원들이 스스로 문제를 해결하도록 격려를 하고 언제든지 상의할 수 있도록 대

화의 장을 열어 둔다.

4. 당신은 새로운 큰 변화를 고려하고 있다. 구성원들은 좋은 업무 수행 능력을 가지고 있다. 그들도 현재 새로운 변화의 필요성을 느끼고 있다.

① 변화를 계획하는 데 구성원들을 참여시키지만 강요는 하지 않는다.
② 새로운 변화 계획을 혼자서 결정하여 발표하고 그 실행 정도를 세밀하게 관리한다.
③ 구성원들로 하여금 스스로 방향 설정을 하도록 한다.
④ 당신은 구성원들의 의견을 참고하지만, 변화의 추진 과정에서 주도적인 역할을 한다.

5. 당신은 조직이 잘 운영되고 있는 부서로 새로 부임하게 되었다. 전임자는 조직을 혹독하게 관리해 왔다. 당신은 현재의 생산성은 그대로 유지하면서도 인간적인 업무 환경으로 바꾸고 싶다.

① 구성원들로 하여금 자발적으로 방향 설정을 하도록 한다.
② 구성원들의 제안을 참고하지만, 그들의 목표가 달성되는지를 주시한다.
③ 목표를 재정립하고 관리를 강화한다.
④ 목표 재정립에 구성원들을 참여시키지만 강요하지는 않는다.

6. 최근 몇 개월간 부서의 업무 성과가 떨어지고 있다. 과거에는 이런 경우 목표 수정에 되움이 되었다. 그들은 업무를 제때에 마쳐야 된다고 지속적으로 주지시킬 필요가 있었다.

① 구성원들이 모두 중요하고 관여되어 있다는 것을 느낄 수 있도록 하는 조치를 취한다.
② 업무 및 마감 시간의 중요성을 강조한다.
③ 변화를 시도하지 않는다.
④ 구성원으로 하여금 의사결정에 참여하게 하지만, 목표 달성을 주지시킨다.

7. 당신은 조직구조에 획기적인 변화를 고려하고 있다. 구성원들은 필요한 변화에 대하여 몇 가지 제안을 하였다. 조직은 일상 업무에 있어서 유연성을 보여 왔다.

① 변화의 방향을 설정하고 세밀한 관리하에 이행시킨다.

② 구성원들에게 변화에 대한 동의를 얻고, 구성원들로 하여금 그것을 추진하도록 한다.
③ 구성원들이 제안한 대로 변화를 기꺼이 시도하지만, 변화의 이행 상태는 잘 관리한다.
④ 구성원들과의 마찰을 피하고 모든 것을 그대로 놔둔다.

8. 부서의 전반적인 업무 성과나 인간관계는 좋은 편이다. 당신은 자신이 부서에 방향 제시를 제대로 하지 못하고 있다고 생각하고 있다.

① 현재의 상태를 그대로 유지한다.
② 현재의 상황에 대해 구성원들과 논의를 한 후에 필요한 변화를 시도한다.
③ 구성원들을 잘 정리된 방법으로 업무에 유도할 수 있는 절차를 따르도록 한다.
④ 지나친 방향 제시로 인해 구성원들과의 관계를 손상시키지 않도록 주의한다.

9. 당신의 상사가 당신을 변화에 대한 제안 마감일을 훨씬 지나치고 있는 실무추진 팀의 팀장으로 임명하였다. 팀 구성원들은 자신들의 목표에 확신이 없다. 회의 출석률이 낮았고 회의는 항상 좋은 말만 하다가 끝나는 친목 모임 형태로 바뀌고 있다. 그러나 그들은 충분한 잠재력을 가지고 있다.

① 구성원들이 스스로 이러한 문제들을 해결하도록 맡겨 둔다.
② 구성원들과 그 상황을 논의하고 필요한 변화를 시도한다.
③ 당신이 목표를 명확하게 설정하고 감독을 강화한다.
④ 구성원들을 목표설정에는 참여시키지만 강요하지는 않는다.

10. 당신은 새로운 자리로 승진하였다. 전임자는 구성원들의 의견을 반영하여 업무를 수행하고 추진 방향을 설정하였다. 구성원들과의 관계는 좋다.

① 새로운 업무 표준을 재정립하는 데 구성원들을 참여시키되 강요는 하지 않는다.
② 당신이 새로운 업무 표준을 설정하고 관리를 강화한다.
③ 강요하지 않고 갈등 요인을 피한다.
④ 구성원들의 의견을 참고하지만, 새로운 업무 표준이 달성되는지를 주시한다.

11. 당신은 새로운 직위로 승진하였다. 전임자는 부서 업무에 관여하지 않았다. 이 부서의 구성원들은 지금까지 적절하게 업무를 수행하고 추진 방향을 설정해 왔으며, 구성원

들간의 인간관계도 원만하였다.

① 일을 명확히 하는 방식으로 부하들을 이끌어 가는 조치를 취한다.
② 부하들을 의사결정 과정에 참여시켜서 기여하도록 한다.
③ 부서원들과 과거의 업무 수행에 관해 논의하고, 새로운 업무의 필요성을 검토한다.
④ 부서원들이 종전의 방식대로 자유롭게 업무를 처리하도록 한다.

12. 최근의 정보에 의하면 부하직원들 내부에 갈등이 있는 것으로 나타났다. 구성원들은 지금까지 장기 목표를 효과적으로 유지하고 있었다. 지난 해에 그들은 조화로운 관계를 유지하면서 업무를 수행하였다. 이들은 모두 업무 수행에 관련된 훌륭한 자질을 가지고 있다.

① 당신이 해결책을 가지고 그들에게 시도해서 새로운 해결책에 대한 필요성을 검토한다.
② 구성원들이 스스로 문제를 해결해나가도록 한다.
③ 즉시 강력한 조치를 취해서 조정하고 방향 설정을 한다.
④ 대화의 문은 열어 놓지만, 구성원들과의 관계를 손상시키지 않도록 조심한다.

■ 검사가 끝나면, 별도의 지시사항에 따라 WORKSHEET의 '리더십 유형 분석표'와 '리더십 지수 분석표'에 검사결과를 옮겨 적으시오.

WORKSHEET

■ **작성 방법**: 아래 제시된 표에 '리더십 유형 진단검사'의 해당 번호에 ○표한 결과를 옮겨 적고, 리더십 지수(LQ)를 계산하여 적으면 된다.

리더십 유형 분석표

설문 항목 (상황)	리더십 유형			
	설득형	지시형	위임형	참여형
1	③	①	④	②
2	①	④	②	③
3	①	③	②	④
4	④	②	③	①
5	②	③	①	④
6	④	②	③	①
7	③	①	④	②
8	②	③	①	④
9	②	③	①	④
10	④	②	③	①
11	③	①	④	②
12	①	③	②	④
합계 숫자				

리더십 지수 분석표

설문 항목 (상황)	리더십 지수 분석			
	a	b	c	d
1	④	②	③	①
2	②	④	③	①
3	③	②	①	④
4	②	④	①	③
5	①	④	②	③
6	③	①	②	④
7	①	③	④	②
8	③	②	④	①
9	①	④	②	③
10	②	③	①	④
11	①	③	④	②
12	③	①	④	②
합계 숫자	a	b	c	d
리더십 지수(LQ)	(-2× a)+(-1× b)+(1× c)+(2× d)			

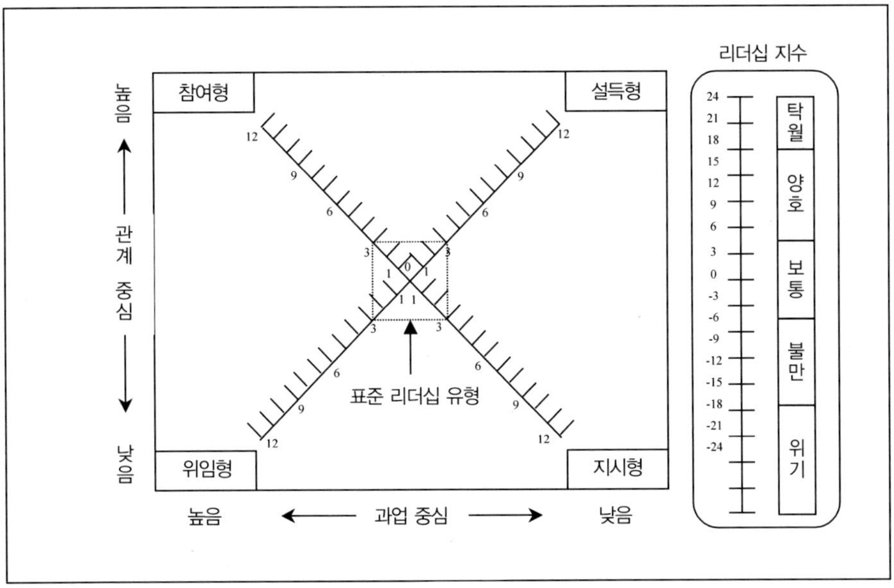
리더십 지수
참여형
설득형
위임형
지시형
높음
관계 중심
낮음
높음
과업 중심
낮음
표준 리더십 유형
탁월
양호
보통
불만
위기
24
21
18
15
12
9
6
3
0
-3
-6
-9
-12
-15
-18
-21
-24

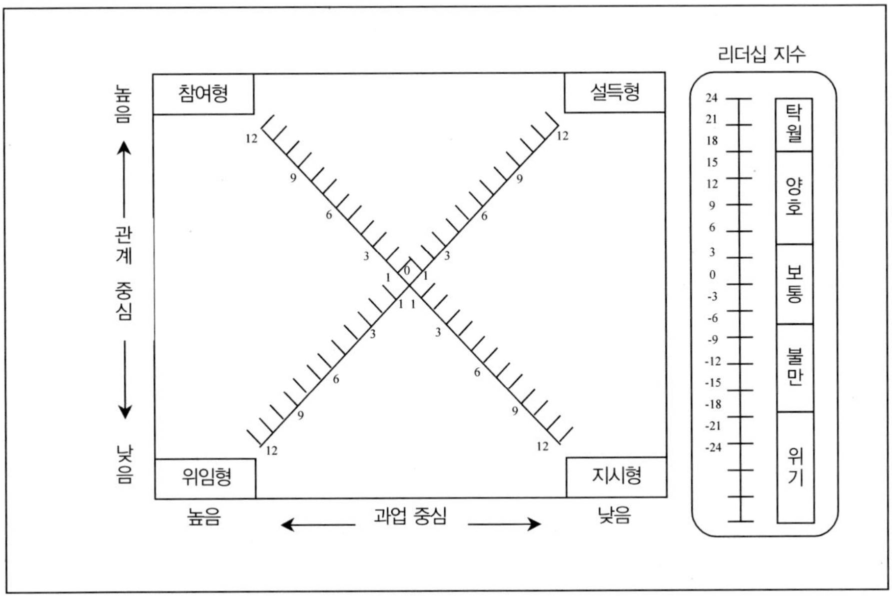
리더십 지수
참여형
설득형
위임형
지시형
높음
관계 중심
낮음
높음
과업 중심
낮음
탁월
양호
보통
불만
위기
24
21
18
15
12
9
6
3
0
-3
-6
-9
-12
-15
-18
-21
-24

리더십이란 무엇인가?[1)]

1. 조직의 성패는 리더십에 달려 있다. 어떤 조직이든 한 사람이 성공과 실패를 갈라놓을 수 있다. 리더가 됨으로써 당신이 바로 그 한 사람이 될 수 있다.

2. 성공한 대부분의 사람들은 다른 사람들의 도움을 받았다. 당신도 리더십을 실행함으로써 이런 도움을 얻을 수 있다.

3. 리더가 되기 위해 경영자가 될 필요는 없다. 승진하기를 기다릴 필요도 없다. 당신은 지금 당장 리더가 될 수 있다.

4. 리더십의 본질은 간단하다. 각자의 잠재 능력을 최대한 발휘시켜 당신이 설정한 목적 또는 목표를 달성하게 하는 것이다. 리더십이란 다른 사람들이 자발적으로 어떤 일들을 성취하도록 유도하는 능력이다. 리더십이란 다른 사람에게 영향력을 행사하여 그들이 자신의 능력을 최대한 발휘함으로써 어떤 임무, 목적 또는 프로젝트를 달성하도록 하는 기술이다.

5. 훌륭한 리더십은 좋은 처우나 좋은 근무조건에 달려 있는 것이 아니다. 사람들을 동기부여 시켜 각자의 능력을 최대한 발휘시키는 것은 이런 요소들과는 상관이 없다.

6. 리더는 타고나는 게 아니라 만들어진다. 리더가 되고 싶으면, 다른 기술을 배우는 것과 마찬가지로 리더가 되는 법을 배우면 된다.

---

1) Cohen(2002). *The New Art of The Leader*. 홍윤주(역)(2002). 최강의 리더십. 서울: 청림출판사.

리더십의 여덟 가지 일반적인 법칙[2)]

(The Eight Universal Laws of Leadership)

성공한 리더들에게서 발견할 수 있는 여덟 가지 리더십 원칙은 다음과 같다.

1. 절대적으로 정직하게 행동하라.
   정직은 모든 리더십의 근본이다. 정직하지 않다면 결코 사람들의 신뢰를 얻을 수 없다. 정직이란 진실을 말하는 것 이상의 의미를 갖는다. 정직이란 옳은 일을 하는 것이다.

2. 자기의 할 일을 정확하게 파악하라.
   당신을 따르는 사람들은 당신이 정치적 술수에 얼마나 능한가에는 관심 없다. 당신이 임무 수행에 필요한 일을 잘하는가에 관심이 있을 뿐이다.

3. 희망 목표를 분명하게 밝혀라.
   목표가 무엇인지를 모른다면, 결코 목표를 달성할 수 없다.

4. 누구보다 열심히 일하는 모습을 보여라.
   당신이 먼저 솔선수범 · 헌신하는 모습을 보이지 않는다면 아무도 그렇게 하지 않는다.

5. 긍정적인 결과를 기대하라.
   당신이 성공을 기대하든 실패를 기대하든 생각대로 된다. 최악의 경우에 대비하는 것이 합리적이긴 하지만, 늘 최선을 기대하라. 긍정적인 결과를 예측한다는 것은 리더인 당신이 자신 있는 태도를 견지한다는 뜻이다.

6. 부하들을 잘 챙겨라.
   당신이 부하들을 잘 돌보면 부하들도 당신을 잘 돌볼 것이다. 그 역도 성립한다.

---

2) Cohen(2002). *The New Art of The Leader*. 홍윤주(역)(2002). 최강의 리더십. 서울: 청림출판사.

7. 나보다 임무를 우선순위에 두어라.
   당신이 리더라면 맡은 임무와 부하들을 당신보다 우선해야 한다.

8. 앞장서라(솔선수범하라).
   리더란 뒤에서 밀어주는 사람이 아니라 앞에서 끌어당겨야 하는 사람이다. '나를 따라.' 앞장선다는 것은 기꺼이 책임을 지겠다는 뜻이기도 하다. 리더가 되고 싶다면 책임을 져야 한다.

부하들이 추종하는 리더의 네 가지 행동수칙[3)]

1. 사람들이 각자 자신을 중요한 존재라고 느끼게 해 주어라.
   당신 스스로만 중요한 존재로 여긴다면 당신을 따르는 사람은 없을 것이다. 사람들이 각자 자신을 중요한 존재라고 느끼게 해 주어라. 그러면 사람들은 당신을 따를 것이다.

2. 비전을 제시하는 리더가 되어라.
   비전은 분명 중요하다. 당신이 집단을 이끌고 가려는 목표에 대한 분명한 아이디어를 갖고 있어야 한다. 하지만 조직을 이끌고 나갈 목표를 정하는 것은 리더가 취할 행동의 절반에 불과하다. 나머지 절반은 당신의 비전이 가치 있는 것임을 확신시켜야 한다.

3. 남에게 대접받고 싶은 대로 남들을 대하라(golen rule).
   당신을 홀대하는 사람을 따르고 싶은 생각이 드는가? 당신과 당신의 감정에 관심을 갖고 잘 대해주는 리더를 따르고 싶지 않은가?

4. 자기행동에 책임을 지고 실수를 인정하라.
   리더는 자신을 따르는 사람들이 한 모든 행동과 실패에 대해서 책임을 져야 한다.

5. 칭찬은 많은 사람들 앞에서, 질책은 은밀하게 하라.
   칭찬받은 사람이 있다면 모두에게 그 사실을 알려라. 다른 사람들도 칭찬을 받고 싶어하도록 자극하라. 질책은 비판이라는 사실을 명심하라. 질책해야 할 일이 있다면 즉시 하되, 다만 은밀하게 하라. 불필요하게 사람을 난처하게 하지 말라.

6. 현장을 직접 보고, 직접 본을 보여라.
   직접 돌아다녀야만 상황을 제대로 파악하여 잘못을 바로잡고 잘한 일은 포상해 줄 수 있다. 동시에 당신의 모습을 사람들에게 보여라. 그래야 모든 사람과 이야기할 기회도 얻을 수 있으며, 사람들에게 동기부여를 해 줄 수 있다.

---

3) Cohen(2002). *The New Art of The Leader*. 홍윤주(역)(2002). 최강의 리더십. 서울: 청림출판사.

자신감과 리더십 기술을 기르는 네 가지 방법[4)]

■ **마음속에 자신이 맡은 임무를 수행할 능력이 있다고 확신하지 않는 한, 자신감을 가질 수 없다. 자신감은 성공할 수 있다는 인식에서 나온다.**

1. 감투 없는 리더가 되라.
   당신이 할 수 있는 일을 찾아 리더가 되기를 자원하여 감투 없는 리더가 되라. 감투 없는 리더로 성공하기 위한 첫 번째 법칙은 기쁜 마음으로 책임을 받아들이는 것이다.

2. 다른 사람을 헌신적으로 가르치고 도와주어라.
   다른 사람에게 헌신적인 교사이자 지원자가 되라. 사람들이 당신에게 리더가 되어 달라고 할 것이다.

3. 전문지식을 개발하라.
   전문지식은 리더의 힘의 원천이다. 모든 일에 전문가가 될 필요는 없다.

4. 긍정적인 이미지(positive mental imagery)를 떠올려라.
   머릿속 모의실험은 성공을 위한 리허설이다(mental rehearsal). 정신은 그것을 실제 경험으로 해석하여, 마치 실제 경험인 양 당신의 리더십 자신감을 고취시킬 것이다.

---

4) Cohen(2002). *The New Art of The Leader*. 홍윤주(역)(2002). 최강의 리더십. 서울: 청림출판사.

카리스마를 지닌 리더가 되는 방법[5)]

■ **카리스마(charisma)**: '신의 은총'이라는 뜻으로 그리스어에서 파생된 단어다. 카리스마는 타고나는 것이 아니다. 유전되거나 날 때부터 갖는 특성이 아니다. 그것은 시간이 지나면서 개발되는 것이다. 더 중요한 것은 우리 모두는 자신의 카리스마를 개발할 능력이 있다는 점이다.

1. 헌신적인 모습을 보여라.
카리스마적인 사람으로 인식되고 싶다면, 목표에 헌신하는 것만으로는 충분하지 않다. 당신이 이끄는 사람들에게 헌신적인 모습을 보여야 한다. 진실하지 않으면 헌신적으로 보이는 것은 불가능하다.

2. 직책에 맞는 외모를 갖춰라.
몰리(Molly)의 저서 『성공을 위한 옷차림(*Dress for Success*)』은 성공하는 데 옷차림이 중대한 영향을 미친다는 것을 실증적으로 보여 주고 있다. 리더는 자신의 이미지에 맞는 옷차림을 신중하게 정해야 한다.

3. 꿈을 크게 가져라.
어느 누구도 작은 목표를 위해 열심히 일 하거나 희생을 하고 싶어하진 않는다. 왜 그럴까?

4. 목표를 향해 계속 전진하라.
큰 꿈과 목표를 갖는 것은 중요하다. 여기서 멈추면 안 된다. 당신이 정한 힘든 목표를 향해 계속 전진하여야 한다. 당신이 리더라는 사실을 기억하라. 사람들은 당신이 먼저 움직일 때까지는 움직이지 않는다.

---

5) Cohen(2002). *The New Art of The Leader*. 홍윤주(역)(2002). 최강의 리더십. 서울: 청림출판사.

5. 연습하라.

   당신이 어려운 일을 힘들이지 않고 하는 것처럼 보인다면, 사람들은 당신을 카리스마가 있는 사람이라고 생각할 것이다. 발전과 숙련의 비결은 오직 연습에 달려 있다.

6. 신비한 분위기를 만들어라.

   당신은 당신이 이끄는 사람들에게 모든 것을 알리고, 또 할 수 있는 한 많은 정보를 제공해주어야 한다. 그러나 당신이 무엇인가를 가르치거나 지시하거나 코치를 하는 경우가 아니라면, 또 다른 사람이 도움을 요청해 온 경우가 아니라면, 당신이 어떻게 일을 해냈는지 절대 말해 주지 말라. 그저 미소만 지어 주어라.

7. 간접적인 방법을 사용하라.

   〈이솝우화〉의 '바람과 태양의 힘 겨루기(옷 벗기기)'는 간접적인 방법을 완벽하게 보여주는 예다. 여기서의 초점은 사람들에게 일을 시키려면, 당신이 아니라 그들 자신이 원해야 한다는 것이다.

리더의 영향력 행사 스타일과 결과

■ 영향력 행사 스타일

조직의 리더가 영향력을 행사하는 스타일은 크게 3가지로 나누면 다음과 같다. 이것은 달리 말하면 리더의 관리 스타일이라고도 할 수 있다.

협조형: 상대방의 가치와 이상, 열망에 호소함으로써 열정을 불러일으키는 스타일이다. 전략을 세울 때 다른 사람의 참여를 구하거나 다른 사람이 자신의 제안에 이의를 제기할 경우 기꺼이 자신의 제안을 수정한다.

설득형: 다른 사람의 충성심에 호소하고 논리적인 주장이나 사실에 입각한 증거를 제시함으로써 특정한 요청이나 제안이 가치 있음을 설득하는 스타일이다.

권위형: 상대방의 협조와 지지를 얻기 위해 요구하거나 위협하는 스타일이다. 다른 사람들의 협조와 지지를 다 얻었다고 말함으로써 상대방에게 영향력을 행사하려 한다. 또한 조직의 정책과 규칙, 전통에 입각하여 다른 사람에게 요구사항을 강요한다.

■ 영향력 행사 스타일에 따른 결과

적극적 동조: 상대방의 행동이나 결정에 대해 동의를 하고 열정을 보인다. 그리고 자신에게 요구된 사항을 성공적으로 처리하기 위해 주도성을 발휘하고 부단한 노력과 인내심을 보여 준다.

순응: 상대방이 자신에게 요구한 사항을 행하기는 하지만 열정적이라기보다는 무관심하게 일한다. 그리고 최소한의 노력을 하거나 별다르게 애쓰지 않으며 주도적으로 행동하려고 하지 않는다.

저항: 상대방이 자신에게 요구한 것에 대해 반항한다. 그리고 이를 피하기 위해 저항이나 거절, 언쟁, 지체 등의 방법을 동원하거나 아예 요구를 무산시킬 방안을 찾는다.

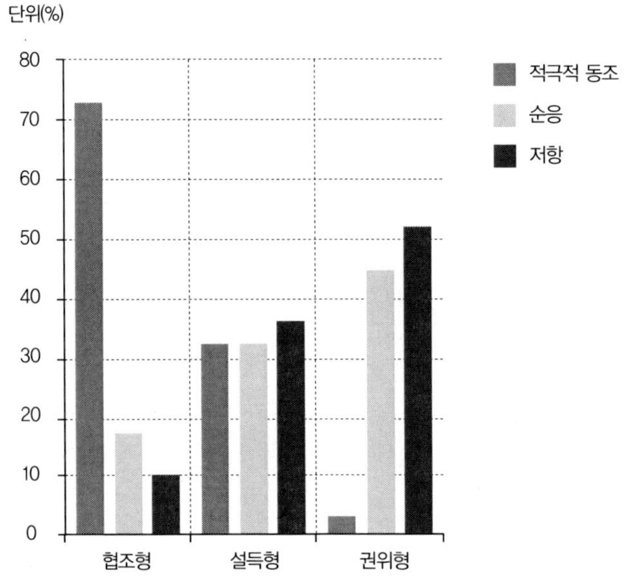

그림 12-2 영향력을 행사하는 스타일에 따른 결과

[그림 12-2]는 수많은 조직(포춘 500대 기업)을 대상으로 한 연구결과다.
협조형 리더들에 대한 구성원의 반응: 적극적 동조(73%), 순응(17%), 저항(10%)
설득형 리더들에 대한 구성원의 반응: 적극적 동조(32%), 순응(32%), 저항(36%)
권위형 리더들에 대한 구성원의 반응: 적극적 동조(3%), 순응(45%), 저항(52%)

협조적이고 협력적인 리더들은 권위형 리더들에 비해 27배에 가까운 조직구성원들의 협력이 있었다. 이것은 보수적이고 권위적인 리더들은 조직성과 향상에 크게 기여하지 못한다는 결론을 도출하게 되는 중요한 실증적 연구결과다.

동기부여의 비밀[6)]

■ **종업원들이 자신의 직업에서 가장 중요하게 여기는 것은(순위 부여)?**

나를 존중해 주는 사람들과 일하기( )
흥미로운 업무( )
업무 성과에 대한 공로 인정( )
직무 기술 개발의 기회( )
업무 개선에 대한 아이디어를 낼 때 의견을 들어주는 상사( )
단순한 지시 수행이 아닌 스스로 생각할 수 있는 기회( )
자신의 업무 결과물을 직접 보기( )
효율적인 경영자( )
너무 쉽지 않은 경영자( )
현재 진행 업무에 대해 자신도 잘 알고 있다는 느낌( )
직업의 안정성( )
높은 급여( )
훌륭한 복지( )

1. 자신이 중요한 존재라는 느낌이 들게 해주어라.
"실제 생활에서 리더들에게 줄 수 있는 가장 실제적인 충고는 이것이다. 포로를 포로로, 왕자를 왕자로 대하지 말고, 모든 사람을 사람으로 대하라."(James M. Burns)

2. 흥미진진한 업무를 제공하라.
흥미가 중요한 동기부여 요인이라는 것은 새로운 사실이 아니다.
단순히 성공을 향한 열정을 갖는 것만으로는 충분하지 않다. 막연히 성공을 바라기만 해서는 목적을 달성하지 못한다. 이런 열정 외에 분명한 관심사를 갖고 이를 끊임없이 쇄신하려는 노력이 필요하다. 뭔가 특별하고 구체적이며 즉각 착수할 수 있는 일을 머릿속에 갖고 있어야 한다. 끊임없이 새로운 것들을 추가해야 한다. 그렇지 않으면 흥미,

---

6) Cohen(2002). *The New Art of The Leader*. 홍윤주(역)(2002). 최강의 리더십. 서울: 청림출판사.

관심 그리고 행동 모두가 약해진다. 따라서 가장 큰 문제는 어떻게 정신적 에너지의 산물을 높은 수준으로 유지하는가다. 해답은 흥미를 유지하는 데 있다. 부하직원들이 맡은 업무에 관심을 집중하게 하려면 그들의 흥미를 쇄신하고 영감을 불어넣어 줄 새로운 방법을 끊임없이 고안해내야만 한다. 젊은 사람에게 지루하고 판에 박힌 업무를 주고 흥미를 갖기를 바랄 수는 없다. 당신은 그의 업무를 흥미롭게 해 주어야 한다.

3. 훌륭한 성과는 곧바로 포상하라.
지위고하를 불문하고 인간은 누구나 포상을 받고 싶어 한다.

4. 직무 기술 개발의 기회를 보장하라.
리더는 교사의 역할도 해야 한다는 것을 잊지 마라. "다른 사람을 가르치는 것은 스스로를 가르치는 것이다."(로마서)

5. 경청하라.
남의 의견을 경청하는 것이 훌륭한 동기부여가 된다는 데는 의문의 여지가 없다.

6. 사람들이 스스로 생각하게 하라.
당신은 사람들 스스로 생각하게 하는가? 무엇을 해야 하는가만 지시하라. 그 일을 어떻게 할 것인지는 그들 스스로 결정하도록 놓아 두라. 여러 사람들이 힘을 합친 결과가 각자 따로 생각한 것들을 합친 것보다 훨씬 좋다. 만약 당신이 조직 내의 모든 생각을 혼자서 하려 한다면, 이런 중요한 시너지 효과를 잃게 된다.

동기부여의 중요성

조직과 개인과의 관계는 조직의 효과적인 운영이나 개인적 발전이라는 관점에서 볼 때 매우 중요한 것이다. 왜냐하면 개인은 조직활동을 통해서 자신의 욕구가 목적을 성취하게 되고, 조직은 개인의 자발적인 노력을 통하여 조직의 목표를 달성할 수 있기 때문이다.

하버드 대학교의 제임스(James)는 동기부여에 관한 조사연구에서 시간급 종업원들이 그들 능력의 20~30% 밖에 발휘하고 있지 않아도 해고당하지 않고 직무 수행을 해나가고 있다는 사실을 발견하였다. 또한 그의 연구는 종업원이 그의 직무 수행에 대하여 강하게 동기부여가 되어지면 그 능력을 80-90% 가까이 발휘된다는 사실도 지적하고 있다. 마지못해 해고되지 않을 정도로 일을 하고 있는 종업원과 적절하게 동기부여된 종업원에게서 나타나는 능력의 발휘 정도의 차이는 [그림 12-3]에 잘 나타나 있다(Hersey & Blanchard, 1982: 4).

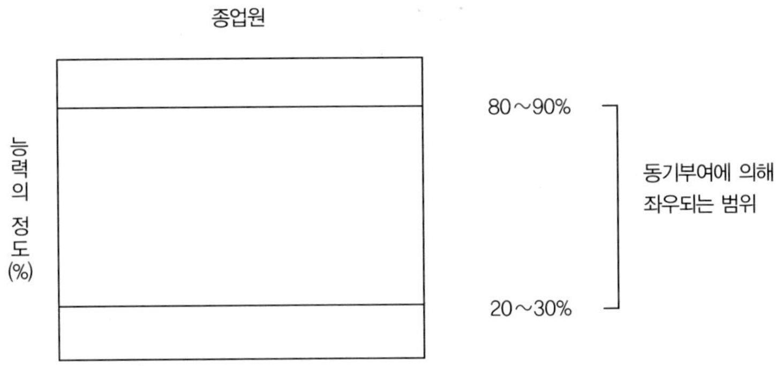

그림 12-3 작업성과에 미치는 동기부여의 잠재적 영향력

[그림 12-3]은 동기부여가 낮은 종업원의 작업성과 수준은 결국 능력이 낮은 종업원의 작업성과와 같다는 것을 나타내고 있다. 따라서 동기부여의 기능은 관리에 있어서 매우 중요한 기능이다.

현대사회의 리더십[7)]

유형 구분	강자형 리더십	거래형 리더십	영웅적 리더십	슈퍼 리더십
초 점	명령	보상	비전	셀프-리더십
권력의 행사	직위와 권한	보상	영감과 관계	공유 가치
지혜와 지식의 원천	리더	리더	리더	구성원과 리더
구성원의 반응	강압에 의한 복종	계산에 의한 복종	리더의 비전에 기초한 감성에 호소	구성원 모두의 주인의식
리더의 행동	지시, 명령, 협박, 징계	상호 교환적 조건부 보상, 징계, 질책	리더의 비전과 교감, 훈계, 교화적 설득	유능한 셀프-리더십, 긍정적 사고, 건설적 환경 · 문화 조성

7) Manz & Sims, Jr.(1991). *Super Leadership: Beyond the Myth of Heroic Leadership, Organizational Dynamics*. 정일재(역)(1995). 수퍼 리더십. 서울: 21세기 북스.

제13장

3차 강의안:

리더십 개발 모형

모의실험(Simulation): 지사장은 누구인가?

■ **목적**

이 모의실험은 참여자들에게 문제해결 과정에서 집단 내 구성원들의 협동과 집단 간 상호 경쟁을 경험하도록 하기 위해 설계되었다. 또한 모든 참여자들은 모의실험 활동을 통해 문제해결 과정에 요구되는 '리더십 스킬들'이 무엇인가를 확인할 수 있으며, 그러한 스킬들이 '리더십 능력개발'에서 왜 중요한 것인가를 경험할 수 있을 것이다.

■ **절차**

1단계: 각 집단을 5명으로 구성하라. 과외인사(extra person)가 제6의 구성원으로 참여할 수도 있지만, 어떤 집단도 6명 이상 또는 4명 이하가 되어서는 안 된다.

2단계(소요시간: 30분): 강사가 제시한 '지사장은 누구인가?'에 관한 이야기를 읽고, 소집단구성원들의 토론 활동을 통해 WORKSHEET를 완성하여 강사에게 제출한다.

각 집단이 제출한 WORKSHEET는 다시 수정할 수 없으며, 제일 먼저 '정답'을 제출한 집단이 나오면, 강사는 즉시 모든 모의실험(simulation) 활동을 종료한다.

모의실험 활동 시간은 최대 30분을 넘기지 않도록 한다. 30분 내에 정답을 제출한 집단이 없더라도 모든 모의실험 활동을 종료하고, 다음 단계인 평가 활동을 진행한다.

3단계(소요시간: 15분): 강사는 모의실험 활동에서 관찰된 소집단구성원들의 상호작용에 대해 다음과 같은 점에 초점을 두어 평가를 제시한다.

① 각 집단은 문제를 해결하기 위한 '구체적인 전략'을 수립하였는가?
② 각 집단은 구성원들의 역할을 적절하게 분배하고, 수행하였는가?
③ 각 집단의 구성원들은 집단 활동에 적극적으로 참여하였는가?
④ 이 모의실험에서 문제해결의 가장 큰 장애요인은 무엇이었나?
⑤ 문제해결을 위해 필요로 했던 '리더십 스킬들'은 어떤 것이 있었나?

■ **준비물**: 강사는 모의실험 활동(4개의 소집단용)을 위해 다음과 같은 것을 준비해야 한다.

① 모의실험 상황 설명문 4부

② WORKSHEET 4부

③ 정보카드 4세트(한 세트는 20개의 정보카드로 구성됨)

지사장은 누구인가

건축 관련 제품을 취급하는 '중앙상사'는 전국에 관동지사, 영남지사, 호남지사, 기호지사를 두고 있다. 각 지사에서 취급하는 상품은 크게 가정용 건재, 빌딩용 건재, 판형 제품, 가정용 문화제품으로 분류되고 있다. 지사장의 성(性)은 회사의 경력 순으로 全, 金, 李, 高다. 각 지사를 대표하여 4인의 지사장이 매월 1회씩 각 지사를 돌면서 지사장 회의를 갖는다. 지사장 회의에서는 영업 실적을 발표하고, 판매 전술 검토, 전략 수정의 제안 등에 관한 활발한 논의와 새로운 정보를 교환하고 있다.

지사장들은 최근에 기묘한 사실을 발견하였다. 즉, 그것은 각 지사는 네 가지 취급상품 가운데 특정한 상품에 대해 매상고 1위의 실적을 갖고 있으며, 네 가지 상품에 대한 매상고 순위가 각 지사마다 달라서 동순위의 지사가 하나도 없다는 사실이다.

■ 집단의 해결과제

첫째, 4인의 지사장이 담당하고 있는 지사는 각각 어느 곳인가를 판단하라.

둘째, 각 지사별로 취급상품의 매상고 순위를 명확하게 판단하라.

■ 문제해결의 규칙과 제약

첫째, 문제해결에 필요한 정보가 제시되어 있는 '20장의 정보카드'를 구성원들에게 균등하게 배분한다.

둘째, 구성원들 사이에 정보교환은 반드시 음성언어(구두 전달)로 이루어져야 한다. 정보 카드를 한곳으로 모으거나, 다른 구성원의 정보카드를 절대로 보아서는 안 된다.

셋째, 음성언어에 의한 정보 교환의 규칙을 지키지 않는다면, 학습효과는 기대할 수 없을 것이다.

■ 준비물

정보카드(Information Card)

• 李씨는 가정문화 제품에서 1위의 성적을 올려 전원으로부터 축하를 받았다.	• 全지사장과 金지사장은 1961년 입사동기다. 하마명에 의하면, 이번 주주 총회에서 全씨가 임원으로 선임될 것 같다.
• 李씨는 감기 증세가 있어서 골프 콤비는 사양하려고 생각하고 있다. 그러나 말을 꺼낼 기회가 없어서 초조하다.	• 가정문화 제품의 매상에서 관동지사에 뒤진 호남지사장은 회의 종료 후 고스톱을 한 판 벌릴 약속을 하고 있다(골프에서 진 빚을 갚을 심산임).
• 高씨는 수원에서 열릴 예정인 다음 회의에서 주체자의 역할을 맡게 되어 있다.	• 기호지사의 가정문화 제품에 관한 잠재적 수요가 대단히 크다고 보고한 최근의 조사 결과에 대해 지사장은 의문을 던지고 있다.
• 가정문화 제품에 관해 노력한 보람도 없이 최하위가 된 호남지사장에 대해서 모든 지사장들이 동정하고 있다.	• 관동지사가 최대의 수요 지구를 영업 구역으로 가지면서도 빌딩용 건재의 판매고에서 2위에 머물고 있는 것은 말은 안하지만, '담당 부분의 상하관계가 제대로 확립되지 않은 것이 원인이다.'라고 지사장들은 생각하고 있다.
• 全씨는 이번 월례 회의의 주체 지사장이다.	• 高씨는 全씨의 승진 후, 선배를 제치고 본사의 주요 포스트에 취임할 것이라는 소문이 나돌고 있다.
• 高씨는 마작을 잘하여 지난 회의에서 혼자 이겼지만, 골프 콤비에서는 한 번도 우승한 일이 없다.	• 호남지사장은 단골거래 회사 사장과 주요 안건에 대한 면담 예정이 있어서 회의 도중에 나가게 되어 있다. 그 점에 대해서는 전원이 양해하고 있다.
• 호남지사는 가정용 건재에 관한 고민이 커지는 하나의 원인으로 제1차 도매상의 당사 제품에 대한 열의 부족이 지적되고 있다(타사의 보상금 제도의 영향?).	• 영남지사장은 가정용 건재 관련 제품 매상고의 최하위 탈출에 지사의 총력을 결집시키고 있다.
• 지난번 골프 콤비 우승자는 金씨였다.	• 마작과 골프를 가장 잘하는 사람은 金씨였다.
• 영남지사가 판형제품으로 1등이 될 수 없는 것은 본사 제품 담당과의 기술정보 교환에 문제가 있기 때문이라고 다른 지사장은 지적한다.	• 기호지사가 영남지사를 제치고 판형제품의 매상고 1위를 한 것은 동 지구의 특수한 사정이 있어서 대량 수주에 성공했기 때문이다. 그러나 계속적 수주는 기대할수 없을 것이라는 전망이다.
• 金씨는 이번 월례 회의에 참석하기 위해 설악산에 왔는데, 부인을 동반한 사실을 극구 숨기려 하고 있다.	• 기호지사는 지역적 특성도 있고 해서 가정용 건재의 매상 신장에 성공하지 못하고 여전히 제3위에 머물고 있다.

WORKSHEET

지사(이름) / 순 위	관동지사 (　　)	호남지사 (　　)	영남지사 (　　)	기호지사 (　　)
1위				
2위				
3위				
4위				

정 답

지사(이름) / 순 위	관동지사 (全 씨)	호남지사 (金 씨)	영남지사 (李 씨)	기호지사 (高 씨)
1위	가정용 건재	빌딩용 건재	가정문화 제품	판형 제품
2위	빌딩용 건재	가정용 건재	판형 제품	가정문화 제품
3위	가정문화 제품	판형 제품	빌딩용 건재	가정용 건재
4위	판형 제품	가정문화 제품	가정용 건재	빌딩용 건재

리더십 개발 모형[1)]

개념적 틀: 리더십 텐트 모형(leadership tent model)

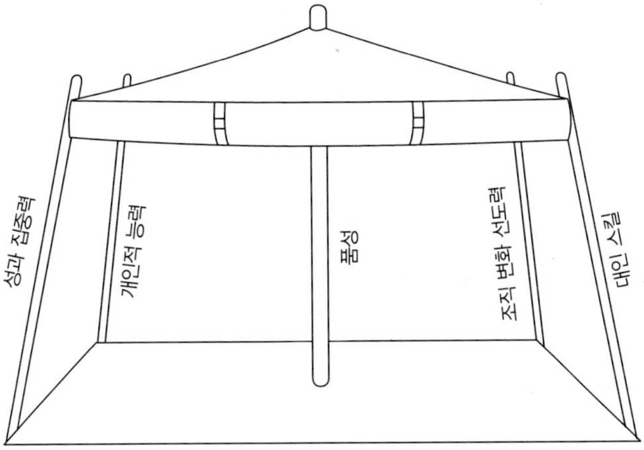

리더십 텐트 모형

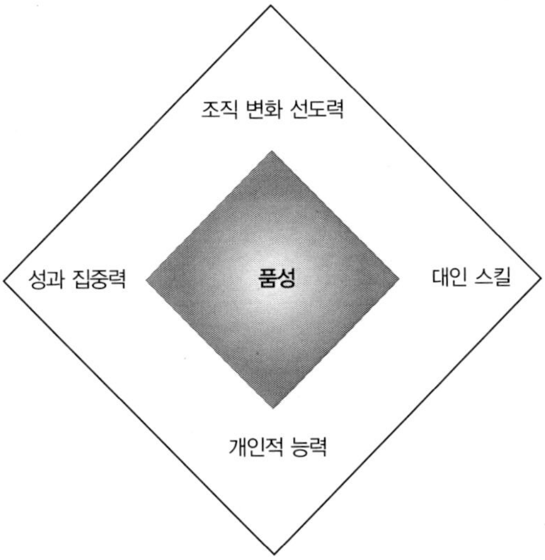

리더십 텐트의 밑면

1) Zenger & Folkman(2005). *The Extraordinary Leader*. 김준성 · 이승상(역)(2005). 탁월한 리더는 어떻게 만들어지는가. 서울: 김앤김북스.

■ 리더십 텐트 모형의 구성 요소

리더십 텐트 모형의 구성 요소는 리더의 역량에 관한 엄청난 양의 데이터를 실증적으로 분석한 결과에 근거하여 다음과 같은 매우 중요하고 차별화된 5가지 핵심 역량 클러스트(core competency cluster)와 16가지 역량 스킬(competency skills)로 구성되어 있다.

■ 리더십 텐트 모형의 특징

이 모형은 개인의 리더십 효과성을 나타내는 3차원 공간으로 이루어져 있으며, 그 특징은 다음과 같다.

① **리더십 행동들은 5가지 영역으로 묶일 수 있다**: 모든 역량들이 서로 동등한 것은 아니다. 효과적인 리더십은 5가지 서로 다른 영역에 속하는 역량들의 균형을 필요로 한다.

② **어떤 한 클러스트에 있는 강점이 바로 그 사람의 리더십을 더 높은 수준으로 끌어올리는 '텐트 폴(tent pole)'이 된다**: 여러 가지 역량들이 결합했을 때 탁월한 리더가 탄생한다.

③ **텐트 전체를 들어 올리려면 여러 개의 폴이 필요하다. 유능한 리더는 각 클러스트에 해당하는 스킬들을 골고루 가지고 있다**: 16가지 역량 중에서 더 많은 역량을 갖출수록 탁월한 리더로 인식될 수 있는 가능성은 더욱 커진다.

④ **통계적으로 볼 때, 대부분의 역량들 사이에는 중요한 관계가 존재한다[동반 역량(competency companions)]**: 리더십 행동들은 인간 두뇌의 복잡한 네트워크처럼 서로 얽혀 있고 상호 의존성이 있다. 리더를 구분하는 가장 강력한 16가지의 역량들 하나 하나는 평균적으로 나머지 역량 7~8가지와 관련성이 있다. 또 각각의 역량은 거의가 나머지 15개의 역량 가운데 하나와 특히 중요한 관련성을 갖고 있다.

■ 5가지 핵심 역량 클러스트와 16가지 역량 스킬

품성(character): 개인의 품성은 리더십 효과성의 핵심임은 틀림이 없다. 그러나 품성이 탁월한 리더십의 필요조건이긴 하지만 충분조건은 아니다.

- 높은 전인격성(integrity)과 정직성: 언행일치, 행동의 일관성, 약속과 의무의 철저한 준수, 핵심 가치의 역할모델, 솔선수범

개인적 능력(personal capability): 지적 · 정서적 · 기술적 스킬 등을 의미

- 기술적 · 직업적 전문성
- 문제해결 능력과 이슈 분석력

• 혁신성
• 자기개발 실천

성과 집중력(focus on results): 성과 집중력은 한마디로 조직에 영향을 미치는 능력이자 어떤 일을 이루어내는 능력이다. 리더십이란 궁극적으로 성과에 관계된 개념이다.

• 성과 집중력
• 도전적 목표 설정
• 결과에 대한 책임

대인 스킬(interpersonal skills): 리더십은 의사소통 과정을 통해 표현되며, 한 사람이 다른 사람에게 미치는 영향력이다.

• 강력하면서도 충분한 의사소통
• 높은 성과를 위한 동기부여
• 관계 형성
• 팀원 개발
• 협동과 팀워크

조직 변화 선도력(leading organizational change): 리더십에 관한 최고의 표현에는 변화가 포함된다. 조직 변화 선도력은 조직 내에서 변화를 도모할 수 있는 능력을 의미한다.

• 전략적 관점의 개발
• 변화의 주도
• 내부 집단과 외부 세계의 연결

■ 리더의 5가지 치명적 약점

리더십을 실패로 이끄는 실증적 데이터의 분석 결과에 따르면, 5가지 행동 패턴이 있는 것으로 나타났다. 이 행동 중 하나 이상을 가지고 있다면 탁월한 리더(excellent leader)로 평가받는 것은 거의 불가능하다.

• 실수로부터 배우지 못함
• 핵심 대인 스킬과 역량의 부족
• 새롭거나 다른 아이디어에 대한 개방적인 태도 결여
• 책임감 결여
• 주도성 부족: 일이 되도록 만들지 못하는 것, 즉 생산적 결과를 창출 못함

■ 리더십에 관한 통찰

1. 탁월한 리더(excellent leader)는 좋은 리더(good leader)에 비해 엄청난 성과를 창출한다.
2. 한 조직에는 여러 명의 탁월한 리더가 있을 수 있다.
3. 리더십 향상과 업무 성과 향상은 증량적인 관계도 선형적인 관계도 아니다.
4. 탁월한 리더십은 상호 보완적 역량의 기초 블록들(품성, 개인적 능력, 성과 집중력, 대인 스킬, 조직변화 선도력)로 이루어져 있다.
5. 리더십의 절정은 변화를 주도할 때 나타난다.
6. 모든 역량의 비중이 동일하지는 않다.
7. 리더십 역량들은 서로 긴밀하게 결합되어 있다.
8. 유능한 리더에게는 조직을 이끌어 가는 다양한 스타일이 있다.
9. 리더십의 효과적 실행은 조직마다 다르다.
10. 탁월한 리더십 개발의 핵심은 강점을 구축하는 것이다.
11. 리더십 역량의 강력한 결합은 엄청난 성과를 가져온다.
12. 약점이 없다고 해서 탁월한 리더가 되는 것은 아니다.
13. 탁월한 리더에게는 치명적 약점을 발견할 수 없다.
14. 치명적 약점은 고쳐져야 한다.
15. 리더십 속성들은 종종 불분명한 방식으로 개발된다.
16. 리더는 만들어지는 것이지 태어나는 것이 아니다.
17. 리더는 자기개발을 통해 리더십 효과성을 향상시킬 수 있다.
18. 한 조직의 리더십 수준은 최고 위치에 있는 사람의 리더십 수준을 넘지 못한다.

■ 리더십 요체: COP 모형

COP 모형은 최고의 직무 경험을 가져다주는 주요 요인을 보여 주고 있다. C는 역량(competences)을 의미하며, O는 조직의 요구(organizational needs) 그리고 P는 열정(passion)을 의미한다. 개인의 역량과 열정이 조직의 요구와 잘 어우러진다면, 개인에게나 조직에 있어서 항상 결과가 긍정적일 것이다.

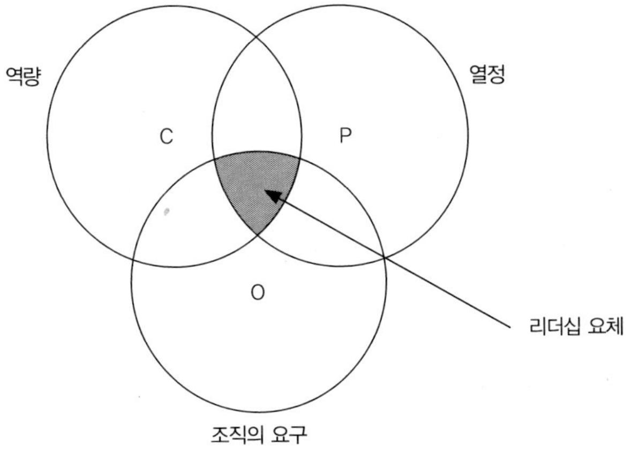

그림 13-1 COP모형

리더십 스킬 진단검사

■ 다음은 리더십의 효과성과 관련된 핵심 스킬(core skills)의 수준을 측정하기 위한 진단 검사다. 각각의 항목에 대해 여러분이 가지고 있는 핵심 스킬의 현재 수준에 가장 일치하는 곳에 ○표를 하십시오(1: 매우 낮은 수준, 4: 중간 수준, 7: 매우 높은 수준).

핵심 스킬		척도 수준						
		1	2	3	4	5	6	7
	언행일치							
	행동의 일관성							
	약속과 의무의 준수							
	솔선수범							
	기술적 · 직업적 전문성							
	문제해결 능력과 이슈 분석력							
	혁신성							
	자기개발 실천							
	성과 집중력							
	도전적 목표 설정							
	결과에 대한 책임							
	강력하고 충분한 의사소통							
	높은 성과를 위한 동기부여							
	관계 형성							
	팀원 개발							
	협동과 팀워크							
	전략적 관점의 개발							
	변화의 주도							
	내부 집단과 외부 세계의 연결							

■ 검사가 끝나면, 별도의 지시사항에 따라 WORKSHEET에 결과를 옮겨 적으십시오.

WORKSHEET

리더십 스킬 진단검사 프로파일

■ **작성 방법:** 당신이 '리더십 스킬 진단검사'에 대해 응답한 결과를 옮겨 적은 후, 모든 점(•)을 직선으로 연결하면 프로파일이 완성된다.

핵심 스킬		척도 수준						
		1	2	3	4	5	6	7
품성	언행일치	•	•	•	•	•	•	•
	행동의 일관성	•	•	•	•	•	•	•
	약속과 의무의 준수	•	•	•	•	•	•	•
	솔선수범	•	•	•	•	•	•	•
개인적 능력	기술적 · 직업적 전문성	•	•	•	•	•	•	•
	문제해결 능력과 이슈 분석력	•	•	•	•	•	•	•
	혁신성	•	•	•	•	•	•	•
	자기개발 실천	•	•	•	•	•	•	•
성과 집중력	성과 집중력	•	•	•	•	•	•	•
	도전적 목표 설정	•	•	•	•	•	•	•
	결과에 대한 책임	•	•	•	•	•	•	•
대인 스킬	강력하고 충분한 의사소통	•	•	•	•	•	•	•
	높은 성과를 위한 동기부여	•	•	•	•	•	•	•
	관계 형성	•	•	•	•	•	•	•
	팀원 개발	•	•	•	•	•	•	•
	협동과 팀워크	•	•	•	•	•	•	•
조직 변화 선도력	전략적 관점의 개발	•	•	•	•	•	•	•
	변화의 주도	•	•	•	•	•	•	•
	내부 집단과 외부 세계의 연결	•	•	•	•	•	•	•

■ **해석:** 당신은 프로파일을 통해 당신의 리더십 스킬의 강점과 약점을 확인할 수 있다.

관리자와 리더의 차이[2)]

■ 경영의 2가지 요소: 관리와 리더십

대부분의 사람들이 리더십과 관리가 다르다는 사실은 알지만 그 차이를 정확히 알지는 못한다. 리더십은 초자연적인 것도 신비로운 것도 아니다. 리더십은 선택받은 소수의 사람들만이 가질 수 있는 특별한 능력도 아니다. 또한 리더십이 관리보다 우위의 개념이거나 관리를 대체할 수 있는 것도 아니다. 오히려 리더십과 관리는 서로 구별되는 행동 시스템으로서 각각 서로를 보완해 준다. 각각은 고유한 기능과 독특한 활동을 수행한다.

모든 사람이 리더십과 관리를 동시에 잘할 수는 없다. 어떤 사람은 관리자로서의 능력은 훌륭하지만, 리더의 자질은 없다. 또 어떤 사람은 리더의 자질은 있지만 뛰어난 관리자가 될 수 없는 약점이 있다. 따라서 조직은 우수한 리더이면서 동시에 효율적인 관리자를 양성하기 위해 인력을 개발하려고 한다. 그러나 진정한 의미에서 이런 종류의 교육 · 훈련이 이루어지려면 먼저 리더십과 관리 기능의 차이를 이해해야 할 것이다.

■ 관리와 리더십의 차이

관리는 조직을 둘러싸고 있는 복잡한 환경을 효율적으로 다루기 위한 것이다. 관리 관행과 절차는 20세기 문명 발전의 한 형태인 대규모 조직의 운영을 위해 생겨났다. 체계적인 관리가 없었다면 아마 조직은 생존 자체가 위협을 받는 위험한 상황에 처했을 것이다. 효율적인 관리를 통해 조직은 품질이나 수익성과 같은 주요 가치를 질서정연하고 일관성 있게 추구할 수 있다. 반면, 리더십은 변화에 대처하는 것이다. 최근 조직환경이 이전보다 훨씬 경쟁적이고 빠르게 변화하고 있다. 이런 환경 변화가 뚜렷이 시사하는 것은 과거에 했던 방식 또는 점진적인 개선만으로는 앞으로 성공할 수 없다는 점이다. 새로운 환경에서 경쟁하고 생존하기 위해서는 기존의 방식에 대한 커다란 변화가 필수적이며, 변화가 심할수록 리더십의 역할이 중요해진다.

관리는 복잡한 상황에 대처하는 기능이고 리더십은 변화에 대처하는 기능으로서, 이러한 두 기능의 차이가 활동의 특성을 규정짓는다. 두 기능 모두 수행해야 할 일을 정의하고,

---

2) Kotter(1990). What Leaders Really Do? *Harvard Business Review*, May-June.; Mintzberg et al.(1990). *Leadership*. 현대경제연구원(역)(1999). 리더십. Harvard Business Review Paperback 시리즈 3. 서울: 21세기북스, pp. 65-94.

수행과제를 성취하기 위한 인적 네트워크를 구성하며, 구성원들이 그 직무를 실제로 수행하도록 하지만, 이러한 3가지 과제를 풀어 가는 방식은 다음과 같이 서로 다르다.

1. 방향 설정 기능 vs. 기획 · 예산 기능

리더십 기능 자체가 변화를 만드는 것이므로, 그 변화의 방향을 정하는 것은 리더십의 토대가 되는 활동이다. 조직이 나아가야 할 방향을 설정하는 것은 기획 혹은 장기계획을 수립하는 것과는 전혀 다른 것인데, 사람들은 이 둘을 혼동한다. 기획은 연역적인 성격을 띠며, 계획된 결과에 도달하도록 설계된 경영과정으로서 변화관리와는 다르다. 방향을 설정하는 것은 훨씬 귀납적이다. 리더는 광범위한 자료를 수집하고 정보 간의 연관성과 관계 유형을 찾아내서 상황을 파악한다. 리더십의 한 측면인 방향 설정은 계획을 세우는 것이 아니라, 비전과 전략을 창조하는 것이다. 비전과 전략은 사업 분야나 기술 수준, 조직 문화 등이 장기적인 차원에서 어떤 모습이 되어야 하는가를 보여 주고 그 목표를 달성하기 위해 실행 가능한 경로를 밝혀 주는 것이다. 기획은 방향 설정 기능을 대체하는 것이 아니라, 보완적인 수단으로 쓰일 때 가장 효과적이다. 적절한 계획 과정을 통해서 방향이 제대로 설정되었는지를 점검할 수 있으며, 마찬가지로 올바른 방향 설정 과정을 통해서 계획이 현실적으로 잘 실행될 수 있도록 활동을 모아 나갈 수 있다. 그리고 어떤 계획이 중요하고 부적절한지를 명확하게 할 수 있다.

2. 인력단합 기능 vs. 조직화 · 인력 배치 기능

현대 조직의 두드러진 특징의 하나는 상호 의존성이다. 조직의 구성원들 중 완벽하게 독립하여 활동할 수 있는 사람은 아무도 없으며, 각기 기술, 관리 시스템, 위계질서 등을 통해 서로 다른 사람들과 연결되어 있다. 관리자는 조직화를 통해 가능한 한 정확하고 효율적으로 계획을 실행할 수 있는 인력 시스템을 구축한다. 이런 과정은 전형적으로 복잡한 의사결정을 필요로 한다. 조직은 보고 체계와 직무 구조를 선택해야 하고, 직무에 적합한 인력을 배치해야 한다. 계획 수행을 점검할 수 있는 시스템도 구축해야 하고, 경제적인 보상 시스템도 만들어야 한다. 이런 조직적 판단은 마치 건축 설계와도 유사하다. 즉, 그것은 특정 상황에 적합한지 여부를 판단하는 문제다.

그러나 구성원들을 단합시키는 것은 이런 작업과는 다르다. 단합은 설계가 아니라 의사소통의 문제다. 단합은 조직화 기능보다 훨씬 많은 구성원 개인들과의 대화를 요구한다. 단합은 조직화를 통해서는 하기 어려운 권한위임을 가능하게 한다. 따라서 리더십 기능에서 중요한 도전 과제는 사람들이 메시지를 믿을 수 있도록 신뢰를 구축하는 것이다. 리더의 언행일치와 처신, 그의 성실성과 처신, 메시지의 내용 자체 등이 신뢰 형성에 영향을 미친다.

3. 동기부여 기능 vs. 통제 · 문제해결 기능

변화관리는 기본적으로 리더십의 기능이다. 변화를 방해하는 불가피한 장애물들을 극복하기 위해서는 적절한 리더십으로 구성원들을 격려하여 바람직한 행동을 이끌어낼 수 있어야 한다. 동기부여 기능은 구성원들에게 스스로 장애물을 극복할 수 있는 능력이 있다는 사실을 알려 준다.

관리의 논리에 따르면, 통제 장치를 통해서 계획과 실천 행동을 비교하고, 이탈이 감지되었을 때 필요한 조치를 취하게 된다. 관리 기능에서는 통제 메커니즘이 핵심을 차지하고 있기 때문에 동기부여나 실천의지의 고취와 같은 인간의 내면적인 가치들은 부적절한 것으로 여겨진다. 관리의 과정에서는 가능한 한 오류나 위험이 없어야 한다.

리더십은 이와는 다르다. 큰 비전을 실현하려면 때때로 폭발적인 에너지가 필요하다. 동기부여와 격려에 의해서 사람들은 힘을 얻는다. 그것은 통제 메커니즘이 하듯이 사람들을 계획된 방향으로 몰고 가는 것이 아니다. 동기부여는 성취, 소속감, 인정, 자부심, 자기 삶에 대한 자율적 통제, 이상을 추구하는 삶과 같은 개인의 내면적 욕구를 만족시켜 줌으로써 자발적으로 나아가게 하는 것이다.

■ 관리자는 주어진 일이 올바르게 처리되도록 하는 사람이고, 리더는 올바른 일을 하도록 하는 사람이다(Bennis & Nanus, 1985).

관리자와 리더의 특성[3)]

■ **관리자와 리더는 다음과 같은 여러 가지 측면에서 서로 다른 특징을 나타낸다.**

차이 1: 조직 목표에 대한 태도

관리자의 목표는 자신의 욕구보다도 조직의 필요성에 의해 발생한다. 관리자는 기존 질서를 유지하고 이를 통해 보상을 받으려고 한다. 반면에 리더는 목표에 대해 적극적인 태도를 보인다. 그들은 잠재적 기회를 찾아내고 이를 통해 보상을 받는다. 구성원들이나 동료들과의 관계도 긴밀히 유지한다. 부하직원들을 격려하여 업무에 적극적이 되도록 만들고, 열정을 쏟아 창조성을 높일 수 있게 만든다.

차이 2: 업무의 개념

관리자는 업무 활동이나 의사결정 과정에서 규정된 역할에 충실한 사람이다. 관리자는 업무를 전략 수립이나 의사결정에 도움이 되도록 아이디어와 사람들이 결합하는 과정이라고 생각한다. 관리자는 상대방과의 이해관계를 분석하거나 모순된 문제가 드러날 때 해결방안을 계획하고, 조직의 긴장을 완화시킴으로써 업무과정에 도움을 준다. 이러한 과정 중에 관리자들이 사용하는 전술은 유연하다. 교섭과 협상을 하면서 다른 한편으로는 보상과 처벌 또는 기타 강제적인 방법도 병행한다.

반면에 리더는 아이디어에 관심을 갖고 보다 직관적이고 감정 이입적인 방법을 선호하는 사람이다. 관리자는 선택을 제한하는 데 비해 리더는 장기간 끌어온 문제를 해결하는 데 있어서 새로운 접근방법을 개발하고 새로운 선택을 제안한다. 리더는 사람들을 분발하게 할 수 있도록 자신의 아이디어를 이미지화하고 그러한 이미지가 구체화될 수 있는 기회를 추구한다. 관리자는 모험심보다 생존 본능이 강하기 때문에 일상적이고 습관적인 일들을 잘 참아내며 오히려 좋아한다. 그러나 리더는 일상적인 일들을 때때로 고통으로 느낀다.

차이 3: 인간관계에 대한 태도

관리자는 사람들과 일하기를 좋아하며 독단적인 행동을 회피하는데, 이는 단독 행동에 대

---

3) Zaleznik(1977). Managers and Leaders. *Harvard Business Review*, May-June.; Abraham Zaleznik. "제3장 관리자와 리더의 차이." Mintzberg et al.(1990). *Leadership*. 현대경제연구원(역)(1999). 리더십. Harvard Business Review Paperback 시리즈 3. 서울: 21세기 북스, pp. 95-126.

한 불안감 때문이다. 즉, 관리자의 중요한 특성은 함께 일하고 협력할 사람을 찾는 욕구가 강하다는 것이다. 관리자는 타인과 함께 활동을 추구하면서도 상대방과 깊은 관계를 형성하기보다는 감정적 관여 수준을 낮게 유지하려는 경향이 있다. 관리자는 상대방의 관심을 구체적인 내용이 아니라 절차에 집중시킨다. 따라서 사람들이 어떤 결정을 내리느냐가 아니라 어떻게 결정하느냐를 좀 더 중요한 문제로 생각한다. 이러한 감정관리는 관리자의 은유적이고 상투적인 표현에서 잘 나타나며, 잠재적 갈등을 조화로운 결정으로 변화시키는 표현에서도 나타난다. 결과적으로 부하들은 관리자를 이해할 수 없고 자신들을 교묘하게 조정하는 사람으로 생각한다.

이와는 대조적으로 리더는 아이디어에 관심을 갖고 보다 직관적이고 감정 이입적인 방법을 선호하며 풍부한 감정을 갖는다. 감정 이입이라는 것은 단순히 타인에게 관심을 보이는 것만은 아니다. 감정 이입은 상대방의 감정적 신호를 이해하고 타인과의 관계를 의미있게 만드는 것이다. 관리자가 '어떻게' 일이 수행되는가에 관심을 갖는데 비해 리더는 일과 의사결정이 구성원들에게 '무엇을' 의미하는가에 관심을 갖는다.

차이 4: 자의식

관리자들의 자의식(self-consciouness)은 소속감과 외부 세계와 조화를 이루려고 하는 성향이 강하다. 따라서 관리자는 자신과 일체감을 느낄 수 있고 이로부터 보상을 쉽게 받을 수 있는 기존 질서를 유지하고 지키려고 한다. 관리자는 책임과 의무를 조화시키는 역할을 강조한다. 관리자의 자의식은 기존의 제도를 지속하고 강화함으로써 향상된다.

반면에 리더의 자의식은 대체로 환경과 괴리된 느낌을 갖는 사람이 많다. 그들은 조직 내에서 일을 하지만 감정상 결코 조직에 완전히 소속되어 있지는 않다. 또한 다른 조직 구성원들이나 상대방의 업무 역할, 사회적 지표에 쉽게 의존하지 않는다. 따라서 리더는 심리적이고 사회적인 변화를 추구하는 경향이 강하다.

경영자의 역할: 통념과 현실[4)]

■ 경영자의 역할에 대한 새로운 정의

경영자들에게 "당신은 무슨 일을 하십니까?"라는 질문을 하면, 경영자들은 십중팔구 "나의 직무는 계획하고(plan), 조직하고(organize), 조정하고(coordinate), 통제하는(control) 것입니다."라고 대답할 것이다. 그러나 그들이 실제로 하는 일을 주의 깊게 살펴보면, 그들이 하는 일이 위의 대답과 동떨어져 있다는 점에 놀라게 될 것이다.

'계획, 조직, 조정, 통제'라는 네 단어는 1916년 프랑스 실업가 앙리 파욜(Henri Fayol)이 처음으로 사용한 이래 대표적인 경영 용어로 인식되어 왔다. 그러나 이 단어들은 경영자들이 실제로 하는 업무를 거의 설명해 주지 못한다. 그것들은 기껏해야 경영자가 업무를 진행하며 가지는 애매모호한 목표의 몇 가지만을 암시한다. 사실 경영의 모든 분야는 많은 발전과 변화를 거듭해 왔지만, "경영자는 무슨 일을 하는가?"라는 기본적인 질문에 대해서는 반세기 이상이나 간과되어 왔다. 그러나 이에 대한 적절한 대답 없이 어떻게 경영을 가르칠 수 있겠는가?

■ 경영자의 업무에 대한 통념과 실체

현실을 자세히 살펴보면 잘못되어 있음을 알 수 있는 경영자의 업무에 대한 다음과 같은 4가지 통념(myth: 잘못된 신념)이 존재함을 발견할 수 있다.

통념 1: 경영자는 심사숙고하며, 체계적으로 계획을 수립한다.

이 말에 대해서는 누구도 의심하려 하지 않는다. 그러나 실제로 이 통념을 뒷받침하는 증거는 찾아보기 힘들다.

실체: 많은 연구 결과는 '경영자들이 숨돌릴 틈도 없이 업무를 수행하고 있으며, 매우 행동지향적이고, 심사숙고하는 행위를 좋아하지 않으며, 그들의 활동은 간결 · 다양 · 불연속이라는 단어로 특징지워질 수 있음'을 보여 준다.

민츠버그(Mintzberg, 1973)의 연구에 따르면, 최고경영자가 수행한 모든 활동 중 50%가

---

3) Mintzberg(1975). The Manager's Job. *Harvard Business Review*. July-August.; Mintzberg et al.(1990). *Leadership*. 현대경제연구원(역)(1999). 리더십. Harvard Business Review Paperback 시리즈 3. 서울: 21세기북스, pp. 11-63.

9분 이상 지속되지 못했으며, 10%만이 1시간을 넘은 것으로 나타났다. 또한 최고경영자들이 수행한 구두 접촉 중 93%가 현장에서 예정 없이 이루어진 것이었고 경영자의 시간 중 1%만이 자유로운 시간이었다. 56명의 미국 현장책임자를 대상으로 한 연구(Guest, 1956)에서는 그들이 8시간 동안 평균 583가지의 활동, 즉 48초당 하나의 활동을 한 것으로 나타났다. 또한 160명의 영국 최고경영자 및 중간관리자의 업무일지를 분석한 연구(Stewart, 1967; Carlson, 1951)에서는 그들이 방해받지 않고 30분 이상 일한 경우가 단지 이틀에 한 번뿐임이 드러났다. 최고경영자나 현장책임자 모두 쉴새없이 업무를 수행했던 것이다. 결론적으로 기존의 통념이야 어쨌던 경영 업무는 숙고하는 기획가를 만들어 내지는 않는다. 경영자는 자극에 대해서 반응할 뿐이며, 업무를 통하여 추후 행동보다도 당장의 문제에 대응하는데 익숙해진다.

통념 2: 성공적인 경영자는 일상적인 업무를 수행하지 않는다.

흔히 경영자는 계획이나 업무 할당 등에 시간을 많이 소비하고 고객 관찰이나 협상 수행 등과 같은 일상적인 업무에는 시간을 거의 쓰지 않는다고 생각한다. 그러나 그것은 잘못된 생각이다.

실체: 경영자의 업무는 의식 · 행사 참여, 협상 수행, 외부 정보 확보 및 그것의 내부 공급 등 모든 일상적인 업무를 포함한다.

민츠버그(1973)의 연구에 따르면, 최고경영자는 특정 의전 업무, 예를 들면 방문 고관을 만나는 일, 퇴직하는 종업원에게 금시계를 선물하는 일, 크리스마스 파티에서 사회를 보는 일 등이 최고경영자 업무의 본질적인 한 부분임을 발견할 수 있었다. 그리고 현장 영업책임자와 또 다른 최고경영자 연구(Davis, 1957; Copeman, 1963)에서도 비슷한 사실이 나타나고 있다. 즉, 경영자들이 고객의 지속적인 유지를 업무 목표로 한다면, 중요한 고객을 관찰하는 것은 그들 업무의 자연스러운 한 부분이 된다.

통념 3: 고위 경영자는 총괄적인 정보를 필요로 하는데, 이 정보는 공식적인 경영정보 시스템을 통해서 가장 잘 얻을 수 있다.

최근 들어 경영정보 시스템(management information system)이란 말을 경영학 문헌의 도처에서 볼 수 있게 되었다. 그러나 경영자는 이 시스템을 거의 이용하지 않는다. 왜 그럴까? 경영자가 실제로 어떻게 정보를 획득하는지 살펴보면 이유는 분명해진다.

실체: 경영자는 문서보다 구두 보고나 전화, 미팅을 더 선호한다.

영국에서 실시되었던 두 연구(Stewart, 1954; Burn, 1954)에서는 경영자들이 자기 시간의 각각 66%, 80%를 구두 커뮤니케이션으로 소비한 것으로 나타났다. 민츠버그(1973)의 연구에서도 그 수치는 78%나 되었다. 이러한 연구결과에 따르면, 경영자들은 가십(gossip), 소문, 추측 같은 소프트 정보를 중요하게 생각한다. 이 말이 사실이라면, 왜 그런 정보를 소중하게 생각할까? 이유는 오늘의 가십이 내일의 사실이 될 수 있기 때문이다.

통념 4: 경영은 과학이며 전문직(profession)이다. 설령 지금 현재는 아니라고 하더라도 빠른 속도로 그렇게 되어 가고 있다.

경영자들을 조금만 관찰해 봐도 경영자가 과학을 이용한다는 것은 잘못된 억측임을 금방 알 수 있다. 과학은 체계적이고 분석적으로 잘 정의된 절차 혹은 프로그램의 규칙을 필요로 한다. 그런데 우리는 경영자가 이용하는 절차를 모르는데, 어떻게 경영을 과학이라고 할 수 있겠는가?

실체: 경영자의 프로그램(스케줄 관리, 정보처리, 의사결정 등)은 체계적으로 명시되지 않고 그들의 머리 속에 깊이 감춰져 있다(일반인에게 상대적으로 부족한 식견이나 직관 같은 단어를 떠올리면 이해가 쉽다).

오늘날 유능한 최고경영자들이 필요로 하는 정보는 과거의 경영자들이 필요로 했던 정보와는 근본적으로 차이가 있지만, 그들이 정보를 획득하는 방식은 옛날이나 지금이나 똑같다. 즉, 현대 경영자의 의사결정은 최신 과학기술과 관련되어 있지만, 의사결정을 내리기 위해 이용하는 절차는 19세기 경영자가 이용한 것과 똑같다. 사실 현대의 경영자는 꾸준히 업무가 가중되고 있음에도 불구하고 경영과학(management science)의 도움을 별로 받지 못한 채 과거 경영자의 행동을 반복하고 있다. 즉, 경영자의 업무는 간결하고, 단편적이며, 구두 커뮤니케이션에 크게 의존하는 특징을 띄게 된다. 이러한 특징 때문에 경영과학자들은 분석하기 쉽고, 관련된 정보를 계량화하기 쉬운 조직의 전문화된 부문만 집중적으로 연구해 왔다(Grayson, 1973).

■ 경영자의 10가지 역할

경영자의 업무는 지위와 관련된 여러 가지 역할이나 행동의 관점에서 설명할 수 있다. 경영자의 업무는 10가지 역할로 구성될 수 있다([그림 13-2] 참조). 즉, 경영자의 업무는 공식적인 권한 및 지위를 통해서 3가지의 대인 업무가 발생하는데, 이 업무를 수행하는 과정에 3가지 정보 업무가 발생한다. 그리고 대인 업무와 정보 업무를 통하여 4가지의 의사결정 업무가 발생한다.

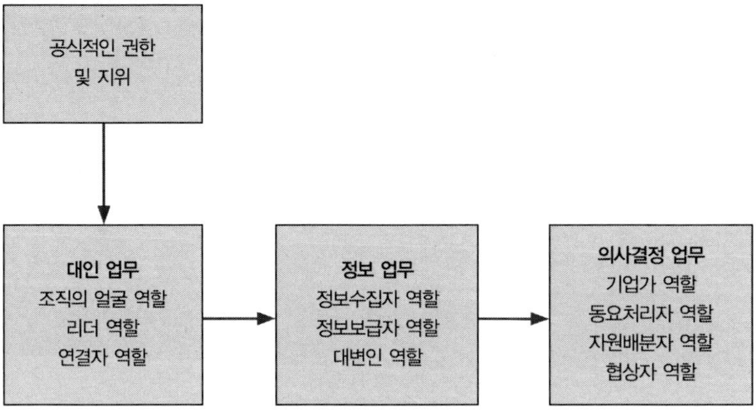

그림 13-2 경영자의 업무

• 대인 업무

공식적인 권한에서 직접적으로 발생하는 경영자의 다음과 같은 3가지 역할은 기본적인 대인관계를 포함한다.

조직의 얼굴 역할: 조직단위의 수장(figurehead)으로서 모든 경영자는 의전상의 업무를 수행해야 한다. 민츠버그(1973)의 연구에 따르면, 최고경영자가 이 같은 의전 업무에 총 접촉 시간의 12%를 사용한 것으로 나타났다. 이 역할은 경영자의 업무 중 다소 일상적인 일이며, 그다지 깊이 있는 커뮤니케이션이나 중요한 의사결정을 포함하지 않는다. 그럼에도 불구하고 이 역할은 조직의 원활한 업무 수행을 위해 매우 중요하며 결코 무시되어서는 안 된다.

리더 역할: 공식적인 권한은 경영자에게 잠재적으로 커다란 권위를 부여하고, 리더십은 그 권위를 구체적으로 나타내는 데 많은 영향을 미친다. 경영자는 자기 사업 단위에 소속된 구성원들의 업무에 책임을 진다. 이러한 관점에서 경영자는 리더의 역할을 수행한다. 경영자는 종업원을 고용하고 훈련시키는 등의 직접적인 형태나 종업원의 욕구와 조직의 목표를 적절히 절충시켜 종업원을 격려하고 동기부여하는 등의 간접적인 형태로 리더의 역할을 수행한다.

연결자 역할: 경영 업무와 관련된 대부분의 연구에서 경영자들은 부하직원과 보내는 시간

만큼이나 많은 시간을 동료들이나 사업 단위 밖의 외부인들과 함께한다. 이러한 관점에서 보면 수직적인 명령체계를 벗어나 이루어지는 경영자의 연결(liaison) 역할은 결코 간과할 수 없는 중요한 역할이다.

• 정보 업무

경영자는 비록 모든 것을 알지는 못한다 해도, 적어도 부하직원들보다는 정보에 밝다. 경영자는 리더이기 때문에 공식적으로 모든 스태프들에게 쉽게 접근할 수 있다. 뿐만 아니라 경영자들은 부하직원들이 수집하기 어려운 외부 정보까지도 연결자의 역할을 활용하여 수집이 가능하다. 이와 같은 정보 확보와 조직 내부로의 정보 공급은 경영자의 업무에서 중요한 업무다. 따라서 정보관점의 경영 업무는 다음의 3가지 역할로 구분될 수 있다.

정보 수집자 역할: 경영자는 끊임없이 주변 환경에서 정보를 수집한다. 이러한 과정에서 부하직원과 외부 접촉인에게 질문도 하게 되고, 필요하지 않은 정보도 수집하게 된다. 이러한 활동의 많은 부분은 네트워크화된 접촉 때문에 가능하다.

정보 보급자 역할: 경영자는 부하직원들이 수집하기 어려운 중요 정보를 직접적으로 전달하는 역할을 한다.

대변인 역할: 모든 경영자는 대변인(spokesperson)으로서 사업 단위를 관리하는 영향력 있는 구성원들에게 내부 정보를 알리고 이들을 만족시켜야 한다. 분만 아니라 다수의 외부관계자에게 조직의 대변인 역할을 해야 한다. 즉, 사외 이사와 주주에게는 재무 상태에 대해 통보해야 하고, 소비자 단체에게는 회사가 사회적 책임을 다하고 있음을 확신시켜야 하며, 정부 관리에게는 조직이 법을 준수하고 있다는 믿음을 주어야 하기 때문이다.

• 의사결정 업무

경영자는 조직의 의사결정에서 중요한 역할을 한다. 왜냐하면 경영자는 자신의 공식적인 권한으로 조직의 행동방향을 설정하고, 정보 흐름의 중추로서 자신만이 획득할 수 있는 최신의 완전한 정보를 바탕으로 중요한 의사결정을 하며, 이러한 의사결정들이 조직의 전략이 되기 때문이다. 의사결정자로서 경영자의 역할은 다음과 같은 4가지로 구분할 수 있다.

기업가 역할: 경영자는 조직을 변화하는 환경에 적응시키며, 발전시키고자 한다. 따라서 기업가(entrepreneur)로서의 경영자는 끊임없이 새로운 아이디어를 얻고자 하며, 일단 훌

륭한 아이디어가 생기면 연구개발 프로젝트에 착수하고, 이 프로젝트를 직접 관리 · 감독하거나 다른 사람에게 위임한다.

동요 처리자 역할: 어떤 조직도 사전에 불확실한 환경의 모든 경우를 고려하면서 표준화된 경영을 수행할 수는 없다. 따라서 경영자는 심각한 동요 상황에 세심히 대처해야만 한다. 동요 처리자(disturbance handler) 역할은 변화에 대처하는 사람으로서 경영자를 파악한 것이다. 여기서 변화는 경영자가 통제할 수 없는 것들인데(예: 주 고객의 파산, 공급자의 계약 위반 등), 이러한 상황은 회사의 입장에서는 위기이기 때문에 경영자는 이에 상응하는 적절한 의사결정을 해야 한다.

자원 배분자 역할: 경영자에게는 누구에게 어떤 일을 맡길 것인가에 관한 의사결정 책임이 있다. 즉, 조직 내에서 자원 배분자(resource allocator)의 역할을 수행한다. 또한 경영자는 자원을 배분했기 때문에 그것을 할당받은 하부 조직의 의사결정을 승인하는 권한을 갖는다. 이 권한을 통해서 경영자는 의사결정 사항들이 상호 연관성을 갖도록 할 수 있다. 이 권한이 없다면 체계적인 의사결정과 전략은 있을 수 없다.

협상가 역할: 협상은 경영자의 업무에 있어 빠뜨릴 수 없는 부분이기도 하다. 왜냐하면 오로지 경영자만이 조직의 자원을 소비할 수 있는 권한을 가지고 있고, 중요한 협상에 필요한 핵심 정보를 가지고 있기 때문이다.

제14장

4차 강의안:

리더십 스킬 개발

인사관리 모의실험

■ 목적

이 모의실험에서 당신은 변화에 대한 소집단 의사결정에 참여하는 기회를 갖게 될 것이다. 그리고 당신은 그러한 과정을 통해 서로 다른 개인들이 변화에 대해 어떻게 다른 방식으로 인식하는가를 알게 될 것이다. 이 모의실험의 목적은 다음과 같다.

① 변화의 상황에서 상이한 동기부여의 요인들을 검토한다.
② 변화에 대한 동기부여(motivation)와 수용(acceptance) 또는 거부(rejection) 사이의 상호관계를 이해한다.
③ 상황들이 여러 가지 준거(multiple criteria), 주관적 고려 대 객관적 고려(subjective vs objective considerations) 등에 의해 어떻게 변화하는가를 생각한다.

■ 절차

1단계(개인 활동; 소요시간: 40분): 모의실험에 들어가기 전에 'Enigma Engineering Company'의 상황을 읽어라. 각 참여자들은 아래 제시하는 절차에 따라 부서원(8명)에 대한 '개인별 해고 우선순위 결정하기' 과제를 수행한다.

① 성과평가를 위한 준거(performance evaluation criterion)를 설정하여 제시한다.
② 설정된 성과평가 준거에 의거하여 개인별(8명) 성과를 평가하고, 그 결과를 〈표 14-1〉과 같은 방식의 '평가결과표'를 작성하여 제시한다.
③ 평가결과표에 의거하여 '개인별 해고 우선순위'를 결정하여 제시한다.

2단계(집단 활동; 소요시간: 60분): 각 집단은 5명으로 구성한다. 각 집단은 1단계에서 개별 구성원들이 작성한 부서원(8명)에 대한 '개인별 해고 우선순위 결정하기 과제' 결과물을 활용하여 해고 서열에 대한 합의에 도달한다. 즉, 1단계에 제시된 세 가지 절차에 따라 '집단의 해고 순위를 결정하라.' 집단은 합의의 과정에서 투표(voting), 흥정(trading off), 협상(bargaining)은 피하라. 모든 집단구성원들이 지지할 수 있는 의사결정에 도달하려고 노력하라.

3단계(집단 토론활동; 소요시간: 30분): 각 집단의 리더는 집단 활동의 결과(성과평가를 위한 준거의 결정과정, 평가준거 및 평가결과에 기초한 해고 순위)를 플립 차트에 작성한 후, 전체 앞에서 발표한다. 모든 소집단 리더의 발표가 끝나면 칠판 위에 각 집단의 서열 목록을 기록하고, 서열상의 차이점들을 비교하고 토론하라. 또한 아래와 같은 질문들을 고려하라.

① 구성원들이 고용인들을 서열화하는 과정에서 사용한 준거(criteria)에는 어떠한 차이가 있는가?

② 서로 다른 준거들을 사용한 이유(reasons)는 무엇인가? 현실적이고 객관적인 고려인가? 또는 주관적인 고려인가?

③ 차이점들은 어떠한 방식으로 해결되는가? 실제로 집단 의사결정은 어느 정도의 합의에 기초해서 이루어지는가?

4단계(종합 강평; 소요시간: 10분): 강사가 인사관리 모의실험 활동 전반에 관하여 종합적인 강평을 제시한다.

Enigma Engineering Company

Enigma Engineering Company는 워싱턴의 교외에 위치한 중간 규모의 제조업체다. 회사에는 노조가 결성되어 있지 않으며, 지난 2년 동안 고용인들에게 피드백(feedback)을 제공하기 위해 의도적으로 설계된 객관적인 성과검토 시스템(objective performance review system system)을 도입하려고 시도하여 왔다. 그 시스템은 객관적(objective)이고, 시간 지향적(time-oriented)이며, 대표적인 것이 되도록 설계되었다.

경쟁자에게 낙찰된 계약의 손실로 인해, Enigma의 관리자는 순회 회로판(circuit board) 제작 부서에서 다음 주의 작업 성과가 가장 형편없는 고용인의 하나, 둘 또는 세 명의 해고를 심각하게 고려하게 되었다. 이 부서는 전자회사들에게 팔리는 순회 회로판을 생산한다. 해고는 단지 일시적으로 이루어질 것이다. 그러나 관리자는 객관적인 근거에 의거해서 이루어진 의사결정을 고용인들에게 제시함에 있어서, 무엇보다도 그러한 의사결정이 공정(fair)했다는 점을 확실히 하고 싶어 한다.

5명으로 감축될 부서원 8명의 명단은 다음과 같다.

- Albert Bank: 백인, 42세, 기혼, 자녀 3명, 고등학교 2년 중퇴, 14년 근속
- Bob Brown: 흑인, 37세, 홀아비, 자녀 2명, 고졸, 8년 근속
- Chris Everet: 백인, 24세, 미혼, 고졸, 2년 근속
- Dave Fram: 백인, 50세, 미혼, 회사에 다니면서 전문대 수료, 15년 근속
- Pat Peters: 백인, 36세, 기혼, 자녀 4명, 고졸, 3년 근속
- Ray Alfredo: 스페인계 미국인, 40세, 기혼, 자녀 1명, 고졸, 4년 근속
- Fred Green: 백인, 39세, 이혼, 자녀 2명, 대학 2년 재학 중, 7년 근속
- George Jones: 백인, 42세, 기혼, 자녀 0명, 대학 1년 재학 중, 9년 근속

회사는 〈표 14-1〉에 제시되어 있는 여러 요인들을 통해 이 부서의 고용인들을 평가해 왔다. 〈표 14-1〉은 지난 18개월 동안의 성과 평가(performance evaluation)에 대한 평균치를 점수화한 자료다.

표 14-1 Enigma performance review data

고용인	ⓐ 주 평균 산출물	ⓑ 불량율 (%)	ⓒ 결근율 (%)	ⓓ 협조적 태도	ⓓ 충성심	ⓓ 승진 잠재력
Albert Banks	39.6	4.9	6.3	양호	양호	보통
Bob Brown	43.4	5.3	7.9	불량	보통	보통
Chris Everet	35.2	0.9	0.4	매우 양호	양호	양호
Dave Fram	40.4	4.7	13.2	매우 양호	매우 양호	보통
Pat Peters	40.2	9.6	9.3	불량	보통	불량
Ray Alfredo	39.6	3.4	6.1	양호	보통	불량
Fred Green	36.2	4.8	5.0	양호	양호	보통
George Jones	45.2	7.0	3.6	보통	보통	양호

ⓐ 높은 점수 = 많은 산출물 ⓑ 낮은 점수 = 불량률이 적음

ⓒ 낮은 점수 = 결근이 적음 ⓓ 잠재력 서열: 불량, 보통, 양호, 매우 양호

WORKSHEET

■ **예시적 평가표**

Enigma 성과 평가(performance evaluation)

■ **평가 준거의 설정**

기본 전제: 인사정책은 회사의 특정한 문화를 반영하기 때문에 획일적인 기준이 적용될 수 없다.

준거 1: 객관적 요인의 평가와 주관적 요인의 평가는 7 : 3의 비율을 적용한다. 따라서 객관적 요인(주 평균 산출물, 불량률, 결근율) 평가는 70점, 주관적 요인(협조적 태도, 충성심, 승진 잠재력) 평가는 30점을 배정함으로써 총 100점 만점으로 평가한다.

준거 2: 객관적 요인의 점수는 개인별 '주 실질 산출물'을 산출하여 순위를 결정한 다음, 1순위 자에게 만점(70점)을 부여하고, 2순위부터는 3점씩 감점하는 방법으로 점수를 환산한다(순위 간 점수 차: 3점).

준거 3: 주관적 요인의 평가는 불량(1점), 보통(2점), 양호(3점), 매우 양호(4점) 순서로 평점을 부여하여 전체 점수를 합산하여 순위를 결정한 다음, 1순위 자에게 만점(30점)을 부여하고, 2순위부터는 2점씩 감점하는 방법으로 점수를 환산한다(순위 간 점수 차: 2점).

준거 4: 고용인의 배경 변인 중 나이, 학력, 근속 연수는 이미 객관적 요인과 주관적 요인의 평가에 반영되었다고 보는 것이 타당하기 때문에 별도로 평가에 고려하지 않는다. 그리고 피부색, 결혼 유무, 자녀 수는 평가 요인으로 포함시키기에는 무리가 있기 때문에 평가에서는 고려하지 않는다.

평가결과표

고용인	객관적 요인 평가(70점)					주관적 요인 평가(30점)					총점
	주 평균 산출물	불량률 손실 갯수	결근율 손실 갯수	주 실질 산출물	평점 (순위)	협조 태도	충성심	승진 잠재력	합계	평점 (순위)	평점 (순위)
Banks	39.6	1.95	2.37	35.28	61(4)	3	3	2	8	25(3)	86(2)
Brown	43.4	2.30	3.25	37.85	67 (2)	1	2	2	5	18(7)	85(4)
Everet	35.2	0.32	0.14	34.74	58 (5)	4	3	3	9	28(2)	86(2)
Fram	40.4	1.90	5.08	33.42	55 (6)	4	4	2	10	30(1)	85(4)
Peters	40.2	3.86	3.38	32.96	52 (7)	1	2	1	4	16(8)	68(8)
Alfredo	39.6	1.35	2.33	35.92	64 (3)	3	2	1	6	20(6)	84(6)
Green	36.2	0.74	1.74	32.74	49 (8)	3	3	2	8	25(3)	74(7)
Jones	45.2	3.16	1.54	41.10	70 (1)	2	2	3	7	22(5)	92(1)

승진 잠재력 진단검사 이해

조직에서 부하들이 잘 움직여 주지 않으면 관리자가 자신의 능력을 아무리 연마하더라도 아무 것도 이루어 낼 수 없다. 관리자와 부하 간의 상호 협력 태세가 최대화되어 있지 않으면 제아무리 우수한 인재들만 모여 있는 조직이라도 70% 정도의 실력밖에는 발휘할 수 없다. 미국과 유럽에서는 그것을 100% 발휘시킬 수 있는 다양한 방법이 폭넓게 채택되면서 개인의 통솔 능력이 그 어느 때보다도 강조되고 있는 실정이다. 통솔 능력에 따라 만년 과장 신세를 면치 못하는 사람이 있는가 하면 어떤 사람은 최고경영자가 될 수 있다는 것이다.

다음에 제시한 승진 잠재력 진단검사는 IBM, 시티은행 등 세계적인 대기업의 컨설팅을 맡고 있는 미국의 '헤이 컨설팅 그룹'에서 사용하고 있는 통솔력 진단 검사다. 그 결과를 통해 어디까지 승진이 가능한지를 가늠해 볼 수 있다. 이 테스트 결과로 부하를 다루는 방법을 얼마나 가지고 있는가, 그리고 그것을 어느 정도 의식하고 있는가를 알 수 있다. 부하직원을 대할 때에는 각자의 개성이나 상황 등에 따라 다루는 방법을 의식적으로 바꿔야 한다. 따라서 매니지먼트 스타일(management style)은 많을수록 좋다. 성공한 경영자일수록 다양한 매니지먼트 스타일을 소유하고 있다.

■ **매니지먼트 스타일은 크게 네 가지로 분류된다.**

지시집행형: '힘'으로 다루는 것. 즉, 권력이나 실력을 과시하면서 강제적으로 지시나 명령을 내리는 리더

지원형: 자신의 업무스타일을 부하들에게 이해시키면서 동시에 부하의 생각이나 의견을 수렴하는 리더

육성형: 부하들의 자기개발을 촉진하는 리더

신뢰와 협동형: 자신의 업무스타일을 부하에게 강요하기보다는 전체적인 균형을 먼저 생각하는 리더

또 한 가지 중요한 통솔력의 필요조건은 스스로에게 동기부여를 해서 적극적으로 업무처리를 하도록 만들어 주는 마음의 엔진(engine of mind)이다.

■ 마음의 엔진은 전부 네 가지 유형으로 분류된다.

달성 지향형 엔진: 항상 여러 가지 수단을 강구하면서 목표달성에 집착하는 밀어붙이기 유형이다.

자기 우월감 엔진: 자신의 방법에만 집착하는 고독형이다. 자신이 타인보다 뛰어나다는 자기우월감에 빠져 자신밖에는 일을 처리할 수 없다고 생각하며 일에 매달린다.

역할 지향성 엔진: 이 유형은 경우에 따라서는 자기희생도 불사하는 타입이다. 자신이 처해있는 입장이나 역할에서 하지 않으면 안 된다고 생각하는 일을 목숨을 바쳐 처리해 나가려는 사람이다.

자기만의 비즈니스관 엔진: 이 타입은 자기의 가치관이나 비즈니스관에 맞는 일이 아니면 꿈적도 않는다.

승진 잠재력 진단검사

최근 IBM과 시티 은행를 비롯한 미국과 유럽의 일류 기업들에서 인사고과(performance evaluation)에 활용하고 있는 진단도구다. 과연 나는 어디까지 승진할 수 있을까? 최고의 영예인 CEO까지 승진할 수 있을까?

1. 마음의 엔진 종류 측정 테스트

■ 각 질문 집단에서 자신에게 해당되는 두 가지 항목에 √를 하시오. ( ) 안에 √된 개수를 기입한 후 가장 높은 수치로 나온 두 개 집단(예: II & IV → C)이 당신의 유형이다.

'승부'가 걸린 일에는 반드시 이기고 싶다.	( )			
나의 우수함을 모두에게 증명해 보이고 싶다.		( )		
조직과 상사의 기대에 부응해 조직에 공헌하고 싶다.			( )	
항상 나의 기분에 솔직하고 싶다.				( )

낮은 목표에 타협하는 것은 창피하다.	( )			
남과 의견이 대립되더라도 나의 의견을 말한다.		( )		
개인보다 조직을 우선해야 한다.			( )	
일관성 있는 삶을 위해서는 버려야 할 것도 많다.				( )

벅찬 일을 하면서 긴장감을 느끼는 것이 좋다.	( )			
이제까지의 경험은 성공의 밑거름이라고 생각한다.		( )		
내가 없으면 지금 내가 속한 조직은 잘 돌아가지 않는다.			( )	
'나'다운 모습을 만드는 데 주력하고 싶다.				( )

하나씩 착실히 일을 하다보면 좋은 결과로 이어진다.	( )			
나에겐 객관적으로 남보다 뛰어난 점이 있다.		( )		

남이 의지하면 원래 실력 이상으로 열심히 한다.			( )	
일은 결국 삶의 방식과 연결되어 있다.				( )

한번 하기로 했으면 무슨 일이 있어도 해낸다.	( )			
내가 속한 조직에는 나밖에 할 수 없는 일이 있다.		( )		
일을 위해서라면 조금의 자기 희생은 당연하다.			( )	
나에겐 독자적인 일에 대한 신조가 있다.				( )

목표는 달성하지 않으면 의미가 없다.	( )			
다른 사람과 달라도 신경 쓰지 않는다.		( )		
나는 조직에서 크게 튀는 행동을 하지 않으려고 한다.			( )	
나는 올바른 일을 하고 있다는 것을 가장 중요시한다.				( )

스스로 정한 목표에 도전하는 것이 즐겁다.	( )			
힘든 목표에 도전하는 것이 즐겁다.		( )		
남의 기대에 부응하는 일을 할 때 즐겁다.			( )	
내 자신의 삶의 사고방식이 반영되는 일을 할 때 즐겁다.				( )

마음의 엔진 종류	I	II	III	IV
합 계				

I: 달성 지향형 엔진 II: 자기 우월감 엔진

III: 역할 지향성 엔진 IV: 자기만의 비즈니스관 엔진

I & II	I & III	I & IV	II & III	II & IV	III & IV
B	A	C	A	C	B

■ 상위 2위와 3위가 동점일 경우: 마지막 질문 2개에 가중치를 줄 것

당신의 마음의 엔진 종류	

2. 매니지먼트 행동 종류 측정 테스트

■ 각 질문 집단에서 자신에게 해당되는 두 가지 항목에 √를 하시오. ( ) 안에 √된 개수를 기입한 후 가장 높은 수치로 나온 두 개 집단(예: II & III → A)이 당신의 유형이다.

상사란 길을 가르쳐 주는 존재다.	( )			
상사란 지시를 하는 존재다.		( )		
상사란 부하를 키우는 존재다.			( )	
상사란 부하를 활용하는 존재다.				( )

정답은 상사가 알려 주는 것이다.	( )			
정답은 상사가 보여 줄 것이다.		( )		
정답은 부하가 알아차릴 때까지 기다리는 것이다.			( )	
정답은 부하가 알고 있는 것이다.				( )

부하직원에게 줄 방침을 정하는 시간은 아깝지 않다.	( )			
부하직원에게 지시를 내리는 시간은 아깝지 않다.		( )		
부하직원을 키우는 시간은 아깝지 않다.			( )	
부하직원의 의견을 듣는 시간은 아깝지 않다.				( )

조직은 나아갈 방향을 모르면 움직이지 않는다.	( )			
조직은 구체적인 지시가 없으면 움직이지 않는다.		( )		
조직은 세세하게 돌보지 않으면 돌아가지 않는다.			( )	
조직은 구성원들의 자아실현이 없으면 돌아가지 않는다.				( )

부하직원들은 자율적으로 움직여야 한다.	( )			
부하직원들은 결과만 제대로 내면 된다.		( )		
부하직원들은 자기 노력을 게을리하면 안 된다.			( )	
부하직원들은 좋은 일만 하여야 한다.				( )

조직의 일은 준비로 결정된다.	( )			
조직의 일은 지시로 결정된다.		( )		
조직의 일은 인재의 수준으로 결정된다.			( )	
조직의 일은 인재의 활용에 따라 결정된다.				( )

상사만이 할 수 있는 지원 방식이 있다.	( )			
상사만이 할 수 있는 어려운 판단이 있다.		( )		
상사만이 할 수 있는 지도와 교육 방식이 있다.			( )	
상사가 모르는 것을 부하직원이 알 수도 있다.				( )

매니지먼트 행동의 종류	I	II	III	IV
합 계				

I: 리더로서의 지원 II: 지시 집행

III: 육성 IV: 신뢰와 협동

I & II	I & III	I & IV	II & III	II & IV	III & IV
B	B	D	A	C	C

■ 상위 2위와 3위가 동점일 경우: 마지막 질문 2개에 가중치를 줄 것

당신의 매니지먼트 행동 종류	

3. 매니지먼트 스타일 유형 측정 테스트

■ 각 질문 집단에서 자신에게 해당되는 세 가지 항목에 √를 하시오. ( ) 안에 √된 개수에 해당되는 것이 당신의 유형이다.

내가 만든 계획과 지시한 항목에 대해 부하직원에게 즉시 행동에 옮길 것을 요구한다.	( )					
부하직원과 친밀한 인간관계를 쌓는 것보다 나의 방식을 따르게 한다.		( )				
의사결정에 있어 서로의 이해관계를 충분히 고려해 누구나 수긍할 수 있는 방법을 찾는다.			( )			
자신이 내린 결정에 대해 부하직원이 받아들이도록 설득한다.				( )		
부하직원이 스스로 문제를 발견하고 해결한 경우에는 관여하지 않는다.					( )	
부하직원이 한 일에 대해 나중에 피드백을 주는 경우가 많다.						( )

장기적인 관점에서 내가 관리할 수 없는 사람은 전근시키거나 부서를 바꾼다.	( )					
부하직원에게 전적으로 맡기지만 즉시 결과가 나오지 않을 경우에는 개입한다.		( )				
부하직원과 친한 것 이상의 신뢰관계를 쌓으려고 한다			( )			
내가 한 지시에 관해 왜 그렇게 하면 좋은지 부하직원에게 차근차근 설명한다.				( )		
부하직원이 도움을 필요로 할 때 동료끼리 조언자가 될 수 있도록 분위기를 만든다					( )	
부하직원에게 성장 가능성이 있으면 다소 벅찬 일이 있어도 기회를 주려고 노력한다.						( )

부하직원이 내가 지시한 내용에 대해 어떻게 했는지 상세한 보고서를 요구하는 편이다.	( )					
부하직원이 맡은 일에 대해 힘들어해도 보통 이상의 수준을 요구한다.		( )				
눈앞에 있는 일의 성과보다도 장기적으로 부하직원에게 미칠 영향을 중시한다.			( )			
부하직원에게 지시할 때 왜 그렇게 하길 바라는지 설명하는 편이다.				( )		
직접적인 지시나 관여보다는 부하직원이 주위의 동의를 구하면서 진행시키는지를 중시한다.					( )	
부하직원에게 일의 방법을 지시하기보다는 주체적으로 일을 개선해 나가기를 바란다.						( )

부하직원이 일을 진행하는 도중에도 모든 결정은 내가 한다.	( )					
부하직원과 일을 분담함에 있어서 중요한 일은 꼭 내가 한다.		( )				
부하직원이 기분 좋게 일할 수 있는 환경을 일만큼 중요시한다.			( )			
부하직원이 하는 일의 목적과 배경에 대해 설명하기를 게을리 하지 않는다.				( )		
일을 계획할 때 부하직원의 의견을 듣고 반영하는 편이다.					( )	
부하직원 스스로가 능력개발의 기회를 찾도록 만들어 준다.						( )

부하직원과 의견이 대립할 경우에는 내 의견을 강요한다.	( )					
부하직원이 맡는 일이 순조롭게 진행되어도 관여하는 경우가 많다.		( )				
부서 내에 대립이 있으면 내가 중재자로 나선다.			( )			
부하직원들과 의견이 대립할 경우 내 의견의 근거를 장시간 설명한다.				( )		
부하직원과 의견교환을 위해 자주 회의를 열고 거기서 나온 의견을 반영하는 편이다.					( )	
일의 준비, 스케줄, 방법에 관해 부하직원이 스스로 생각할 수 있게 도와준다.						( )

유 형	I	II	III	IV	V	VI
합 계						

I: 육성(좋은 공부를 하도록) II: 민주(이 원 안으로 들어 와)

III: 논리(이 생각에 따라) IV: 관계 중시(다른 사람 말 좀 들어)

V: 선도(내 뒤를 따르라) VI: 강제(내가 하라는 대로 해)

합계가 2 이상 표시된 유형의 수	1~2 개	3~4 개	5~6 개
매니지먼트 스타일 유형	A	B	C

당신의 매니지먼트 스타일 유형	

WORKSHEET

결과대조표

엔진의 종류	매니지먼트 행동	매니지먼트 스타일	승진 가능성	엔진의 종류	매니지먼트 행동	매니지먼트 스타일	승진 가능성
A	A	A	◆	B	C	B	◎
A	B	A	◆	B	D	B	◎
A	C	A	△	B	A	C	○
A	D	A	△	B	B	C	◎
A	A	B	△	B	C	C	★
A	B	B	△	B	D	C	★
A	C	B	○	C	A	A	◆
A	D	B	◎	C	B	A	△
A	A	C	△	C	C	A	○
A	B	C	◎	C	D	A	○
A	C	C	◎	C	A	B	○
A	D	C	◎	C	B	B	◎
B	A	A	◆	C	C	B	◎
B	B	A	△	C	D	B	★
B	C	A	△	C	A	C	◎
B	D	A	○	C	B	C	◎
B	A	B	△	C	C	C	★
B	B	B	○	C	D	C	★

당신의 승진 가능성은?	

◆(만년 말단 사원형) : 이 결과에 실망하지 말 것. 당신은 조직에서 일하는 것보다 전문직 프리랜서로 뛰는 것이 출세가 보장된다.

△(과장 정도의 출세형) : 여러 명의 부하직원을 둘 그릇

○(부장 정도의 출세형) : 수십 명의 부하직원을 둘 그릇

◎(사업부 부장 정도의 출세형) : 수백 명의 부하직원을 둘 그릇

★(이사급 이상의 출세형) : 수천 명의 부하직원을 둘 그릇

인사고과[1)]

■ 인사고과의 개념과 목적

인사고과(performance evaluation)는 조직구성원이 조직의 목적 달성에 얼마나 기여하고 있는지를 평가하는 인사관리 기능으로서 구성원의 발전과 보상의 결정에 중요한 기준이 되고 있다. 따라서 조직구성원의 성과에 대한 공정하고 정확한 평가를 위하여 평가방침과 평가요소 그리고 평가방법과 평가자에 대한 훈련 등 인사고과에 많은 노력이 투입되어 왔다.

전통적으로 인사고과는 주로 인사관리의 상벌 결정과 적재적소 배치를 목적으로 수행되어 왔다. 그러나 최근에는 인적자원의 개념이 확대되면서 인사고과의 결과는 인력 개발과 경력 계획 그리고 인사 정보의 데이터 베이스와 인사관리 연구조사 자료로서 그 중요성이 점점 커지고 있다. 일반적으로 인사고과의 목적은 평가결과를 어디에 사용하느냐에 따라서 다음과 같이 여러 가지 목적으로 분류할 수 있다.

상벌 결정: 조직은 조직구성원의 성과에 대하여 정당한 대우를 해 주어야 한다. 따라서 조직구성원의 성과를 주기적으로 측정하여 이를 기준으로 승진, 승급, 강등, 징계 등 적절한 결정을 해야 한다. 인사고과의 결과는 이러한 인사 결정에 가장 중요한 자료로 사용된다.

적재적소 배치: 인사고과는 성과에 대한 정당한 인사 결정뿐만 아니라 조직구성원과 직무를 결합시키는 데 있어서도 유효한 자료를 제공한다. 따라서 인사고과는 구성원의 성격과 능력에 따라서 적합한 직무 내용과 직무 환경을 모색하는 공식적인 계기가 될 수 있다.

인력 개발: 인사고과의 또 하나의 중요한 목적은 직무 성과를 통하여 구성원의 강점과 약점을 평가하고 구성원의 경력 목표도 감안하여 그의 능력과 자질개발에 필요한 교육 훈련과 실무 경험을 결정하는 것이다. 따라서 인사고과의 결과는 인력개발과 경력 계획에 있어서 필수적인 자료로 활용되고 있다.

피드백: 인사고과의 가장 기본적인 목적은 조직구성원이 얼마나 만족한 성과를 거두고 있

---

1) 박성식(2011). **교육행정학**. 서울: 학지사, pp.162-168.

고, 조직의 기대 수준에 얼마나 접근하고 있는지를 조직구성원에게 알려 주는 것이다. 따라서 인사고과는 구성원의 동기부여는 물론 그의 성장도 강화시켜 주는 중요한 인사관리 과정이다.

기타 목적: 인사고과의 자료는 이외에 조직구성원의 기술 목록(skill inventory)과 모집, 선발, 개발 등의 타당도 분석의 자료로서도 사용된다.

■ 인사고과의 요소

인사고과에서 실질적으로 가장 중요한 문제의 하나는 무엇을 평가할 것인가에 대한 것이다. 인사고과에서 중요시되고 있는 평가요소는 조직마다 다르다. 그러나 평가요소가 인사고과의 목적을 달성하려면 근본적으로 다음과 같은 몇 가지 요건을 충족시켜야 한다.

성과와의 적합성: 인사고과의 평가요소는 성과와 직접적으로 연결되어 있을 뿐만 아니라 내용적으로도 구성타당도(construct validity)가 높아야 한다.

목적과의 연결성: 인사고과의 평가요소는 조직의 목적과도 밀접한 관련을 맺고 있어야 한다.

실질성과 객관성: 인사고과의 평가요소는 실질적으로 측정 가능해야 하며, 편견의 영향 없이 객관성이 보장되어야 한다.

이와 같은 요건을 모두 충족시킬 수 있는 평가요소를 선정하기는 매우 어려운 것이 사실이다. 그러나 평가요소를 설계함에 있어서 흔히 문제가 되는 것은 실제성과나 이에 관련된 잠재적인 특성을 평가하지 않고 교육수준이나 용모 등 성과와 관계가 없는 개인의 인적사항을 평가하는 것이다. 따라서 인사고과는 단기적 · 장기적 성과와 관련된 평가요소만을 포함해야 한다.

■ 연공서열주의와 능력주의

연공서열주의(seniority system): 연공서열주의는 승진 결정에 있어서 근무년수를 가장 중요시하는 방법이다. 즉, 승진후보자 중에서 조직에서 가장 오랫동안 일한 사람을 승진시키는 방침이다. 이와 같은 연공서열주의는 승진 기준으로서 객관성이 가장 높은 근무년수를 사용함으로 주관적인 견해의 차이가 있을 수 없다.

공정성의 관점에서 볼 때, 연공서열 방침은 근무년수라는 객관적 기준에 의하여 승진이 결정되므로 승진 방침 자체의 불공정성을 지각하지 않는 한, 승진결정에 대한 불공정성 문제는 비교적 적다고 할 수 있다. 기본적으로 연공서열주의는 조직구성원의 근무년수와 공헌도 사이에 정적인 관계(positive relations)를 전제하고 있다. 따라서 연공서열주의는 과거의 인사고과의 결과를 매우 중요시한다. 그리하여 연공서열주의는 과거에 조직에서 쌓은 경험은 앞으로 더욱 중요한 직무를 수행하는 데 있어서 가장 유효하다는 경험제일주의의 타당성(validity)도 전제하고 있다.

능력주의(merit or competence system): 능력주의는 승진 결정에 있어서 근무년수보다는 능력을 가장 중요시하는 방법이다. 그러므로 능력주의는 조직의 효율성의 관점에서 볼 때 가장 합리적이고 공정성의 관점에서도 가장 합당하다고 할 수 있다. 또한 능력주의는 인적자원의 적재적소 배치의 원칙에 부합되는 가장 이론적인 승진기준이라고 할 수 있다. 연공서열주의는 근무년수와 경험을 중요시하는 반면에 능력주의는 직무성과와 이에 관련된 특성을 중요시한다. 따라서 능력주의는 성과에 작용하는 개인의 특성을 명세화할 수 있고, 또한 이러한 특성을 어느 정도 정확하게 측정할 수 있다는 것을 전제하고 있다.
그러나 능력주의의 이러한 전제는 타당도 분석과정에서 많은 문제점이 제기되고 있다. 따라서 성과를 높일 수 있는 능력 자체와 그 능력의 소지 여부에 관해서는 조직구성원의 주관적 견해에 많은 차이가 있을 수 있다. 그리하여 주관적 판단에 의하여 승진이 결정되는 경우 능력주의는 기대한 만큼의 성과를 가져올 수 없고, 따라서 조직구성원으로 하여금 공정성보다는 불공정한 지각을 갖게 만드는 원인이 될 수 있다.

이상에서 살펴본 연공서열주의와 능력주의는 각각 장단점을 가지고 있다. 따라서 어느 접근방법이 승진 방침으로 보다 효과적이라고 획일적으로 말하기 어렵다. 일반적으로 볼 때 연공서열주의는 조직의 환경이 안정적이고 조직구성원의 도태가 없을 때 적절한 승진 방침으로 비교적 많이 사용되어 왔다. 그러나 최근에는 조직의 환경이 급격히 변하고 조직 내부에도 여러 가지의 복잡한 변화가 많아짐에 따라서 연공서열주의는 조직의 침체와 유능한 인적자원의 이직 그리고 무사안일주의적 조직 분위기를 조성하는 중요한 요인으로 인식되고 있다. 또한 연공서열주의는 변화에 대한 적응력이나 창의력보다는 안정과 충성심 그리고 현상 유지를 강조하는 조직의 가치를 조장하는 요인으로 인식되어 왔다. 그러나 연공서열주의가 반드시 이러한 역기능적 결과를 조직에 가져오는지는 매우 의심스럽다. 왜냐하면 연공서열에 의하여 승진과 보상을 결정하는 조직에서도 좋은 성과를 거두는 경우가 현실적으로 많이 발견되기 때문이다.

연공서열주의와 능력주의의 적용성은 주어진 사회문화적 조건과 조직의 상황 여건에 따라서 달라지게 마련이다. 따라서 대부분의 조직은 연공서열과 능력의 적절한 조화를 모색하여 이를 승진 방침에 반영하려고 노력하고 있다. 연공서열과 능력간의 조화를 모색하는 데 있어서 연공과 능력을 승진과 보상 결정에 달리 적용하는 조직도 많다. 즉, 연공서열은 승진 결정에 주로 사용하고, 능력은 보상 결정에 주로 반영시킴으로써 두 가지 기준을 모두 사용할 수 있다. 일반적으로 우리나라와 일본에서는 승진에 연공서열을 많이 반영시키고 보상에는 능력을 많이 반영시키는 경향이 있다. 반면에 서양에서는 승진에는 능력을 많이 반영하고 보상에는 연공서열을 비교적 많이 반영시키는 경향이 있다.

성공 가능성 진단검사

■ 다음은 일상생활에서 나타나는 우리의 행동특성들이다. 각각의 행동특성들에 대해 자신과 가장 일치하는 척도 위에 ○표시를 하십시오. 각각의 행동특성들이 일상생활에서 얼마나 자주 발생하는가를 생각하면서 척도 위에 표시하면 됩니다(1: 전혀 일치하지 않는다, 4: 반 정도 일치한다, 7: 완전히 일치한다).

행동특성	척도 수준						
	1	2	3	4	5	6	7
과도한 승부욕							
지나친 의견 추가							
쓸데없는 비평							
파괴적인 말							
부정적인 표현							
잘난 척하기							
격한 감정 표현							
반대의견 제시							
정보의 독점							
인색한 칭찬							
남의 공로 가로채기							
변명하기							
핑계대기							
편애하기							
사과하지 않기							
경청하지 않기							
감사하지 않기							
엉뚱한 화풀이							
책임 전가							
자기 미화							

WORKSHEET

성공 가능성 진단 프로파일

■ **작성 방법**: 당신이 '성공 가능성 진단검사'에 반응한 결과를 아래 표에 그대로 옮겨 적은 후, 모든 점(•)을 직선으로 연결하면 프로파일이 완성된다.

행동특성	척도 수준						
	1	2	3	4	5	6	7
과도한 승부욕	•	•	•	•	•	•	•
지나친 의견 추가	•	•	•	•	•	•	•
쓸데없는 비평	•	•	•	•	•	•	•
파괴적인 말	•	•	•	•	•	•	•
부정적인 표현	•	•	•	•	•	•	•
잘난 척하기	•	•	•	•	•	•	•
격한 감정 표현	•	•	•	•	•	•	•
반대의견 제시	•	•	•	•	•	•	•
정보의 독점	•	•	•	•	•	•	•
인색한 칭찬	•	•	•	•	•	•	•
남의 공로 가로채기	•	•	•	•	•	•	•
변명하기	•	•	•	•	•	•	•
핑계대기	•	•	•	•	•	•	•
편애하기	•	•	•	•	•	•	•
사과하지 않기	•	•	•	•	•	•	•
경청하지 않기	•	•	•	•	•	•	•
감사하지 않기	•	•	•	•	•	•	•
엉뚱한 화풀이	•	•	•	•	•	•	•
책임 전가	•	•	•	•	•	•	•
자기 미화	•	•	•	•	•	•	•

- **프로파일의 해석:** 당신의 반응(점수)이 높을수록 성공가능성은 낮고, 반응(점수)이 낮을수록 성공가능성은 높다고 해석할 수 있다. 즉, 프로파일의 전체를 살펴볼 때, 성공 가능성을 방해하는 요인(항목)들이 많을수록 당신의 성공 가능성은 낮아진다고 해석한다.

일 잘하는 당신이 성공을 못하는 20가지 비밀[2)]

■ **성공을 위해서는 '무엇을 해야 하는가' 보다 '무엇을 하지 말아야 하는가'를 아는 것이 더 중요하다! 정상에 오르지 못하는 97%의 사람들이 모르고 있는 성공을 위해 하지 말아야 할 치명적인 실수! '성공 vs 실패'의 비밀은 바로 여기에 숨겨져 있다.**

1. **과도한 승부욕**: 그것이 중요하든 중요하지 않든 간에 어떠한 상황에서든 이기려는 습관. 과도한 승부욕은 이기는 것 자체가 목적이 되어 에너지를 낭비하게 된다.
2. **지나친 의견 추가**: 모든 대화에서 자신의 의견을 덧붙여야만 마음을 놓는 습관. 지나친 의견 추가는 함께 일하는 사람의 의욕을 꺾어 놓거나 반감시킨다.
3. **쓸데없는 비평**: 자신의 기준을 강요하며 다른 사람을 평가하려는 습관. 쓸데없는 비평은 사람들이 방어적인 태도를 취하며 점점 멀어진다.
4. **파괴적인 말**: 불필요한 조소와 날카로운 비평으로 상대를 공격하는 습관. 파괴적인 말은 상대에게 상처를 입히고 적으로 돌아서게 한다.
5. **부정적 표현**: 자신이 옳고 상대는 틀리다는 것을 은근히 강조하는 습관. 부정적 표현은 대화를 목적 없는 싸움으로 흘러가게 만든다.
6. **잘난 척하기**: 자신이 똑똑하다는 것을 어떻게든 알리려는 습관. 잘난 척하여 똑똑해 보이려고 할수록 더욱 바보 취급을 받는다.
7. **격한 감정 표현**: 사람들을 통제하기 위해 격한 감정을 드러내며 말하는 습관. 격한 감정 표현으로 강한 모습을 보이려다 우스꽝스러운 사람으로 취급받는다.
8. **반대의견 제시**: 어떤 일에든 부정적인 이유를 먼저 내세우는 습관. 반대의견을 자주 제시하면 정보가 차단된 채 자신의 책상 앞에 홀로 앉아 있게 된다.
9. **정보의 독점**: 남들보다 유리한 위치에 서기 위해 정보의 공유를 거부하는 습관. 정보의 독점은 사람들을 소외시킴으로써 오해와 불신을 키운다.
10. **인색한 칭찬**: 상대가 충분히 훌륭한 데도 칭찬과 보상을 잘하지 못하는 습관. 칭찬에 인색하면 불공평한 사람이라는 인상 때문에 사람들이 떠난다.
11. **남의 공로 가로채기**: 성공에 대한 자신의 공로를 과대평가하는 습관. 부당한 희생자

---

2) Goldsmith(2007). *What Got You Here Won't Get You There*. 이내화·류혜원(역)(2008). 일 잘하는 당신이 성공을 못하는 20가지 비밀. 서울: 리더스 북.

를 만들어 분노를 표출시킨다.

12. **변명하기**: 잘못된 행동을 고치지 않으려고 회피하는 습관. 변명함으로써 새로운 기회와 숨겨진 재능을 잃어버린다.
13. **핑계대기**: 현재의 문제에 대한 원인을 과거에서 찾으려는 습관. 핑계를 대면 아무런 소득도 없이 문제는 해결되지 않은 채 남아 있다.
14. **편애하기**: 누군가를 불공평하게 대한다는 사실을 알아차리지 못하는 습관. 편애를 하면 실력 있고 정직한 사람들에게 불이익이 돌아간다.
15. **사과하지 않기**: 자신의 잘못된 행동에 대해 책임을 지지 않으려는 습관. 잘못에 대해 사과를 하지 않으면 사람들의 도움을 얻어낼 수 있는 수많은 기회를 떠나보낸다.
16. **경청하지 않기**: 상대의 말을 듣지 않는 무례를 범함으로써 공격하는 습관. 상대방의 말을 경청하지 않으면 당신보다 더 능력 있는 직원들을 떠나게 만든다.
17. **감사하지 않기**: 상대의 도움이나 호의를 무신경하게 받아들이는 습관. 적절한 감사를 하지 않는다면 조용히 끝날 수 있는 일을 요란하게 만들어 버린다.
18. **엉뚱한 화풀이**: 문제를 알려서 도움을 주려는 사람에게 화를 내는 습관. 엉뚱한 화풀이는 문제를 바로잡을 수 있는 타이밍을 놓쳐 버린다.
19. **책임 전가**: 자신의 잘못을 인정하지 않고 다른 사람의 탓으로 돌리는 습관. 책임을 전가함으로써 위기를 모면하려다가 더 큰 위험에 부딪힌다.
20. **자기 미화**: 자신에 대한 고정관념을 좀처럼 버리지 못하고 집착하는 습관. 지나친 자기 미화는 당신에게 필요한 변화를 시작할 수 없게 만든다.

- **성공과 실패는 '사소하지만 치명적인 습관의 차이'에 의해 결정된다. 성공을 방해하는 나쁜 습관들을 즉각 중단하라!**

- **Do it now!**

- **성공을 방해하는 걸림돌을 제거하라!**

성공하는 사람들의 7가지 습관[3)]

■ 우리는 사물을 볼 때 있는 그대로 본다고 생각하는 경향이 있다. 즉, 자신이 객관적이라고 생각한다. 그러나 사실은 그렇지 못하다. 우리는 모든 것을 자신의 준거체제에 의거해서 선별적으로 지각하고 해석한다.

■ 우리가 문제를 보는 방식이 바로 문제다. 우리가 직면한 중대한 문제들은 우리가 그 문제들을 발생시킨 그 당시에 갖고 있던 사고방식을 가지고는 해결할 수 없다(Albert Einstein). 우리가 사물을 과거와 다르게 보기만 하면 변화는 즉시 발생한다. 따라서 문제해결은 새로운 차원의 사고를 통해 가능하다. 즉 사고의 패러다임(paradigm)을 전환해야 한다.

■ 변화는 내면으로부터 시작된다. 코비(Covey)는 성품윤리를 강조한다. 성품윤리란 언행일치, 겸손, 충성, 절제, 용기, 정의, 인내, 근면, 소박, 수수함, 황금률 등을 말하며, 이는 진정으로 상대방을 움직이게 하는 힘이다. 이것은 무의식적인 행동을 통해 드러나며 가식적으로 꾸밀 수 없는 것들이다. 스티븐 코비가 강조하는 '7가지 습관'도 성품윤리에 기초를 두고, 다른 사람과의 관계를 개선시키기 위한 방안을 제시한다. 그렇다면 다른 사람과의 트러블은 왜 발생하는가? 우리 모두는 각자 나름대로의 '패러다임'을 갖고 있다. 이 '패러다임'이란 우리가 세상을 '보는' 방식을 의미하는데, 여기서 '보는 것'은 지각하고 이해하고 해석하는 의미다. 우리가 사물을 보는 방식은 우리가 사고하고 행동하는 방식의 근원이 된다. 우리가 가지는 패러다임은 옳든 그르든 우리의 태도와 행동의 원천이 되고 궁극적으로는 대인관계의 근본이 된다. 결국 패러다임의 전환이야 말로 우리의 삶에 변화를 일으키는 원동력이 되는 것이다.

■ 습관은 일관성 있게 무의식적인 유형으로 끊임없이 또 매일매일 우리의 성품을 나타내고, 개인의 성공 혹은 실패를 결정하는 데 중요한 역할을 한다. 스티븐 코비는 이러한 문제점을 해결하기 위하여 '7가지 습관'을 강조하고 있다.

---

3) Covey(1989). *The 7 Habits of Highly Effective People*. 박재호 · 김경섭 · 김원석(역)(1994). **성공하는 사람들의 7가지 습관**. 서울: 김영사.

첫째, 자신의 삶을 주도하라: 여기서 주도적이라 함은 스스로의 삶에 대해 책임을 져야 한다는 뜻이다. 우리의 행동은 우리를 둘러싼 여건에 의해 좌우되는 것이 아니라 자신의 의사결정에 의한 것이어야 한다. 이는 우리가 어떤 일을 완수할 책임을 인식하는 것을 뜻한다. 어떠한 자극과 반응 사이에는 자아의식, 상상력, 양심, 독립 의지와 같은 선택의 자유가 존재한다. 우리 자신이 고통스럽게 되는 것은 일어난 사건 자체가 아니라 그것에 대해 반응하면서 고통을 택했기 때문이다. "오늘의 나는 어제 내가 한 선택의 결과다."라는 사실을 인정해야 한다. 즉, 자신이 행한 행동의 원인이 주변의 환경이 아니라 바로 자신의 선택이었다고 인정해야 한다.

둘째, 목표를 생각하며 시작하라: 이 말은 오늘부터 시작하여 자신의 최후 순간에 갖고 싶은 이미지, 모습 그리고 패러다임을 매사에 검토하는 기준과 표준으로 삼는 것이다. 이 습관으로 우리는 우리의 행동을 우리가 가장 중요하게 생각하는 가치관에 따라 검토할 수 있을 것이다. 모든 것은 마음속에서 그리고 행동으로 옮기는 것으로 두 번 창조되게 되는데, 첫 번째 창조로서 우리는 마음속에서 창조된 우리 행동의 기준을 따라 우리의 삶에서 개인적인 리더십을 발휘할 수 있게 된다. 안정감, 지침, 지혜, 역량 이 네 가지 요소의 원천이 되는 삶의 핵심에 기반을 둔 자기 사명서를 작성함으로써 우리의 목표를 확립하고 그에 맞게 행동하기가 수월해진다.

셋째, 소중한 것을 먼저 하라: 이 습관은 앞에서 말한 두 가지 습관을 실질적으로 완성하는 것을 의미하는 것으로, 두 번째 창조이며 실제적 창조다. 독립 의지를 이용한 효과적 자기관리를 수행함으로써, 급하지 않되 인생에서 소중한 것을 꾸준히 행하도록 한다. 살다보면 대부분의 시간을 긴급한 일을 해결하는 데 투입하게 되는데, 미래 기회 위주의 생각을 기반으로 하여 긴급하지 않되 소중한 일에 시간을 투입할 수 있도록 시간을 관리해 나가야 한다.

넷째, 상호 이익을 추구하라: 나도 이기고 상대방도 이기는 승-승 패러다임은 모든 대인관계에서 서로의 이익을 추구하는 사고방식이다. 만약 내가 내 자신의 승리에만 집중하여, 상대방의 관점 같은 것은 고려조차 하지 않는다면, 풍요로운 인간관계는 생각도 할 수 없게 된다. 이것은 인간 상호작용의 총체적 패러다임으로 성실성, 성숙, 풍요의 심리에서 나오는 것이다. 그러므로 이 전략은 신뢰가 깊은 인간관계에서 가능한 것이며 기대와 성취를 효과적으로 명시하고 관리하는 합의에 유용하게 사용된다.

다섯째, 먼저 이해하고 다음에 이해시켜라: 공감적 경청이란 이해하려는 의도를 가지고 경청하는 것으로, 내가 먼저 상대방을 이해하는 것, 즉 진정한 이해를 추구하는 것이다. 이는 다른 사람의 관점에서 사물을 보는 것으로, 그들이 세상을 보는 방식에 입각하여 세상을 봄으로써 그들의 패러다임과 감정을 이해하게 되는 것이다. 상대방을 먼저 이해하도록 노력한 다음 상대방에게 스스로의 입장에 대해 이해를 구하도록 하라.

여섯째, 시너지를 활용하라: 시너지란 전체가 각 부분들의 합보다 더 크다는 것을 의미한다. 즉, 각 부분들 상호 간에 갖는 관계는 전체의 일부분이고, 그 자체가 전체의 역할을 한다는 것을 의미한다. 우리가 시너지적인 커뮤니케이션을 한다면 새로운 가능성, 새로운 대안, 새로운 선택 등에 대해 자신의 마음과 가슴을 열고 받아들이게 된다. 이를 7가지 습관에 대입한다면, 7가지 습관의 힘은 개별 습관에서 나오는 것이 아니라, 이들 습관이 서로 결합될 때 나오는 것과 같다. 결국 앞서 다룬 모든 습관들의 궁극적인 목적은 시너지 효과에 있다.

일곱째, 끊임없이 쇄신하라: 이 습관은 개인적 생산능력을 일컫는 것으로, 우리가 가진 최대의 자산인 '자기 자신'을 유지하고 향상시키는 역할을 한다. 우리가 가진 본질의 네 가지 차원인 신체적, 영적, 정신적/지적, 사회적/감정적 차원을 쇄신하는 것을 의미한다. 신체적 차원은 영양가 있는 음식 섭취, 충분한 휴식과 긴장 이완, 규칙적인 운동을 통해 쇄신이 되는데, 규칙적 운동을 통해서는 주도성이라는 습관의 감정을 개발하는 혜택도 얻을 수 있다. 영적 차원의 쇄신은 자신의 인생에 리더십을 제공하는 것으로, 성서를 읽고 묵상함으로써 가능하다. 정신적/지적 차원의 경우 지속적인 교육을 통해 이뤄질 수 있는데, 규칙적으로 양서를 읽는 것만큼 좋은 것은 없다. 사회적/감정적 차원의 쇄신은 일상적인 대인관계를 통해서 실천으로 옮길 수 있지만, 내면적 안정이 전제되어야 한다. 자기쇄신 과정은 상기의 네 가지 측면이 반드시 균형 있게 쇄신되고 재충전되어야 한다. 균형적인 쇄신은 최적의 시너지 효과를 내어 우리의 능력을 여러 차원에서 향상시킬 수 있다.

■ 습관을 바꾸면 운명이 바뀐다!

똑똑한 리더들이 가장 많이 저지르는 '나쁜 버릇들'[4)]

■ **과도한 승부욕**: 제일 우선적으로 지적한 리더의 심각한 문제점은 '과도한 승부욕(winning too much)'이다. 승리에 대한 집착은 일 잘하고 성취욕이 강한 사람들의 공통적인 특성이다. 동시에 그들이 주위 사람들에게 욕을 먹는 가장 큰 이유다. 예컨대, 지나치게 논쟁적인 태도나 남을 비난하는 태도, 정보를 독점하려는 태도, 파벌을 만드는 태도 등은 남을 이기려고 하는 승부욕 때문에 나타난다. 현명한 리더는 지는 것을 마다하지 않으며 상대방을 승리자로 만들어 준다. '지는 것이 이기는 것'이란 얘기와 상통한다.

■ **부정적인 단어**: '아니요' '그렇지만' 같은 부정적인 단어로 말문을 여는 것도 피해야 할 나쁜 버릇이다. 부정적인 단어로 이야기를 시작하게 되면 상대방도 반박하게 되므로 결코 생산적인 대화로 이어질 수 없다.

■ **잘난 척하기**: 똑똑한 사람들의 악습으로 빼놓을 수 없는 것이 '잘난 척하기'다. 사람들은 남들의 인정을 받고, 최소한 남들과 비슷한 수준이라는 것을 알리기 위해 무의식적으로 잘난 척한다. 똑똑한 사람은 매력적이지만, 똑똑한 티를 내는 사람은 전혀 매력이 없다.

■ **분노를 드러내기**: 분노를 드러내는 것도 피해야 한다. 어떤 리더는 자연스러운 분노를 통해 사람들을 조종하고 동기를 부여할 수 있다고 생각한다. 하지만 오산이다. 처음 몇 번은 그럴지 몰라도 그다음부터는 "저 사람은 본래 그래."라고 낙인찍히고, 무시당하게 된다. 화를 내 봐야 느는 것은 오해와 적, 주름살뿐이다. "화가 치밀어 오르면, 거울을 보라." 화를 내는 자신의 모습이 얼마나 우스꽝스러운지 직접 살펴보라.

■ **파괴적인 말**: 솔직함을 핑계로 다른 사람에게 상처를 주는 '파괴적인 말'은 자신의 리더십과 인간관계를 동시에 망치는 가장 효과적인 방법이다.

---

4) Goldsmith(2010). *Mojo*. 박세연(역). 모조: 내 안에 잠든 긍정의 추진력. 서울: 리더스 북.

■ **남을 칭찬하고 인정해 주지 못하는 것:** 알량한 자존심과 쑥스러움 때문에 다른 사람에게 '감사합니다' '죄송합니다' '제 잘못입니다'라고 제대로 표현하지 못하는 것, 남을 칭찬하고 인정해 주지 못하는 것 또한 똑똑한 사람들을 실패로 몰고 가는 고질적인 문제다.

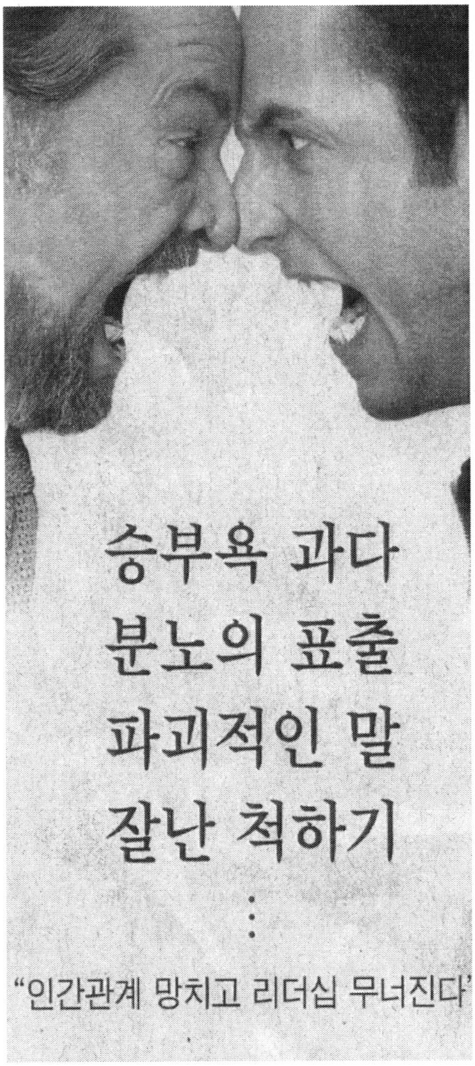

제15장

5차 강의안:

설득과 협상

부동산 취득 게임

■ 목적

이 모의실험은 당신에게 서로 다른 이해관계를 가진 각 팀들이 특정한 목표를 달성하기 위해 서로 경쟁하는 복잡한 상황에 참여할 수 있는 기회를 제공하기 위해 설계되었다. 당신은 이 모의실험을 통해 아래와 같은 것들을 경험하는 기회를 가질 수 있을 것이다. 덧붙여 당신은 복잡한 과제에 참여하고 있는 당신 팀의 구성원들의 행동을 분석하는 기회를 가질 수 있을 것이다.

- 리더십 패턴들(leadership patterns)
- 집단의사결정(group decision making)
- 긴장 상황 속에서 집단과정 처리기술(group process skills)
- 경쟁하는 팀들 간의 상호작용 패턴들(interaction patterns)

■ 절차

1단계: 먼저 게임에 관한 설명문을 읽으시오. 다섯 팀을 구성하되, 각 팀의 구성원은 가능한 동일하게 하시오. 각 팀들은 아래 제시된 조직의 구성원으로 게임에 참여하게 될 것이다.

- 동부 제조 회사(The East Manufacturing Company)
- 서부 토지 회사(The West Land Company)
- 남부 주택건설 회사(The South Home Builders Inc.)
- 북부 투자 회사(The North Investments Inc.)
- 중앙 백화점(The Center Department Store)

2단계(소요 시간: 15분): 당신 회사의 전략을 결정하시오.

3단계(소요 시간: 45분): 각 팀들은 자신들의 목표를 달성하기 위해 상호작용을 한다. 이 기간 동안에 관찰자들은 각 팀들의 활동들을 검토할 것이다.

4단계(소요 시간: 5분): 개별적으로 프로젝트를 분석하시오. 당신이 분석에 사용할 '프로젝트 평가 양식(project evaluation form)'은 제공될 것이다.

5단계(소요 시간: 10분): 당신의 팀에서 개별적으로 분석한 것을 토론하고, 그것을 면밀히 검토하시오.

6단계(종합 강평; 소요 시간: 10분): 강사가 집단 활동에 관해 강평한다.

부동산 취득 게임 설명서

청솔시에는 5개의 회사가 있다. 5개의 회사들은 몇 개의 구획(plot)으로 이루어진 토지(땅)의 일부를 가지고 있으며, 그들 중 일부 회사는 자본을 가지고 있다. 각 회사는 서로 다른 사업을 하고 있다. 이러한 사업은 아래에서 각 회사가 당면하고 있는 사업상의 문제를 설명할 때, 당신에게 설명될 것이다. 각 사람들은 5개 회사들 중의 어느 한 회사에 할당된다. 회사의 구성원들은 모두 사업에 참여하여 의사결정을 한다. 각각의 회사는 자체의 문제점을 가지고 있다. 당신은 회사가 가지고 있는 문제점을 해결해야 할 것이다.

■ 게임에 관한 몇 가지 근본적인 규칙들은 다음과 같다.

- 모든 구획의 토지는 산, 강, 습지가 없는 훌륭한 평지로 되어 있다.
- 사업을 함에 있어서 당신은 토지를 구획 단위로만 팔 수 있다.
- 만약 분쟁이 발생하면, 심판에게 분쟁해결을 의뢰하라.
- 심판은 1,000만 원권 수표를 500만 원권 수표 2개로 바꿀 수 있다. 500만 원권 수표는 당신이 사용할 수 있는 가장 작은 액수의 수표다.
- 게임은 1시간 동안 지속될 것이다. 심판이 '게임 종료'를 선언하면, 모든 거래는 종료될 것이다.

당신은 토지의 한 구획에 대해 선택을 할 수 있다. 선택은 두 회사 간의 계약이다. 예를 들면, A회사가 X3 구획의 토지를 15일부터 30일 사이에 150만 원에 B회사에게 팔기로 동의하면, B회사(구매자)는 A회사에 대금을 지불한다. 이 게임에서 모든 계약은 단지 5분 동안만 유효하다. 즉, 5분이 되기 전에는 B회사가 A회사로부터 토지 구입을 할 수 있는 유일한 적임자다. 만약에 B회사가 계약을 해지하면, A회사는 공개 시장에서 토지를 자유롭게 팔 수 있다.

한 가지 덧붙인다면, 만약에 한 회사가 다른 회사와 이야기를 나누기를 원한다면, 그들은 상대 회사로 각각 1명을 보내야 한다. 이 사람은 "나는 거래협상을 원한다."라고 말한다. 그러면 다른 회사에서 온 사람이 그에게 거래협상 장소를 말해 준다. 거래협상 장소는 의자들을 특별하게 배열한 장소다. 거래협상이 완료되면, 각 사람은 자신의 회사로 돌아간다. 새로운 거래협상들은 계속해서 진행될 것이다. 모든 토지증서의 전환과 매매에는 반드시 심판의 서명이 있어야 유효하다.

중앙 백화점

당신은 중앙 백화점 직원이다. 중앙 백화점은 자체의 토지를 가지고 있지 않다.

A1	A2	A3	A4
B1	B2	B3	B4
C1	C2	C3	C4
D1	D2	D3	D4

당신의 회사는 도시 근교에 대규모의 백화점을 신축하기 위해 B2, B3, C2, C3 구획의 토지를 원하고 있다. 당신 회사의 현재 백화점 설계는 중심에 백화점 건물이 들어서고, 건물 주변은 대형 주차장이 있는 사각형 모양의 땅에 근거해서 만들어진 것이다. 이전의 이사회에서는 공원과 산책로로 이어지는 출입문을 만들기 위해서는 모퉁이에 있는 토지를 획득해야 한다고 권고하였다. 이전의 이사회는 주요 간선도로가 접해 있는 A4 구획을 선호하였다. 당신은 근처로 고속도로가 통과한다는 소문을 들었지만, 구체적인 통과지점은 어느 곳인지 확실히 모른다. 당신의 회사가 이번 투자에 활용할 수 있는 현금은 50,000만 원이다. 통상 토지 1구획의 가격은 5,000만 원이다. 당신은 단지 토지 매입에 필요한 돈만을 가지고 있다. 다른 회사들은 돈은 적게 가지고 있지만, 흥정에 필요한 토지는 가지고 있다. 그러나 후에 그들은 자신들의 목적을 달성하기 위해서는 돈이 필요하다는 것을 알게 될 것이다.

■ 관련된 다른 회사들은 다음과 같다.
- 동부 제조 회사(The East Manufacturing Company)
- 서부 토지 회사(The West Land Company)
- 남부 주택건설 회사(The South Home Builders Inc.)
- 북부 투자 회사(The North Investments Inc.)

■ 게임 준비물: 5,000만 원권 8장, 1,000만 원권 10장, 계약서 양식

동부 제조 회사

당신은 동부 제조 회사의 직원이다. 당신의 회사는 현재 A3, B2, C1, C3 구획의 토지를 가지고 있다.

A1	A2	A3	A4
B1	B2	B3	B4
C1	C2	C3	C4
D1	D2	D3	D4

당신의 회사는 플라스틱 제품을 만드는 회사다. 현재 당신의 회사는 A3 구획에 값비싼 공장 설비가 되어 있다. 당신의 회사는 철도의 지선 시설 확보 등을 포함하여 현재의 공장을 확장하기 위해 A1, A2, A4 구획의 토지를 소유하기를 원한다. 이번 공장 확장을 위해 사용할 수 있는 현금은 8,000만 원이다. 그러나 이 만한 액수의 현금은 앞으로 공장을 건설함에 있어서 매우 유용한 자금이 될 것이다. 통상적으로 토지 1구획당 판매 가격은 5,000만 원이다.

■ 관련된 다른 회사들은 다음과 같다.
- 서부 토지 회사(The West Land Company)
- 남부 주택건설 회사(The South Home Builders Inc.)
- 북부 투자 회사(The North Investments Inc.)
- 중앙 백화점(The Center Department Store)

■ 게임 준비물: A3, B2, C1, C3 구획의 토지증서, 5,000만 원권 1장, 1,000만 원권 3장, 계약서 양식

남부 주택건설 회사

당신은 남부 주택건설 회사의 직원이다. 당신의 회사는 현재 A1, A4, B3, D2, D4 구획의 토지를 소유하고 있다.

A1	A2	A3	A4
B1	B2	B3	B4
C1	C2	C3	C4
D1	D2	D3	D4

현재 당신의 회사가 소유하고 있는 토지들은 당신의 회사가 현재 건설 중인 주택의 형태에는 부적합한 토지들이다. 따라서 당신의 회사에서는 이미 A3, A4, D1, D3 구획의 토지를 소유해야 한다고 결정하였다. 당신의 회사가 이번 투자를 위해 사용할 수 있는 현금은 8,000만 원이다. 당신의 회사는 소유하고 있는 토지를 매각함으로써 더 많은 현금을 확보하기를 원한다. 통상적으로 토지 1구획당 판매 가격은 5,000만 원이다. 그러나 당신은 아마도 더 많은 돈을 받고 토지를 팔 수 있을 것이다.

■ 관련된 다른 회사들은 다음과 같다.
- 동부 제조 회사(The East Manufacturing Company)
- 서부 토지 회사(The West Land Company)
- 북부 투자 회사(The North Investments Inc.)
- 중앙 백화점(The Center Department Store)

■ 게임 준비물: A1, A4, B3, D2, D4 구획의 토지증서, 5,000만 원권 1장, 1,000만 원권 3장, 계약서 양식

북부 투자 회사

당신은 북부 투자 회사의 직원이다. 당신의 회사는 A2, B1, C4, D1구획의 토지를 소유하고 있으며, 다른 자산들도 가지고 있다.

A1	A2	A3	A4
B1	B2	B3	B4
C1	C2	C3	C4
D1	D2	D3	D4

이사회는 이 토지 개발지역의 모퉁이 부분에 대해 통제권을 갖기를 원한다. 따라서 당신에게 A1, A4, D4 구획의 토지를 매입하도록 지시하였다. 통상적으로 이곳의 토지 1구획당 판매가격은 5,000만 원이다. 그러나 만약에 두 회사가 이 구획을 서로 구입하려고 경쟁을 한다거나, 또는 만약에 어떤 절박한 거래관계가 이 구획을 훨씬 가치 있게 만든다면 이 토지가격은 더 올라갈 것이다. 당신의 회사가 이번의 토지매입을 위해 사용할 수 있는 현금은 8,000만 원이다.

- 관련된 다른 회사들은 다음과 같다.
  - 동부 제조 회사(The East Manufacturing Company)
  - 서부 토지 회사(The West Land Company)
  - 남부 주택건설 회사(The South Home Builders Inc.)
  - 중앙 백화점(The Center Department Store)

- 게임 준비물: A2, B1, C4, D1구획의 토지증서, 5,000만 원권 1장, 1,000만 원권 3장, 계약서 양식

서부 토지 회사

당신은 서부 토지 회사의 직원이다. 당신의 회사는 B4, C2, D3 구획의 토지를 소유하고 있다.

A1	A2	A3	A4
B1	B2	B3	B4
C1	C2	C3	C4
D1	D2	D3	D4

당신의 회사는 A4, B4, C4, D4 구획의 토지를 소유하기를 원한다. 왜냐하면 이 구획들의 중앙으로 관통하는 고속도로를 건설해야 하기 때문이다. 이것은 고속도로 양쪽의 토지를 매우 가치 있게 만들 것이다. 고속도로 건설에 관한 내용은 아직 세상에 공개되어 있지 않다. 만약에 사람들이 그 사실을 알게 되면, 적정한 가격에 그 토지들을 매입하기는 매우 어려울 것이다. 통상적으로 토지 1구획당 판매가격은 5,000만 원이다. 당신은 '동부 제조 회사'가 공장 확장을 위해 현재의 공장 주변의 토지를 매입하기를 원하고 있다는 소문을 들었다. 당신의 회사가 사용할 수 있는 현금은 15,000만 원이다.

■ 관련된 다른 회사들은 다음과 같다.
 - 동부 제조 회사(The East Manufacturing Company)
 - 남부 주택건설 회사(The South Home Builders Inc.)
 - 북부 투자 회사(The North Investments Inc.)
 - 중앙 백화점(The Center Department Store)

■ 게임 준비물: B4, C2, D3 구획의 토지증서, 5,000만 원권 2장, 1,000만 원권 5장, 계약서 양식

WORKSHEET

프로젝트 평가 양식(Project Evaluation Form)

1. 당신의 회사는 목표를 달성하기 위해 회사를 어떻게 조직하였는가? 이 일을 위해 회사직원들의 선발이 있었는가? 또는 이 일을 위해 직원들이 어떤 방식으로 임명되었는가? 책임의 위임이 이루어졌는가? 회사의 의사결정들은 어떠한 방식으로 이루어졌는가?

2. 회사의 모든 사람들이 회사의 이번 사업에 참여하였는가? 모든 사람이 회사의 목표를 이해하고 있었는가? 모든 사람이 '부동산 취득 게임'의 규칙을 이해하고, 그것들을 지켰는가?

3. 비슷한 사업을 수행했던 다른 회사들과 정상적인 방식으로 토론하고 접촉했는가?

4. 회사의 의사결정들은 모든 구성원들이 관여하여 합의에 도달하였는가? 구성원들 사이에 의견의 불일치가 있었다면, 당신의 회사는 그것을 어떤 방식으로 해결했는가?

5. 당신의 회사는 훌륭한 집단절차를 따랐는가? 회사의 구성원들은 무슨 역할을 맡았는가? 회사의 구성원들은 '프로젝트의 수행 방식'뿐만 아니라 '프로젝트 수행 결과'에 대해 만족하였는가?

6. '부동산 취득 게임'에서 기타 관찰된 사항이 있으면 적으시오.

게임 준비물

1. 토지증서: 16장

(견본 양식)

토지증서	
토지의 소재지:	
원 소유주 이름:	
① 구매자:	심판의 서명:
② 구매자:	심판의 서명:
③ 구매자:	심판의 서명:
④ 구매자:	심판의 서명:
⑤ 구매자:	심판의 서명:
⑥ 구매자:	심판의 서명:
⑦ 구매자:	심판의 서명:

2. 거래계약서

(견본 양식)

거래계약서
토지의 소재지:
매매 가격:
매도인:
매수인:
※계약취소 통보:
심판의 서명

3. 돈: (500만 원권, 1,000만 원권, 5,000만 원권)

토지구매용 화폐: 13장 준비

일금 5,000만 원 (오천만원)	일금 5,000만 원 (오천만원)
일금 5,000만 원 (오천만원)	일금 5,000만 원 (오천만원)

토지구매용 화폐: 24장 준비

일금 1,000만 원 (천만원)	일금 1,000만 원 (천만원)	일금 1,000만 원 (천만원)
일금 1,000만 원 (천만원)	일금 1,000만 원 (천만원)	일금 1,000만 원 (천만원)

토지구매용 화폐: 20장 준비

일금 500만 원 (오백만원)	일금 500만 원 (오백만원)	일금 500만 원 (오백만원)	일금 500만 원 (오백만원)
일금 500만 원 (오백만원)	일금 500만 원 (오백만원)	일금 500만 원 (오백만원)	일금 500만 원 (오백만원)

■ 모의실험(Simulation) 상황 분석표

A1 ■■	A2 ■	◆ A3 ■	◆ A4 ■■■
B1	B2 ■	B3 ■	◆ B4
C1	C2 ■	C3 ■	C4 ■
◆ D1 ■	D2	D3 ■	D4 ■■

※ ◆: 점유　■: 경쟁 상황

■ 관련된 회사들 간의 경쟁관계 분석

- 중앙 백화점: B2, B3, C2, C3
- 동부 제조 회사(A3): A1, A4
- 서부 토지 회사(B4): A4, D4
- 남부 주택건설 회사(A4): A3, D1
- 북부 투자 회사(D1): A1, A4, D4

설득력 진단검사

(Persuasion Skill Inventory)

■ **지시문**: 아래 각 문항을 주의 깊게 읽고, 당신 자신을 가장 잘 설명하고 있는 척도 수준에 ○표를 하십시오.

문항 내용	전혀 그렇지 않다	좀처럼 그렇지 않다	때때로 그렇다	약간 그렇다	매우 그렇다
1. 누군가를 설득하기에 앞서 적절한 자격 요건을 갖춘다.	1	2	3	4	5
2. 설득 과정 중 과거에 사람들에게서 어떻게 신뢰를 얻었는지를 보여 주는 증거를 제공한다.	1	2	3	4	5
3. 상대가 사용하는 단어와 행동을 분석하여 그의 의사결정 스타일과 호응도를 평가한다.	1	2	3	4	5
4. 설득하는 동안, 나의 아이디어가 갖는 이점과 독특한 특성을 설명한다.	1	2	3	4	5
5. 의견을 제시하는 동안, 은유와 유추, 예화를 사용하여 요점을 강조한다.	1	2	3	4	5
6. 의견을 제시하는 동안, 주장하는 내용을 3~4개가 넘지 않도록 의식적으로 제한한다.	1	2	3	4	5
7. 매우 신빙성 높은 증거물로 주장을 뒷받침한다.	1	2	3	4	5
8. 사실과 데이터, 통계 수치를 언급할 때는 간결하면서도 기억이 용이하도록 정보를 한데 통합시킨다.	1	2	3	4	5
9. 상대방에게 피드백을 권장하여 그들의 자가 설득력을 활성화한다.	1	2	3	4	5
10. 변화적 · 선도적 · 수사적 질문을 사용하여 상대방의 자가 설득력을 높인다.	1	2	3	4	5
11 상대방의 말에 적극적으로 귀를 기울이고 그들의 말 속에 담긴 내용과 감정을 곰곰이 생각한다.	1	2	3	4	5
12. 전략을 결정짓기 위해 설득에 앞서 청중을 분석한다.	1	2	3	4	5
13. 청중에 따라 나의 설득 전략과 자료, 접근방식에 변화를 준다.	1	2	3	4	5

14. 전달하려는 메시지에 따라 매개체의 선택을 달리 한다.	1	2	3	4	5
15. 신뢰감과 신용을 구축하기 위해 타인을 의식적으로 돕는다. 이런 행동이 훗날 그들이 나를 도와주는 관계를 성립시켜 준다는 사실을 알고 있다.	1	2	3	4	5
16. 상대방에게 공식적 혹은 문서상으로 나의 아이디어를 지지한다는 약속을 얻어내도록 노력한다.	1	2	3	4	5
17. 내가 갖고 있는 직책이나 권위적 위치에서 비롯되는 권력을 의식적으로 개발한다.	1	2	3	4	5
18. 독점적인 정보를 소유하고 있을 경우, 설득하려는 대상에게 그 정보의 희소가치를 강조한다.	1	2	3	4	5
19. 무언가를 홍보할 때, 그것이 표준적인 관행이거나 대중적인 트렌드임을 강조한다.	1	2	3	4	5
20. 청중이 높이 평가하는 제품이나 인물, 조직을 나와 결부시킨다.	1	2	3	4	5
21. 설득하고자 하는 대상과 함께 공유하는 유사성을 강조한다.	1	2	3	4	5
22. 내 아이디어에 대해 상대방이 저항하는 상황에 부딪혔을 경우, 부연설명이나 질문을 이용하여 저항의 근본 원인을 파악하여 상대가 우려하는 바를 이해하고 있음을 전달한다.	1	2	3	4	5
23. 설득하려는 대상과 긍정적인 관계와 감정을 구축하고자 노력한다.	1	2	3	4	5
24. 내 아이디어에 대해 저항하는 상황이 예견되면, 나의 견해를 제시하기 전에 먼저 상대방이 주장하는 바를 얘기하고 이해를 구한다.	1	2	3	4	5
25. 설득하는 동안 긍정적이고 단정적인 표현과 윈-윈(win-win) 언어를 사용한다.	1	2	3	4	5
총 점(1-25 문항 합산)					

WORKSHEET

■ **진단검사의 해석**

- 104~125(매우 뛰어남): 당신은 설득의 기술과 체계를 분명히 이해하는 재치 넘치는 설득자다.

- 78~103(뛰어남): 여러 방면에서 매우 효율적인 설득자이지만, 몇 가지 기술을 발전시키면 좀더 효과를 얻을 수 있다.

- 51~77(그런대로 적당함): 설득의 기본을 알고 있고 그것을 사용하고 있지만 기술을 좀 더 확장함으로써 성공률을 높일 수 있다.

- 25~50(부족함): 상대방의 태도와 신념, 행동을 변화시키거나 강화하는 전반적인 설득 기술을 개선시킬 필요가 있다.

협상론: 어떻게 원하는 것을 얻는가?[1)]

■ 협상은 사람들 사이에서 이루어지는 상호작용이다. 협상은 상대를 설득하는 일련의 과정이다. 협상이 없는 삶은 존재하지 않는다. 오직 협상을 잘 하거나 못하는 상황이 있을 뿐이다.

■ 협상에서 중요한 것은 '상대방의 심리'다. 상대방의 심리를 파악하기 전에는 갈등을 해소하거나 기회를 만들어내기 어렵다.

■ 협상을 성공으로 이끈 성공 요인: 연구 결과에 따르면, 협상에서 합의에 이른 결정적인 계기는 '전문적 지식(협상 내용)'과 관계가 있는 경우는 채 10%가 되지 않았으며, 협상의 '절차적인 요소'가 영향을 미친 경우는 37%인 반면, 합의를 이끌어 내는데 '인간적 요소(호감, 신뢰 등)'가 결정적 영향을 미친 경우는 55% 이상이었다.

■ **인간의 심리에 초점을 둔 협상의 개념 정의**

① **협상은 상대방이 특별한 '행동'을 하도록 만드는 과정이다:** 힘으로 상황을 통제하고, 그 상황을 유지하는 일에는 많은 시간과 든다. 강압적 방법은 결코 좋은 선택이 아니다.

② **협상은 상대방이 특별한 '판단'을 하도록 만드는 과정이다:** 대부분 중요한 협상에는 이성적인 요소뿐만 아니라 심리적 요소가 크게 작용한다. 중요한 협상일수록 비합리적으로 이루어질 때가 많음을 명심하라.

③ **협상은 상대방이 특별한 '인식'을 하도록 만드는 과정이다:** 상대방의 인식을 바꾸는 방법을 찾아야 협상을 성공시킬 수 있다.

④ **협상은 상대방이 어떠한 '감정'을 가지도록 만드는 과정이다:** 상대방의 감정에 초점을 맞춘 협상법은 상대방의 자발적 행동을 끌어내기 위함이다. 상대방의 감정을 존중해 주면, 당연히 상대방은 당신의 이야기에 더 귀를 기울이게 되고 설득은 더 쉬워진다.

---

1) Diamond(2011). *Getting More*. 김태훈(역)(2011). 어떻게 원하는 것을 얻는가. 서울: 도서출판 세계사.

■ **협상이란 결국 사람과의 관계다.**

가장 효과적인 협상법은 '상대방에 초점을 맞추는 것'이다: 협상에서 가장 중요한 사람은 '상대방'이다. 때문에 언제나 상대방의 머릿속 그림을 그려야 한다. 협상할 때 가장 먼저 할 일은 상대방의 그날 기분과 상황을 파악하는 것이다. 협상에서 두 번째로 중요한 사람은 양측이 무시할 수 없는 '제3자'다. 이 사실을 인정하라. 그렇지 않으면 상대방을 제대로 설득할 수 없다. 마지막으로 협상에서 언제나 가장 덜 중요한 사람은 바로 '당신'임을 명심하라.

■ **협상의 12가지 핵심 전략**

1. **목표에 집중하라:** 목표는 단지 협상의 도구가 아니라 협상의 전부다. 다른 모든 것은 부차적인 것일 뿐이다. 협상에서 하는 모든 행동은 오직 목표를 달성하기 위한 전략이 되어야 한다. 누가 옳은지 따지지 말고 목표에 집중하라.
2. **상대방의 머릿속 그림을 그려라:** 상대방의 생각, 감정, 니즈를 파악하라. 협상에서 가장 효율적인 방법은 강압적 수단을 쓰지 않고, 상대방이 자발적으로 손을 내밀도록 만드는 것이다.
3. **감정에 신경을 써라:** 세상이 언제나 이성적으로 돌아가는 것이 아니다. 상대방의 감정에 공감하면서 상대방의 감정을 보살펴라. 그런 후 이성적 판단을 할 수 있도록 유도해야 한다. 즉, '감정적 지불(emotional payment)'을 하라. 공감은 상대방의 감정에 초점을 맞추어 인간적으로 이해하는 것이다. 나에게 집중하는 감정은 협상에 방해가 되며, 상대방에게 집중하는 공감은 협상에 도움이 된다. 상대방이 격한 감정에 휩싸이면 어떠한 무리한 행동도 서슴지 않게 된다. 감정적으로 변한 상대방은 더 이상 당신의 위협을 신경 쓰지 않게 된다.
4. **모든 상황은 제각기 다르다는 것을 인식하라:** 모든 협상에서 만능으로 통하는 전략이란 존재하지 않는다. 항상 개별적 협상 상황을 새롭게 분석해야 한다.
5. **점진적으로 접근하라:** 사람들은 종종 한꺼번에 너무 많은 것을 요구하기 때문에 협상에 실패한다. 성급한 말과 행동은 상대방의 마음을 멀어지게 할 뿐만 아니라, 위험 요소를 키운다. 한 번에 한 걸음씩 상대방을 목표 지점으로 끌어 들여라. 즉, 상대방의 친숙한 시점에서 시작하여 점차 나의 영역으로 유도하라.
6. **가치가 다른 대상을 교환하라:** 사람들은 서로 다른 가치 기준을 갖고 있다. 따라서 쌍방의 가치 기준을 확인하여 한쪽은 중요하게 생각하고, 다른 한쪽은 중요하게 생각하지 않는 대상을 서로 교환할 수도 있다. 교환 대상은 단순한 이해관계나 필요의 범위를 넘어선다. 이 전략은 협상에서 목표 파이를 크게 늘리고, 더 많은 기회를 만들어 낸다.

7. **상대방이 따르는 표준을 활용하라**: 상대방의 정치적 성향, 과거 발언, 의사결정 방식 등을 알면 원하는 것을 얻을 수 있다. 상대방이 그가 소중하게 여기는 표준을 일탈하거나 전례가 있음에도 이를 거부하면, 그 점을 지적하라. 이 전략은 까다로운 사람을 상대할 때 효과적이다. '표준'은 객관적인 표준이 아니라, 상대가 스스로 정한 표준이다. 표준은 의사 결정에 정당성을 부여하는 관행이나 정책 혹은 참고 사항을 말하며, 이는 선언, 약속 혹은 보증의 구체적 형태로 구체화된다.
   - 사람들이 표준을 따를 수밖에 없는 두 가지 근본적 이유: 첫째, 스스로 정한 표준을 따르는 것이 윤리적으로 옳기 때문이다. 자신이 약속을 어기고 있다는 사실을 인정하고 싶은 사람은 거의 없다. 둘째, 표준을 따르지 않으면 매우 중요한 존재인 제3자를 화나게 만들기 때문이다. 여기서 말하는 제3자란 표준의 준수를 책임지는 높은 자리에 있는 사람이다.
   - 표준을 활용할 때 가장 중요한 것이 바로 '프레이밍(framing)'이다. 프레이밍이란 상대방에게 제시하는 방법, 즉 표준을 제시하는 구체적인 방법을 뜻한다. 이 때 상대방의 마음을 움직일 수 있는 특정한 표현으로 말하는 것이 프레이밍의 핵심이다.
8. **절대 거짓말을 하지 마라**: 어떤 상황에서도 상대방을 속이려고 하면 안 된다. 상대방을 속이는 모든 행동은 불신을 조장한다. 거짓말은 언젠가 상대방이 알게 되고, 이는 장기적으로 큰 손해를 입힌다. 처음부터 끝까지 진실한 자세로 협상에 임하는 것이 중요하다.
9. **의사소통에 만전을 기하라**: 대부분의 협상 실패는 부실한 의사소통에 기인한다. 의사소통은 정보의 교환을 의미한다. 뛰어난 협상가는 뻔한 상황일지라도 이를 상대방에게 꼭 알린다. 현재 상황을 정확하게 표현하여 상대방에게 당신이 원하는 바를 알려 주는 것이 필요하다. 그리고 의사소통이 실패하는 가장 큰 원인은 바로 '인식의 차이'다. 그렇다면 인식의 차이가 생기는 원인은 무엇일까? 그것은 사람마다 관심사와 가치관과 감성이 다르기 때문이다. 우리는 종종 자신의 인식체계와 맞지 않는 정보를 무시하고, 자신의 시각과 일치하는 정보만을 선택적으로 수용한다. 따라서 인식 차이가 갖는 중요성은 아무리 강조해도 지나치지 않다. 의사소통에서 상대방의 말을 먼저 듣고 질문한다는 것은 상대방을 존중한다는 뜻이다. 협상에서는 당신의 말보다 상대방의 말이 더 중요하다는 사실을 절대 잊지 말라. 당신이 전달한 의미보다 상대방이 받아들인 의미가 더 중요하다!
10. **숨겨진 걸림돌을 찾아라**: 협상에 앞서 목표 달성을 막는 걸림돌이 무엇인지를 파악하는 것이 중요하다. 진짜 문제를 찾으려면 상대방이 왜 그렇게 행동하는지를 먼저 알아야 한다. 이때 중요한 것은 무조건 '상대방의 입장'에서 생각해야 한다는 점이다.

11. **차이를 인정하라:** 대부분의 사람들은 상대방과 나의 차이를 부정적으로 보고 심리적으로 불편해한다. 그러나 서로 다르다는 사실이 실제로 협상에서는 더 유리하게 작용할 수 있다. 서로 다르다는 것은 협상의 옵션을 더 많이 제공한다. 차이에 대한 질문을 두려워하지 마라. 뛰어난 협상가는 차이를 사랑한다.
12. **협상에 필요한 모든 목록을 만들어라:** 모든 협상 전략과 도구를 정리한 목록을 만들어라. 이 목록에서 구체적인 상황에 맞는 것을 골라야 한다. 협상 도구는 전략을 실행하는 구체적인 행동을 말한다. 철저한 준비 없이 협상을 성공적으로 이끌 수 없다.

■ 원하는 것을 얻는 협상 모델

<table>
<tr><th>1분면: 문제 파악과 목표 수립</th><th>2분면: 상황 분석</th></tr>
<tr><td>1. 목표 수립: 단기, 장기 목표를 수립
2. 문제 파악: 목표 달성의 걸림돌이 무엇인지 파악
3. 관계자 구분: 상대방, 의사결정자, 제3자 목록 작성
4. 최악의 시나리오 예상: 협상 결렬시 예상되는 상황을 생각
5. 준비: 상대방에 대한 모든 정보 수집</td><td>6. 니즈와 관심 파악: 양측의 니즈와 관심
7. 상대에 대한 인식: 양측의 머릿속 그림은 무엇인가?
8. 의사소통 방식 파악: 의사소통 스타일과 관계는 어떠한가?
9. 표준에 대한 인식: 상대방이 지키는 표준은 무엇인가?
10. 목표 재검토: 상황 판단에 따른 목표 조정이 필요한가?</td></tr>
<tr><th>3분면: 옵션 선택과 리스크 대처</th><th>4분면: 행동</th></tr>
<tr><td>11. 브레인스토밍: 목표 달성을 위한 옵션은 무엇인가?
12. 점진적 접근방법 설정: 위험을 줄이는 중간 단계를 설정하라.
13. 제3자의 존재 파악: 공동의 적이나 영향을 끼치는 존재가 있는가?
14. 프레이밍 확립: 비전을 만들고 창의적으로 질문하라.
15. 대안 마련: 협상을 진전시키기 위한 다른 옵션을 찾아라.</td><td>16. 최선의 방법과 우선순위 결정: 협상에 결정적 요인과 포기해야 할 것들을 파악하라.
17. 협상 방식 숙고: 누구에게, 어떻게 이야기할 것인가?
18. 절차 인지: 의제, 시한, 시간 관리에 소홀하지 마라
19. 계약 사항과 인센티브 확인: 상대방에게 직접 확인하라
20. 후속 진행: 누가, 무엇을 진행할 것인가?</td></tr>
</table>

■ 상대방의 '인격을 신뢰하고, 감정을 존중해 주고, 욕구를 이해한다면', 안 되는 것은 없다.

설득과 협상[2)]

(Persuasion & Negotiation)

■ **'이해관계에 기초한 협상'은 협상가들이 상대방의 관심을 이해하고, 그 관심을 충족시키는 합의에 도달하기 위해 함께 노력해야 최고의 결과를 얻는다는 의미이다. 설득과 협상의 성패를 좌우하는 감정: 어떻게 움직일 것인가?**

■ **상대방의 긍정적 감정을 끌어내라.**

- 감정(emotion)이란 느껴 본 경험(felt experience)이다. 우리는 감정을 느끼지, 생각하는 것은 아니다.
- 감정은 긍정적일 수도 있고 부정적일 수도 있다. 긍정적 감정은 감정적 유대감이 생길 가능성을 높게 하는 반면, 부정적 감정은 감정적 유대감이 생길 가능성을 낮게 한다.
- 일반적인 협상전략에서 긍정적 감정은 부정적 감정보다 유대감과 협의를 이끌어 내는 데 훨씬 더 효과적이다. 그러나 전술적으로 보면 분노처럼 아주 부정적 감정도 두 사람 사이를 가로막는 벽을 허물고 의기투합하게 만들 수 있다.
- **부정적 감정은 왜 문제를 일으킬까?**: 첫째, 부정적 감정은 중요한 문제로부터 다른 곳으로 관심을 돌려놓으며, 둘째, 부정적 감정은 관계를 악화시키며, 셋째, 부정적 감정은 당신을 부당하게 이용당하게 만든다.
- **감정은 위대한 자산이다**: 감정은 종종 협상에 방해물로 작용하지만, 반대로 위대한 자산이 될 수 있다. 감정은 관심을 충족시켜 주는 창조적 방법을 찾기 위해서건 불안한 인간관계를 개선하기 위해서건 협상 목적을 성취하는 데 유용하다. 첫째, 긍정적 감정은 실질적 관심을 충족시켜 주며, 둘째, 긍정적 감정은 상호관계를 강화해 준다. 그리고 셋째, 긍정적 감정은 이용당할지 모른다는 두려움을 줄여 준다.
- **감정을 어떻게 다뤄야 할까?**: 우리는 감정이 협상에 해를 끼칠 수도 있고, 반대로 도움을 줄 수도 있다는 것을 잘 알면서도 정작 감정을 어떻게 다뤄야 할지는 잘 모른다. 협상에 참여할 때는 감정을 갖지 말거나, 감정을 무시하거나 아니면 감정을 확실

2) Shapiro & Fisher(2005). *Beyond Reason: Using Emotion as You Negotiate*. 이진원(역)(2013). 원하는 것이 있다면 감정을 흔들어라. 서울: 한국경제신문.

히 통제하라는 충고를 받는다. 그러나 정작 협상에 임하면 이러한 충고는 아무 도움이 못 된다. 첫째, 감정을 갖지 말라? 이는 불가능한 일이다. 대부분의 경우 협상에서 감정을 억제할 수 있다고 해서 정말로 감정을 억제하는 것은 바보 같은 짓이다. 둘째, 감정을 무시한다? 그래서는 안 된다. 감정을 무시하고 싶어도 감정이 당신을 무시하지 않는다. 감정을 억제하면 스트레스가 증가하여 집중력이 감퇴한다. 감정은 생각과 행동에 영향을 준다. 셋째, 감정을 직접 통제하라? 복잡한 일이다. 감정은 협상에 중요한 영향을 미친다. 감정을 잘 다루건 못 다루건 상관없이 감정은 협상에 중요한 영향을 미친다.

■ **감정을 움직이는 핵심관심에 집중하라.**

- 핵심관심은 당신과 상대의 '관계'에 주로 관련된 것으로 모든 사람들에게 중요한 인간의 욕구다. 5가지 핵심관심(인정, 친밀감, 자율성, 지위, 역할)은 협상 과정에서 생기는 많은 감정을 자극한다.

인정	• 당신의 의견을 상대가 이해하고, 새겨듣고, 존중하는가? • 당신은 상대를 인정하고 있는가?
친밀감	• 당신은 동료로서 대접받고 있는가? 아니면 적처럼 대접받고 있는가? • 당신은 상대를 동료로 인정하고 있는가?
자율성	• 당신은 의사결정에서 자율성을 존중받고 있는가? • 당신은 의사결정에서 상대방의 자율성을 존중하고 있는가?
지위	• 당신의 사회적 지위가 존중받고 있는가? • 당신은 상대방의 사회적 지위를 존중하고 있는가?
역할	• 당신은 정해진 역할 내에서의 행동에 만족하고 있는가? • 당신은 성취감을 주면서 유용하다고 생각되는 역할을 맡고 있는가? • 상대방의 충고나 권유를 구하면서 그들의 역할을 확장하고 있는가?

■ 협상 준비에 필요한 7가지 기본 요소

관계	• 협상 당사자들 사이의 기존 관계(적대적/우호적)는 무엇인가? • 협상 당사자들 사이의 관계가 어떻게 되기를 바라는가? • 더 나은 관계를 정립하기 위해 어떤 조치를 취할 수 있는가? • 친구들끼리 쓰는 언어를 사용해야 하는가? • 합의를 이끌어 내고, 우호적인 대답을 유도하려면 어떻게 해야 하는가?
의사소통	• 상대의 말을 잘 경청하고 있는가? • 무엇을 위해 경청해야 하는가? • 전달하고자 하는 요점은 무엇인가?
관심	• 중요도 순서에서 가장 관심이 가는 것은 무엇인가? • 관심 중 어떤 것들이 서로 어울릴 수 있는가? • 관심 중 어떤 것들이 서로 갈등을 일으킬 수 있는가?
대안	• 협상에 참여한 양측은 어떤 합의점을 수용할 수 있는가?
합법성	• 양쪽에 어떤 선례나 합리적 기준이 적용될 수 있는가?
합의에 대한 최선의 대안	• 상대방과 합의에 이르지 못할 때 어떻게 해야 하는가? • 협상이 결렬된 채 상대가 물러나면 어떤 좋은 대안이 있는가?
결심	• 상대가 내린 중요한 결심 중에서 우리도 시도할 수 있는 것은 무엇인가? • 합의에 도달하기 위해 필요하다면 어떤 결심을 준비해야 하는가?

■ 상대방의 감정을 어떻게 움직일 것인가?

1. 상대를 인정하라.

- 누구나 인정받고 싶어 한다: 인정(recognition)은 핵심 관심 중 하나다. 모든 사람은 나를 이해하고, 내 가치를 존중해 주고, 내 말을 들어주기 바란다. 사람들은 상대가 나를 인정하고 있다는 느낌을 받으면, 적대적 행동을 삼가면서 더욱 협력하려 노력한다. 인정의 효과는 단순하고도 즉각적이다. 정직하게 인정해 주는 것이 상대의 많은 핵심 관심들을 충족시켜 주는 최고의 방법이다.
- 대부분의 협상에서 인정받는다는 느낌을 방해하는 3가지 중요한 장애물: 상대의 견해를 이해하지 못함, 상대의 견해에 동의하지 않으면서 비난만 함, 상대의 생각, 느낌, 행동의 장점을 인정하지 않는 것
- 상대의 입장에서 생각하라: 상대를 인정하기 위해서는 역지사지의 자세가 요구된다. 즉, 상대의 입장에서 사물이 어떻게 보이고 느껴지는지를 생각하라.
- 상대의 장점을 찾아라: 상대가 생각하거나 느끼거나 행동하는 것에서 가치를 찾아야

한다. 의견이 충돌하면 상대의 견해에서 장점을 찾아라. 어떤 이슈에 대한 상대의 견해에 동의하지 않더라도 상대가 그런 견해를 갖게 된 이유는 인정해 줄 수 있다. 상대의 견해에 강력히 반대할 때는 '중재자'처럼 행동하라. 중재자는 논쟁 당사자들의 의견을 이해하고 그 안에서 가치를 찾기 위해 노력하는 사람이다. 중재자는 어떤 쪽이 옳다거나 틀리다는 판단을 내리는 것을 자제하고, 각자의 견해에서 장점을 찾으려고 노력한다.

- 이해하고 있다는 것을 알려라: 상대의 견해를 이해하고 그 속에서 장점을 찾아냈다면 그러한 사실을 알려라. 이때 적절하게 말하는 것이 중요하다. 즉, 요점이 분명하고, 분위기에 어울리고, 특히 아주 솔직해야 한다.
- 인정이 양보는 아니다: 상대의 견해를 인정해 주면 그의 견해를 그대로 받아들이겠다는 인상을 줄까 봐 걱정하는 사람이 많다. 상대의 견해를 인정해 준다고 해서 당신이 결정을 내릴 자율성을 포기하는 것은 아니다. 당신이 이해하고 있다는 것을 상대에게 알려 주는 것과 "나는 당신의 주장에 동의합니다." 또는 "나는 당신의 제안에 따르겠습니다."라고 말하는 것은 완전히 별개의 문제다.
- 당신이 상대방의 견해에 동의하지 못할 수도 있다. 그래도 좋다. 다만 상대의 견해를 이해하고, 그 견해에서 찾아낼 수 있는 장점을 인정하는 자세가 필요하다. 인정이 중요한 이유는, 우리는 스스로의 존재와 업적을 바탕으로 상대로부터 인정받을 때 감정적으로 큰 보상을 느끼기 때문이다.

2. 친밀감을 강화하라.

- 협상에서는 상대방이 '적'이라는 가정은 협상을 주도하는 지배적 사고다. 그리고 보통 이러한 고정관념 때문에 협상이 원만히 진행되지 않는다.
- 협상은 이해관계의 이견을 함께 노력하여 해결하는 과정이다. 함께 노력하려면 친밀감이 필요하다. 친밀감을 높이면 협력이 더욱 쉬워지고 생산성도 높아지기 때문이다.
- 친밀감(affiliation)은 상대나 상대 집단과의 연결성을 나타낸다. 친밀감은 나와 상대 사이에 '심리적 거리'가 가깝다는 의미이며, '정직한 관계'를 의미한다.
- 친밀감에는 2가지 특성이 있다. 즉, '구조적 관계'에 기초한 친밀감과 '개인적 관계'에 기초한 친밀감이다. '구조적 관계'는 다른 사람과 한 집단에 속하고 있다는 사실에 기초해 당신이 느끼는 연결고리다. 우리는 다른 사람과 공통으로 지닌 연결고리를 찾거나 새로운 연결고리를 만들어 구조적 관계를 강화한다(예: 비공식 장소에서의 만남, 가능한 옆에 앉기, 공통점 강조 등). 한편 '개인적 관계'는 다른 사람과 나를 하나로 묶어 주는 개인적 결속이다. 사적 문제에 대해 이야기함으로써 당신과 상대 사이의

거리를 좁힐 수 있다. 이때 상대방에게 많은 공간을 제공하라.

3. 결정을 내릴 자율성을 존중하라.

- 우리는 누구나 적절한 자율성을 갖고 싶어 한다. 누군가가 자율성을 침해하면 그것이 의도적이건 아니건 부정적 감정과 함께 반발심을 느낀다. 반면에 자율성이 존중될 때 참여의식이 높아진다. 그러므로 협상하면서 다음과 같은 조치를 취하라.
- 자율성을 확대하라: 당신이 어떤 자율성을 갖고 있건 결정을 내리기 전에 권유하거나 새로운 방안을 제안할 수 있다(예: 저에게 어떤 조언을 해줄 수 있습니까?). 머리를 맞대고 브레인스토밍을 하면 상호 이익이 되는 방안을 찾아내는 데 실질적인 도움이 된다.
- 상대방의 자율성을 침범하지 말라: 결정을 내리기 전에 동료 혹은 이해 당사자와 상의하라. 의사결정의 자율성을 명확히 하기 위해 혼자 결정을 내려야 하는지, 상의해야 하는지, 아니면 협상해야 하는지를 협의하라. 상대방의 자율성을 존중함으로써 상대뿐만 아니라 나 자신에게도 긍정적인 감정을 안겨 준다.
- 결정하기 전에 상대방과 상의하라: 결정을 내리기 전에 상대방과 상의하면 3가지 이점이 있다. 첫째, 상대가 의사결정 과정에 참여하고 있다고 느낀다. 둘째, 상대와 상의하면 무엇인가를 배울 수 있다. 셋째, 그러면서도 여전히 상대 의견에 거부권을 행사할 수 있다. 상대와 상의한다고 해서 그에게 결정권을 주는 것은 아니다. 결정과 관련된 정보를 주는 것뿐이다.
- 그러나 지나친 자율성은 금물이다. 자율성이 많다고 항상 좋은 것은 아니다(예: 양식당의 음식 주문).

4. 지위를 두고 경쟁하지 마라.

- 모든 사람은 자신이 특별한 사람인 것처럼 느끼고 싶어 한다. 누구도 무시당하는 것을 좋아하지 않는다. 사회적 지위는 일반적으로 당신이 중요한 사람이거나 유명한 사람으로 간주되는 정도를 나타낸다. 지위는 존경심과 영향력을 높인다. 지위를 두고 경쟁하면 부정적 감정을 유발한다. 모두가 한 가지씩 높은 지위를 갖고 있다는 점에서 굳이 지위를 놓고 다른 사람과 경쟁할 필요는 없다. 상대의 높은 지위를 인정하고, 자신의 전문지식과 성취 영역에 자부심을 느껴라.
- 자문을 구하는 것은 자신의 지위를 낮추지 않고 상대의 지위를 인정하는 효과적 방법이다.
- 모든 구성원의 특정 지위를 인정하라: 의사와 간호사는 지위를 놓고 경쟁하는 상하

관계가 아니라, 환자의 치료를 돕는 협력자다. 의사는 간호사의 역할을 보조적 역할로 여기지 말고 '특별한 영역'에서 지위를 갖고 있다는 사실을 인정해야 한다(예: 교수와 행정직원의 관계).

5. 성취감을 주는 역할을 맡아라.

- 우리는 모두 개인적으로 성취감을 주는 역할을 맡기를 원한다. 누구든 가짜 역할이나 적성에 맞지 않는 역할을 하면서 시간을 낭비하고 싶지는 않다. 협상에서 성취감을 주는 역할을 못 맡으면 분노가 치밀고 좌절감을 느낀다. 성취감을 얻지 못하는 역할을 맡으면 자신이 하찮게 느껴지면서 참여욕구를 상실한다.
- 협상에서 당신은 항상 해야 할 일이 있다. 그 일을 어떻게 하느냐는 전적으로 당신의 몫이다. 역할은 '남의 문제'가 아니다. 관행적 역할 내에서 맡은 활동을 자유롭게 확대해도 된다. 스스로 역할을 규정하고, 자신의 역할을 재정립하기 위해서는 노력이 필요하다.
- 우리는 항상 어떤 식으로건 역할을 맡는다. 성취감을 주는 역할을 맡기 위해서는 3가지 핵심적 특성을 이해해야 한다. 역할에는 명확한 '목표'가 있다. 명확한 목표는 당신의 행동에 중요한 틀을 마련해 준다. 또한 모든 역할에는 '개인적으로 의미'가 있음을 인식해야 한다. 그리고 역할은 '가식적'이지 않다. 역할을 맡으면 가식적으로 행동해서는 안 되고, 진지하고 충실하게 역할을 수행해야 성취감을 느낄 수 있다.

모의실험(Simulation): 팔씨름 게임

■ 진행 절차

① 두 명씩 짝을 지어 서로 마주보고 앉아 오른쪽 팔을 책상에 올려놓게 한다.

② 오른손으로 '파트너'의 오른손을 꼭 잡고 놓지 말라고 한다.

③ 파트너의 오른쪽 손등을 책상에 닿게 할 때마다 1점을 획득한다.

④ 파트너가 얼마나 많은 점수를 획득하는지에 대해 완전히 무시하고, 오직 자신이 얼마나 많은 점수를 획득할 것인가에 집중하라고 말한다.

⑤ 눈을 감게 한 뒤, 2분 동안 팔씨름 게임을 진행한다.

■ 강평

이 모의실험은 목적은 '협상의 기본 개념'을 이해하는 데 있다.

① '상대'라는 단어를 사용하지 않고, '파트너'라는 단어를 사용했고, 파트너가 얼마나 많은 점수를 획득하는지에 대해 완전히 무시하라고 했음에도 불구하고 모든 참가자들은 이 말을 즉시 잊는다.

② 팔씨름의 상대를 '적'으로 여긴 것이다. 상대가 적이라는 고정관념이 사고에 깊이 박혀 있었기 때문에 많은 점수를 딸 수 없었던 것이다.

③ 협상 상대가 적이라는 가정은 협상을 주도하는 지배적인 사고다. 그리고 보통 이러한 고정관념 때문에 협상이 원만히 진행되지 않는다.

사람의 마음을 사로잡는 6가지 불변의 법칙[3)]

1. **상호성의 법칙**: 주고받기의 심리에 기초하고 있는 상호성의 법칙
    - 상대방을 빚진 상태로 만들어라.
    - 원치 않는 호의에도 빚진 감정은 생겨난다.
    - 되로 주고 말로 받는다.
    - 상호성을 이용한 일 보 후퇴 이 보 전진 전략(먼저 무리하게 요구하라).

2. **일관성의 법칙**: 심리적 일치성에 대한 압력을 이용하는 일관성의 법칙
    - 한번 선택한 것은 버리기 아깝다.
    - 약속은 약속을 낳는다.
    - 작은 약속에서 시작하는 문전 걸치기 기법
    - 자발적 개입을 증명할 기록을 남긴다.
    - 공식적인 약속은 생명력이 길다.
    - 일관성의 근거를 만드는 미끼 기법

3. **사회적 증거의 법칙**: 다수의 영향력에 의존하는 사회적 증거의 법칙
    - 다른 사람의 행동에 의해서 더 쉽게 설득된다(코미디 프로그램의 가짜 웃음 활용).
    - '다수의 무지'가 불러온 길거리 살인사건(구경꾼은 결코 도와주지 않는다)
    - 유사성의 영향력

4. **호감의 법칙**: 유사성 등의 조건에서 유발되는 호감의 법칙
    - 친구의 부탁은 거절하기 힘들다.
    - 신체적 매력에 끌린다.
    - 사소한 공통점에도 호감을 갖는다.
    - 칭찬해 주는 사람을 좋아한다.
    - 접촉이론(익숙해지면 좋아진다)

---

3) Cialdini(2001). *Influence: Science and Practice*(4th ed.). 이현우(역). **설득의 심리학: 사람의 마음을 사로잡는 6가지 불변의 원칙**. 서울: 21세기 북스.

- 상호 협력은 호감을 크게 만든다.
- 착한 경찰과 나쁜 경찰

5. **권위의 법칙**: 맹목적인 복종에 기초한 권위의 법칙
   - 아브라함은 왜 아들을 죽이려 했는가?
   - 직함은 권위를 대변해 준다.
   - 옷차림에 따라 대우가 달라진다.

6. **희귀성의 법칙**: 소수의 가치를 바탕으로 한 희귀성의 법칙
   - 희귀성이 경쟁심리를 부추킨다.
   - 한정판매(얼마 없습니다)
   - 시간제한(이제 곧 끝납니다)

■ 우리는 설득 상황에서 상호성, 일관성, 사회적 증거, 호감, 권위 그리고 희귀성의 요소들을 발견하게 되면 아무런 생각 없이 자동적으로 상대방의 요청을 수락하는 경향이 있다. 왜냐하면 그러한 요소들은 대부분의 경우에 우리를 옳은 의사결정의 방향으로 인도하기 때문이다. 그러나 때로는 이것이 바로 함정으로 작용할 수 있음을 항상 명심해야 한다.

설득이란 무엇인가?

■ **설득의 개념**

설득은 말로 상대방의 마음을 움직이는 것이다. 설득은 논쟁(argue)이 아니다. 설득이란 어떻게든 내 뜻대로 상대방을 끌고 오는 것이라고 생각하는 사람이 있는데 그것은 착각이다. 설득은 상대방을 속이는 게 아니라 상호 간의 의사소통이라는 사실을 명심하자. 진심만을 전하는 게 설득이 아니다. 진정한 설득은 진심을 효과적으로 전달하는 것이다.

■ **설득의 종류와 역량**

- 객관성과 논리성이 필요한 지식 설득
- 공감과 신뢰성이 필요한 감성 설득
- 확신을 가지고 의지를 표현하는 행동 설득

■ **설득의 기술**

- 도식적인 강요를 피하라.
- 자신의 요구가 합당한 이유를 명확하고 충분히 설명하라.
- 공감대를 형성하라.
- 현실적인 문제를 정확하게 지적하라(정곡을 찔러라).
- 정확한 상황 판단을 유도하라.
- 의외의 변수에 대비하라.
- 질문의 빈도와 말의 양을 적절히 조절하라(7 : 3의 법칙을 지켜라).
- 상대방의 의견을 경청하라.
- 자신의 의견을 정확하게 전달하라.
- 상대방의 허점을 간파하고 지적하라.
- 극단적인 사례는 피하라.
- 구체적인 대안과 데이터를 제시하라.
- 감성적인 설득은 감정적인 발언으로 비화될 수 있다.
- 상대방의 가치관은 건드리지 말라.

■ 설득 노하우

'설득이 될까?'가 아니라 '설득이 된다.'는 긍정적 마인드를 가져라. 우선 자기 자신부터 설득시켜라.	'될까?' 하는 자세는 스스로 자신감에 의문을 가지고 있다는 것이다. 상대방을 설득하기 전에 자기 자신부터 설득해야 한다. 상대방을 설득할 때는 '반드시 설득할 수 있다.'는 자신감을 가져야 한다. '설마'나 '혹시'라는 부정적인 마인드로는 상대방을 절대로 설득할 수 없다. 스스로 납득이 가지 않는 사항을 가지고 상대방을 설득할 수는 없다.
공통된 이익을 찾아라.	설득의 목적은 나뿐만 아니라 상대방과 함께 이익을 추구하는 것이어야 한다. 따라서 상대방과 나의 공통된 이익을 찾는 것이 대화를 긍정적으로 이끌어가는 비결이다.
권위는 신중하게 활용하라.	권위를 동원할 때에는 그만큼의 근거가 갖추어져 있어야 한다. 권위를 잘못 동원하면 값싼 이미지를 줄 수 있다.
근거와 데이터를 제시하라.	상대방을 설득할 때에는 객관적 근거와 데이터가 갖추어져 있어야 한다. 내 생각이 아무리 옳다고 해도 다양한 관점에서 바라본 객관적 데이터보다 나을 수는 없다.
내가 줄 것을 먼저 생각하라.	상대방의 마음의 문을 열려면, 진심으로 내가 무엇을 줄 수 있는지를 먼저 생각해야 한다.
무작정 자신을 버리거나 낮추는 것은 설득이 아니다.	설득은 애원이나 구걸이 아니다. 나 자신을 낮추는 것이 아니라 상대방을 높일 수 있도록 노력하는 것이 바람직한 설득의 기술이다.
물은 100도가 되어야 끓는다.	물이 100°가 되려면 0°에서 99°까지의 과정을 거쳐야 한다. 한번에 100°로 올라가는 경우는 없다. 반복적인 시도를 통해서 성공을 거둘 수 있다.
바람이 불지 않으면 내가 뛰어야 바람개비가 돈다.	바람이 불지 않아 바람개비가 돌지 않는다고 버려서는 안 된다. 바람이 없으면, 만들면 된다. 즉, 내가 뛰면 바람은 만들어지고 바람개비는 힘차게 돌아간다.
상대방을 깎아내려서 얻는 이득은 없다.	상대방의 약점이나 단점을 들추어내는 것은 아무리 듣기 좋은 말로 끝을 낸다고 해도 돌아오는 이득은 없다. 상대방은 긍정적인 말보다 부정적인 말에 더 민감하다는 사실을 기억하자.
상대방이 마음을 여는 순간은 반드시 찾아온다.	진심으로 다가가는 사람에게 마음의 문을 걸어 잠그는 상대는 없다. 내가 진심이라면 상대방은 반드시 마음을 열게 되어 있다. 그 때까지 시간이 걸릴 뿐이다. 따라서 포기하지 말고 기다릴 줄 아는 자세가 필요하다.
나의 말을 줄여라.	7:3의 법칙과 마찬가지로 나의 말은 중요하지 않다. 설득의 기본은 상대방이 어떤 생각을 가지고 있는지를 파악하는 것이다.

상대방이 원하는 것을 파악하라.	상대방이 원하는 것, 필요로 하는 것이 무엇인지 파악할 수 있어야 설득의 초점을 맞출 수 있다.
설득의 타이밍을 중시하라.	상대방의 기분이 가라앉은 상황에서 그를 설득하려 한다면 어떻게 될까? 설득에도 적절한 타이밍이 중요하다.
양비론은 금물이다. 공과를 확실하게 하라.	양비론은 본질적으로 양쪽의 어느 의견에도 동의하지 않는 부정적이고 비판적인 의견 개진 방법이다. 상대방에 대한 부정 또는 비판은 위험이 매우 크다는 사실을 알아야 한다. 설득을 할 때에는 공과를 분명하게 가려야 책임감과 자신감을 동시에 전달할 수 있다. 공과를 소홀히 하면 상대방에게는 불만이 남는다.
자신의 장점을 설득의 무기로 활용하라.	설득은 인간과 인간의 대면이다. 따라서 자신의 장점을 최대한 살려 접근하는 것도 설득 기술의 한 방법이다.
작은 눈가루가 굴러 거대한 눈사람이 된다.	처음부터 거대한 눈사람을 만들 수는 없다. 작은 예스(yes)가 반복되면서 큰 예스를 부른다. 첫 술에 배 부르려 하지 말고 노력을 통하여 만복감을 느낄 수 있도록 여유를 가져야 한다.
경쟁자의 존재를 쉽게 인정해 주지 말라.	경쟁자를 험담하는 것도 바람직하지 않지만, 함부로 인정하는 것 또한 좋은 결과를 낳지 않는다. 예의상이라도 경쟁자는 쉽게 인정해주면 안 된다.
한국형 설득을 활용하라.	한국 사람들은 인간적인 면을 매우 중시한다. 술자리나 식사자리 등을 이용하여 인간적인 분위기를 만들어라. 특히 감정과 관련된 문제라면, 자연스럽게 식사라도 하면서 서로에 대해 좀 더 친근감을 느낄 수 있는 분위기를 조성한 후에 대화를 나누는 것이 긍정적인 결과를 낳을 가능성이 높다.

■ 설득 경청의 7:3의 법칙

- 상대방을 설득하려는 사람은 우선 말의 양에서 7:3의 법칙을 지켜라. 즉, 상대방이 70%의 대화의 점유권을 가지도록 하라.
- 설득을 하는 사람은 어떤 문제를 먼저 주장하거나 제시하여 논쟁(argue)으로 비화되는 것을 막아라(stop).
- 설득을 하는 사람은 대화의 대부분을 질문하는 데에 할애하라(question). 질문은 상대방의 생각과 마음을 여는 열쇠라는 사실을 기억하자.
- 위의 세 가지를 유지하면서 말을 하는 것보다 경청하는 자세를 갖춰라(listen).

■ 설득의 위험 요소(논쟁 → 반박 → 진압)

설득은 상대방의 마음을 열게 하는 것이 관건이다. 상대방의 마음을 열게 하려면, 상대방이 놓여 있는 상황과 입장을 충분히 이해해야 한다. 즉, 주어진 상황을 다양한 관점에서 바라볼 수 있어야 한다.

그런데 주관적인 관점, 하나의 관점만으로 상황을 바라본다면 설득하는 사람의 일방적인 주장이 될 수 있고, 이것은 결국 논쟁으로 비화된다. 설득 상황이 논쟁으로 비화되면 상대방은 당연히 반박하게 되고, 이쪽에서는 '설득'이라는 본래의 목적을 잃고 그 반박을 진화하는 데에 더 집착하게 된다. 그것이 또 다른 논쟁을 낳는다. 논쟁은 악순환의 반복을 부를 뿐이라는 사실을 명심하자.

■ 설득의 프로세스

설득은 말로 상대방의 마음을 움직이는 것이다.

① 귀를 기울인다.

자신의 말에 상대방이 귀를 기울이는 단계다. 일단 기울이고 들으려는 자세가 갖추어져 있지 않으면 더 이상의 설득 진전은 기대하기 어렵다.

② 이해한다.

자신의 말이 어떤 의미인지 상대방이 머리로 이해하고 수긍하는 단계다. 이 단계에서는 마음은 열리지 않고, 그저 논리적으로 합당한 것인가에만 초점이 맞추어져 있기 때문에 단순한 이해일 뿐 동조나 공감을 하는 것은 아니다.

③ 납득한다.

자신의 말에 상대방이 수긍을 하고 판단을 내리는 단계로 이쪽에서 어떤 요구나 제시를 했을 때, 받아들일만한 가치가 있는지 판단한다.

④ 결정한다.

상대방의 말을 충분히 이해하고 납득한 후, 그 말을 받아들일 것인지, 아니면 무시할 것인지 의사를 결정하는 단계다.

⑤ 실행한다.

실제로 태도를 결정하고 행동으로 옮기는 단계로 설득의 결과에 해당한다. 아무리 이쪽의 말을 이해하고 납득했다고 해도, 또는 한 단계 더 나아가 결정을 내렸다고 해도 이런저런 이유를 들어 그 결정을 실행하지 않는다면 결국 설득은 실패라는 결과를 낳는다.

■ **설득의 테크닉**

① **상대방을 칭찬하라:** 칭찬은 고래도 춤추게 한다는 말이 있듯이 칭찬을 듣고 기분이 나쁜 사람은 없다. 따라서 틈이 있을 때마다 끊임없이 칭찬을 하여 상대방이 심리적인 만족을 느낄 수 있도록 만들면 설득이 쉽다.

② **설명은 짧고 명확하게 하라:** 오랜 시간 동안 한 가지 장점을 놓고 설명을 한다면 상대방은 그 자체만으로도 지루해서 대화를 중단하려 할 것이다. 목적과 관련이 있는 설명은 짧고 명확하게 해야 상대방도 알아듣기 쉽고 맑은 정신으로 임하게 된다.

③ **유머를 활용하라:** 아무리 중요한 설득이라고 해도 분위기가 너무 딱딱하면 그 중압감 때문에 신경이 지치게 된다. 따라서 적당한 유머를 섞어 분위기를 풀어 주는 것으로 상대방의 심리에 더 가까이 다가갈 수 있다. 단, 가볍게 보일 수 있는 하지 않도록 주의해야 한다.

④ **비슷한 의견이 대립되면 상대방의 의견을 따르라:** 서로의 의견에 큰 차이는 없는데 대립되는 상황이 발생한다면, 상대방의 의견을 칭찬해 주고 그것을 채택하라. 작은 양보는 큰 양보를 얻어 낼 수 있다. 중요한 것은 본래의 목적을 달성하는 것이다. 사소한 것에 목숨을 걸지 말라.

⑤ **결론은 상대방이 내리도록 유도하라:** 어떤 경우에도 결론을 내리는 사람은 그 상황에서의 최고 결정권자다. 즉, 상대방에게 그 기분을 맛보게 하라는 것이다. 상대방이 결론을 내리게 되면 추후에 발생하는 책임소재도 분명 상대방에게 있기 때문에 이쪽에서는 문제될 것이 없다는 이점도 있다. 따라서 가능하면 상대방이 결론을 내리도록 유도하라.

⑥ **내용에 어울리는 좋은 인상을 주어라:** 좋은 인상을 주는 것은 인간관계에서 기본이다. 설득 내용에 어울리는 좋은 인상을 준다는 것은 자신이 다루는 문제를 확실히 이해하고 있다는 의미이기도 하다.

⑦ **명예를 버리고 실리를 취하라:** 설득은 상대방의 마음의 문을 여는 것이지 자신의 명예를 자랑하는 것이 아니다. 설득의 과정에서 명예와 자존심을 내세우는 것은 어린아이 같은 치졸한 행동일 뿐 아무런 가치도 없다. 설득을 한다는 것 자체가 상대방에게 요구를 하는 것이기 때문에 명예를 앞세운다는 것은 전혀 어울리지 않는 태도다. 설득은 실리를 취할 수 있어야 성공이다.

⑧ **복잡한 문제는 단계적으로 설득하라:** 쉽게 결론을 내리기 어려운 문제를 한 번에 끝내려 하면 상대방은 부담을 느껴 그 문제 자체를 회피하게 된다. 따라서 그런 문제는 시간을 두고 단계적으로 접근해야 성공할 확률이 높다.

■ 한국형 설득이란?

• 한국인의 심리를 지배하고 있는 키워드는 무엇일까?

– 빨리빨리: '빨리빨리'는 이제 세계적인 한국인 코드가 된 듯하다. 우리의 몸과 마음이 어떤 목표를 향해 분주하게 움직이는 모습을 이 말 이상으로 잘 표현할 수 있는 방법은 없을 것이다. '빨리빨리'는 호들갑을 떨면서 결과 중심적으로 움직이는 역동성의 심리에너지를 잘 담고 있는 말이다.

– 자기나 나나: '자기나 나나'라는 표현은 평균의식, 획일주의, 질투심 등이 발동되어 다른 사람들과 평등하기를 기대하는 심리다. 특히 다른 사람들이 지나치게 튀거나 독주하듯 잘 나가는 모습을 좋게 보지 못한다. 상대방을 깎아내려서라도 자신과 동일한 수준으로 유지하고 싶은 평등심의 심리에너지를 대변하는 말이다.

– 끼리끼리: '끼리끼리'는 사람 중심의 연고주의 때문에 만들어진 키워드다. 왜 우리가 일류 대학을 추구하고 지연, 학연, 동창 모임 등 각종 네트워크를 강화하려 하는 것인지 이 말을 통해서 이해할 수 있다. '팔은 안으로 굽는다.'는 식으로 일종의 접착제를 활용하여 다른 사람과 친밀하게 연결되고 싶어 하는 인간관계 심리 에너지를 보여 주는 말이다.

– 요리조리: '요리조리'는 다른 사람들을 자기 의도대로 멋대로 주무르는 모양새를 표현한다. 미꾸라지처럼 요리조리 제약을 피하면서 목표 달성을 위해 온갖 수단을 다 동원하는 결과 중심주의다. 실질적인 이익을 챙기는 동시에 명분과 체면을 추구하는 이익추구의 심리 에너지가 잘 표현된 말이다.

• 이런 심리를 가진 한국인을 효과적으로 설득하려면 어떻게 해야 할까?

– 번개배달: 우리처럼 성급하고 빠른 답을 요구하는 민족은 많지 않다. 그렇기 때문에 상대방을 설득할 때에는 준비된 답을 신속하고 분명하게 제시해야 할 필요가 있다. 지루한 프로세스를 생략한 직관적 대응과 강한 임팩트 제시가 때로는 잘 먹히는 이유가 여기에 있다.

– 형님!: 설득해야 할 대상은 설득하는 사람이 무시하거나 얕보아서는 안 되는 사람이다. 만약 그런 태도를 보이면 상대방도 반드시 무시하고 저항하는 습성을 가지고 있기 때문이다. 따라서 상대방을 존중하고 존경하는 태도를 갖추고 조언을 구하는 형식으로 접근해야 상대방은 마음을 열고 '한 수 가르쳐 준다.'는 생각으로 이쪽을 대하게 된다. 이것이 바로 한국형 설득이다.

– 우리가 남이가?: 한국인을 대할 때에는 반드시 상대방의 심리적 안정감을 도모할 수 있는 유사성 단서를 사용해야 한다. 서로 닮은 사항을 빨리 찾아내어 활용

하는 방법을 통하여 상대방과의 교감을 효과적으로 형성할 수 있는 것이다.

- 누이 좋고 매부 좋고: 글로벌 설득은 전반적으로 상대방에게 실익을 주는 것이 최후의 솔루션으로 제시되어 있다. 그러나 그런 방법으로는 한국인의 심리를 충족시켜 줄 수 없다. 실리, 실익과 더불어 그것을 취할 수 있는 명분을 함께 제시해야 하기 때문이다. 우리의 체면의식은 유학의 선비의식과 연결되어 있다. 배가 고프더라도 함부로 행동하지 않고 점잖은 체 체면을 내세우면서 때를 기다리는 우리의 특유의 습성을 고려한다면, 상대방이 무엇을 원하는지 간파하는 한편 상대방의 체면도 살려 줄 수 있는 방법을 함께 모색하여 서로가 이익이 되는 결과를 이끌어내는 자세가 필요하다.

제16장

6차 강의안:

팀 간의 경쟁과 협력

모의실험: 준공 일을 찾아라

Welsh Boothouse Game(팀 간의 경쟁과 협력에 관한 게임)

■ **목적**

① 과업 지향적인 팀에서 정보의 공유 문제 탐구

② 팀이 문제를 해결하는 과정에서 나타나는 구성원과 지도자의 행동 유형을 탐구

③ 팀 간의 상호관계에서 경쟁과 협력의 효과를 탐구

④ 팀 간 상호관계에서 협상자로서 팀 대표의 활용효과를 탐구

■ **준비물**

① Welsh Boothouse Situation Sheet: 참석자 전원에게 1부씩 배부

② Welsh Boothouse Observation Sheet: 2부

③ Welsh Boothouse Information Cards: 2 Sets(1세트는 28개의 카드로 구성)

④ Welsh Boothouse Answer and Rationale Sheet: 게임 운영자가 사용

⑤ 필기도구 및 백지: 참석자에게 1부씩 배부

■ **진행절차 및 활동 시간(총 2시간 30분)**

1. 팀 편성: 문제를 해결하기 위해 전체 참석자를 2팀으로 편성
2. 팀의 규모: 1 팀은 5~7명으로 구성
3. Welsh Boothouse Situation Sheet를 참석자 전원에게 배부
4. 각 팀별로 협상자, 관찰자 각 1인 선발
5. 관찰자에게 Welsh Boothouse Observation Sheet 배부
6. 각 팀에게 Welsh Boothouse Information Cards를 배부

※ **주의 사항**

Information Cards를 팀 구성원들에게 동일한 숫자로 배분하며, 팀 구성원들은 Information Cards를 절대로 한 사람(또는 한 장소)이 전부 모아서는 안 된다. 팀 구성원 간의 정보 교환은 반드시 '구두 언어(말)'을 사용해야 하며, 문자 언어(필기)를 사용해서는 안 된다. 이 규칙을 어기면, 게임은 무효다.

7. 필기도구 및 백지 교부
8. 협상 장소 지정하기
9. 게임의 승리 요건을 설명: 각 팀의 협상자가 '문제에 대한 정답과 정답의 산출 근거(Welsh Boothouse Answer and Rationale)'를 게임 진행자에게 제출하면 된다. 오답을 제출하는 경우에 대해서는 특별한 벌점이 주어지지 않지만, 정답을 제시할 때까지 계속적으로 문제해결을 시도해야 한다.
10. 1시간 동안 문제해결을 시도했음에도 불구하고, 문제해결을 성공적으로 마치지 못했을 경우에는 게임 진행자가 일단 게임 중단을 선언한다.
11. 팀별 토론(소요 시간: 30분): 각 팀별로 자기 팀의 관찰자가 관찰한 내용에 관한 보고 및 '팀별 토론사항'에 관해 토론을 한다.

※ 팀별 토론 사항

① 팀은 과업해결을 위해 어떤 접근방식을 사용했는가?
② 팀 구성원들은 어떤 방식으로 정보를 공유하였는가?
③ 구성원의 어떠한 행동이 팀의 과업 성취에 도움을 주었는가?
④ 구성원의 어떠한 행동이 팀의 과업 성취에 방해가 되었는가?
⑤ 팀에서 리더십은 어떠한 방식으로 출현했는가?
⑥ 구성원들 사이에 갈등이 있었다면, 그것들은 어떻게 처리되었는가?
⑦ 팀 구성원들은 그들의 협상자에게 어떠한 반응을 보였는가?
⑧ 협상자는 다른 팀 구성원들과 어떤 방식으로 상호작용을 했는가? 협상자는 다른 팀의 협상자와 어떤 방식으로 상호작용을 했는가?
⑨ 구성원들은 다른 팀과의 경쟁에 대해 어떠한 반응을 보였는가?
⑩ 팀 구성원들과 그들의 협상자는 다른 팀과의 협력을 증진시키기 위해 무슨 일을 했는가?

12. 게임 운영자는 전체 팀을 대상으로 '정답과 정답의 산출 근거(Welsh Boothouse Answer and Rationale)'를 설명한다.
13. 전체 집단토론(소요 시간: 30분): 게임 운영자는 아래와 같은 점들에 초점을 맞춰 '종결토론'을 유도한다.

※ 종결토론

• 참여자들은 자신이 속한 팀 내에서 정보 공유와 다른 팀으로부터 핵심적 정보의 요

구에 대해 어떻게 반응했는가?

- 팀 구성원 간의 상호작용 및 협상자 간의 상호작용에서 관찰된 사항은?
- 각 팀은 팀의 내적 기능을 향상시키기 위해 어떠한 일을 했으며, 두 팀 간의 차이가 있다면 그것은 무엇인가?
- 각 팀은 팀 구성원의 상호관계를 개선하기 위해 어떠한 일을 했으며, 두 팀 간의 차이가 있다면 그것은 무엇인가?
- 각 참여자들은 팀 내와 팀 간의 기능을 향상시키기 위해 어떠한 일을 했는가?

준공 일을 찾아라

최근에 Sospan Fach의 Welsh 계곡에 럭비 Boothouse가 건설되었다. 당신이 속한 팀의 과업은 Boothouse가 완성된 날짜(요일)를 맞추는 것이다.

당신이 속한 팀에게는 이러한 과업을 해결하는데 도움이 되는 정보가 제공될 것이다. 그러나 문제해결에 필요한 핵심적 정보는 당신의 팀과 경쟁관계에 있는 다른 팀이 가지고 있다. 당신은 이러한 핵심적 정보를 당신이 속한 팀의 협상자를 통해서 얻을 수 있다. 각 팀의 협상자는 필요한 경우에는 언제든지 다른 팀의 협상자와 직접 만나서 대화를 할 수 있다. 이러한 협상과정을 통해 상대방 팀도 당신의 팀으로부터 정보를 얻으려고 노력할 것이다.

당신의 팀은 팀을 대표하는 1명의 협상자를 선발해야 한다. 일단 협상자가 선정되면, 다른 사람이 협상자의 역할을 절대로 대신 수행할 수는 없다. 관찰자들에게는 협상자들 간의 의사소통을 관찰하는 것이 허용되지만, 나머지 구성원들에게는 이러한 관찰행동이 허용되지 않는다.

※ 주의 사항: 팀 구성원들은 정보교환 과정에서 Information Cards를 절대로 한 사람(또는 한 장소)이 전부 모아서는 안 된다. 팀 구성원 간의 정보 교환은 반드시 '구두 언어(말)'을 사용해야 하며, 문자 언어(필기)를 사용해서는 안 된다. 이 규칙을 어기면, 게임은 무효다.

■ **'정답과 정답의 산출 근거'를 먼저 제출하는 팀이 게임에서 승리자가 된다.**

Welsh Boothouse Information Sheet(♥ ☏)

- Sospan Fach의 1일 작업시간은 9cawls이다.
- 각 노동자는 1cawl에 150개의 block을 쌓는다.
- Boothouse 건설작업은 Sospan 주일의 첫째 날에 시작하였다.
- Sospan Fach의 1일 작업시간은 9cawls이다.
- 각 노동자는 1cawl에 150개의 block을 쌓는다.
- Boothouse 건설작업은 Sospan 주일의 첫째 날에 시작하였다.
- Sospan Fach에서는 cawls와 cig mochs가 시간의 단위다.
- Boothouse는 전면에 빨간 용(dragon)이 그려진 초록색 건물이다.
- Boothouse의 높이는 100boots다.
- Sospan 주일의 첫째 날은 Dydd Bennett다.
- 각 노동자는 1일 작업시간 중 총 휴식시간은 16cig mochs다.
- Boothouse는 영국 Boot사의 Billy가 설계하였다.
- 작업을 할 때는 언제나 9명의 1Pack이 같은 장소에 있었다.
- Sospan 주일의 둘째 날은 Dydd Gravell이다.
- Sospan Fach에 있는 사람은 'Pack'이라고 불리는 집단 단위로 일한다.
- Sospan 주일의 다섯째 날은 Dydd J. P. R.이다.
- 단지 1Pack만이 Boothouse 건설을 위해 일했다.
- 1 cawl은 8cig mochs이다.
- 스코트랜드 사람은 스코트랜드 식 주름치마를 입지 않았다.
- Sospan 주일의 셋째 날은 Dydd Edwards다.
- Dydd J. P. R.에는 작업을 하지 않았다.
- Boothouse는 Sospan Fach 계곡의 남쪽 끝에 있다.
- 1Pack에는 block은 쌓지 않고 종교적인 책임만을 지는 1명의 아일랜드인 후원자가 있다.
- Sospan 주일은 5일이다.
- Boothouse는 Addidas block으로 건설되었다.
- Sospan 주일의 넷째 날은 Dydd John이다.
- 초록색은 Dydd John에 특별한 종교적 중요성을 갖고 있다.
- 부유한 기부자들이 Boothouse를 위해 기금을 내놓았다.

■ 준비물(카드는 절취하여 사용함)

♥ Boothouse는 전면에 빨간 용(dragon)이 그려진 초록색 건물이다.	♥ Sospan Fach에서는 cawls와 cig mochs가 시간의 단위다.
♥ 각 노동자는 1cawl에 150개의 block을 쌓는다.	♥ Boothouse 건설작업은 Sospan 주일의 첫째 날에 시작하였다.
♥ Boothouse 건설작업은 Sospan 주일의 첫째 날에 시작하였다.	♥ Sospan Fach의 1일 작업시간은 9cawls이다.
♥ 각 노동자는 1cawl에 150개의 block을 쌓는다.	♥ Sospan Fach의 1일 작업 시간은 9cawls이다.
♥ 1cawl은 8cig mochs이다.	♥ 단지 1Pack만이 Boothouse 건설을 위해 일했다.
♥ Sospan Fach에 있는 사람들은 'Pack'이라고 불리는 집단 단위로 일한다.	♥ Sospan 주일의 다섯째날은 Dydd J. P. R.이다.
♥ Sospan 주일의 둘째날은 Dydd Gravell이다.	♥ 작업을 할 때는 언제나 9명의 1Pack이 같은 장소에 있었다.

■ 준비물(카드는 절취하여 사용함)

♥ 각 노동자는 1일 작업시간 중 총 휴식시간은 16cig mochs이다.	♥ Boothouse는 영국 Boot사의 Billy가 설계하였다.
♥ Boothouse의 높이는 100boots다.	♥ Sospan 주일의 첫째날은 Dydd Bennett이다.
♥ 스코트랜드 사람은 스코트랜드식 주름치마를 입지 않았다.	♥ Sospan 주일의 세째날은 Dydd Edwards다.
♥ Dydd J. P. R.에는 작업을 하지 않았다.	♥ Boothouse는 Sospan Fach 계곡의 남쪽 끝에 있다.
♥ 1Pack에는 block은 쌓지 않고 종교적인 책임만을 지는 1명의 아일랜드인 후원자가 있다.	♥ Sospan 주일은 5일이다.
♥ Boothouse는 Addidas block으로 건설되었다.	♥ Sospan 주일의 넷째 날은 Dydd John이다.
♥ 초록색은 Dydd John에 특별한 종교적 중요성을 갖고 있다.	♥ 부유한 기부자들이 Boothouse를 위해 기금을 내놓았다.

Welsh Boothouse Information Sheet(♣ ★)

- Boothouse의 길이는 50boots다.
- Boothouse의 깊이는 10boots다.
- Addidas block 1개의 크기는 1입방 boot다.
- Boothouse의 길이는 50boots다.
- Boothouse의 깊이는 10boots다.
- Addidas block 1개의 크기는 1입방 boot다.
- Sospan Fach에서는 cawls와 cig mochs가 시간의 단위다.
- Boothouse는 전면에 빨간 용(dragon)이 그려진 초록색 건물이다.
- Boothouse의 높이는 100boots다.
- Sospan 주일의 첫째 날은 Dydd Bennett다.
- 각 노동자는 1일 작업시간 중 총 휴식시간은 16cig mochs다.
- Boothouse는 영국 Boot사의 Billy가 설계하였다.
- 작업을 할 때는 언제나 9명의 1Pack이 같은 장소에 있었다.
- Sospan 주일의 둘째 날은 Dydd Gravell이다.
- Sospan Fach에 있는 사람은 'Pack'이라고 불리는 집단 단위로 일한다.
- Sospan 주일의 다섯째 날은 Dydd J. P. R.이다.
- 단지 1Pack만이 Boothouse 건설을 위해 일했다.
- 1cawl은 8cig mochs이다.
- 스코트랜드 사람은 스코트랜드 식 주름치마를 입지 않았다.
- Sospan 주일의 셋째 날은 Dydd Edwards다.
- Dydd J. P. R.에는 작업을 하지 않았다.
- Boothouse는 Sospan Fach 계곡의 남쪽 끝에 있다.
- 1Pack에는 block은 쌓지 않고 종교적인 책임만을 지는 1명의 아일랜드인 후원자가 있다.
- Sospan 주일은 5일이다.
- Boothouse는 Addidas block으로 건설되었다.
- Sospan 주일의 넷째 날은 Dydd John이다.
- 초록색은 Dydd John에 특별한 종교적 중요성을 갖고 있다.
- 부유한 기부자들이 Boothouse를 위해 기금을 내놓았다.

■ 준비물(카드는 절취하여 사용함)

♣ Boothouse는 전면에 빨간 용(dragon)이 그려진 초록색 건물이다.	♣ Sospan Fach에서는 cawls와 cig mochs가 시간의 단위다.
♣ Addidas block 1개의 크기는 1입방 boot다.	♣ Boothouse의 깊이는 10boots다.
♣ Boothouse의 길이는 50boots다.	♣ Addidas block 1개의 크기는 1입방 boot다.
♣ Boothouse의 깊이는 10boots다.	♣ Boothouse의 길이는 50boots다.
♣ Sospan 주일의 첫째 날은 Dydd Bennett이다.	♣ Boothouse의 높이는 100boots다.
♣ Boothouse는 영국 Boot사의 Billy가 설계하였다.	♣ 각 노동자는 1일 작업시간 중 총 휴식시간은 16cig mochs이다.
♣ Sospan 주일의 둘째 날은 Dydd Gravell이다.	♣ 작업을 할 때는 언제나 9명의 1Pack이 같은 장소에 있었다.

■ 준비물(카드는 절취하여 사용함)

♣ Sospan 주일의 다섯째 날은 Dydd J. P. R.이다.	♣ Sospan Fach에 있는 사람들은 'Pack'이라고 불리는 집단 단위로 일한다.
♣ 1cawl은 8cig mochs다.	♣ 단지 1Pack만이 Boothouse 건설을 위해 일했다.
♣ 부유한 기부자들이 Boothouse를 위해 기금을 내놓았다.	♣ 초록색은 Dydd John에 특별한 종교적 중요성을 갖고 있다.
♣ Sospan 주일의 넷째 날은 Dydd John이다.	♣ Boothouse는 Addidas block으로 건설되었다.
♣ Sospan 주일은 5일이다.	♣ 1Pack에는 block은 쌓지 않고 종교적인 책임만을 지는 1명의 아일랜드인 후원자가 있다.
♣ Boothouse는 Sospan Fach 계곡의 남쪽 끝에 있다.	♣ Dydd J. P. R.에는 작업을 하지 않았다.
♣ Sospan 주일의 셋째 날은 Dydd Edwards이다.	♣ 스코트랜드 사람은 스코트랜드식 주름치마를 입지 않았다.

WORKSHEET

정답 및 산출 근거

■ **정답**: Dydd Gravell

♥, ☏ 팀의 카드에서 빠진 핵심적 정보

1. Boothouse의 길이는 50boots다.
2. Boothouse의 깊이는 10boots다.
3. 각 Addidas block의 크기는 1입방 boots다.

♣, ★ 팀의 카드에서 빠진 핵심적 정보

1. Sospan Fach의 1일 작업시간은 9cawls다.
2. 각 노동자는 1cawl에 150개의 block을 쌓는다.
3. Boothouse 건설작업은 Sospan 주일의 첫째 날에 시작하였다.

■ **정답의 산출 근거**

1. Boothouse의 크기는 50,000입방 boots다(50 × 100 × 10).
2. 각 Addidas block의 크기는 1입방 boots다. 따라서 Boothouse를 건설하기 위해서는 50,000개의 block이 필요하다.
3. 각 노동자는 하루에 7cawls 동안 생산적으로 작업을 한다[1일 작업시간 = 9cawls − 16cig mochs 또는 2cawls(휴식시간) = 7 cawls].
4. 각 노동자는 1cawl당 150개 또는 1일당 1,050개의 block을 쌓는다(7 × 150 = 1,050).
5. 8명의 노동자가 함께 실제적으로 일했다. 따라서 하루에 8,400개의 block을 쌓았다(8 × 1,050 = 8,400).
6. 50,000개의 block은 약 6일 동안에 쌓았다(50,000 ÷ 8,400 = 5.95일).
7. 작업은 Dydd Bennett에 시작했으며, Dydd J. P. R에는 작업을 하지 않았다. 따라서 Dydd Gravell에 Boothouse가 완성되었다.

의사결정 유형 진단검사

■ **이 진단지는 여러분 자신의 의사결정 유형을 알아보고자 하는 것입니다. 여러분은 아래 제시된 각각의 상황에서 어떻게 행동할 것인지를 보기 중에 하나만 선택하여 해당 번호에 ○표 하면 됩니다.**

1. 당신은 부하들에게 친근하게 말하고 편안한 분위기에서 일하도록 배려함에도 불구하고, 그들은 별 반응이 없으며 업무 성과도 급속히 저하되고 있다.

   ① 부하들에게 정해진 절차대로 일하고 업무를 완수해야 할 필요성을 강조한다.
   ② 부하들과의 토론에는 쉽게 응하지만 깊이 개입하지는 않는다.
   ③ 부하직원들과 대화를 나눈 후에 목표를 결정한다.
   ④ 부하들의 업무에는 일부로 개입하지 않는다.

2. 귀하가 속한 부서의 업무 성과가 향상되고 있는 것 같다. 구성원들은 자신의 책임과 기대되는 업무 성과의 기준을 인식하기 위해 노력하고 있다.

   ① 부하들을 친근하게 대하면서 자신의 책임과 기대되는 업무 성과의 기준을 잘 인식하게끔 말한다.
   ② 특별한 행동을 취하지 않는다.
   ③ 성과 향상에 필요한 지원은 해 주지만, 업무는 부하들이 스스로 알아서 처리하도록 한다.
   ④ 부하들이 책임과 업무 성과의 기준을 잘 인식하도록 즉각적인 조치와 지시를 내린다.

3. 당신의 부서원들은 이번에 당면한 문제에 대해서는 해결능력이 부족한 것 같다. 지금까지는 일상적으로 업무를 그들에게 맡겨 왔으며, 전반적인 부서의 업무 성과와 상호 인간관계는 좋은 편이었다.

   ① 부서원들과 함께 공동으로 문제를 해결해 나간다.

② 부서원들이 스스로 문제를 해결하도록 내버려둔다.
③ 문제해결에 필요한 즉각적인 행동조치와 지시를 내린다.
④ 문제해결에 필요한 지원은 하되, 문제해결 자체는 부서원들에게 맡겨 둔다.

4. 지금까지 부하들의 업무 성과는 매우 좋았다. 그러나 그들은 현재 새로운 변화의 필요성을 느끼고 있으며, 당신도 새로운 변화를 고려하고 있다.

① 변화 작업에 그들을 참여시키면서 지나친 지시는 하지 않는다.
② 새로운 변화 계획을 혼자서 결정하여 발표하고 실행단계에서 철저하게 감독한다.
③ 그들에게 변화의 방향 설정을 맡긴다.
④ 당신은 그들의 의견을 받아들이되 변화의 추진 과정에서 주도적인 역할을 수행한다.

5. 최근 몇 개월간 부서의 업무 성과가 떨어지고 있지만 구성들은 목표달성에 별로 관심이 없다. 과거에는 이런 경우에 역할과 책임을 재편성하여 업무 성과를 향상시킨 경험을 가지고 있다.

① 구성원들에게 역할과 책임의 재편성 방향을 맡긴다.
② 구성원들의 의견을 받아들이면서 목적이 달성될 때까지 지켜보기만 한다.
③ 당신이 역할과 책임을 재편성하여 지시하고 철저하게 감독한다.
④ 역할과 책임을 결정하는 과정에서는 구성원들을 참여시키되 지나친 지시는 피한다.

6. 당신은 생산성이 높은 부서로 새로 부임하게 되었다. 전임자는 조직을 타이트하게 운영해 왔다. 당신은 생산성은 그대로 유지하되 조직의 분위기는 좀 더 인간적으로 바꾸고 싶다.

① 부서원들이 자신들의 중요성을 느끼면서 자발적으로 조직 업무에 참여하도록 유도한다.
② 마감 기한이나 업무의 중요성을 항상 강조한다.
③ 부서원들이 스스로 업무에 관한 의사결정을 하도록 하기 위해 일부러 개입하지 않는다.
④ 구성원들을 의사결정 과정에 참여시키면서 목적 달성 여부를 항상 주시한다.

7. 당신이 속한 부서는 지금까지 생산성이 양호하고 융통성이 있는 조직이었다. 그러나 현재 당신은 부서의 조직 구조의 변경을 고려하고 있다. 구성원들도 필요한 변화에 대하여 몇 가지 제안을 하였다.

① 변화의 방향을 주도하고 철저하게 감독한다.
② 당신은 새로운 조직 구조의 개발 과정에는 참여하되, 변화의 실행은 구성원에게 맡긴다.
③ 변화의 추진 과정에서 구성원들의 의견을 수용하되 실행 과정은 지속적으로 통제를 한다.
④ 구성원들과의 마찰을 피하기 위해 변화의 추진 과정에 개입하지 않는다.

8. 부서의 전반적인 업무 성과나 인간관계는 좋은 편이다. 그러나 부서장의 입장에서 볼 때 부서의 전반적인 의사결정 능력에 대해서는 약간의 불안감을 느끼고 있다. 당신은 어떤 방식으로 의사결정 능력의 부족을 보강하려고 하는가?

① 점차 향상될 것이라는 기대감을 갖고, 현재의 상태를 그대로 유지한다.
② 현재의 상황에 대해 구성원들과 논의를 한 후에 필요한 변화 조치를 취한다.
③ 업무를 명확히 하는 방식으로 부하들을 이끌어 가는 조치를 취한다.
④ 구성원들과 현재의 상황에 대해 논의는 하지만, 구체적인 지시는 하지 않는다.

9. 당신은 프로젝트 팀의 리더로 임명되었다. 팀 구성원들의 개별적인 능력과 잠재력은 우수하다. 그러나 현재까지 팀의 목표가 명확하게 설정되지 못했고, 의사결정 시간이 너무 지연되고 있으며 회의 출석률도 좋지 않다. 팀 미팅은 항상 좋은 말만 하다가 끝나버리곤 한다.

① 구성원들이 스스로 이러한 문제들을 해결하도록 맡겨 둔다.
② 구성원들의 의견을 수렴하여 변화를 시도하면서 목적 달성 여부를 주시한다.
③ 당신이 목표를 명확하게 설정하고, 목표 달성을 철저하게 감독한다.
④ 부서원 개개인의 목표 설정에는 참여하되, 강압적인 관리는 피한다.

10. 책임감이 강한 부하직원들이 최근 새롭게 설정할 업무 기준에 대해 별 반응이 없다.

① 새로운 기준 설정 작업에 부하들을 참여시키되 통제는 하지 않는다.
② 당신이 새로운 기준을 설정하고 실천 여부를 주의 깊게 감독한다.
③ 기준 설정을 유보하고 현재의 상황을 그대로 유지한다.
④ 구성원들의 의견을 수렴하여 기준을 설정하되, 새로운 기준이 만족스러운지 살핀다.

11. 당신은 새로운 직위로 진급하였다. 이전의 감독자들은 비교적 부서 업무에 관여하지 않았다. 이 부서의 구성원들은 지금까지 자신의 업무 성과를 적절히 달성해 왔으며, 구성원들 간의 인간관계도 원만하였다.

① 일을 명확히 하는 방식으로 부하들을 이끌어 가는 조치를 취한다.
② 부하들을 의사결정 과정에 참여시키고, 업무 성과에 대해서는 적절한 보상을 제공한다.
③ 부서원들과 지난 업무에 관해 논의하고, 새로운 변화의 필요성을 검토한다.
④ 부서원들이 종전의 방식대로 자유롭게 업무를 처리하도록 한다.

12. 이들은 지금까지 뛰어난 업무 달성 기록을 가지고 있다. 이들은 모두 업무에 관련된 훌륭한 자질을 가지고 있을 뿐만 아니라, 목표도 효과적으로 달성해 왔으며, 지난 몇 해 동안 조화로운 관계를 유지하면서 업무를 수행하였다. 그러나 최근의 정보에 의하면 부하직원들 내부에 문제가 있는 것 같다.

① 부하들과 더불어 해결책을 모색하고, 새로운 개선의 필요성을 검토한다.
② 부하들이 스스로 자신들의 문제를 해결해 나가는 과정을 옆에서 지켜본다.
③ 즉시 문제해결에 필요한 행동조치를 지시한다.
④ 부하직원들의 개별적인 입장을 고려하면서 문제를 해결하기 위한 토의에 참여한다.

■ 검사가 끝나면, 별도의 지시사항에 따라 검사결과를 WORKSHEET에 옮겨 적으시오.

WORKSHEET

나의 의사결정 유형

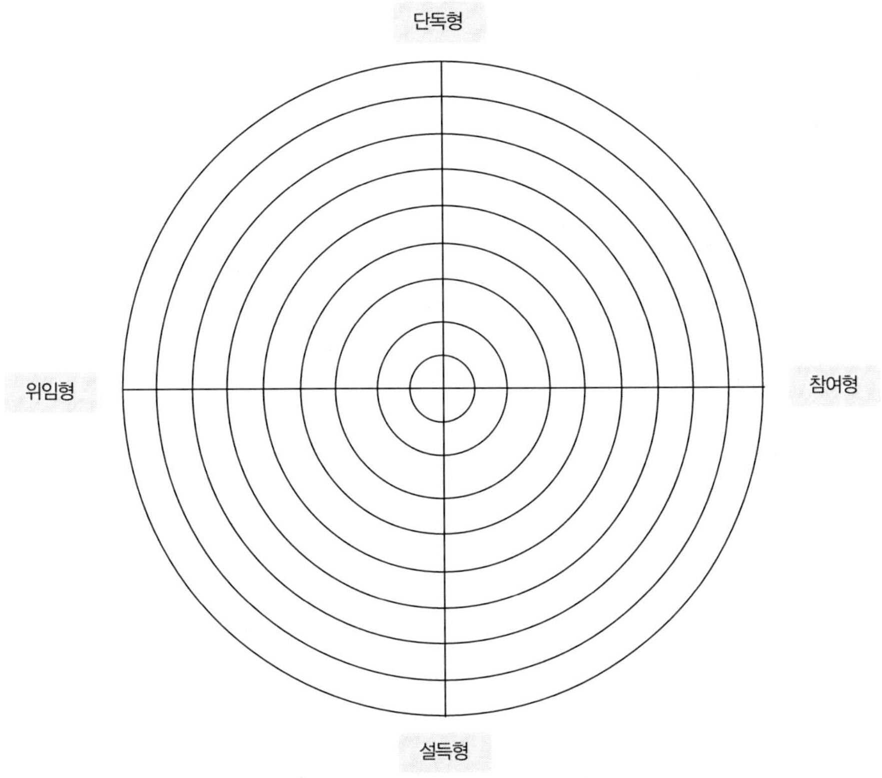

자신이 답한 번호에 ○표한 후 합계를 기록하시오.

구분	1	2	3	4	5	6	7	8	9	10	11	12	계	타입
1	1	4	3	2	3	2	1	3	3	2	1	3		단독
2	3	1	1	4	2	4	3	2	2	4	3	1		설득
3	2	3	4	1	4	1	2	4	4	1	2	4		참여
4	4	2	2	3	1	3	4	1	1	3	4	2		위임

의사결정과 집단사고

■ 집단사고(Group Thinking)란?

- 집단의 사고는 집단 의사결정(group decision making)과는 달리 문제를 파악하는데 충분한 정보를 확보하려고 노력하지 않고, 구성원들의 합의 여부만을 중시하기 때문에 바람직하지 못한 의사결정의 결과를 가져올 가능성이 많다.
- 집단의 제한된 견해와 집단의 리더의 뜻에 따라 의사결정을 한다.
- 대안을 객관적 · 합리적으로 평가하지 않고 의사결정을 한다.
- 구성원들 간의 응집력이 강한 집단에서 많이 나타난다.

■ 집단사고의 경향이 나타나는 이유

- 집단에는 취약성이 없다는 착각(illusion of invulnerability)

  예: 뭐가 그리도 걱정이오? 이 신제품은 또 시장을 석권할 텐데….

- 도덕성에 대한 신뢰(belief in the inherent morality of the group)

  예: 우리는 100% 완전한 것이 아니면 출고하지 않는다는 사실을 모두 알고 있잖아요, 그렇죠?

- 심리적 보상기제인 합리화(rationalization)

  예: 우리의 마케팅 전략은 계속해서 효과를 보고 있습니다. 따라서 앞으로도 잘 될 것입니다.

- 외부 집단에 대한 고정관념(stereotypes of out-group)

  예: 그 비관론자들은 모두 칼을 갈고 있습니다. 왜 우리는 걱정만 하는 친구들에게 우리의 마케팅 전략을 결정하라고 맡겨야 하죠?

- 집단의 엄격한 자체 검열(self-consorship)

  예: 나는 약간의 반대의견이 있습니다만, 모든 사람이 합의한 사항이고 또 시간상의 문제가 있기에 그냥 넘어가도 좋을 싶습니다.

- 집단의 직접적인 압력(direct pressure)

  예: 이봐요, 우리가 빨리 결정하지 않으면 그들은 당장에 예산을 잘라 버릴것이란 말이오. 당신은 지금 회의를 같이 하는 거요, 아니요?

- 만장일치에 대한 환상(illusion of unanimity)

  예: 나는 우리가 현재 어느 정도 의견일치를 보았다고 생각하기에 새삼스럽게 투표를 제안하지 않겠습니다.

5가지 리더십 스타일[1)]

- 당신에게 맞는 리더십 스타일은? -

파카스와 웨틀로퍼(Farkas & Wetlaufer)는 전 세계 160명의 최고경영자들과 인터뷰를 하여 5가지 리더십 스타일을 찾아냈다. 여기서 리더십 스타일은 최고경영자 개인의 스타일을 말하는 것이 아니다. 리더십 스타일이란 전략 기획, R&D, 채용 등 기업의 여러 정책들 중에서 어디에 중점을 두고, 어떤 스타일의 조직원과 행동에 가치를 두며, 직접 혹은 권한 위임을 통해서 어떠한 의사결정들을 하느냐, 그리고 하루 일과가 어떻게 구성되느냐에 관한 일관되고 분명한 경영 스타일로 이해해야 된다.

1. 전략형 리더십: 미래를 지향한다.

전략형 리더십은 많은 정보에 근거한 분석적이고 체계적인 스타일을 강조한다. 따라서 전략형 리더들은 그들의 가장 주요한 임무가 장기 전략의 실행 방법을 설계하고 테스트하는 것이라고 믿고 있다. 따라서 자원 배분과 기업이 나아가야 할 최적의 진로를 결정할 수 있는 능력이 중요하다고 생각한다. 이러한 스타일의 최고경영자들은 탁월한 기획 및 분석 능력을 가지고 있는 종업원과 자신이 처리해야 될 일상적인 업무를 위임할 수 있는 종업원들을 높이 평가한다.

2. 인적자원형 리더십: 사람 관리에 탁월하다.

인적자원형 리더십은 채용을 비롯한 인적자원 관리에 대해 높은 관심을 갖는다. 따라서 인적자원형 리더들은 그들의 직무가 조직에 확실한 가치관과 행동, 태도를 정립하기 위해 종업원 개개인의 성장과 개발을 세심하게 관리하는 것이라고 생각한다. 인적자원 리더들은 교육 훈련, 동기부여를 통해 경력관리 및 근속 연수를 향상시키는 프로그램 등 인적자원 관리 부문에 초점을 두고 있다. 이러한 경영자들은 '기업의 방식'에 따라 일관성 있게 행동하는 장기 근속자들을 중요하게 생각한다.

---

1) Farkas & Wetlaufer(1996). The Ways Executive Officers Lead. *Harvard Business Review*. May-June.; Mintzberg et al.(1990). *Leadership*. 현대경제연구원(역)(1999). 리더십. 서울: 21세기 북스, pp. 161-201.

3. 전문가형 리더십: 지식을 중시한다.

전문가형 리더십은 전문성을 통한 기업의 역량강화와 경쟁 우위 확보를 강조한다. 따라서 전문가형 리더는 자신의 가장 중요한 책임이 경쟁우위의 원천이 될 수 있는 전문 영역을 찾아내는 것이라고 믿고 있다. 따라서 많은 시간을 신기술 연구, 경쟁제품의 분석, 기술자와 고객과의 만남 등 전문성을 지속적으로 확대하고 개발하기 위한 활동에 할애하고 있다. 이들은 전문성을 가진 사람들을 채용하는 경향이 크지만, 동시에 편견없고 유연한 마음을 가진 후보자들을 물색하기도 한다.

4. 규제형 리더십: 통제 시스템을 중시한다.

규제형 리더십은 절차와 재무적 · 문화적 통제 시스템을 통한 규제를 강조한다. 따라서 규제형 리더들은 종업원들에게 요구되는 행동을 강화시키기 위해 구체적으로 규정된 정책, 절차 그리고 보상 시스템을 개발하는 데 심혈을 기울인다. 이러한 경영자들은 연공서열을 중시하는 경향이 있어 근속 연수가 많은 사람들을 승진시키는 경우가 많고, 고위 경영자를 기업 외부에서 영입하는 경우는 거의 없다.

5. 혁신형 리더십: 변화를 선도한다.

변화는 조직 구성원들을 당황스럽게 만들 수 있기 때문에 혁신형 리더들은 어려운 여건에서 그들의 새로운 아이디어를 실현시켜 나가기 위해 당근과 채찍을 적절히 이용한 합의 형성(consensus building)을 선호한다. 혁신형 리더들은 혼란과 문제를 일으키고 전략적 오류를 야기하거나 또는 재무 성과에 단기적으로 부정적인 영향을 준다고 할지라도 지속적인 혁신의 분위기를 조성하는 것이 그들의 가장 중요한 역할이라고 믿고 있다. 이러한 최고경영자의 주요 관심사는 단순히 보다 나은 기업을 만드는 것이 아니라 모호성, 불확실성, 대혼란을 능동적으로 수용하는 조직을 만드는 것이다. 혁신형 리더들은 개선되고 변화된 미래를 위한 열정과 개방성을 가진 인재를 중요시한다.

성공하는 리더십의 4가지 전략[2)]

■ **관리자는 주어진 일이 올바르게 처리되도록 하는 사람이고, 리더는 올바른 일을 하도록 하는 사람이다(Managers do things right, and leaders do the right thing).**

- 리더(Leader)는 효과성(Effectiveness) 중시, 관리자(Manager)는 효율성(Efficiency) 중시
- 리더십은 품성에 관한 것이다. 품성이란 지속적으로 개발되는 것으로 리더가 되는 과정은 완전한 인간이 되어 가는 과정과 매우 흡사하다.
- 신뢰를 구축하고 유지하는 능력은 리더십의 핵심 척도다.
- 리더는 성공을 향한 행동 지향적인 성향을 가지고 있다. 리더는 비전과 목적을 현실로 전환시키는 능력, 즉 구체적인 성과를 가져오는 분명하고 능동적인 조치들을 실행에 옮겨야 한다.

전략 1: 비전을 통해 관심을 확보하라.

- 관심을 집중한다는 것은 '성취하고자 하는 결과'에 초점을 맞추는 것이며, 비전의 공유를 통해 참여를 유도해야 한다.
- 공유된 비전의 가장 중요한 점은 의사결정을 널리 분산시킬 수 있다는 점이다.

전략 2: 커뮤니케이션을 통해 생각을 전달하라.

- '꿈을 꿀 수 있다면 그것을 이룰 수 있다.'(올랜드의 디즈니 월드 현판)
- 리더십의 핵심 요소 중 하나는 조직구성원들에게 영향력을 미치고 의미를 조직해내는 능력이다.

전략 3: 포지셔닝을 통해 신뢰를 구축하라.

- 신뢰는 조직을 움직이게 하는 윤활유이며, 조직을 결집시키는 접착제다.
- 신뢰는 리더의 생명이다.

---

2) Bennis & Nanus(2003). *Leaders*. 김원석(역)(2005). 리더와 리더십. 서울: 황금 부엉이.

전략 4: 긍정적 자존심으로 자기관리를 하라.

- 긍정적 자존심을 갖기 위해서는 자신의 장점을 인식하고 약점을 보완하는 것, 훈련을 통하여 역량을 개발하는 것, 인식하고 있는 역량과 직무 요구사항 간의 적합성을 파악하는 능력이 필요하다.
- 성공적인 리더십의 자기관리: 실패의 상정 없이 성공만을 향해 최선을 다한다.

■ **성공한 리더들로부터 배운 원칙들을 명료하게 설명할 수 있다 하더라도 그것을 내재화하는 과정은 일생을 걸고 도전해야 할 과제다.**

비전 있는 리더의 행동적 특성

세계적으로 존경받는 최고경영자들의 리더십을 통해 우리가 공통적으로 배워야 할 리더십의 3요소들은 다음과 같다.

■ 독특한 비전 제시 능력

- "비전은 꿈이 아니라 다가올 현실이다." 미래를 볼 줄 아는 능력이야말로 리더에게 그 비전을 실현시키기 위해 수년간 엄청난 시간을 쏟을 동기를 부여해 주는 것이다. 따라서 비전은 리더로 하여금 행동하게 만드는 내적인 원동력이다.
- 비전은 각자의 역할이 조직의 성공에 대해 기여하는 것들이 가치가 있다는 것을 확신시킴으로써 의미를 부여한다. 이것은 비전이 가능성이 있으면서도 동시에 도전적이며 창조적이고, 개인적인 기여자들의 상상력을 사로잡을 수 있을 때에만 오직 가능하다.
- 비전은 사람들에게 실질적인 길잡이가 될 만큼은 세밀해야 하지만 여러 가지 상황하에서도 유연한 탄력성을 유지할 만큼 그 의미가 적당히 포괄적이어야 한다.

■ 과감한 도전의식

- "모든 사람이 실패하기 때문에 얼마나 많이 실패하는가는 중요하지 않다. 중요한 것은 실패를 한 후에 다시 일어서는 능력이다."(홀리데이 인의 창업자인 케몬스 윌슨)
- 실패에 대한 두려움은 능력이 있는 많은 사람들로 하여금 그들의 비전을 추구하지 못하도록 만든다. 이것은 능력이 리더를 만드는 절대적인 요소가 아님을 시사한다. 실패에 대처하는 법을 익혀야 하고 숙련되어야만 한다. 만일 실패에 대처할 수 없다면 진정한 리더가 될 수 없다. 실패에 대처할 수 없다면 당신의 비전은 결코 현실이 될 수 없다.
- "조직의 자연 상태는 보수적이고 현상을 유지하려는 것이다."(창조적 리더십 센터의 소장인 월터 울머 2세). 오랜 시간 같은 조직에 속해 있는 사람들은 그들의 최우선 과제를 '현상 유지'라고 믿는다. 리더가 변화를 추구하고 목표를 성취하려는 뜨거운 열정이 없이는 이러한 현상 유지의 장벽을 쉽게 돌파하기 어렵다.
- 모험을 해야 혁신을 할 수 있다. 위험 감수의 진정한 가치는 혁신을 가져오는 기회라는 것이다. 리더는 자신의 실패뿐만 아니라 구성원의 실패에도 너그러워야 한다.

IBM의 왓슨 회장은 말단 사원이 입힌 엄청난 손해를 '교육비'로 치부하고 참았다. 실수는 조직 내에서 솔직히 인정되고 처벌 없이 긍정적으로 처리될 때 곧바로 훌륭한 학습도구가 된다. 다른 사람들이 위험을 감수하도록 격려하고, 그들의 성공뿐만 아니라 정직한 실패를 지원하는 것은 모든 리더의 역할이다. 리더의 행동은 실수를 시인할 때 보이는 정직을 보상하고 격려해야 한다.

■ **행동에 옮기는 용기와 열정**

- 우리는 "말보다 행동이 중요하다."라는 말을 되새길 필요가 있다. 솔선수범이 어렵다는 것은 모두가 인정하는 사실이며 일상생활에서 흔히 경험하는 일이다.
- 루스벨트 대통령은 리더십의 자질에 대하여 "진정한 리더는 땀과 피로 범벅이 된 얼굴로 현장에서 살아남은 사람이다. 끊임없이 노력하고, 실수하고, 수없이 아쉽게 실패하고, 위대한 열정과 진정한 헌신 그리고 가치 있는 일에 자기를 바치는 그러한 사람들을 나는 진정한 리더라고 일컫고 싶다."라고 하였다.
- 리더는 강렬한 가치와 믿음을 가지고, 신념에 대한 용기를 바탕으로 비전을 현실화하기 위해 앞장서서 행동에 옮길 수 있어야 한다.

비전 있는 리더십을 향한 10가지 교훈

1. 장기적인 비전을 고수하라.

조직의 장기적인 비전을 고려하지 않는 임시방편적인 단기적인 경영전략은 조직의 생존을 위협하는 치명적인 요인으로 작용한다.

2. 위험을 회피하기보다는 위험을 감수하라.

리더가 자신의 역할을 이런저런 핑계로 대충 넘어가려 한다면 사람들은 리더의 신뢰성을 의심하기 시작한다. 특히 위험한 일일수록 리더에게 거는 기대가 크다는 것은 당연하며, 위험요소를 피하는 리더의 뒤에는 아무도 따르는 자가 없을 것이다. 위험의 감수 없이는 혁신도 없다.

3. 창조적인 도전을 중시하라.

리더가 구성원들의 창의적인 아이디어를 중시하지 않고서는 경쟁에서 살아남을 수 없다. 셰익스피어가 "상상력이 인간을 만물의 영장으로 만든다."고 말했을 정도로 인간의 가장 큰 무기가 바로 창조적인 사고력인 것이다.

4. 방만한 분석보다는 신속한 결정을 선호하라.

"모세가 위원회의 한 멤버였다면 이스라엘 민족들은 아직도 이집트에 살고 있을 것이다."라는 농담이 있다. 위원회가 생산적인 결정보다는 지루한 비평과 토론만 거듭한다는 것을 풍자할 때 쓰는 표현이다. "사공이 많으면 배가 산으로 간다."는 우리의 속담과 비슷한 얘기다. 지나치게 문제의 분석에 연연해서 뒤늦은 결정을 함으로써 전략적인 측면에 영향을 주어서는 안 된다. 성급한 결정을 내려서는 안 되겠지만, 박력 있는 결정으로 경쟁자와 비교해서 신속성을 유지하는 것이 핵심적 성공요소임을 리더는 잊지 말아야 한다.

5. 불필요한 복잡성보다는 단순성을 추구하라.

원대한 비전을 고수하고 그것을 성취하기 위해서는 몸을 가볍게 해 장기 레이싱에 대비하여야 한다. 업무와 경영을 가능한 한 단순화해서 효율성을 극대화하는 것이 중요하다. 최근에 '린 경영(lean management)'이나 '린 생산방식(lean production)'이 왜 중요하게 부각되었는가는 바로 단순성이 설명해 주고 있는 것이다.

6. 스마트한 사고를 높이 평가하라.

"8시간에 일을 제대로 못 마치는 것은 본인의 능력이 모자라거나 아니면 업무가 과중한 것이다." 한 때는 밤 늦게까지 회사에서 일을 하고 주말에도 회사에 나와서 잔업을 처리하는 사원이 사랑을 받았던 시절이 있었던 것이 사실이다. 그러나 시대는 빠르게 변하고 있다. 최근에는 시간 경영이 많은 관심을 끌고 있으며, 효율적인 시간관리 능력을 최고의 개인 능력으로 인정하는 추세다.

7. 조용하고 효과적인 행동을 지향하라.

영어에는 네 가지 비유적인 뼈 이름이 있다. 창사 뼈(wish-bones), 턱뼈(jaw-bones), 손가락 마디뼈(knuckle-bones), 등뼈(back-bones)다. 창사 뼈가 튼튼한 사람은 항상 다른 사람이 일을 대신해 주기만을 기대하는 사람이다. 턱뼈가 센 사람은 말만 많은 사람이고, 손가락 마디뼈가 발달된 사람은 다른 사람을 손가락질하는 데 바쁜 사람이다. 등뼈가 곧은 사람이야말로 진득하니 일을 해내는 사람이라는 비유다.

8. 팀워크을 중시하라.

정신병원을 방문한 어떤 사람이 단지 3명의 보호사가 100명쯤 되는 중환자들을 돌보는 것을 보고 깜짝 놀랐다. "아니 저 사람들이 단결해서 덤비면 어떻게 하려고 3명이 저 많은 사람들을 감시합니까?" 하고 의아해서 물었다. 그러자 3명의 보호사들은 "걱정할 일이 아닙니다. 저들은 단결할 줄을 전혀 모른답니다."라고 대답했다고 한다. 지혜로운 조직일수록 단결하고 어리석은 조직일수록 흩어지게 마련이다. 리더는 구성원들에게 비전을 통해서 구심점을 제시하여 팀워크을 존중하도록 이끌어야 한다.

9. 빠른 성취보다는 수준 높은 성취를 추구하라.

품질을 가장 중시하는 최고경영자들이 공통적으로 강조하는 말은 "모든 일은 처음에 제대로 해야 한다(Do things right the first time)."는 것이다. 대충 빨리 생산하는 것은 그만큼 불량률을 높이는 것이다. 빠른 성취를 위해서 가시적인 숫자 위주의 목표로 이끌어가는 것은 위험천만한 방법이다. 수준 높은 성취를 목표로 하기 위해서는 성급한 성취를 자제해야 한다.

10. 지속적인 헌신을 찾아라.

최근 우리 사회에 가장 아쉬운 단어가 있다면 '헌신(commitment, devotion)'일 것이다. 바로 '조건 없는 신뢰'를 바탕으로 아낌없이 최선을 다하는 마음이다. 리더는 자신과 모든 구성원들의 '헌신'이라는 토양에서만 비전을 가장 효과적으로 펼쳐 나갈 수 있다.

리더십에 관한 9가지 오해와 진실[3)]

■ **리더십은 지구상에서 가장 많이 연구되면서도 이해도가 가장 낮은 현상이다.**

— J. M. Burns(1978). *Leadership* —

- 리더십의 금기(Taboo)는 리더십과 관련된 가장 은밀하고 비밀스러우며 파괴력이 강한 오해들이다. 금기는 너무 고통스럽거나 민망해서 또는 위협적이거나 복잡하기 때문에 드러내기를 꺼리는 문제 혹은 개념을 의미한다. 우리가 현실을 직시하지 않는 이유는 금기를 깨뜨렸을 때 느끼게 되는 고통스러운 사회적 불안을 피할 수 있기 때문이다. 그러나 금기의 이해는 우리를 더욱 현명하게 만들어 준다.

■ **설득의 금기에 관한 리더십의 비밀**

금기 1: 사람들은 리더에게 카리스마를 기대한다: 카리스마가 있는 리더가 매력적인 것은 사실이지만, 누군가를 맹목적으로 추종하려는 유치한 본능을 과연 신뢰해도 되는 것일까? 카리스마에는 확실히 경계해야 할 사악한 측면도 있다. 그럼에도 불구하고 카리스마는 리더십의 다른 특징들처럼 꼭 있어야 하는 필수품이다.

금기 2: 정치적 수완은 리더십의 전술이다: 정치성을 발휘하지 않고 목표를 달성할 수 있는 리더는 없다. 현실에서 결정적으로 중요한 것들은 파워와 술수 그리고 정치적인 책략이다. 정치적 행동을 간과하는 데 따른 문제는 그것이 실제로 벌어지며, 또한 필요하다는데 있다.

금기 3: 여자들은 어쩌면 리더가 되기를 원치 않는지도 모른다: 리더십은 능력과 의지의 함수다. 능력에는 사실 성별의 차이가 없다. 그러나 여자들에게는 리더가 되겠다는 의지가 부족하다.

---

3) Smith & Bornstein(2007). *The Taboos of Leadership*. 강수정(역)(2008). 리더십의 비밀: 리더십에 관한 9가지 오해와 진실. 서울: 지형.

■ **지위의 금기에 관한 리더십의 비밀**

금기 4: 리더에게 특혜란 당연한 보상일 수도 있다: 리더는 늘 언행이 일치해야 한다는 주장과 본질적으로 모순이다. 리더가 이중 잣대를 중요하게 생각하지 않는 이유는 자신들에게는 그럴 만한 자격이 있다고 믿기 때문이다.

금기 5: 정실 인사가 합리적인 선택일 때도 있다: 리더는 능력지상주의를 중시할까? 리더의 입장에서는 최고의 실력자를 확보하는 게 더 중요할까, 아니면 편하고 믿을 수 있는 사람을 옆에 두는 것이 좋을까? 정실주의는 금기지만 리더는 개의치 않는다. 리더가 제일 싫어하는 것은 의외의 상황이다.

금기 6: 리더는 결코 후계자에게 지위를 넘기려 하지 않는다: 리더가 후계자에게 자리를 넘겨 주는 걸 그토록 힘겨워하는 이유는 뭘까? 리더가 후계자 선정에 대한 생각 자체를 싫어하는 것은 어찌된 영문일까? 리더는 권한을 독점하고 싶어 한다.

■ **사람의 금기에 관한 리더십의 비밀**

리더가 된다는 것의 의미를 제대로 이해하는 사람은 극소수에 불과하다. 우리는 리더의 책임을 모르고, 그들의 중압감을 느끼지 못하며, 희생과 보상은 감히 상상도 할 수 없다. 대부분 리더가 되려는 동기가 명예나 사회의 존경에 있지 않다는 것은 사실이다. 리더에게는 더 깊고 훨씬 간절한 충동이 따로 있는데, 파워와 지위 그리고 돈 같은 것들이 거기에 해당된다. 이런 간절한 사익 추구에 따른 대가로 그들은 어떤 비용을 치를까? 리더는 사익 추구를 위해 행동하기 전에 그 대가를 알고 있을까, 아니면 뒤늦게야 부정적인 인식이라는 돌부리에 걸려 넘어지는 것일까?

금기 7: 리더는 일과 삶의 균형을 원치 않는다: 리더 중에 삶의 균형을 유지하는 사람은 찾아보기 힘들다. 미래의 리더가 되려는 사람이라면 균형을 찾으려다가 승진에서 밀려날 수도 있다는 것을 알아야 한다. 일과 삶의 균형은 기대 수준을 명확히 규정하지 않는 곳에서 문제가 된다.

금기 8: 리더들의 윤리는 효율성을 증대하기 위한 것이다: 리더는 자신의 동기와 이익을 밀어둔 채 직원들의 동기와 이익부터 섬겨야 할까? 이 질문에 대한 대답은 짧지만 분명하다. 리더십은 노골적인 사익 추구라는 충동에 뿌리를 내리고 있다. 그런데 어째서 이런 말을 공개적으로 하는 사람이 아무도 없는 것일까? 왜냐하면, 그것이 금기이기 때문이다. 선을 추구하는 것이 리더의 본질은 아니다. 리더는 효율성을 높이기 위해 도덕성과 윤리 그리고 원칙이라는 도구를 사용한다.

금기 9: 리더는 외롭다: 리더에게 일은 단순한 직업 이상의 많은 것을 의미한다. 외로움은 약점이고, 리더에게 약점은 일종의 저주와도 같기 때문에 공개적으로 거론되는 경우는 극히 드물다.

제17장

7차 강의안:

에니어그램 리더십

에니어그램 리더십 진단검사

■ 이 진단검사는 자신의 능력이나 성숙도 내지는 정신적 상태를 측정하는 것이 아닙니다. 자신이 어떤 성격유형인지를 일차적으로 진단하기 위한 것으로 정답과 오답이 없습니다. 지시문에 따라 설문에 응답하여 주십시오. 응답 시에는 다음 사항을 유념하십시오.

- 총 2부 14항목 114문항으로 구성되어 있습니다. 지시문에 따라 정직하고 신중하게 응답하실 때 자신의 성격유형이 보다 정확하게 진단될 수 있습니다. 단어 하나하나에 대한 분석보다 문장 전체적으로 느껴지는 의미를 생각하여 체크하여 주십시오.
- 우리에게는 대략 4개의 '나'가 있습니다. '과거의 나' '현재의 나' '이상적인 나' 그리고 '다른 사람이 인식하는 나'입니다. 이 진단검사에 응답하실 때에는 '과거의 나', 즉 지금까지 살아온 나를 중심으로 체크하여 주십시오.
- 우리가 찾고자 하는 것은 가장 핵심이 되는 성격유형입니다. 그것을 진단하기 위해서는 지금까지 살아오면서 자신의 가장 대표적인 특성이 무엇인지를 생각하여 응답하여야 합니다.
- 응답이 쉽지 않을 때에는 자신의 성격이 여과 없이 가장 잘 표출되는 시기인 20대 초반이나 중반에 자신이 어떠했던가를 기억해서 응답하면 성격유형 진단이 보다 정확하게 될 수 있습니다.

■ 1부: 자신의 행동이나 태도, 믿음을 가장 잘 표현하고 있는 것을 각 문항에서 하나만 골라 ○표 하십시오.

1. ① 주관이 강하다. 원하는 것을 얻거나 목적 달성을 위해 적극적이다. 가만히 앉아 있지 않고 활동적이다. 직선적이다. 열심히 일하고 놀 땐 논다.
   ② 내면에서 나오는 강한 소리가 있다. "남을 도와라." "의무와 책임을 다하라." "원칙을 지켜라." 나 자신보다는 남, 가족, 사회를 위해 일할 때가 많다.
   ③ 사람들과 복잡하게 얽히는 것을 싫어한다. 나만의 공간과 시간을 원한다. 남들의 주목을 원치 않는다. 조용하다. 소극적이다. 경쟁을 원치 않는다.

2. ①아무리 힘든 상황에 직면해도 항상 밝고 긍정적으로 생각하고 실망하지 않는다. 일이 잘 풀릴 것으로 믿고 고통이나 슬픔보다는 행운과 기쁨을 강조한다.
   ②갈등관계나 어려운 상황에 직면하면 사적인 문제나 주관적인 감정을 개입시키지 않고 객관적이고 논리적으로 대응한다. 감정을 표현하는 데 익숙하지 않다.
   ③어떤 문제나 어려움에 직면하게 되면 감정적으로 대응한다. 실망하거나 화가 날 때 그것을 감추지 않는다. 다른 사람에게도 그런 솔직한 감정의 표현을 기대한다.

■ 2부: 자신의 행동이나 태도, 믿음을 가장 잘 표현하고 있으면 ○표, 그렇지 않으면 ×표를 하십시오. 판단이 서지 않으면 그대로 놓아두십시오. 이때 특히 한 문항에 ○표가 4개가 넘는 경우에는 그중에서 가장 적합한 것 4개만 선택하십시오. ×는 체크한 개수에 상관하지 않아도 됩니다.

1. ①돈에도 윤리가 있다. 노력한 만큼 벌고 절제해서 써야 한다.
   ②돈은 올바르게 써야 가치가 있다. 어렵고 힘든 사람을 위해 베풀 줄 알아야 한다.
   ③돈은 에너지다. 내가 목표한 것을 이루고 나의 품위를 유지하는 중요한 자원이다.
   ④예술적 작품의 가치는 돈과 바꿀 수도 없고 계산할 수도 없다.
   ⑤돈은 있으면 좋고 없어도 그만이다. 돈 버는 것에 관심이나 자신감이 없는 편이다.
   ⑥돈은 나 그리고 우리 가정의 안전을 지키기 위해 꼭 필요하다.
   ⑦돈은 자유다. 세계 여행도 하며 인생을 즐기는 데 꼭 필요하다.
   ⑧돈은 힘이다. 당당하게 벌어라. 자립과 힘을 키우는 데 원동력이 된다.
   ⑨돈에 집착하는 것은 싫다. 하지만 궁색하지 않을 정도의 돈은 있어야 한다.

2. ①자제력을 잃어 남에게 비난을 받을까 봐 두렵다.
   ②내가 좋아하는 사람으로부터 버림을 받을까 봐 두렵다.
   ③경쟁에서 지거나 실패하여 사람들의 인정을 받지 못할까 봐 두렵다.
   ④버려진 채 아무도 나의 가치에 관심을 가져주지 않을까 봐 두렵다.
   ⑤나의 개인적 공간이나 시간이 침해당할까 봐 두렵다.
   ⑥내가 의지하는 사람들이 떠나 혼자 남겨지면 어떻게 살아갈까 봐 두렵다.
   ⑦나의 자유와 기쁨이 제한당해 사는 재미가 없을까 봐 두렵다.
   ⑧힘이 없어 자립하지 못하고 남들에게 의존하면 어쩌나 두렵다.
   ⑨복잡하고 대립적인 현실에 끌려 들어가 나의 평온한 마음상태가 깨질까 봐 두렵다.

3. ①사물이나 상황을 옳고 그름의 시각에서 평가하고 판단하는 성향이 있다. 하지만 나의 판단은 객관적이고 사리분별이 분명하다.
   ②베푸는 사람으로 인정받는 것이 자랑스럽다. 그런 도움에 대한 감사와 칭찬이 나의 삶의 에너지가 되어 준다.
   ③일을 맡으면 그 우선순위를 정하고 어떻게 일을 진행시켜 완성시킬 것인지가 본능적으로 떠오른다.
   ④나의 풍부한 감정과 내면 깊이에서 나오는 독창성을 때로 작품(예: 시, 그림, 음악, 조각 등; 전문적이든 취미이든)으로 표현하는 능력이 있다.
   ⑤내 생각이 때로는 사람들에게 이상하거나 엉뚱하게 보일지 모른다. 하지만 내 생각은 세상의 진리를 말하고 있는 것이다.
   ⑥전체를 종합적이면서 미시적으로 파악할 수 있다. 전체의 법칙이나 질서에서 벗어난 세세한 것까지 잡아내는 능력이 있다.
   ⑦한꺼번에 여러 가지 일을 동시에 진행시킬 수 있다. 어떤 일이든 그 순간 주어진 일을 잘 해낼 수 있다.
   ⑧다른 사람을 설득해서 나를 따르도록 하는 카리스마와 육체적으로나 정신적으로 강한 면모가 있다.
   ⑨자연에의 감응력이 뛰어나다. 자연의 온전함과 평화를 사랑한다. 자연과 하나됨을 자주 느낀다.

4. ①일이 끝난 뒤에 더 잘할 수 있었다는 반성이 되곤 한다. 내 머릿속에는 나를 꾸짖는 견책의 소리가 항상 맴도는 것 같다.
   ②내 가까이 사람이 있기를 바라고 그들이 나에 대해 애정을 가져 주기 바란다.
   ③다른 사람에게 자신만만하게 보인다. 하지만 나의 약점이나 수치스러운 부분은 남들에게 숨기는 경향이 있다.
   ④감정이 너무 튀고 드라마틱하다는 말을 많이 듣는다. 그것은 사람들이 나를 모르기 때문이다.
   ⑤어떤 문제가 생기면 우선 혼자 그 문제를 어떻게 처리할 것인지를 생각한 후에 남들과 상의한다.
   ⑥어느 한 개인 내지 조직에 대한 소속감이 정해지면—단골인 경우에도 마찬가지로—충성심을 옮기기가 쉽지 않다.
   ⑦할 일 없이 집에 있는 것은 따분해서 못 견딘다. 무엇이든 기분 좋은 일을 찾아 밖으로 나간다.

⑧ 나약하게 구걸하는 사람은 싫다. 다만 자립해 보겠다는 의지가 있는 경우 그 방법을 가르쳐 줄 것이다.

⑨ 충돌을 원하지 않는다. 서로 입장이 다른 것을 보면 마음이 편치 않다. 서로 타협하고 화해해서 잘 지내면 좋으련만.

5. ① 사람들에게 교훈적인 말을 잘하고 완벽주의자라는 말을 듣는다.

② 다른 사람이 무엇을 원하고 어떤 기분인지 가슴으로 와 닿을 때가 많다.

③ 다른 사람에게 자신감을 불어넣고 더욱 최선을 다하도록 동기유발하는 능력이 있다.

④ 비극, 비애, 비통 등의 쓰라린 경험에서 오히려 위대한 예술과 사랑이 싹트는 것 같다.

⑤ 나의 안전과 자존심을 지키기 위해서는 적어도 어느 한 분야에 전문가가 되어야 한다.

⑥ 혼자 일하기보다는 팀을 구성하여 다른 사람과 함께 협조하며 일하는 것을 선호한다.

⑦ 과거는 과거다. 앞으로 다가올 더 많은 새로움과 희망에 인생의 기쁨이 있다.

⑧ 내 주장이 강하다 보니 다른 사람과 대립하거나 나를 두려워하는 사람이 많다.

⑨ 해결해야 할 중요한 일들이 어떻게 하다보면 제일 뒤로 미루어져 있다.

6. ① 개인이나 사회 모두 불완전하고 불합리한 것이 너무 많다. 잘못된 것을 올바르게 고쳐나가기 위해 노력해야 한다.

② 친구나 우정을 매우 중요시한다. 나는 아주 친하게 지내는 친구들을 많이 가지고 있다.

③ 어떻게 해야 사람들로부터 칭찬을 듣고 인정을 받을 수 있는지를 본능적으로 감지하는 능력이 있다.

④ 상상력이 풍부하다. 환상적인 세계를 그리곤 한다. 하지만 그것은 단순히 환상이 아니라 나에게는 현실로 느껴진다.

⑤ 사람이 많이 모인 곳(특히 파티나 노래방 등)에 가면 불편하다. 적극적으로 몰입하기보다 남들이 노는 것을 어색하게 지켜보는 것이다.

⑥ 어떤 문제를 나 혼자서 해결하는 데는 자신이 없기 때문에 전문가, 친구, 책, 종교 등과 같은 외부의 권위를 의존하려고 한다.

⑦ 한 가지 일에 깊이 있게 몰두하기보다는 이것저것 다양한 경험을 해 보는 것이 더 흥미 있고 신나는 일이다.

⑧ 도전적이고 나에 대한 강한 확신을 가지고 있다.

⑨ 어떤 급한 문제에 직면하더라도 그렇게 심각하게 생각하거나 서두르지 않는다. 세상이 무너져도 솟아날 구멍은 있게 마련이다.

7. ① 우정과 같은 정 때문에 나의 가치관을 어기면서 타협하고 행동하는 일은 드물다.
   ② 다른 사람이 하는 일에 나도 모르게 자꾸 관여하는 경향이 있다.
   ③ 합격, 우승, 목표 달성 등을 위해서 최선을 다한다. 자신의 능력을 최대한 발휘하려고 노력하지 않는 사람을 보면 안타까운 생각이 든다.
   ④ 나는 나야. 누구도 나를 이해 못 해. 나는 달라. 특별해…. 그러면서도 남이 가진 것을 부러워하고 나도 갖고 싶어 하는 이 마음은 무엇일까?
   ⑤ 자신감을 얻기 위해 정보, 지식, 기술을 수집하고 개발한다. 여기에 취하다 보면 사람을 사귀거나 세상사는 법에는 별 관심을 갖지 않는다.
   ⑥ 나 자신과 우리 가족을 어떠한 불인(건강, 돈 등)으로부터도 지키기 위해 열심히 일하고 또한 안전장치(보험, 적금 등)를 확보하고 있다.
   ⑦ 재주꾼이고 사람을 재미있게 하는 소질이 있다는 말을 듣는다.
   ⑧ 리더의 역할을 쉽게 떠맡으며 결정을 내리는 데 크게 망설이지 않는다.
   ⑨ 사람들은 다 자기 나름대로의 삶의 방식이 있다. 내 방식을 강요하기보다 그들을 있는 그대로 받아들이는 것이 필요하다.

8. ① 일이 원칙이나 합리성에 따라 진행되지 않는 것을 보면 좌절감이 든다.
   ② 사람에 대해 좋은 부풀려서 말하고 나쁜 면은 축소시켜 말한다.
   ③ 목적 달성이 어려울 때는 방법을 바꾼다. 하나의 원칙을 고집하기보다는 목적 달성에 유리한 수단을 잘 활용할 필요가 있다.
   ④ 양이 중요한 것이 아니라 미적 감각까지를 포함한 품격이 중요한 것이다.
   ⑤ 몸이 움직이는 운동을 좋아하지 않는다. 밖에 나가거나 사람과 어울리는 것도 싫고, 혼자서 하고 싶은 일에 몰두하고 있는 것이 좋다.
   ⑥ 어떤 결정을 내려야 할 때 혹시 실수하는 것은 아닐까 하는 걱정 때문에 결정이 늦어지곤 한다. 그 때문에 느리다는 오해를 받기도 한다.
   ⑦ 남들이 나를 자유분방하고 쾌활하다고 말한다.
   ⑧ 나를 믿고 따르는 사람의 일은 내 일처럼 돌보고 그 사람을 키워 주려고 노력한다.
   ⑨ 다른 사람의 견해에 대체로 동정적인 입장을 취하다 보니 주관이 없다는 말을 자주 듣는다.

9. ① 시간은 소중한 것이다. 하는 일 없이 시간을 낭비하는 것을 보면 화가 난다.
   ② 어떤 도움을 주었을 때 그것을 너무나 당연한 것으로 여기는 사람을 보면 화가 난다.
   ③ 사람들로부터 소외되거나 인정받지 못할 때 속에서 울분이 생긴다. 그렇지만 그 울

분을 겉으로 함부로 터뜨리지 않는다.

④ 분위기를 잘 타고 감정이 매우 풍부하다. 다른 사람에 비해 기분 좋고 나쁠 때의 변화가 매우 크다.

⑤ 내가 관심 가진 것(수집, 스포츠, 컴퓨터 게임, 연구 등)은 그것을 마스터(master)해야 속이 풀린다.

⑥ 일이 아무 문제없이 해결될 것임을 확인하고서도 머리 속에서는 아직도 '아니야, 할 수 없어.' '일이 잘 안 풀릴 수도 있어.'라는 식의 걱정이 들곤 한다.

⑦ 어떤 일을 하겠다고 약속을 하는 경우 내 인생이 자유롭지 못하게 묶이는 것 같고 가능성을 제한 당하는 기분이 든다.

⑧ 인생이란 투쟁이다. 하지만 우리의 용기와 의지로 우리의 인생을 위대하게 만들 수 있다.

⑨ 내가 원하지 않는 것을 자꾸 강요하는 사람을 보면 갑자기 화가 난다.

10. ① 조그마한 잘못이나 결점도 그냥 못 본 채 넘어가지 못하는 성격이다.

② 사랑은 매우 중요하다. 사랑이 없는 인생을 생각할 수 있을까?

③ 목적 달성이 어려울 때는 다른 방법을 사용하라. 어떤 원칙을 고집하기보다는 수단을 잘 활용해 효율적으로 목적을 달성하는 것이 중요하다.

④ 남들이 다 가진 것(의지력, 행복, 자신감, 사랑 등)을 나만 갖지 못했다고 느낄 때가 많다.

⑤ 많은 것을 알고 있다. 그러다 보니 어떤 문제가 생기면 사람들이 나를 찾아와 답을 구하거나 설명을 듣고 싶어 한다.

⑥ 다른 사람의 행동을 액면 그대로 받아들이지 않고 그 뒤에 숨어 있는 의도가 무엇인지 관심을 갖는다.

⑦ 한 가지 일에 오래 매달리면 흥미를 잃는다. 무엇인가 새로운 것을 찾아 경험할 때 에너지가 충만함을 느낀다.

⑧ 남에게 이끌려 다니기보다는 주도적이며 내가 원하는 것을 얻기 위해 나를 밀어붙이는 편이다.

⑨ 충돌, 싸움, 갈등 등에 무관심함으로써 평온과 안락함을 추구하려 한다.

11. ① 나는 이제까지 항상 자신에 대해서 정직하고 객관적이 되기 위해 노력했다. 나는 어떤 대가를 치르더라도 나의 양심이 시키는 대로 행동할 것이다.

② 남에게 친절한 것이 자연스러운 편이며 쉽게 대화를 잘하고 이름을 부를 정도로

친숙한 사이가 된다.

③ 나는 사람들이 나에 대해 좋은 인상을 갖기를 바란다. 그래서 나는 보통 공손하고, 예의바르고, 친절하게 행동한다.

④ 나는 내가 하는 것이 무엇이든지 간에 내 개성을 불어넣고 싶기 때문에 규칙이나 다른 사람의 생각을 따르지 않는 성향이 있다.

⑤ 나는 어떤 일에 대하여 가능한 한 완벽히 알아낼 때까지 깊이 빠져들며 아주 세밀한 것까지 생각하기를 좋아한다.

⑥ 정말로 이상한 일이다. 나는 모든 일에 대해 회의적이고 냉소적인데, 그러다가 반대로 그 일에 쉽게 빠져들기도 한다.

⑦ 나는 대충 큰 윤곽을 잡는 데는 능숙하나 세부적인 것에는 약하다. 새로운 아이디어를 내는 브레인스토밍은 좋아하나, 이를 하나하나 실행하는 것은 어려워한다.

⑧ 나는 불같이 화를 낼 때가 있다. 그러나 뒤끝이 없다. 내가 화를 내는 것은 그 사람을 오히려 아끼는 면이 있기 때문이다.

⑨ 인생은 주어진 대로 살아야 한다고 믿는다. 왜냐하면 인생에 대해 우리가 할 수 있는 일이란 극히 미약하고 제한되어 있기 때문이다.

12. ① 완벽주의, 원칙주의, 개선, 자제력, 합리, 깔끔, 정리정돈
② 베품, 도우미, 보살핌, 관대함, 애정, 관심, 정
③ 성취, 성공, 적응력, 목표 달성, 이미지 인식, 인정
④ 개성, 낭만, 심미적, 자기도취, 아픈 과거의 기억
⑤ 관조, 과학적 사고, 전략, 현실에 초연, 지식, 정보
⑥ 자기방어, 심사숙고형, 걱정, 충성, 책임감, 불안
⑦ 미래지향, 낙천주의, 열성, 쾌활, 낙관적, 충동적, 다재 다능
⑧ 보스, 도전, 1인자, 자신감, 결단력, 자립
⑨ 화합, 평온, 포용, 안도, 자기만족, 의견충돌 회피, 자연친화적

■ 검사가 끝나면, 별도의 지시사항에 따라 검사결과를 WORKSHEET에 옮겨 적으시오.

WORKSHEET

에니어그램 리더십 진단검사 결과의 정리

- 진단검사를 끝냈으면, 진단검사 결과를 다음 '검사결과 요약 표'에 정리한다.
- 검사결과 요약표의 번호에 일치시켜 각 검사 문항에 체크되어 있는 ○와 ×표를 그대로 옮긴다.
- 진단검사 제1부의 1과 2의 경우, 해당하는 번호 세 군데 모두에다 ○표를 한다.
- 그다음에는 수평으로 ○의 개수에서 ×의 개수를 뺀 점수를 오른쪽 점수 열에 기록한다. ×가 많은 경우에는 '-'가 나올 수도 있다.
- 점수가 가장 높은 유형이 자신의 리더십 성격유형일 가능성이 가장 높다.
- 프로파일은 '검사결과 요약표'를 옮겨 적은 후, 모든 점(•)을 직선으로 연결하면 완성됩니다.

검사결과 요약표

설문 항목														점수	성격유형
I부		II부													
1	2	1	2	3	4	5	6	7	8	9	10	11	12		
②	②	①	①	①	①	①	①	①	①	①	①	①	①		1
②	①	②	②	②	②	②	②	②	②	②	②	②	②		2
①	②	③	③	③	③	③	③	③	③	③	③	③	③		3
③	③	④	④	④	④	④	④	④	④	④	④	④	④		4
③	②	⑤	⑤	⑤	⑤	⑤	⑤	⑤	⑤	⑤	⑤	⑤	⑤		5
②	③	⑥	⑥	⑥	⑥	⑥	⑥	⑥	⑥	⑥	⑥	⑥	⑥		6
①	①	⑦	⑦	⑦	⑦	⑦	⑦	⑦	⑦	⑦	⑦	⑦	⑦		7
①	③	⑧	⑧	⑧	⑧	⑧	⑧	⑧	⑧	⑧	⑧	⑧	⑧		8
③	①	⑨	⑨	⑨	⑨	⑨	⑨	⑨	⑨	⑨	⑨	⑨	⑨		9

에니어그램 리더십 성격유형 프로파일

점수										
	13	•	•	•	•	•	•	•	•	•
	12	•	•	•	•	•	•	•	•	•
	11	•	•	•	•	•	•	•	•	•
	10	•	•	•	•	•	•	•	•	•
	9	•	•	•	•	•	•	•	•	•
	8	•	•	•	•	•	•	•	•	•
	7	•	•	•	•	•	•	•	•	•
	6	•	•	•	•	•	•	•	•	•
	5	•	•	•	•	•	•	•	•	•
	4	•	•	•	•	•	•	•	•	•
	3	•	•	•	•	•	•	•	•	•
	2	•	•	•	•	•	•	•	•	•
	1	•	•	•	•	•	•	•	•	•
	0	•	•	•	•	•	•	•	•	•
	–1	•	•	•	•	•	•	•	•	•
	–2	•	•	•	•	•	•	•	•	•
	–3	•	•	•	•	•	•	•	•	•
	–4	•	•	•	•	•	•	•	•	•
	–5	•	•	•	•	•	•	•	•	•
	–6	•	•	•	•	•	•	•	•	•
	–7	•	•	•	•	•	•	•	•	•
	–8	•	•	•	•	•	•	•	•	•
	–9	•	•	•	•	•	•	•	•	•
	–10	•	•	•	•	•	•	•	•	•
	–11	•	•	•	•	•	•	•	•	•
	–12	•	•	•	•	•	•	•	•	•
성격유형		1 원리 원칙형	2 도우미 형	3 성취형	4 낭만적 개성 주의	5 지식 탐구형	6 안정 지향 충직형	7 낙천적 열정형	8 도전형	9 평화 유지형

※ 최고 점수와 그다음 점수의 차이가 크지 않을 때에는 이들 모두가 자신의 '잠재적인 성격유형'이라고 판단한다.

에니어그램 리더십의 이해[1)]

에니어그램의 기본적 성격유형

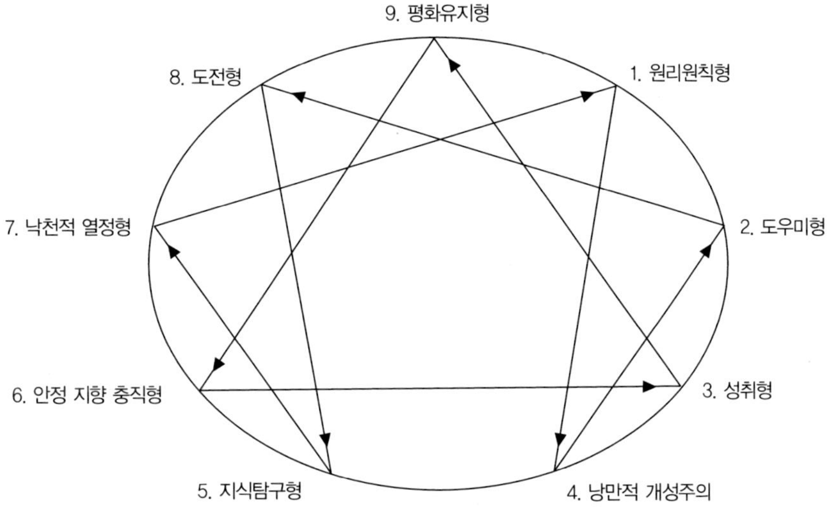

※ 화살표 방향은 퇴화 방향이고 화살표 반대방향은 성장 방향을 나타낸다.

에니어그램은 사람과 사람 간의 관계를 심도 있고 논리정연하며 인간적인 방식으로 풀어낸 해법으로 고대의 철학적 전통에 바탕을 두고 있다. 에니어그램은 9가지의 기본 세계관, 9가지의 각기 다른 행동양식을 나타낸다. 각 유형은 타고난 재능과 한계, 맹점, 특유의 사고방식과 행동방식 그리고 본성을 지닌다. 에니어그램은 무의식 속의 가정들, 즉 신념이나 취향, 기대들을 밖으로 끄집어낸다. 우리는 그런 신념이 우리에게 내재해 있는 줄 거의 모르고 지내고 있지만, 그것은 우리가 스스로를 바라보고, 일하고, 동료들과 관계를 맺고, 결정을 내리는 방식을 조종한다.

우리는 무의식 중에 자신만의 시각으로 다른 사람을 평가한다. 쉽게 자신의 관점을 다소

---

1) Goldberg(1996). *The 9 Ways of Working*. 박헌준·유민봉(역). 성공경영을 위한 에니어그램 리더십: 9가지 성격 유형의 이해를 통한 셀프 리더십 개발. 서울: 김영사.

객관적인 잣대라고 단정하고 타인의 행동을 여러 가지로 판단하는 것이다. 우리는 자신과 다른 사람의 유형을 자신에 비해 불완전한 모습이라고 생각하는 우매를 쉽게 범한다. 그러나 에니어그램은 우리가 중요한 면에서 서로 다르다는 사실을 일깨워 준다. 즉, 에니어그램의 핵심을 간단히 말하면, 자신의 세계관을 면밀히 파악한 다음, 다른 사람들을 그들에게 익숙한 그들만의 세계관에서 이해하는 것이다.

에니어그램의 기본적 성격유형의 특징[2)]

■ 원리원칙형

- 별명: 모범생, 개혁가, 순수파, 심판관, 완벽주의자
- 세계관: 무슨 일에나 올바른 방법이 있다. 내가 그 방법을 가르쳐 주겠다.
- 장점: 대안을 제시하고, 원칙에 충실하며, 열의를 다해 매진한다. 진득하고, 진지하며, 꼼꼼하다. 규율을 중시, 객관적이며, 신중하고, 위엄 있다.
- 단점: 독선적이고, 무자비하며, 냉정하다. 거만하고, 화를 참지 못하며, 완고하고, 자신뿐만 아니라 타인의 정체성을 판단하려 들며, 쉽게 용서하지 않는다.
- 리더십 스타일: 원리원칙과 과거의 사례를 신뢰하며, 전사적 품질경영(TQM: Total Quality Management)을 추구한다.
- 신조: 무결점

■ 도우미형

- 별명: 수호천사, 막후 실력가, 자선가
- 세계관: 나는 다른 사람을 도와주고 그들에게 권한을 준다. 그들에게 나는 꼭 필요한 존재이다.
- 장점: 다른 사람의 장점을 이끌어내는 마음씨 좋은 조력가. 근면하고 붙임성이 있으며 너그럽다. 주도면밀하고 다정다감하며, 솔직, 성실하고 칭찬을 아끼지 않는다. 열의가 넘치고 인간관계를 중시하며, 따뜻이 감싸 준다.
- 단점: 다른 사람들이 듣기 좋아하는 입바른 말을 한다. 자신의 목적을 이루기 위해 다른 사람의 필요를 만족시키는 베일에 싸인 조종자다. 다른 사람을 만족시키기 위해 쉽게 변하는 카멜레온과 같다.
- 리더십 스타일: 활기를 가져오는 분위기 메이커. 사람들에 대한 진정한 이해와 진심어린 격려를 통한 경영. 다른 사람의 영광이 곧 나의 영광
- 신조: 나는 다른 사람들에게 필요한 사람이다.

---

2) Goldberg(1996). *The 9 Ways of Working*. 박헌준 · 유민봉(역). 성공경영을 위한 에니어그램 리더십: 9가지 성격유형의 이해를 통한 셀프 리더십 개발. 서울: 김영사.

■ **성취형**

- 별명: 성취가, 적극적인 주도형, 관리자, 마케팅 전문가
- 세계관: 세상은 내가 노력해서 성공했다고 평가받으면 해 볼 만한 경기다.
- 장점: 적극적이고, 책임감이 있으며, 목표 성취를 위해서 끈질기고 조직적이며 열성적이다.
- 단점: 일 중독자, 속임수에 의존하는 비열한 활동가
- 리더십 스타일: 화려한 경력과 실적을 보여 줌으로써 자신을 인정하고 따르도록 만든다. 때로는 권위적이고 성과지향적 능력주의자다. 성공을 향한 노력형
- 신조: 일단 시도하라(Just do it).

■ **낭만적 개성주의형**

- 별명: 낭만파, 감식가, 개인주의자, 유행의 창출자, 창조자
- 세계관: 깊이와 품격, 통찰력 그리고 스타일이 있는, 나의 일은 진정으로 순수하고 감동을 전한다. 하지만 무엇인가 빠져 있다. 만약 상황이 달랐다면…….
- 장점: 감수성이 풍부하고, 심미적이며, 세련되고, 담대하다. 문제의 핵심을 간파하고, 심오하다.
- 단점: 의기소침하고, 오만하며, 자아가 강하고, 증오한다. 시기하고, 변덕스러우며, 원한을 품고, 만족시키기가 어렵다.
- 리더십 스타일: 직관적이고 대담한 작가주의, 타협을 모르는 최고의 예술인
- 신조: 아름다움이 진실이고, 진실이 곧 아름다움이다. 이것이 이 세상에서 우리가 아는 전부이며, 또한 알아야 할 전부다.

■ **지식탐구형**

- 별명: 사상가, 정신적 지도자, 아이디어 맨, 관조자, 철학자
- 세계관: 나는 특별한 지식에 대한 권위로 만든 은밀한 세계의 주인이다.
- 장점: 현명하고, 분석적이고, 통찰력이 있고, 생각이 깊고, 감수성이 뛰어나고, 상냥하다. 정보의 대가, 자발적 실천가, 사상과 개념에 대해 객관적이고 진지하다.
- 단점: 냉담하고, 교만한 2류 지식인, 인색하고, 접근하기 힘든 외톨이, 현학적이며, 친절을 과시한다.
- 리더십 스타일: 철학자식 군주, 원격조종 리더십, 마법사
- 신조: 나는 생각한다. 고로 나는 존재한다.

■ 안정지향 충직형

- 별명: 독실한 회의론자, 약자의 대변인, 충실한 신도
- 세계관: 세상은 위험하고 진실은 숨겨져 있다. 겉으로 보이는 것만으로 믿을 수 없다. 내게는 믿을 수 있는 동지가 필요하다.
- 장점: 악의 처단자, 템플 기사단(성지 순례와 성역 보호를 목적으로 하는 기사단). 충성스럽고, 진실하고, 따뜻하고, 성실하고, 상상력이 풍부하고, 유머가 있고, 현명하고, 의지가 강하다. 신중하고, 활동적이고, 자기희생적이다. 공동체를 잘 만들고, 팀 내에서 협조를 잘하는 팀 플레이어, 선의의 경쟁을 한다.
- 단점: 학대받은 박해자, 편협하고, 의심이 많고, 독설적이고, 공격적이고, 비겁하게 남을 괴롭히기 좋아하는 불량배. 두려움, 의심, 걱정 때문에 선뜻 행동하지 못하고, 비관론을 지껄이기 좋아하는 부호
- 리더십 스타일: 마음 내켜하지 않는 권위(온정적이고, 까다로우며, 논쟁을 일삼고, 매우 권위적일 수 있으나 늘 생각한다). 경쟁자, 상사, 부하직원, 정부 등 적에 맞서 방어적인 대응을 취한다. 예상되고, 실제 일어난 도발에 대해 반응한다. 자기편을 단결시킨다. 자신의 팀이나 직원들을 보호하려고 한다.
- 신조: 유비무환

■ 낙천적 열정형

- 별명: 상상가, 계획가, 쾌락주의자, 낙천주의자
- 세계관: 낯선 새로운 세계를 탐험하는 것. 아무도 가본 적이 없는 길을 대담하게 도전하는 것. 세상은 흥미진진한 가능성과 개념 그리고 경험으로 가득 차 있다. 나의 임무는 그것들을 체험하는 것이다.
- 장점: 혁신적이고, 낙천적이고, 열성적이고, 웃기고, 재치 있다. 영감을 주고, 큰 그림을 그리는 사람들. 매력적이고, 추진력이 있다.
- 단점: 책임감이 없고, 피상적이고, 주의가 산만하다. 주의력이 떨어지고 마무리에 약한 아마추어 애호가. 지나치게 충동적이다.
- 리더십 스타일: 아이디어의 신봉자, 이야기 들려주기, 인맥 짜기 등을 통한 경영
- 신조: 비행기구를 타자.

■ 도전형

- 별명: 우두머리, 대장, 지도자, 보스, 권세가, 거물, 챔피언
- 세계관: 나는 강하다. 내가 책임자다. 나는 약자를 괴롭히고, 권력을 남용하고, 거짓

을 가장하고, 어리석은 자들을 응징한다.

- 장점: 최종 책임은 내가 진다. 책임 있는 실천가, 강하고 책임감 있고 정력적인 지배자. 전설적 영웅
- 단점: 뻔뻔하고, 무절제하고 대결적이며, 방탕하고, 위세부리며, 둔하고, 분별력이 부족하다. 약자를 못 살게 굴고, 거드름을 피우고, 무신경하며, 복수심이 강하다.
- 리더십 스타일: 독재적이고, 가부장적이고, 퉁명스럽고, 공격적이다. 때때로 매서운 막후 실력자
- 신조: 진실과 정의. 내 방식대로 한다.

■ **평화유지형**

- 별명: 자연주의자, 평화중재자, 협상가
- 세계관: 차분하고, 우호적이고, 일관성을 지킨다면 모든 것이 해결될 것이다.
- 장점: 다른 사람에 대한 감정 이입이 뛰어나고, 성실하고, 안정적이고, 믿을 수 있고, 겸손하며, 인간 세상에서 소금과 같은 존재
- 단점: 지나치게 유순하고, 무관심하고, 태만하고, 변화에 저항적이며, 우유부단하고, 따분하고, 습관에 집착하고, 공간에 집착하며, 완고하다.
- 리더십 스타일: 협조적이며, 포용적이고, 보수적이고, 믿음과 참여를 공유한다. 하지만 때로 수동적이거나 공격적이고 완고하다.
- 신조: 그대로 두어라. 흐르는 물줄기를 바꾸려 하지 마라.

뉴 리더의 조건: 미래 창출의 10가지 요소[3)]

왜 우리는 리더를 필요로 하는가? 우리의 앞날과 삶의 질은 바로 리더의 질에 달려 있기 때문이다. 21세기 창조자인 리더는 누구인가?

1. 리더는 꿈을 관리한다.

모든 리더는 사람들을 새로운 목적지로 인도하는 비전을 설정하고 실현시키는 역량을 가지고 있다. 리더의 첫 번째 임무는 '사명(mission)을 정의하는 것'이다(Peter Drucker). 리더의 첫 번째 책임은 '현실을 정의하는 것'이고, 마지막은 "감사합니다."라고 말하는 것이다. 그리고 중간에서는 리더는 단지 '시중꾼'이다(Max De Pree).

비전은 깨어있는 꿈이다. 리더의 책임은 비전을 현실로 바꾸는 것이다. 꿈, 즉 비전을 관리하는 것은 다섯 부분으로 나누어질 수 있다. 첫 번째 부분은 비전을 전달하고 이해시키는 것이다. "이해되지 않는 꿈은 단순한 사건으로 남아 있다. 그러나 이해되면 그것은 산 경험이 된다."(Carl Jung) 꿈을 관리하는 다른 네 가지 부분은 신중히 채용하는 것, 포상하는 것, 재훈련하는 것 그리고 조직을 정비하는 것이다.

2. 리더는 실수를 포용한다.

리더는 실수를 두려워하지 않고 실수를 하면 그것을 솔직하게 인정한다. 리더는 모험을 장려하는 분위기를 만든다. 리더는 함께 일하는 사람들에게 유일한 실수는 아무것도 하지 않는 것이라고 말한다. "실패는 죄가 아니다. 낮은 목표가 죄일 뿐이다. 유일한 실패는 아무 것도 하지 않는 것이다."(John Wooden)

3. 리더는 사려 깊은 말대꾸를 장려한다.

모든 리더는 자신의 생애에서 진실을 말해 주는 사람을 갖는다는 것이 대단히 중요한 일이라는 것을 알고 있다. 믿는 사람으로부터의 말대꾸는 사려 깊은 것이다. 그것을 통해서 리더는 배울 수 있고, 자기 자신에 관해 더 많은 것을 발견할 수 있기 때문이다.

---

3) Bennis(1989). *On Becoming a Leader*. 김경섭(역)(2000). 뉴 리더의 조건. 서울: 김영사.

4. 리더는 반대 의견을 장려한다.

리더는 자기 주변에 상반되는 견해를 가지고 있고, 반대와 차이점을 말해 줄 수 있는 같은 사람들을 둘 필요가 있다. 리더의 주위에 보완주의자들이 있을지라도 그들로 하여금 솔직하게 털어놓고 말하게 하기란 쉽지 않다. 리더의 주위에 있는 사람들은 솔직하게 이야기할 때 닥치는 위험이 무엇인지를 모두 잘 알고 있다. 대부분의 조직체가 겪는 비극 중의 하나는 측근에 있는 사람들이 예방할 수 있음에도 리더가 실수를 범하도록 내버려둔다는 점이다. 이러한 경향에 대처하기 위해 리더는 주변 사람의 엉뚱한 아이디어에도 관심을 가져야 하며, 직원들과 어울려 일하며 반대 의견을 장려해야 한다.

5. 리더는 노벨(Alfred Nobel)의 요소를 소유하고 있다. 즉, 낙관적 인성, 신념, 희망 등을 가지고 있다.

낙관성과 희망은 선택을 낳는다. 우리가 절망할 때는 선택의 여지가 없다고 느끼기 때문이다. 리더의 세계관은 항상 다른 사람에게 감염이 된다. 노벨 요소를 소유하고 있는 사람들 중에서 무한한 낙관성을 보여 주는 본보기는 "나는 죽을 수 없다. 나는 공연이 예약돼 있는 곳이 있다."라고 한 코미디언 조지 번스(George Burns)이다.

6. 리더는 경영에서 피그말리온(pygmalion) 현상을 이해한다.

리더는 자기 주변에 있는 사람들에게 최대의 성과를 기대한다. 리더는 자기 주변에 있는 사람들이 변하고 성장할 수 있음을 믿는다. 당신이 최고의 성과를 기대한다면 동료들은 그렇게 해 줄 것이다. 리더의 진짜 책임 중 하나는 사람들에 대한 기준을 정하고 기대치를 설정하는 것이다. 기준과 기대치를 너무 낮게 정하면 그것은 조직체뿐만 아니라 개인에게도 낭비다. 그러나 그것들을 너무 높게 설정해서 사람들이 감당할 수 없다면 사람과 조직체는 파괴된다.

7. 리더는 그레츠키(W. Gretzky) 현상, 즉 일종의 직감을 가지고 있다.

이 시대의 가장 뛰어난 하키 선수였던 그레츠키는 "퍽이 지금 어디에 있는가를 아는 것은 그것이 앞으로 어디로 갈 것인가를 아는 것보다는 중요하지 않다."라고 말했다. 리더들은 문화가 어디로 흘러갈 것인지, 또 조직체가 성장하면 어느 위치에 있어야 할 것인지에 대해 그와 같은 감을 가져야 한다.

8. 리더는 장기적인 안목을 갖고 있다.

리더는 참을성을 가지고 있다. 아먼드 해머(A. Hammer)는 89세에 말하기를, "이제는 향

후 10년 앞의 장기 계획만 세운다."고 했다. 자신이 살아 있을 때 그 결과를 보고 싶기 때문일 것이다.

9. 리더는 이해집단들의 요구를 균형있게 조정할 줄 안다.

짐 오툴(Jim O'Toole)은 『선구적 경영』이라는 책에서 우수한 기업들이 따르고 있는 여러 원칙들 중 가장 중요한 것으로 '이해집단의 조정'을 꼽고 있다. 세계의 현실, 인접 지역 환경의 복잡성, 이해집단의 균형에 대한 필요성 등은 리더가 만화경적인 비전의 화려한 영광을 꿈꾸면서도 결코 잊어서는 안 될 문제들이다.

10. 리더는 전략적인 동맹과 협력 관계 등을 맺는다.

리더는 세계를 전체적으로 보며 더 이상 홀로 고립되어 있을 수 없음을 안다. 모든 것은 모든 것과 관련되어 있기 때문에 상호작용을 주고받는다. 유능한 리더는 자신의 운명과 서로 관련되어 있는 다른 조직체들과 동맹과 협력 관계를 맺는 것이 조직의 생존과 발전을 위해 매우 중요하다는 것을 깊이 인식하고 있다.

훌륭한 리더십의 5가지 법칙과 10가지 제안[4)]

5가지 법칙	10가지 제안
1. 리더는 결과가 아니라 과정에 도전한다.	1. 변화와 성장, 혁신과 발전을 위한 도전적인 기회를 탐색하라. 2. 실험하라. 위험을 감수하라. 야기되는 실수로부터 배워라.
2. 리더는 공유비전을 고취시킨다.	3. 진취적이고 품위있는 미래를 마음속에 그려라. 4. 다른 사람들의 가치와 이해, 희망과 꿈에 호소함으로써 그들을 공유비전에 동참시켜라.
3. 리더는 다른 사람들을 행동하게 만든다.	5. 공동의 목표 추구, 신뢰 구축을 통해 협력을 촉진하라. 6. 권한 부여(empowerment)와 역량의 개발, 중요 과업의 할당, 실제적 지원의 제공을 통해 부하를 강화하라.
4. 리더는 모범과 실행을 통해 방침을 모형화한다.	7. 공유된 가치와 일치하는 방침을 통해 모범을 보여라. 8. 지속적인 발전과 몰입을 촉진하는 작은 승리들을 달성하라.
5. 리더는 구성원들에게 용기를 불어넣는다.	9. 모든 프로젝트의 성공에서 개인적인 공헌을 높이 평가하라. 10. 정기적으로 팀의 목표 달성을 축하하라.

4) Kouzes & Posner(1995). *The Leadership Challenge*. 송경근 · 김진철(역)(1999). 리더십 불변의 법칙 5. 서울: 한국언론자료간행회.

리더가 저지르기 쉬운 10가지 실수[5)]

실수 1. 무조건 명령하지 마라! (명령하달식 리더십)

- 명령하달식이 드러나는 곳: 직권 남용, 부당한 위임, 경청 소홀, 독재권, 지나친 완벽주의, 자기중심적인 태도
- 권위적인 리더십에 빠지는 이유: 상명하달식의 리더십은 가장 '보편적'으로 사용되는 '전통적'인 것으로 그것이 가장 '쉬운 방식'이기 때문이다.

실수 2. 사람을 우선에 두라! (사람을 무시한 업무 추진)

- 리더십의 역할이 크면 클수록 사람 중심의 일이 더 중요하다. 사람은 방해물이 아니라 기회다. 가장 중요한 것은 사람과의 만남이다. 리더십은 기본적으로 사람을 상대하는 일이다. 최고관리자는 여기저기 널려 있는 사람들의 문제에 신경을 쓰며 자기 시간의 90% 정도를 할애한다(Bennis & Nanus).
- 왜 우리는 사람중심으로 일하기보다는 일 자체에 매이게 될까? 보이는 결과가 보이지 않는 관계에 우선하기 때문이다. 바쁜 업무가 '한가한' 대화를 못하게 한다. 물질적 세계가 비물질적 세계를 지배하기 때문이다. 우리는 '업적'으로 평가받지 '인격'으로 평가받는다고 느끼지 않기 때문이다. 강박적인 행동 때문이다.

실수 3. 확신있게 말하라! (확신 없는 말)

- 모든 사람은 확신 있는 말과 칭찬으로 성장한다. 우리는 자신이 베푼 작은 친절의 위력을 과소평가하는 경향이 있다. 누군가 칭찬을 들을 수 있는 작은 계기를 발견하지 못할 때 자아는 상처를 입게 된다. 하지만 우리가 받은 칭찬은 본성적으로 곧 잊혀 버린다. 바로 이 점이 왜 우리가 늘 다른 칭찬을 사용해야 하는지에 대한 이유이다. 특별한 노력을 인정하라. 좋은 일을 비밀로 하지 마라. 공개적으로 사람들에게 감사하라.

---

5) Finzel(2000). *The Top Ten Mistakes Leaders Make*. 조기현(역)(2001). 리더가 저지르기 쉬운 10가지 실수. 서울: 도서출판 프리셉트.

실수 4. 도전자를 위한 공간을 만들라! (도전의 불씨 제거)

- 대개 거대한 조직은 도전자가 재능을 발휘하기 전에 그들을 사장시켜 버린다. 우리는 모든 사람이 평등해야 한다는 공산주의의 위험요소를 피해야 한다. 이것은 개인의 독창성을 인정하지 않기 때문이다.

실수 5. 독불장군이 되지 말라! (독재적인 의사결정)

- 독재자는 개인의 가치를 인정하지 않는다. 독재적 리더는 자신만이 진실을 볼 수 있으며 지혜를 소유한다고 생각하며, 누구와도 상의하지 않고 마음속으로 혼자 결정을 내리고 사람들을 놀라게 한다. 반면에 촉진하는 리더는 많은 사람이 진실을 볼 수 있으며 지혜를 소유한다고 생각하며, 가능한 중요한 결정을 실무자들이 결정하도록 위임한다. 일을 하는 사람이 그것을 해낼 수 있는 방법을 결정해야 한다.

실수 6. 믿고 맡기라! (권한 위임의 철회)

- 과다한 관리는 리더십에 있어서 가장 큰 죄악이다. "최고의 전문가는 자신이 원하는 일을 해낼 수 있는 사람을 발견할 수 있는 감각을 지닌 사람이다. 그리고 그들이 하는 일에 참견하지 않는 사람이다."(Theodore Roosevelt) 중요한 일을 과감하게 다른 사람에게 위임한다는 것은 대단한 믿음이 필요하다. 위임의 문제는 존경의 문제이다. 권한의 위임은 상대방에게 책임감과 자존심을 부여하는 일이다.
- 왜 리더는 위임(delegation) 하지 않는가? 리더가 권한 위임을 하지 못하는 중요한 이유는 권한 상실에 대한 두려움, 일을 망칠 것에 대한 두려움, 자신보다 일을 더 잘할 수 있다는 두려움, 일을 맡길 때 필요한 시간을 기다리지 못함, 다른 사람에게 의존하게 된다는 두려움, 훈련과 긍정적인 경험의 부족 등이다.
- 명확한 위임을 위한 핵심 요소: 일을 맡긴 사람에 대한 믿음, 내가 그 일을 더 잘할 수 있다는 마음 버리기, 나의 방식대로 일을 처리해야 한다는 생각 버리기, 내가 그 일을 더 빨리 할 수 있다는 욕망을 인내하기

실수 7. 온 마음으로 대화하라! (의사소통의 철회)

- 당신이 알지 못하는 사실을 다른 사람들은 알고 있음을 느낄 때 당신의 기분은 어떠할까? 누군가가 무엇인가를 알고 있다고 추측하지 말라. 알 권리는 기본적인 것이다. 누군가를 정보에서 소외시켜 버리는 위험보다는 지나치게 많은 정보를 공유하는 실수가 차라리 낫다. 소외된 사람들은 남을 비난하는 루머부터 만들려 한다.
- 리더가 경청에 실패하는 것보다 조직의 발전을 저해하는 요소는 없다. 능력있는 리

더십은 말하는 것보다는 듣는 것과 더 밀접한 관련이 있다.

- HOT 의사소통을 하라: H(honest: 정직), O(open: 개방성), T(transparent: 투명성)

실수 8. 함께 나아가라! (협력문화의 부재)

- 조직의 문화는 조직의 가치와 전통에 기초하여 조직원들이 행동하는 방식이다. 문화를 만들고 바꾸어 나가는 것은 리더십의 최우선 과제 중 하나다.

실수 9. 사람을 키워라! (후계자 없는 성공)

- 후임자 없는 성공은 실패다. 후임자 없는 성공은 자녀 없는 부부와도 같다. 즉, 그 가족의 미래가 끝나버린 것이다. 조직에서도 후계자를 확정하고 양육하는 데 실패한 리더는 그 조직의 미래를 가로막는 것이며, 공동체가 지니고 있는 목적을 성취하지 못하게 된 것이다. 적절한 시기에 후계자를 세워야 할 필요를 분명히 느낀다면 겸손하게 그들을 위해 준비하라.

실수 10. 꿈꾸는 자가 되라! (모호한 미래의 청사진)

- 비전은 훌륭한 리더의 최고의 임무다. "조직을 탁월하게 장기적인 성공으로 몰고 가기 위해서는 매력적이고 훌륭하며 성취 가능한 미래의 비전을 널리 공유하는 것보다 더 강력한 엔진은 없다."(Nanus, *Visionary Leadership*, 1992)

감성의 리더십[6)]

■ **공감을 불러일으키는 감성지능을 갖춘 리더만이 위대한 리더십을 발휘할 수 있다. 감성지능 능력은 타고나는 것이 아니라 후천적으로 학습되는 것이다.**

■ **감성지능의 4차원과 그에 수반되는 능력**

• 개인적 능력: 자신을 다스리는 능력

1. 자기인식 능력
- 감성적 자기인식 능력: 자신의 감정을 읽고 그것의 영향력을 깨닫는 것
- 정확한 자기평가 능력: 자신의 장점과 단점(한계)을 아는 것
- 자기 확신 능력: 자신의 가치와 능력에 대해 긍정적으로 생각하는 것

2. 자기관리 능력
- 감성적 자기제어 능력: 파괴적인 감정과 충동을 통제하는 것
- 솔직할 수 있는 능력: 솔직히 있는 그대로를 보여 주는 것. 진실함
- 적응력: 상황의 변화에 적응하고 장애를 극복하기 위해 유연하게 대처하는 것
- 성취력: 최선의 기준을 충족시키기 위해 노력을 아끼지 않는 능력
- 진취성: 주도적으로 먼저 나서고 기회를 포착할 수 있는 능력
- 낙천성: 모든 사물을 긍정적으로 보는 능력

• 사회적 능력: 관계를 다스리는 능력

3. 사회적 인식 능력
- 감정 이입의 능력: 타인의 감정과 생각을 헤아리고 관심을 표명할 줄 아는 능력
- 조직적 인식 능력: 조직의 흐름과 의사결정 구조, 경영방식 등을 읽어 내는 능력

---

6) Goleman(2002). *Primal Leadership: Realizing the Power of Emotional Intelligence*. 장석훈(역)(2003). 감성의 리더십. 서울: 청림출판.

– 서비스 능력: 부하직원과 고객의 요구를 알아차리고 부응하는 능력

4. 관계관리 능력

– 영감을 불러일으키는 능력: 확고한 전망으로 사람을 이끌고 동기부여하는 능력
– 영향력: 다양한 설득의 기술을 구사할 줄 아는 능력
– 타인을 이끌어 주는 능력: 피드백과 지도로 다른 사람의 능력을 지원하는 능력
– 변화를 촉진하는 능력: 새로운 방향을 제안하고 관리하며, 이끄는 능력
– 유대 형성 능력: 관계의 망을 만들고 유지하는 능력
– 팀워크와 협동을 이끌어 내는 능력: 팀을 구성하고 협력체제를 조성하는 능력

피그말리온 효과
(Pygmalion Effect)

■ **잘한다고 해야 더 잘 한다:** 가능성을 발견하고 잘할 것이라고 기대하면 상대방은 그 기대에 맞추기 위해 노력을 하게 된다. 상대방에 대해 긍정적인 기대를 하면 상대방은 기대에 부응하는 행동을 하게 되는 것을 심리학에서는 피그말리온 효과(Pygmalion Effect)라고 한다.

피그말리온이란 그리스 신화에 나오는 주인공의 이름이며, 신화의 내용은 다음과 같다.

"피그말리온은 여성에게서 너무 많은 결점을 보았기 때문에 마침내 여성을 혐오하게 되고 그래서 평생을 독신으로 지내기로 결심한 조각가였다. 한번은 상아로 여자를 조각하게 되었는데 그 작품의 아름다움은 살아 있는 여자 따위와는 비교할 수 없을 정도로 완벽하였다. 그는 스스로 자신의 작품에 경탄한 나머지 이 작품과 사랑에 빠졌다. 가끔씩 살아있는지 확인하기 위해 손을 대보고 소녀들이 좋아하는 것들을 선물로 주고 안아 보기도 하였다. 그는 조각에 옷을 입히고 손가락에 보석 반지를 끼우고 가슴에는 진주목걸이를 달아주었다. 심지어는 보드라운 소파에 눕히고 보들보들한 깃털을 넣어 만든 베개를 받쳐 주고 아내라고 부르기도 했다. 아프로디테 제전이 가까워 이 제전에서 자기의 임무를 끝낸 피그말리온은 제단 앞에서 머뭇거리며 말했다. '신들이여! 원컨대 나에게 나의 상아 처녀와 같은 아내를 점지하여 주소서.' 아프로디테 신은 그의 소원을 들어주겠다는 표시로 제단에 타오르는 불꽃을 세차게 공중에 세 번 오르게 하였다. 집으로 돌아온 피그말리온은 소파에 누인 조각을 보았다. 생기가 도는 것 같았다. 손이 부드럽게 느껴졌다. 착각이 아닐까 의심하면서 사랑하는 사람의 정열로 여러 번 어루만졌다. 피부를 누르면 들어가고 손을 떼면 다시 원상태로 돌아왔다. 자기의 입술을 처녀의 입술에 갖다 대자 그 처녀는 수줍은 듯 얼굴을 붉혔다. 마침내 원하는 바대로 이루어진 것이다."

버나드 쇼(Bernard Shaw)의 희곡 〈피그말리온〉에 나오는 여주인공 엘리자 두리틀의 독백

"…… 선생님은 숙녀와 꽃 파는 소녀 사이의 차이가 행동을 어떻게 하느냐가 아니라, 어떻게 취급되느냐에 따라 달라진다는 것을 알고 계시는군요. 히긴스 교수는 저를 항상 꽃 파는 아가씨로 취급하시니까, 저는 그 교수님 앞에서 항상 꽃 파는 아가씨일거예요. …… 그

러나 선생님은 저를 숙녀로 대해 주시니까, 저도 숙녀가 될 수 있음을 알았어요. 그래서 저는 선생님 앞에서는 항상 숙녀가 될 거예요."

■ **교사의 기대가 아이들의 성적을 좌우한다:** 로젠탈(R. Rosenthal)과 제이콥슨(L. Jacobson)이라는 심리학자는 초등학교 교사들을 대상으로 피그말리온 효과를 확인하기 위한 다음과 같은 실험을 하였다. 즉, 학년 초에 초등학교 1학년과 2학년 담임교사들에게 몇 명의 학생들의 명단을 주면서 이 아이들은 여러 가지 심리검사 결과에서 잠재력이 매우 우수한 것으로 확인되었다고 말해 주었다.

사실 이 아이들은 검사 결과나 학업 성적과는 상관없이 임의적으로 선택된 아이들이었다. 1년이 지나 학년말에 학생들의 학업 성적과 행동을 평가하였다. 평가결과에 따르면, 잠재력이 뛰어난 것으로 기대되었던 아이들은 그렇지 않았던 아이들과 비교했을 때, 전년도에 비해 지능검사의 점수와 학업성적이 현저하게 진전되었을 뿐만 아니라 호기심이 많은 아이들로 평가받게 되었다. 원래는 기대집단의 아이들과 비교집단의 아이들은 능력 면에서 차이가 전혀 없었다. 단지 교사가 기대하는 바에서만 차이가 있었던 것이다.

제18장

8차 강의안:
변화관리와 커뮤니케이션

모의실험: 그리스 십자가

1. 임 무

여러분이 속해 있는 각 팀은 전체 4개의 팀, 즉 1개의 집단 중 하나입니다. 이 게임은 4개의 팀이 협동하여 하나의 커다란 평면적인 그리스 십자가를 만드는 일입니다. 각 팀이 하여야 할 임무는 그리스 십자가 중의 일부분을 만드는 일입니다. 따라서 같은 목적을 지닌 4개의 팀이 팀 내에서는 구성원 간의 협력, 집단 내에서는 각 팀 간의 상호 긴밀한 커뮤니케이션과 협조를 통하여 공동의 목적을 달성할 수 있는 것입니다.

2. 목 적

이 게임을 통하여 다음과 같은 기능을 체험하게 되며 또한 발휘하게 됩니다.

- 문제의 올바른 인식 능력
- 집단활동 능력
- 관리기능의 이해(Plan-Do-See)
- 의사전달 능력
- 정보관리 능력

3. 게임 준비물

- 그리스 십자가 조립용 부분품(총 24개; 팀당 6 개씩 배분함)
- 의사전달을 위한 메모지(팀당 20장 이상)
- 게임설명서(4부)
- 토의 사항(4부)
- 우편함(1개)

4. 모의실험 소요시간(총 150분)

- 게임 개요 설명 및 준비: 10분
- 팀별 문제해결 활동: 60분
- 팀별 게임 결과 평가 및 토의: 20분
- 팀별 게임 결과 발표: 20분
- 전체 종합토론: 30분
- 종합 강평: 10분

■ 게임 설명서(규칙)

- 당신은 지정된 장소에서 이탈해서는 안 된다.
- 분배된 부분품은 전체적으로 중복되거나 부족하지 않다.
- 주어진 메모지에 의해서만 다른 팀과 의사소통을 할 수 있다.
- 모든 게임 중의 질문은 메모를 이용하여 할 수 있으며 주심도 메모로서 회답하게 되어 있다.
- 팀 간의 연락은 메모를 Communication Center(약칭: C. C)에 설치되어 있는 우편함에 접수하는 것으로 끝난다.
- 각 팀으로 가는 메모나 부분품 등은 각 팀 연락 담당자가 C. C에 있는 우편함을 확인하여 이를 가져간다.
- 각 팀은 1명의 연락 담당자를 임명하고, C. C의 우편함에서 메모나 필요한 물품은 반드시 연락 담당자가 하여야 한다.
- 필요에 따라 부분품을 팀 간에 주고받을 수 있으나, 그 경우에 반드시 자기 팀에 3개 이상의 부분품을 남겨야 한다.
- 각 팀의 부분 조립이 완료되면 최종 조립 장소로 옮겨 최종적인 십자가를 4개 팀이 완성시켜야 게임이 끝나게 된다.
- 기밀 보전을 위하여 작업 시는 되도록 낮은 음성으로 한다.
- 메모의 '체크'란에 (√)가 안 될 때는 메모 전달에 이상이 생길 수 있다.
- 동일한 문서를 각 팀에 발송하고자 할 때는 필요한 수만큼 발송해야 한다.
- 각 팀은 공간적으로 완전 분리되어 있는 상태로 가정한다.

■ 토의사항

① 여러분은 본 게임의 설명을 듣고 이 문제를 어떻게 인식하였는가?
② 여러분 팀에서는 구성원 개개인의 임무를 어떻게 분장하였는가?
③ 문제해결을 위해 여러분 팀에서는 어떤 전략을 수립하였는가?
④ 팀 활동의 성과를 올리는 데 당신은 얼마나 기여를 하였는가?
⑤ 팀 내에서 의사교환과 협력은 어느 정도였다고 생각하는가?
⑥ 문제해결의 아이디어를 결정적으로 제공한 사람은 누구인가?
⑦ 팀과 팀 간의 협력관계, 즉 집단 내의 커뮤니케이션은 원활하게 이루어졌다고 생각하는가?

⑧ 팀 활동을 개선하기 위해서 개선해야 할 점이 있다면 무엇인가?

⑨ 이 과정을 통해서 느끼고 배운 점은 무엇인가?

■ **게임 준비물(메모지 제작: 선을 절취하여 사용함)**

MEMO ■ 수신: 팀 ■ 수신: 팀 □ 아래 정보를 제공합니다. □ 아래 부품을 가지고 있습니다. □ 아래 부품을 보냅니다. □ 아래의 정보를 알려 주십시오. □ 기타 ※ 전달 내용:	MEMO ■ 수신: 팀 ■ 수신: 팀 □ 아래 정보를 제공합니다. □ 아래 부품을 가지고 있습니다. □ 아래 부품을 보냅니다. □ 아래의 정보를 알려 주십시오. □ 기타 ※ 전달 내용:
MEMO ■ 수신: 팀 ■ 수신: 팀 □ 아래 정보를 제공합니다. □ 아래 부품을 가지고 있습니다. □ 아래 부품을 보냅니다. □ 아래의 정보를 알려 주십시오. □ 기타 ※ 전달 내용:	MEMO ■ 수신: 팀 ■ 수신: 팀 □ 아래 정보를 제공합니다. □ 아래 부품을 가지고 있습니다. □ 아래 부품을 보냅니다. □ 아래의 정보를 알려 주십시오. □ 기타 ※ 전달 내용:

■ 게임 준비물(그리스 십자가 제작)

- 아래 제시한 '그리스 십자가 도면(1~5)'을 이용하여 부품(총 24개)을 제작한다.
- 부품 위에는 도면의 '부품 번호(예: C3, A1 등)'는 표시하지 말아야 한다.
- 도면의 선을 절취하여 부분품을 제작한다.
- 재료는 '나무' 또는 '아크릴'(두께: 최소 0.5~1cm)을 사용한다.

그리스 십자가 도면-1(20×20cm 정사각형)

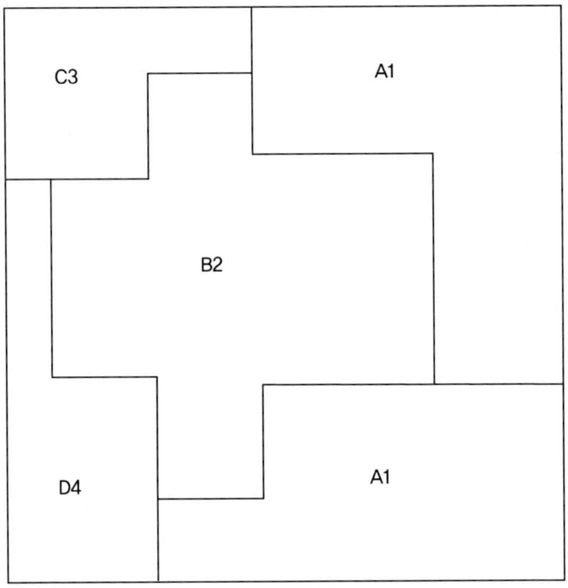

그리스 십자가 도면-2(20×20cm 정사각형)

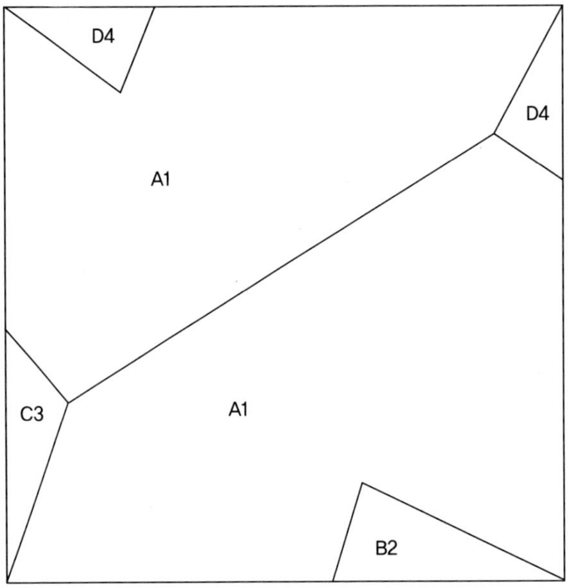

그리스 십자가 도면-3(20×20cm 정사각형)

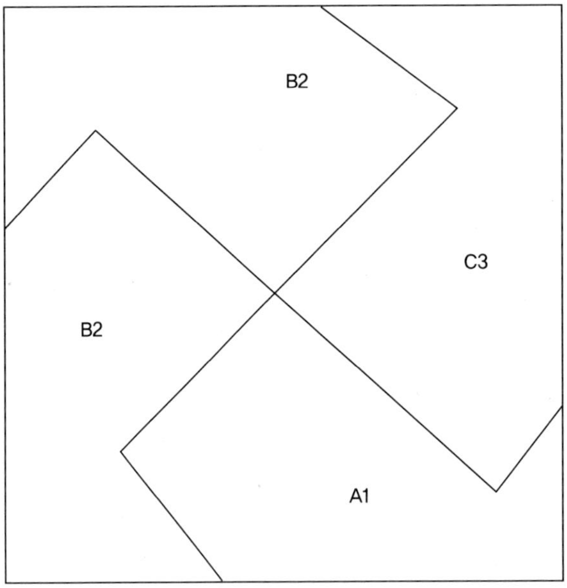

그리스 십자가 도면-4(20×20cm 정사각형)

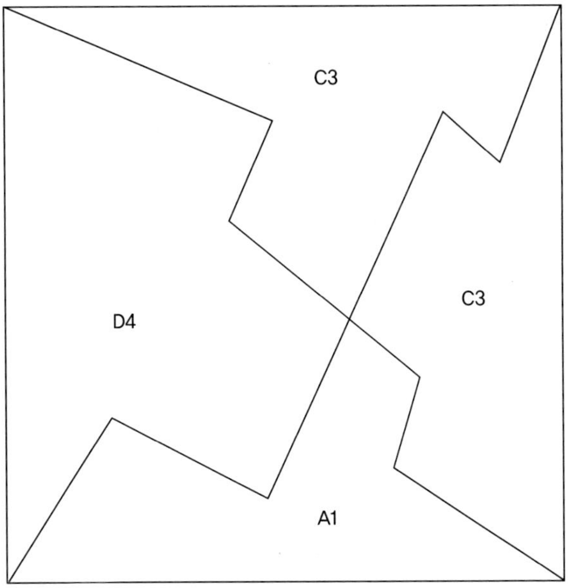

그리스 십자가 도면-5(20×20cm 정사각형)

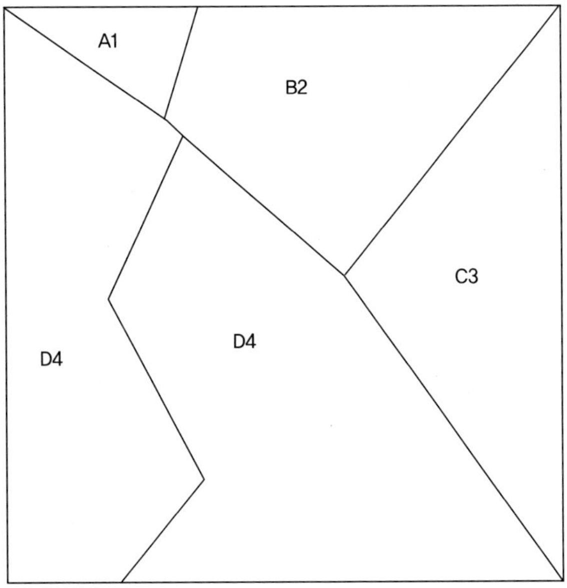

WORKSHEET

■ **해설**

- 4팀 중 3팀은 정사각형을 1개 조립하고, 나머지 1팀은 정사각형을 2개 조립하여야 한다.
- 4팀이 조립한 총 5개의 정사각형을 한 장소에 모아 아래 제시한 정답과 같이 조립하면, 그리스 십자가가 완성된다.

■ **정답**: 그리스 십자가

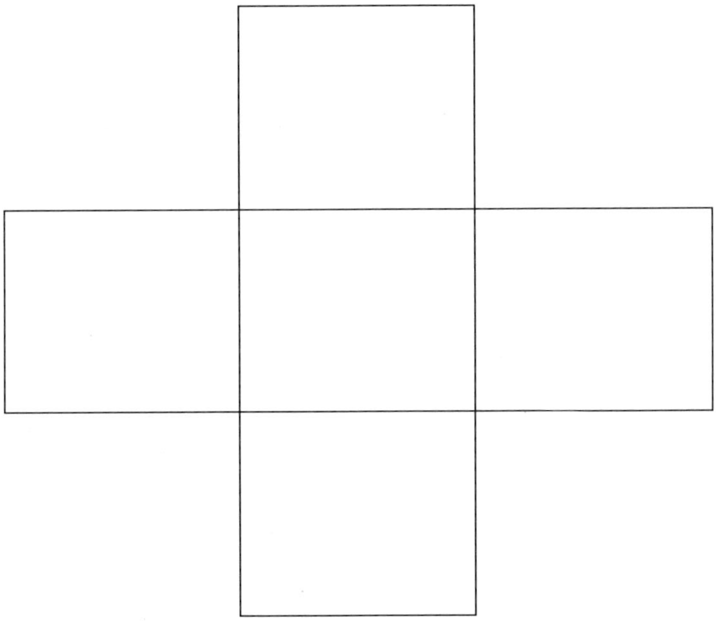

변화관리 진단검사

■ 아래에는 '변화의 본질'에 대해 기술한 문항들이 제시되어 있습니다. 각각의 문항에 대해 옳다고 생각하면 T에 ○표를, 틀리다고 생각하면 F에 ○표를 하시오.

T, F	1. 사람들은 변화에 항상 저항한다.
T, F	2. 변화에 대한 저항을 유발시키는 것은 변화 그 자체보다는 변화에 대한 선택의 자유의 결핍에 있다.
T, F	3. 변화에 대한 저항을 관리하는 일은 변화에 대한 무관심을 관리하는 것보다 더 어렵다.
T, F	4. 조직의 세부적인 특징에서 차이가 있음에도 불구하고, 변화를 위한 모든 노력의 전형이 되는 어떤 명확한 패턴이 존재한다.
T, F	5. 조직 변화가 효과적이기 위해서는 점진적인 조치보다는 어떤 극적인 조치나 비약적인 시도가 요구된다.
T, F	6. 조직변화는 전형적으로 경영진의 독자적인 주도보다는 조직 외부의 환경적 압력에 대한 반응으로 일어난다.
T, F	7. 리더가 조직의 미래 상태를 분명하게 제시하는 것은 변화를 위한 노력이 성공을 거두기 위한 가장 중요한 일 중의 하나다.
T, F	8. 변화관리의 초기 단계가 매우 효과적이기 위해서는 현재 상태에 대한 불만을 표면화시켜야 한다.
T, F	9. 변화 계획을 수립하고, 변화를 어떻게 완결할 것인가에 대한 계획을 알려 주는 일은 통찰력 있는 소수의 집단에 의해 추진되어야 한다.
T, F	10. 조직 변화에 대해 대부분의 사람들이 제기하는 첫 번째 물음은 조직의 미래 상태에 대한 일반적인 모습에 관한 것이다.
T, F	11. 개인이든 집단이든 사람들이 기득권을 지키려고 하는 것은 체계적인 변화를 만드는데 가장 커다란 장애물이다.
T, F	12. 조직의 리더들은 조직 목표에 도달하기 위한 방법을 변화시키는 것보다는 조직 목표를 변화시키기가 더 어렵다고 생각한다.
T, F	13. 변화를 위한 노력에서 가장 어려운 부분은 조직의 미래 상태에 대한 비전을 결정하는 일이다.
T, F	14. 변화를 위한 어떤 노력에서든 계속 변함이 없을 것을 알려 주는 것은 앞으로 달라질 것을 알리는 것만큼 중요하다.

T, F	15. 변화를 관리할 때 흔히 범하는 잘못은 구성원에게 변화과정에 대한 정보를 필요 이상으로 제공하는 것이다.
T, F	16. 조직의 새로운 미래를 향해 움직이기 시작할 때, 조직 구성원들은 현재 상태의 상실로부터 벗어나고 상심에 젖을 시간과 기회를 가질 필요가 있다.
T, F	17. 변화를 위한 노력에서 구성원에게 1 : 1로 영향을 미치는 것이 집단적으로 영향을 미치는 것보다 더 효과적이다.
T, F	18. 변화를 위한 노력은 일반적으로 조직의 구조를 변경시키는 데서부터 시작되어야 한다.
T, F	19. 조직구성원들이 변화 계획을 수립하는 데 참여할수록 변화를 위한 노력에 더욱더 개입할 것이다.
T, F	20. 변화를 관리할 때, 최종 상태의 달성을 방해하거나 장애가 되는 요인을 줄이는 것이 최종 상태를 향한 압력을 높이는 것보다 효과적이다.
T, F	21. 조직 변화를 나타내는 상징이나 슬로건은 전형적으로 변화 노력의 효과를 높이기보다는 감소시킨다.
T, F	22. 문제들이 감소되었다는 것은 변화 노력에 진전이 있다는 증거가 된다.
T, F	23. 변화를 위한 노력에 대해 불평이 제기되는 것은 변화를 위한 노력이 진전되고 있다는 신호다.
T, F	24. 변화 노력의 진전 여부에 대한 정보가 거의 없어도 구성원들은 변화 노력에 대해 긍정적으로 생각할 것이다.
T, F	25. 변화 노력이 성공하기 위해서는 변화를 지원하는 보상체계가 바뀌어야 한다.

■ 검사가 끝나면, 별도의 지시사항에 따라 검사결과를 WORKSHEET에 옮겨 적으시오.

WORKSHEET

■ 정답

- 변화에 대한 개인적 반응: 1(F), 2(T), 3(F)
- 변화의 일반적 성질: 4(T), 5(T)
- 변화계획 수립: 6(T), 7(T), 8(T), 9(F), 10(F), 11(F), 12(F)
- 변화의 인간적 측면의 관리: 13(F), 14(T), 15(F), 16(T)
- 변화의 조직적 측면의 관리: 18(F), 19(T), 20(T), 21(F)
- 변화 노력의 평가: 22(F), 23(T), 24(F), 25(T)

당신의 점수는? (정답 개수×4점 = 점)

■ **결과의 해석:** 변화를 성공적으로 관리하고 조직을 활성화하기 위해서는 변화의 본질을 정확하게 이해하는 것이 필요하다. 당신은 변화와 변화과정에 대해 얼마나 잘 이해하고 있는가? 제시된 '정답'을 통해 '변화의 본질'에 대한 당신의 이해 정도를 확인하기 바란다.

변화관리의 이해

■ **변화를 성공적으로 관리하고 조직을 활성화하기 위해서는 변화의 본질을 정확하게 이해하는 것이 필요하다.**

- 사람들이 모든 조건 하에서 항상 변화에 저항한다고 가정하는 것은 옳은 것인가? 아니다. 사람들이 회피하거나 대항하지 않고 환영할 변화들이 있을 수 있다. 환영받는 변화의 경우에는 전형적으로 사람들이 사전에 이를 이해하고 있는 반면, 변화에 대한 저항은 상실감 지각(알고 있는 것과 확실한 것에 대한 상실과 개인적 선택의 상실)에서 나온다.

- 사람들은 변화에 저항하기만 하는 것은 아니다. 조직 변화 도입의 용이성과 성공의 정도는 사람들이 변화를 결정하고 실행에 옮기는 데 있어서 느끼는 선택의 정도에 비례한다. 따라서 변화관리의 성공을 위한 핵심은 저항 내에 존재하는 에너지를 다른 쪽으로 돌리는 것이다. 변화에 대한 저항의 출처(상실감, 선택의 결여)와 종류(이데올로기적 저항, 정치적 저항, 맹목적 저항)를 이해해야 한다.

- 조직 변화는 혁명적이어야 하는가, 아니면 점진적이어야 하는가? 경영혁신에 성공한 수많은 예(GE, IBM)를 보더라도 변화는 전면적이고 혁명적으로 추진되어야 한다. 중요한 조직 변화에 대한 결정이 일단 내려지면, 이를 공표하고 곧바로 진행시켜라. 그러나 변화과정을 관리하는 실행 과정은 주도면밀하고 조심스럽게 이루어져야 한다.

- 조직에 대한 비전을 제시하는 것은 리더십의 핵심적 요소이며, 변화 노력의 성공을 위해 가장 중요한 일 중의 하나다. 조직에서 핵심인물이 변화에 대한 필요성을 진정으로 느끼지 않는 한, 변화 계획과 관리의 어떠한 것도 일어나지 못할 것이다. 변화의 착수는 소수의 식견 있는 사람들에 의해 이루어지겠지만, 구체적인 변화 계획 수립 과정에 많은 사람들이 참여할수록 성공할 가능성이 높은 것이다. 대부분의 사람은 조직의 바람직한 미래 상태보다는 '이 변화가 나에게 어떤 의미를 지니는가?' '나와 어떤 관계가 있는가?'를 먼저 생각하게 마련이다. 어떠한 목표라도, 구성원들이

목표에 도달하기 위해 선택할 수 있는 방법들은 매우 많다. 따라서 수단에 반대할 가능성은 목적에 반대할 가능성보다 훨씬 더 크다. 변화 노력에서 가장 어려운 부분은 이상이 어디에 있어야 하는지를 결정하는 것이 아니라, 이상에 도달하는 방법이다. 미래 상태를 결정하는 것은 매우 힘들고 복잡할 수 있지만, 한층 더 어려운 것은 미래 상태에 도달하는 과정을 실행하고 관리하는 것이다.

- 구성원들이 변화 계획을 아무리 논리적이고 적합하다고 동의할지라도 계획 수립 자체에 참여하지 않았고, 그 내용에 아무런 영향을 미치지 못했다면, 계획에 대해 심리적 개입은 이루어지지 못할 것이다. 추진력의 강도를 높이거나 또는 저항력의 강도를 감소시킴으로써 변화는 일어날 수 있다. 그러나 가장 효과적인 변화 전략은 추진력을 강화시키기보다는 저항력을 감소시키는 것이다.

- 어떠한 변화 노력이든, 조직의 보상체계는 변화가 제대로 작용하기 위해 필요한 새로운 행동의 형성에 도움을 주는 핵심요소다. 이런 의미에서 보상체계는 변화를 안정화시키는 힘으로 사용될 수 있다. 중요한 것은 보상체계가 변화 목표를 강화시키는 역할을 해야 한다는 것이다.

변화관리 스타일 진단검사

■ 이 진단검사는 여러분의 변화관리에 대한 태도를 조사하기 위하여 작성되었습니다. 여러분은 아래에 제시된 10가지 상황에 처했을 때, 실제로 어떻게 행동할 것이며, 서술된 변화의 속성과 변화에 대한 여러분의 의견은 어떠한지 솔직하게 응답해 주시기 바랍니다. 아래에 제시된 10가지의 질문을 읽고, 여러분이 취할 수 있는 5가지 행동대안 각각에 대해 가장 가깝다고 생각하는 점수를 부여하면 됩니다(10: 아주 유사하다, 1: 전혀 유사하지 않다).

■ 문항 작성의 예시

대안	c		a		d	e			b	
점수	10	9	8	7	6	5	4	3	2	1
척도	아주 유사하다									전혀 유사하지 않다

1. 다른 사람의 행동을 변화시키기 위해서 나는 아마도

a. 그의 문제를 도출하고 그의 욕구를 결정하게 하는 데 돕거나 상담을 해 준다. 그러나 그가 무엇을 해야만 하는가에 대해 나 자신의 판단이나 의견을 말하지 않는다.

b. 그가 최선의 대안을 찾을 수 있을 때까지 일반적으로 그에게 기대되는 것을 이야기해 준다.

c. 개인적으로 그의 변화의 목표와 변화가 가져올 수 있는 다양한 가능성에 대해 토의한다. 이때 변화를 가장 잘 달성할 수 있는 대안이 나올 때까지 함께 작업한다.

d. 먼저 그와 우호적인 관계가 될 수 있도록 노력한 다음, 나의 의견이 가장 적합하다고 그에게 제안한다.

e. 그에게 나의 의견이 옳다는 것을 입증시킨다. 그리고 가능하다면 나는 그 분야에 정통할 뿐만 아니라 궁극적으로 책임을 질 수 있는 유일한 존재임을 그에게 주지시킨다.

아주 유사하다											전혀 유사하지 않다
	10	9	8	7	6	5	4	3	2	1	

2. 일반적으로 언제 사람들이 변화를 가장 잘 시작하게 되는가?
   a. 기대행동과 현재의 행동 간에 차이가 있을 때
   b. 변화를 위한 필요성이 강조되고 불참여에 대한 처벌이 강조될 때
   c. 사람들이 먼저 좋은 의견을 받아들이고 다른 사람으로부터 인정을 받기 위해 변화해야 할 것을 간청받을 때
   d. 어떤 변화 프로그램을 확신을 가지고 선택할 수 있도록 도움을 받았을 때
   e. 적절한 정보를 평가한 후 자신의 삶의 목표에 기초하여 변화를 위한 선택을 할 때

아주 유사하다											전혀 유사하지 않다
	10	9	8	7	6	5	4	3	2	1	

3. 내가 다른 어떤 한 사람을 변화시키기 위해 대화를 전개할 때, 나는 보통
   a. 그를 판단하지 않고 그가 대부분의 말을 하게끔 한다. 그리하여 그가 스스로 그 자신의 변화 계획을 결정할 수 있게 한다.
   b. 대화에서 보다 우세해지도록 노력한다. 그리고 그때 나 자신의 변화 방법을 그에게 전달한다.
   c. 그가 나의 의견을 수용해야만 하는 필연성에 대해 확실히 이해하게 하기 위해 대화에서 우위를 차지하려고 노력한다.
   d. 대화를 함에 있어 상호 동등하다는 것을 공유하고 효과적인 해결책을 대표하는 결론에 도달하기 위해 시도한다.
   e. 거의 말을 하지 않고 있다가, 상대방이 요구할 때만 나의 의견을 제시한다.

아주 유사하다											전혀 유사하지 않다
	10	9	8	7	6	5	4	3	2	1	

4. 나는 다음과 같은 경우에 변화가 보다 영구적이라고 생각한다.

a. 변화될 사람이 변화가 그에게 이익을 가져다준다고 확신하고 있을 때

b. 피변화자와 변화 담당자가 상호 간에 동의를 통해 대안을 선택할 수 있고, 아울러 하나의 최종적인 결론에 함께 도달했을 때

c. 변화와 그 실행 방법에 대한 책임이 피변화자에게 주어졌을 때

d. 피변화자가 어떤 변화가 필요한가를 결정하고, 실행 방법을 선택할 수 있는 완전한 자유를 가지며, 아울러 변화 담당자에 의해 지원이 이루어졌을 때

e. 변화가 변화 담당자에 의해 결정되고 피변화자가 사전에 계획된 행동으로 변화되는지를 확실하게 점검할 수 있을 때

아주 유사하다											전혀 유사 하지 않다
	10	9	8	7	6	5	4	3	2	1	

5. 내가 만약 어떤 제안을 했을 때, 다른 사람이 부정적으로 반응을 할 경우

a. 그의 입장을 우선 수용한다. 그러나 그의 부정적 반응을 불쾌하게 생각하기보다는 주로 사물을 보는 개인적 시각의 차이에 불과하다고 생각하면서 나의 제안을 관철하려고 노력한다.

b. 그에게 가장 좋은 행동지침을 알려 주고, 이와 같은 행동지침을 따르지 않을 경우 예측되는 결과들을 분명하게 주지시켜 준다.

c. 그의 부정적 반응에 대해 당황함을 느끼나, 그들이 아이디어를 완전히 표현할 수 있게 한다.

d. 그 상황에서 그가 요구하는 것들을 명확히 한다. 그러나 생산성이 없는 무의미한 논쟁에 참여하는 것을 피한다.

e. 그와 나의 의견을 둘 다 충족시키는 적절한 타협안을 모색한다.

아주 유사하다											전혀 유사 하지 않다
	10	9	8	7	6	5	4	3	2	1	

6. 변화하려는 사람들이 어떤 경우에 변화를 보다 적극적으로 수용하려고 하는가?

a. 변화 담당자가 피변화자에게 보상을 강조할 때

b. 변화가 개개인의 만족과 사기를 향상시켜 주고, 변화 담당자가 지원을 제공할 때
c. 변화 프로그램의 요구 항목들이 구체적으로 명시되어 있고, 피변화자가 자신이 적정하다고 생각하는 실천 방안에 대해 관심을 가지고 있을 때
d. 제안된 변화에 따르지 않을 경우 처벌이 분명히 주어질 때
e. 변화를 위한 계획 단계에 변화 담당자와 함께 적극적으로 참여한 경우에

아주 유사하다											전혀 유사하지 않다
	10	9	8	7	6	5	4	3	2	1	

7. 어떤 경우에 변화가 가장 효과적이 될 수 있다고 생각하는가?
a. 무엇이 요구되고 있으며, 그 변화를 가장 잘 달성하는 방법이 무엇인지를 피변화자에게 정확히 알려 줄 때
b. 그가 선택한 변화의 유형이 나와 우호적 관계를 유지하기 위해서 피변화자의 협력과 동의를 구할 때
c. 피변화자가 변화를 위한 목적과 방법을 확정하는 데 나와 함께 적극적으로 참여할 때
d. 변화에 대한 필요성을 알려 주고, 만약 변화되지 않을 경우에 그 자신이 부딪히게 될 영향에 대해 알려 줄 경우
e. 개인적이고 정신적인 격려로 변화에 대한 책임을 그 사람이 지도록 할 때

아주 유사하다											전혀 유사하지 않다
	10	9	8	7	6	5	4	3	2	1	

8. 변화 담당자로서 나의 역할의 효과성 정도는 피변화자의 변화에 대한 수용 정도를 측정하면 알 수 있다. 이때 피변화자의 수용 정도를 측정하는 기준으로 주로 사용하는 것은
a. 그에게 변화를 수용하도록 하기 위해 필요한 추진력의 양과 변화에 대응하는 정도
b. 나 자신과 피변화자 쌍방에 의해 함께 정한 목표의 달성 내용들
c. 변화가 요구되는 적정한 행동이라고 일반적으로 인정되는 것들을 그의 행동에 반영한 정도
d. 피변화자가 변화의 요구사항들을 수용하기 위해 필요한 만족의 적합성 정도
e. 상호 간의 우호적인 관계뿐만 아니라 피변화자의 높은 의욕

아주 유사하다											전혀 유사하지 않다
	10	9	8	7	6	5	4	3	2	1	

9. 내가 변화시켜야 할 책임을 지고 있는 어떤 사람의 성과를 측정함에 있어, 나의 일반적인 경향은
   a. 평가가 쌍방의 책임임을 주시하고 목표의 달성 정도를 함께 정확히 평가한다.
   b. 객관적이고 공정한 평가양식을 활용한다.
   c. 성과결과에 대한 나의 생각을 먼저 제시한 후 그 사람의 질문을 허용한다. 그러나 구체적인 개선책에 관해서는 나의 의견을 강제적으로 밀어 붙인다.
   d. 그의 성과를 표준 생산량이나 다른 사람들의 성과들과 비교한 후 그가 해야 할 것들을 구체적으로 수정한다.
   e. 스스로 자신을 평가하도록 격려하고, 이때 그가 필요하다고 생각하는 영역에서 개선을 위한 계획을 수립하도록 정서적으로 지원한다.

아주 유사하다											전혀 유사하지 않다
	10	9	8	7	6	5	4	3	2	1	

10. 어떤 사람에게 변화를 가져오려고 노력할 때 그리고 그 경우 개인적인 갈등이 존재할 수 있을 때, 나는 종종
   a. 그러한 갈등을 무시하려 하며, 어느 일방의 의견을 취하는 것을 피한다.
   b. 갈등을 회피하지 않고 직면하면서 갈등요인들을 나의 입장을 수용하도록 하는 데 적극 활용한다.
   c. 갈등을 완화시켜 상호 간의 차이점을 부드럽게 한다.
   d. 차이점을 조사하여 갈등을 해결하고 상호 목표에 도달한다.
   e. 공통점을 찾으려고 노력한다. 평정을 유지한 채 상호 타협점을 찾으려 한다.

아주 유사하다											전혀 유사하지 않다
	10	9	8	7	6	5	4	3	2	1	

■ 검사가 끝나면, 별도의 지시사항에 따라 검사결과를 WORKSHEET에 옮겨 적으시오.

WORKSHEET

■ **작성 방법:** '변화관리 스타일 진단검사'의 결과를 아래 표에 그대로 옮겨 적으면 된다.

문항 번호	I		II		III		IV		V	
	대안	점수	대안	점수	대안	점수	대안	점수	대안	점수
1	e		a		b		d		c	
2	b		d		a		c		e	
3	c		a		e		b		d	
4	e		d		c		a		b	
5	b		c		d		e		a	
6	d		b		c		a		e	
7	a		e		d		b		c	
8	a		e		c		d		b	
9	d		e		b		c		a	
10	b		c		a		e		d	
합계										

순 위	변화관리 스타일	점수 합계	순위 간 차이 점수
1			
2			
3			
4			
5			

■ **결과의 해석**

변화관리 스타일은 변화 대행자(change agent)의 유형에 따라 아래와 같이 다섯 가지로 분류할 수 있다. 변화대행자는 다음과 같은 2가지 차원에 대한 지향성에 따라 아래 제시된 그림과 같이 분류할 수 있다.

1. 효과성 또는 목적달성에 대한 강조의 정도
2. 상호관계, 사기, 참여자의 만족에 대한 강조의 정도

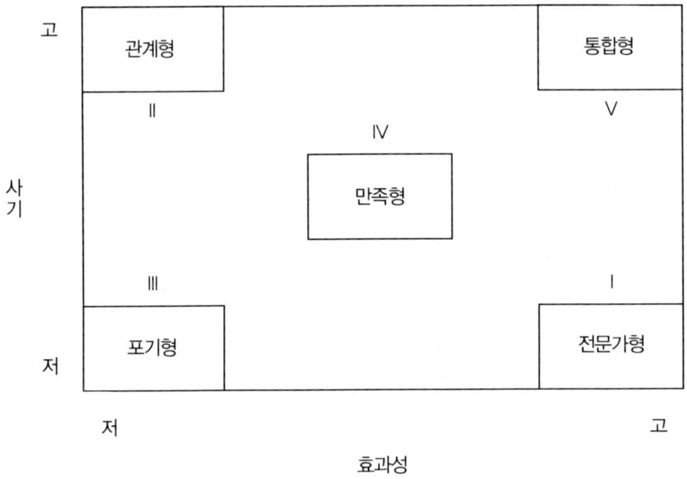

I: **전문가형(expert change style)**: 이 유형의 변화 대행자는 변화의 목적을 달성하는 데 최대의 관심을 기울인다. 이 유형은 변화를 실행하는 데 관련된 사람들이 변화의 목적에 대해 개인적으로 헌신하는 것에는 실제로 관심이 없다. 그는 사람들은 단지 변화를 달성하기 위해 사용되는 또다른 도구에 지나지 않는다고 믿고 있다. 또한 사람들은 변화에 대한 욕망 또는 능력을 가지고 있지 않기 때문에 철저하게 인도되고 지시되어야 한다고 믿고 있다. 이 유형은 권력-강제적 변화전략(power-coercive method of change)을 활용하는 경향이 있다.

II: **관계형(affiliative change style)**: 이 유형의 변화 대행자는 진술된 변화의 목적을 달성하는 데는 실제적으로 관심이 없지만, 변화 프로그램에 관련된 사람들의 개인적인 헌신과 행복에 대해서는 최대한의 관심을 기울인다. 결과적으로 그는 사람들이 스스로 변화 프로그램들을 설계하고 실행하도록 사람들을 격려한다.

Ⅲ: **포기형**(abdicative change style): 이 유형의 변화대행자는 변화 목적의 달성과 변화 프로그램에 관련된 사람들에 대해 최소한의 관심을 가진다. 그는 변화를 질서정연하고 안정된 환경의 붕괴로 간주한다. 따라서 변화는 명백하고 실질적인 결함을 교정하는 것을 제외하고는 존재할 여지가 없다고 본다.

Ⅳ: **만족형**(satisficing change style): 이 유형의 변화 대행자는 너무 신속한 변화는 혼란을 초래할 것이라고 믿고 있다. 따라서 사람들이 변화에 점진적으로 익숙해지도록 하기 위해서 부분적인 변화를 시도한다.

Ⅴ: **통합형**(integrative change style): 이 유형은 다른 사람과 함께 변화의 목적을 달성하려고 끊임없이 노력한다. 동시에 이 유형은 변화의 실행에 관련된 사람들이 개인적으로 변화에 헌신하도록 하는데 최대의 관심을 두고 있다. 이 유형은 규범적-재교육적 변화전략(normative-reeducative method of change)을 주로 활용한다.

변화관리
(Change Management)

■ **변화의 일반적 특성**

- 변화의 불확실성
- 변화의 신속성
- 환경변화 요소의 복합화 현상
- 변화의 동시진행성
- 변화의 강도가 매우 크다는 점

■ **21세기 경영환경의 일반적 특성**

- 국제화
- 창지화(創知化
- 상생화(相生化)
- 정보화
- 복합화

■ **변화의 과정: Lewin의 세력장 분석(Force Field Analysis)**

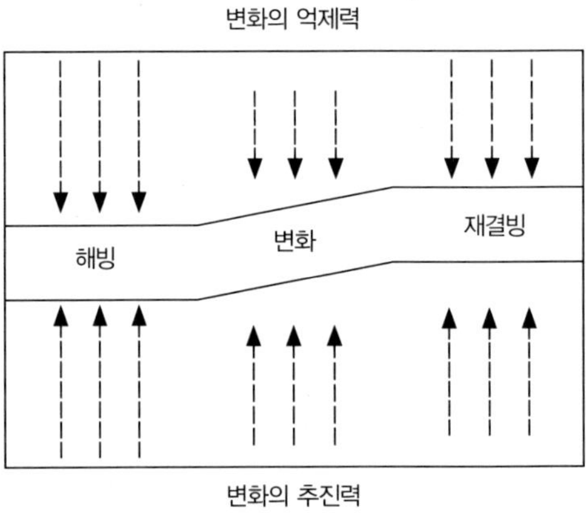

■ **변화란 균형을 이루고 있는 추진력과 억제력 사이의 평형상태가 무너지는 것**

■ **변화를 방해하는 억제력**

- 변화에 대한 불확실성: 미지의 것에 대한 두려움과 일상적인 생활을 혼란시키는 것

을 싫어하는 특성

- 현실적인 기존의 이익을 상실할지도 모른다는 두려움: 변화는 때로는 개인의 안정을 위협
- 현재의 지위에 다른 영향력과 권력에 대한 위협
- 기존의 규범과 문화에 대한 동조

■ **변화를 촉진하는 추진력**

- 현재 상태에 대한 불만
- 변화에 대한 가속도
- 변화에 순응하도록 하는 외부의 압력
- 변화 주도자의 행동

변화추구 리더의 5계명

조직 변화란 최고경영자의 의지만으로 이루어지는 것이 아니라, 실제 업무를 수행하고 있는 구성원 개개인의 업무 스타일과 행동양식 그리고 태도나 마인드가 바뀔 때 이루어진다. 조직들이 성공적인 변화를 열망하지만, 잘 안 되는 이유는 구성원들을 변화에 참여시키지 못하는 데 있다.

계명 1: 리더 자신부터 변화에 솔선수범하라.

구성원들이 변화에 동참하도록 하려면 우선 리더 자신부터 변화에 솔선수범해야 한다. 사람들은 자신이 진정한 가치를 부여하고 있는 대상에 시간과 돈을 집중 투자하게 마련이다. 조직성과의 궁극적인 책임자인 리더가 현장에서 발벗고 변화를 직접 주도하지 않는다면, 구성원들 역시 변화에 소극적일 수밖에 없다.

계명 2: 비전에 대한 공감대를 형성하라.

사람들은 본질적으로 변화를 반기지 않는다. 불확실한 미래에 대한 불안감 때문에 다소 불편이 있더라도 현상을 유지하고 싶어 하는 경향이 있다. 이러한 경향을 극복하고 구성원들이 변화에 몰입하도록 유도하려면, 변화가 모두에게 유용한 것이라는 확신과 공감대를 조성할 수 있어야 한다. 이를 위해서 리더가 구성원들에게 변화의 방향과 비전을 분명하게 보여 줄 수 있어야 한다.

아무리 멋진 비전을 제시해도 구성원들이 '나의 비전'으로 생각하지 않는다면 비전은 유명무실해질 수밖에 없다. 조직의 비전을 구성원 개인의 비전으로 전환시키려면 지속적인 쌍방향 커뮤니케이션을 확산시켜야 한다. 쌍방향 커뮤니케이션이 효과적으로 이루어지도록 하려면, 리더는 무엇보다 경청하는 태도와 열린 마음(open mind)을 갖추어야 한다.

계명 3: 감성적 유대감을 끌어내라.

리더는 구성원들의 감성적인 유대감을 강화함으로써 조직 변화를 보다 효과적으로 달성할 수 있다. 감성적 유대감이란 구성원들이 '한 배를 탄 동지' '운명 공동체'라는 인식을 공유하는 것이다. 구성원들이 감성적 유대감을 공유함으로써 조직변화 과정에서 심리적 안정감과 팀워크를 향상시켜 보다 적극적으로 변화에 대처할 수 있게 된다. 감성적 유대감을 높이는 방법으로는 '공동의 적 창출' '다양한 상징적 활동의 활용' 등이 있다.

계명 4: 조직 · 인사 시스템으로 변화를 뒷받침하라.

'작심삼일(作心三日)'이라는 말이 있듯이, 기존의 습관과 스타일을 바꾸는 것은 결코 쉬운 일이 아니다. 구성원들이 변화에 적극적인 마음을 가지더라도, 이를 지속할 수 있도록 시스템적으로 뒷받침해 주지 않으면 변화의 노력들을 계속적으로 유지하기 어렵다. 따라서 조직이 지향하는 변화를 촉진하고 강화할 만한 조직 운영 및 인사 관련 제도들이 어떤 것이 있는지에 대한 철저한 검토와 현장 중심의 성과 측정 작업이 필요하다.

계명 5: 중간관리자를 변화의 교사로 양성하라.

마지막으로 구성원들에게 실제 업무 현장에서 변화가 구체적으로 무엇을 의미하며, 어떻게 해야 하는지를 가르쳐 주고 문제가 발생했을 때 그것을 해결해 줄 수 있는 교사로서의 리더가 필요하다. 즉 중간관리자의 역할 변화를 필요로 한다.

변혁적 리더십 진단검사

■ 아래에 제시된 문항들은 당신의 리더십 행동을 얼마나 특징적으로 잘 나타내는지 에 따라 척도 위에 ○표로 표시하십시오.

행동차원	거의 그렇지 않다	다소 그렇다	어느 정도 그렇다	상당히 그렇다	매우 그렇다
1. 우리가 어디로 가고 있는지를 명확하게 이해하고 있다.	1	2	3	4	5
2. 조직에 대해 미래의 흥미진진한 모습을 그릴 수 있다.	1	2	3	4	5
3. 조직을 위해 항상 새로운 기회를 모색하고 있다.	1	2	3	4	5
4. 미래에 대한 계획을 사용해서 다른 사람들을 고무시킨다.	1	2	3	4	5
5. 다른 사람들을 내가 가진 꿈에 동참하도록 할 수 있다.	1	2	3	4	5
6. 말만 하는 것이 아니라 실제로 행함으로써 사람들을 이끈다.	1	2	3	4	5
7. 다른 사람들이 따를 만한 훌륭한 모델이 된다.	1	2	3	4	5
8. 다른 사람들에게 모범을 보인다.	1	2	3	4	5
9. 집단구성원 사이에 협력을 조장한다.	1	2	3	4	5
10. 팀 플레이어가 되도록 구성원들을 격려한다.	1	2	3	4	5
11. 구성원에게 공동 목표를 달성하기 위해 함께 일하도록 한다.	1	2	3	4	5
12. 구성원 사이에 팀 정신과 태도를 개발한다.	1	2	3	4	5
13. 내가 다른 사람들에게 많은 것을 기대함을 보여 준다.	1	2	3	4	5
14. 최고의 업무 수행만을 주장한다.	1	2	3	4	5
15. 업무 수행에서 2등에 결코 만족하지 않는다.	1	2	3	4	5
16. 다른 사람들의 감정을 고려하지 않고 행동한다.	1	2	3	4	5
17. 다른 사람들의 개인적 감정을 존중한다.	1	2	3	4	5
18. 다른 사람들의 개인적 욕구를 배려하는 방향으로 행동한다.	1	2	3	4	5

19. 다른 사람들의 감정을 고려하지 않고 대우한다.	1	2	3	4	5
20. 낡은 문제를 새로운 방식으로 생각하도록 요구한다.	1	2	3	4	5
21. 다른 사람에게 생각을 촉구하는 질문을 한다.	1	2	3	4	5
22. 사람에게 일하는 방식을 재검토하도록 자극을 부여한다.	1	2	3	4	5
23. 사람에게 업무에 대한 기본가정을 재검토하도록 요구한다.	1	2	3	4	5
24. 다른 사람이 일을 잘할 때, 항상 긍정적인 피드백을 준다.	1	2	3	4	5
25. 다른 사람이 업무를 잘 수행하면, 특별히 인정해 준다.	1	2	3	4	5
26. 사람이 평균 이상의 업무 수행하면, 칭찬을 아끼지 않는다.	1	2	3	4	5
27. 사람이 뛰어나게 업무 수행을 하면, 개인적으로 축하해 준다.	1	2	3	4	5
28. 다른 사람의 훌륭한 수행을 인정해주지 못한 경우가 있다.	1	2	3	4	5

■ 검사가 끝나면, 별도의 지시사항에 따라 검사결과를 WORKSHEET에 옮겨 적으시오.

WORKSHEET

행동 차원	문항 번호	점수 합계
비전의 천명	1, 2, 3, 4, 5	( )/ 5 =
역할 모델	6, 7, 8	( )/ 3 =
목표 수용의 촉진	9, 10, 11, 12	( )/ 4 =
높은 수행기대	13, 14, 15	( )/ 3 =
개인적 지지	(16), 17, 18, (19)	( )/ 4 =
지적 자극 부여	20, 21, 22, 23	( )/ 4 =
거래적 리더십 행동	24, 25, 26, 27, (28)	( )/ 5 =

■ 변혁적 리더십 진단 척도는 Podsakoff, MacKenzie, Moorman, & Fetter (1990)의 『*Transformational Leader Behavior and Their Effects on Follower's Trust in Leader, Satisfaction, and Organizational Citizenship Behavior*』에서 제시한 다음과 같은 6가지 변혁적 리더의 행동차원에 기초하여 작성한 것이다.

1. **비전을 파악하고 천명한다**: 조직을 위해 새로운 기회를 파악하고, 자신의 미래비전을 개발하여 천명하고, 다른 사람을 고무시키는 데 목적을 둔 리더의 행동들이 포함된다.
2. **적합한 모델이 된다**: 리더가 신봉하는 가치와 일관되는 본보기를 설정하여 구성원들이 따르도록 하는 행동들이 포함된다.
3. **집단목표의 수용을 촉진한다**: 구성원 간의 협력을 장려하고, 공통의 목표를 달성하기 위해 함께 일하도록 하는 데 목적을 둔 행동들이 포함된다.
4. **높은 기대수행을 설정한다**: 탁월성, 품질 및 높은 수행에 대한 리더의 기대를 나타내는 행동들이 포함된다.
5. **개별적으로 지지를 해 준다**: 리더가 구성원들을 존중하고, 구성원들의 개인적 감정과 욕구에 신경을 쓰고 있다는 것을 나타내는 행동들이 포함된다.

6. **성취를 인정해 준다**: 구성원들에게 업무에 대한 가정들과 업무를 수행하는 방식을 재검토하도록 요구하는 행동들이 포함된다.

■ 진단검사의 작성 및 해석

- ( )로 표시된 문항은 역산함(예: 척도에 1로 표시했다면, 5점으로 계산).
- 점수가 높을수록 각각의 행동차원의 행동지향성이 강하다는 것을 의미한다.
- 거래적 리더십 행동(transactional leadership behavior)은 점수가 높을수록 당신이 원하는 어떤 것을 구성원들이 당신에게 주는 대가로 당신이 구성원들에게 어떤 것을 주는 행동 지향성이 강하다는 것을 의미한다.

참고문헌

박성식(2011). 교육행정학. 서울: 학지사.

Bennis, Warren & Nanus, Burt(2003). *Leaders*. 김원석(역)(2005). 리더와 리더십. 서울: 황금부엉이.

Bennis, Warren (1989). *On Becoming a Leader*. 김경섭(역)(2000). 뉴 리더의 조건. 서울: 감영사.

Bennis, Warren(2003). *On Becoming a Leader*(개정 증보판). 류현(역)(2008). 워렌 베니스의 리더. 서울: 감영사.

Blanchard, Ken and Bowles, Shedon *et al.*(2001). *High Five!* 조천제 · 박종안(역)(2001). 하이파이브. 서울: 21세기 북스.

Blanchard, Ken and Bowles, Shedon(1998). *Gung Ho*. 조천제 · 최지영(역)(2002). 겅호!: 다람쥐의 정신, 비버의 방식, 기러기의 선물. 서울: 21세기 북스.

Blanchard, Ken *et al.*(2007). *Ken Blanchard's Situational Leadership II Bible*. 조천제 외(역)(2007). 켄 블랜차드의 상황대응 리더십 II 바이블. 서울: 21세기 북스.

Bolman, Lee G. & Deal, Terrence E.(1991). *Reframing Organizations*. 김영진 · 김용구 · 신택현 · 윤방섭 · 최병순(역)(1995). 비젼시대의 조직 패러다임. 서울: 미래경영개발연구원.

Bukingham, Marcus & Coffman, Curt(1999). *First, Break All The Rules*. 이진만(역)(2000). 리더십 @ 매니지먼트. 서울: 시대의 창.

Cialdini, Robert B. (2011). *Influence: Science and Practice*(4th ed.). 이현우(역). 설득의 심리학: 사람의 마음을 사로잡는 6가지 불변의 원칙. 서울: 21세기 북스.

Cohen, William A.(2000). *The New Art of the Leader*. 홍윤주(역)(2002). 최강의 리더십. 서울: 청림출판사.

Covey, Stephen R.(1989). *The Seven Habits of highly Effective People*. 박재호 · 김경섭 · 김원석(역)(1994). **성공하는 사람들의 7가지 습관**. 서울: 김영사.

Covey, Stephen R.(1997). *Principle-Centered Leadership*. 김경섭 · 박창규(역)(2001). **원칙 중심의 리더십**. 서울: 김영사.

Diamond, Stuart(2010). *Getting More*. 김태훈(역)(2011). **어떻게 원하는 것을 얻는가**. 서울: 도서출판 세계사.

Drucker, Peter F.(2000). *The Essential Drucker on Management*. 이재규(역)(2001). **변화 리더의 조건: 어떻게 변화를 이끌어 갈 것인가**. 서울: 청림출판.

Finzel, Hans(2000). *The Top Ten Mistakes Leaders Make*. 조기현(역)(2001). **리더가 저지르기 쉬운 10가지 실수**. 서울: 도서출판 프리셉트.

Goldberg, Michael J.(1996). *The 9 Ways of Working*. 박헌준 · 유민봉(역)(2001). **성공 경영을 위한 에니어그램 리더십**. 서울: 김영사.

Goldsmith, Marshall(2007). *What Got You Here Won't Get You There*. 이내화 · 류혜원(역)(2008). **일 잘하는 당신이 성공을 못하는 20가지 비밀**. 서울: 리더스 북.

Goldsmith, Marshall(2010). *Mojo*. 박세연(역)(2010). **모조: 내 안에 잠든 긍정의 추진력**. 서울: 리더스 북.

Goleman, Daniel(2002). *Primal Leadership: Realizing the Power of Emotional Intelligence*. 장석훈(역)(2003). **감성의 리더십**. 서울: 청림출판.

Hesselbein, Frances and Goldsmith, Marshall(ed.)(2006). *The Leadr of the Future 2*. 문일윤(역)(2007). **미래형 리더**. 서울: 북 @ 북스.

Hunter, James C. (1998). *The Servant Leadeship*. 김광수(역)(2000). **서번트 리더십(구판: 리더십 키워드**. 서울: 시대의 창.

Jennings, Ken and Stahl-Wert, John(2003). *The Serving Leader*. 조천제(역)(2004). **섬기는 리더**. 서울: 넥서스 BIZ.

Kotter, John P.(1990). What Leaders Really Do? *Harvard Business Review*. May-June.; Mintzberg, Henry et al.(1990). *Leadership*. 현대경제연구원(역)(1999). **리더십**. Harvard Business Review Paperback 시리즈 3. 서울: 21세기북스 pp. 65-94.

Kouzes, James M. & Posner, Barry Z.(1995). *The Leadership Challenge*. 송경근 · 김진철(역)(1999). **리더십 불변의 법칙 5**. 서울: 한국언론자료간행회.

Kuczmarski, Susan S. & Kuczmarski, Thomas D.(1995). *Value-Based Leadership*. 홍기원(역)(1999). **가치 중심의 리더십**. 서울: 학지사.

Lee, Blaine(1997). *The Power Principle*. 장성민(역)(1999). **지도력의 원칙**. 서울: 김영사.

Manz, C. & Sims, H. Jr.(1991). *Super Leadership: Beyond the Myth of Heroic Leadership, Organizational Dynamics*. 정일재(역)(1995). **수퍼 리더십**. 서울: 21세기 북스.

Maxwell, John C.(1998). *The 21 Irrefutable Laws of Leadership*. 채천석(역)(1999). **리더십의 21가지 불변의 법칙**. 서울: 청우.

Mintzberg, Henry *et al.*(1998). *Leadership*. 현대경제연구원(역)(1999). **리더십**. 서울: 21세기 북스.

Northouse, P. G.(2004). *Leadership: Theory and Practice*(3rd ed.). 김남현(역)(2005). **리더십**. 서울: 경문사.

Sample, Steven(2002). *The Contrain's Guide To Leadership*. 표완수(역)(2002). **창조적인 괴짜들의 리더십**. 서울: 김영사.

Sandel, Michael J.(2009). *JUSTICE: What's the right thing to do?*. 이창신(역)(2010). **정의란 무엇인가**. 서울: 김영사.

Shapiro , Daniel L. and Fisher, Roger(2005). *Beyond Reason: Using Emotion as You Negotiate*. 이진원(역)(2013). **원하는 것이 있다면 감정을 흔들어라**. 서울: 한국경제신문.

Smith, Anthony F. and Bornstein, Steven M.(2007). *The Taboos of Leadership*. 강수정(역)(2008). **리더십의 비밀: 리더십에 관한 9가지 오해와 진실**. 서울: 지형.

Wheatley, Margaret F.(1999). *Leadership and The New Science: Learning Organization Theory*. 한국리더십학회(역)(2001). **현대과학과 리더십**. 서울: 21세기 북스.

Yukl, Gary(2002). *Leadership In Organization*(5th Ed.). 이상욱(역)(2004). **현대조직의 리더십 이론**. 서울: 시그마프레스.

Zaleznik, Abraham(1977). Managers and Leaders. *Harvard Business Review*. May-June.; Mintzberg, Henry et al.(1990). *Leadership*. 현대경제연구원(역)(1999). **리더십**. Harvard Business Review Paperback 시리즈 3. 서울: 21세기북스. pp. 95-126.

Zenger, John H. and Folkman, Joseph((2005). *The Extraordinary Leader*. 김준성 · 이승상(2005). **탁월한 리더는 어떻게 만들어지는가**. 서울: 김앤김 북스.

Abrams, D., Frings, D., & Randsley de Moura, G.(2005). Group identity and self-definition. In S. A. Wheelan(Ed.), *Handbook of group research and practice*. London: Sage. pp. 329-350.

Alderfer, Clayton P.(1969). An Empirical Test of a New Theory of Human Needs. *Organizational Behavior and Human Performance*. Vol. 4. pp. 142-175.

Alderfer, Clayton P.(1972). *Existence, Relatedness, and Growth: Human Needs in Organizational Setting*. New York: Free Press.

Antonakis, J., Cianciolo, A. T., & Sternberg, R. J.(Eds.). (2004). *The nature of leadership*. Thousand Oaks, CA: Sage.

Argyris, Chris(1957). *Personality and Organization: The Conflict between System and the Individual*. New York: Harper & Brothers.

Argyris, Chris(1964). *Integration of the Individual and Organization*. New York: John Wiley & Sons, Inc.

Avolio, B. J., & Gibbons, T. C.(1988). Developing transformational leaders: A life span approach. In J. A. Conger, R. N. Kanungo, & Associates(Eds.), *Charismatic leadership: The elusive factor in organizational effectiveness*. San Francisco, CA: Jossey-Bass.

Bass, Bernard M.(ed.).(1981). *Stogdill's Handbook of Leadership: A Survey of Theory and Research*. New York: The Free Press.

Bass, Bernard M.(1990). *Bass and Stogdill's Handbook of Leadership: A Survey of Theory and Research*. New York: The Free Press.

Bass, Bernard M., & Avolio, B. J.(1993). Transformational leadership: A response to critiques. In M. M. Chemers & R. Ayman(eds.), *Leadership theory and research: perspectives and directions*. San Diego, CA: Academic Press.

Bass, Bernard M., & Avolio, B. J.(1994). *Improving organizational effectiveness through transformational leadership*. Thousand Oaks, CA: Sage.

Beauchamp, T. L., & Bowie, N. E.(1988). *Ethical theory and business*(3rd ed.). Englewood Cliffs, NJ: Prentice Hall.

Blake, Robert R., & Mouton, Jane S.(1964). *The Managerial Grid*. Houston, Texas: Gulf Publishing Co.

Blake, Robert R., & Mouton, Jane S.(1985). *The Managerial Grid III: The Key to Leadership Excellence*. Houston, Texas: Gulf Publishing Co.

Blake, Robert R., & McCanse, A. A.(1991). *Leadership dilemmas: Grid solutions*. Houston, Texas: Gulf Publishing Co.

Boal, K. B., & Hooijberg, R.(2000). Strategic leadership research: Moving on. *Leadership Quarterly*. Vol. 11. pp. 515-549.

Bowers, D. G., & Seashore, S. E.(1966). Predicting organizational effectiveness with a four-factor theory of leadership. *Administrative Science Quarterly*. Vol. 11. pp. 238-263.

Burns, James MacGregor(1978). *Leadership*. New York: Harper & Row.

Cartwright, D., & Zander, A.(Eds.).(1968). *Group dynamics: research and theory*(3rd ed.). New York: Harper & Row.

Cartwright, Dorwin(1965). Influence, Leadership, Control. In James G. March(ed.), *Handbook of Organizations*. Chicago: Rand McNally College Publishing Company.

Cartwright, D.(1968). The nature of group cohesiveness. In D. Cartwright & A. Zander, (Eds.), *Group dynamics: research and theory*(3rd ed.). New York: Harper & Row.

Caruso, D. R., & Wolfe, C. J.(2004). Emotional intelligence and leadership development. In D. V. Day, S. J. Zaccaro, & S. M. Halpin(Eds.). *Leader development for transforming organizations: Growing leaders for tomorrow*. Mahwah, NJ: Lawrence Erlbaum. pp. 237-266.

Cecil A. Gibb(1954). Leadership. In Gardner Lindzey(ed.), *Handbook of Social Psychology*. Reading, Mass.: Addison-Wesley Publishing Co.

Ciulla, J. B.(2003). *The ethics of leadership*. Belmont, CA: Wadsworth.

Conger, J. A., & Kanungo, R. N.(1987). Toward a behavioral theory of Charismatic leadership in organizational settings. *Academy of Management Review*. Vol. 12. No. 4, pp. 637-647.

Conger, J. A., & Kanungo, R. N.(1998). *Charismatic leadership in organizations*. Thousand Oaks, CA: Sage.

Conger, J. A., & Kanungo, R. N.(Ed.)(1998). *Charismatic leadership: The elusive factor in organizational effectiveness*. San Francisco: Jossey-Bass.

Conger, J. A., & Riggio, R. E.(Eds)(2007). *The practice of leadership: Developing the next generation of leader*. San Francisco: Jossey-Bass.

Conger, J. A.(1999). Charismatic and transformational leadership in organizations: An insider's perspective on these developing streams of research. *Leadership Quarterly*. Vol. 10. No. 2. pp. 145-170.

Coray, M. S., & Coray, G.(2006). *Groups: Process and practice*(7th ed.). Pacific Grove, CA: Brooks/ Cole.

Covey, S. R.(1991). *Principle-centered leadership*. New York: Simon & Schuster.

Craig, S. B., & Gustafson, S. B.(1998). Perceived Leader Integrity Scale: An Instrument for assessing employee perception of leader integrity. *Leadership Quarterly*. Vol. 9. No. 2. pp. 127-145.

Day, D. V., Zaccaro, S. J., & Halpin, S. M.(Eds.).(2004). *Leader development for transforming organizations: Growing leaders for tomorrow*. Mahwah, NJ: Lawrence Erlbaum.

Deutsch, M(1973). *The Revolution of Conflict: Constructive and Destructive Processes*. New Haven, Conn: Yale University Press.

Fiedler, Fred E.(1967). *A Theory of Leadership Effectiveness*. New York: McGraw-Hill.

Fiedler, Fred E., & Chemers, Martin M. (1984). *Improving Leadership Effectiveness: The Leader Match Concept*(2nd ed.). New York: Wiley.

French, John R. P., & Raven, Bertram H.(1959). The bases of social power. In D. Cartwright(Ed.), *Studies in social power*. Ann Arbor, MI: Institute for Social Research.

French, John R. P., & Raven, Bertram H.(1968). The Bases of Social Power. In D. Cartwright & A. Zander(Eds.), *Group Dynamics: Research and Theory*. New York: Harper & Row.

Gibb, Cecil A.(1954). Leadership. In Gardner Lindzey(ed.). *Handbook of Social Psychology*. Reading, Mass.: Addison-Wesley Publishing Co.

Goleman, D.(1995). *Emotional intelligence*. New York: Bantam Books.

Graen, G. B., & Uhl-Bien(1995). Relationship-based approach to leadership: Development of leader-member exchange(LMX) theory of leadership more than 25 years Applying a multi-level, multi-domain perspective. *Leadership Quarterly*. Vol. 6. No. 2. pp. 219-247.

Greenleaf, R. K.(1970). *The servent as leader*. Newton Centre, MA: Robert K. Greenleaf Centre.

Greenleaf, R. K.(1977). *Servent leadership: A Journey into the nature of legitimate power and greatness*. New York: Paulist.

Harris, T. E., & Sherblom, J. C.(2007). *Small group and team communication*(4th ed.). Boston: Pearson.

Hemphill, John K., & Coons, Alvin E.(1950). *Leader Behavior Description Question-*

naire. Columbus, Ohio: Personnel Research Board, Ohio State University.

Hersey, Paul, & Blanchard, Ken(1988). *Management of Organizational Behavior: Utilizing Human Resources*(5th ed.). Englewood Cliffs, New Jersey: Prentice-Hall, Inc.

Herzberg, Frederick(1966). *Work and the Nature of Man*. Cleveland, Ohio: The World Publishing Co..

Herzberg, Frederick, Mausner, B., & Synderman, B.(1959). *The Motivation to Work*. New York: John Wiley and Sons.

Hodgkinson, Cristopher(1978). *Towards a Philosophy of Administration*. New York: St. Martin's Press.

Hogg, M. A., & Abrams, D.(1988). *Social identifications: A social psychology of intergroup relations and group process*. London: Routledge.

House, R. J.(1971). A path-goal theory of effectiveness. *Administrative Science Quarterly*. Vol. 16. pp. 321-328.

House, R. J.(1977). A 1976 theory of charismatic leadership. In J. G. Hunt & L. L. Larson(Eds.), *Leadership: The cutting edge*. Carbondale: Southern Illinois University Press.

House, R. J.(1996). A path-goal theory of leadership: Lessons, legacy, and reformulated theory. *Leadership Quarterly*. Vol. 7. No. 3. pp. 323-352.

House, R. J., & Mitchell, R. R.(1974). Path-goal theory of leadership. *Journal of Contemporary Business*. Vol. 3. pp. 81-97.

House, R. J., Hanges, P. J., Javiden, M., Dorfman, P. W., & Gupta, V.(2004). *Leadership, culture, and organizations: The GLOBE study of 62 societies*. Thousand Oaks, CA: Sage.

House, R. J., & Baetz, Marry L.(1990). Leadership: Some Empirical Generalizations and New Research Directions. *Recherch in Organizational Behavior*. Vol. 12. Greenwich, CT: JAI Press.

House, R. J., & Dessler, Gary(1974). The Path-Goal theory of Leadership: Some Post Hoc and A Priori Tests. In J. G. Hunt & L. L. Larson(eds.), *Contingency Approaches to Leadership*. Carbondale: Southern Illinois University Press.

House, R. J., & Baetz, Marry L. (1990). Leadership: Some Empirical Generalizations and New Research Directions. *Research in Organizational Behavior*. Vol. 12.

Greenwich, CT: JAI Press.

Hoy, Wayne K. and Miskel, Cecil G.(1991). *Educational Administration: Theory, Research, and Practice*(4th ed.). New York: McGraw-Hill, Inc..

Johnson, C. R.(2005). *Meeting the ethical challenges of leadership*(2nd ed.). Thousand Oakes, CA: Sage.

Judge, T. A., Bono, J. E., Ilies, R. G., & Gerhardt, M. W.(2002). Personality and leadership: A qualitative and quantitative review. *Journal of Applied Psychology*. Vol. 87. pp. 765-780.

Kanungo, R., & Mendonca, M.(1996). *Ethical dimensions of leadership*. Thousand Oaks, CA: Sage.

Kanungo, R. N.(2001). Ethical values of transactional and transformational leaders. *Canadian Journal of Administrative Sciences*. Vol. 18. No. 4. pp. 257-265.

Katz, Daniel, & Kahn, Robert(1978). *The Social Psychology of Organizations*(2nd ed.). New York: John Wiley & Sons.

Katz, R. L.(1955). Skills of an effective administrator. *Harvard Business Review*. Vol. 33. No. 1. pp. 33-42.

Kellerman, Barbara(1984). *Leadership: Multidisciplinary Perspectives*. Englewood Cliffs, New Jersey: Prentice-Hall, Inc.

Kitchener, K. S.(1984). Intuition, critical evaluation and ethical principles: The foundation for ethical decision in counseling psychology. *The Counseling Psychologist*. Vol. 12. No. 3. pp. 43-55.

Kirkpatrick, S. A., & Locke, E. A.(1991). Leadership: Do traits matter? *The Executive*. No. 5. pp. 48-60.

Komives, S. R., Lucas, N., & McMahon, T. R.(1998). *Exploring leadership: For college students who want to make a difference*. San Francisco: Jossey-Bass.

Kouzes, J. M., & Posner, B. Z.(1995). *The leadership challenge: How to keep getting extraordinary thing done in organizations*(2nd ed.). San Francisco: Jossey-Bass.

Kouzes, J. M., & Posner, B. Z.(2003). *The leadership challenge*(3rd ed.). San Francisco: Jossey-Bass.

Kuhnert, K. W.(1994). Transforming leadership: Developing people through delegation. In B. M. Bass & B. J. Avolio(eds.), *Improving organizational effectiveness through transformational leadership*. Thousand Oaks, CA: Sage.

LaFasto, F. J. J., & Larson, C. E.(2001). *When teams work best: 6,000 team members and leaders tell what it takes to succeed*. Thousand Oaks, CA: Sage.

Larson, C. E., & Lafasto, F. M. J.(1989). *Teamwork: What must go right/ What can go wrong*. Newbery Park, CA: Sage.

Lawler, Edward E. III & Suttle, J. Lloyd(1973). Expectancy Theory and Job Behavior. *Organizational Behavior and Human Performance*. Vol. 8. pp. 483-502.

Lewin, K.(1951). *Field Theory in Social Science*. New York: Harper & Row.

Lewin, K., Lippitt, R., & White, R. K.(1939). Patterns of aggressive behavior in experimentally created "social climates." *Journal of Social Psychology*. Vol. 10. pp. 271-299.

Likert, Rensis(1961). *New Patterns of Management*. New York: McGraw-Hill Book Company.

Likert, Rensis(1967). *The Human Organization: Its Management and Value*. New York: McGraw-Hill Book Co.

Likert, Rensis, & Likert, Jane Gibson(1976). *New Ways of Managing Conflict*. New York: McGraw-Hill.

Lindzey, Gardner, & Aronson, Elliot(ed.).(1985). *Handbook of Social Psychology: Theory and Method*(3rd ed.). Vol. 1. New York: Random House.

Loehr, J. & Schwartz, T.(2001). *The power of full engagement: Managing energy, not time, is the key to high performance and personal renewal*. New York: Simon & Schuster.

Lord, R. G., & Hall, R. J.(2005). Identity, deep structure and the development of leadership skill. *Leadership Quarterly*. Vol. 16. pp. 591-615.

Lulofs, R. S.(1994). *Conflict: From theory to action*. Scottsdale, AZ: Gorsuch Scarisbuck Publishers.

Lunenburg, Fred C., & Ornstein, Allan C.(1991). *Educational Administration: Concepts and Practices*(2nd ed.). Belmont: Wadsworth Publishing Company.

Lunenburg, Fred C., & Ornstein, Allan C.(1996). *Educational Administration: Concepts and Practices*(2nd ed.). Belmont: Wadsworth publishing Company.

Luthans, Fred(1981). *Organizational Behavior*(3rd ed.). New York: McGraw-Hill Co.

Mann, F. C.(1965). Toward an understanding of the leadership role in formal organization. In R. Dubin, G. C. Homans, F. C. Mann, & D. C. Miller(Eds.), *Leadership and productivity*. San Franscisco: Chandler. pp. 68-103.

Maslow, Abraham H.(1954). *Motivation and Personality*. New York: Harper and Row, Publishers.

Maslow, Abraham H.(1970). *Motivation and Personality*(2nd ed.). New York: Harper & Row Publishers, Inc..

Mayer, J. D., Salovery, P., & Caruso, D. R.(2000). Models of emotional intelligence. In R. J. Sternberg(Ed.), *Handbook of intelligence*. Cambridge, MA: Cambridge University Press.

Mayer, J. D., & Salovery, P.(1995). Emotional intelligence and the construction and regulation of feelings. *Applied and Preventive Psychology*. Vol. 4. pp. 197-208.

McClelland, David C.(1985). *Human Motivation*. Glenview, Illinois: Scott, Foresman and Company.

McGregor, Douglas M.(1960). *The Human Side of Enterprise*. New York: McGraw-Hill Book Co.

Mintzberg, Henry(1979). *The Structuring of Organizations*. Englewood Cliffs, N. J.: Printice-Hall.

Mintzberg, Henry(1990). *The Nature of Managerial Work*. New York: Harper Collins.

Misumi, J.(1985). *The behavioral science of leadership: An interdisciplinary Japaness research program*. Ann Arbor: University of Michigan Press.

Mumford, M. D., Zaccaro, S. J., Connelly, M. S., & Marks, M. A. (2000). Leadership skills: Conclusions and future directions. *Leadership Quarterly*. Vol. 11. pp. 155-170.

Mumford, T. V., Campion, M. A., & Morgeson, F. P.(2007). The leadership skills strataplex: Leadership skill requirements across organizational levels. *Leadership Quarterly*. Vol. 18. pp. 154-166.

Nanus, B.(1992). *Visionary leadership: Creating a compelling sense of direction for your organization*. San Francisco: Jossey-Bass.

Napier, R. W., & Gershenfeld, M. K.(2004). *Groups: Theory and experience*(7th ed.). Boston: Houghton Mifflin Company.

Northouse, P. G.(2004). *Leadership: Theory and Practice*(3rd ed.). Thousand Oaks, CA: Sage.

Northouse, P. G.(2007). *Leadership: Theory and Practice*(4rd ed.). Thousand Oaks, CA:

Sage.

Northouse, Peter G.(2009). *Introduction to Leadership: Concepts and Practice*. Thousand Oaks, CA: Sage.

Ouchi, William G.(1981). *Theory Z*. Reading, M. A.: Addison-Wesley.

Pondy, L. R.(1967). Organizational Conflict: Concepts and Models. *Administrative Science Quarterly*. Vol. 12. pp. 296-320.

Pondy, Louis R.(1982). Organizational Conflict: Concepts and Models. In Henry L. Tosi & W. Clay Hammer, *Organizational Behavior and Management: A Contingency Approach*. New York: John Wiley & Sons.

Rawls, J.(1971). *A theory of justice*. Boston: Harvard University Press.

Robbins, Stephen P.(1983). *Organization Theory: The Structure and Design of Organizations*. Englewood Cliffs, New Jersey: Prentice-Hall, Inc.

Robbins, Stephen P.(1986). *Organizational Behavior: Concepts, Controversies, and Applications*(3rd ed.). Englewood Cliffs, New Jersey: Prentice-Hall, Inc.

Rost, J. C.(1991). *Leadership for the twenty-first century*. Westport, CO: Praget.

Salovery, P., & Mayer, J. D.(1990). Emotional intelligence. *Imagination, Cognition and Personality*. Vol. 9. pp. 185-221.

Sashkin, M.(1988). The visionary leader. In J. A. Conger & R. N. Kanungo(Ed.), *Charismatic leadership: The elusive factor in organizational effectiveness*. San Francisco: Jossey-Bass.

Sashkin, M.(2004). Transformational leadership approaches: A review and synthesis. In J. Antonaki, A. T. Cianciolo, & R. J. Sternberg(Eds.), *The nature of leadership*. Thousand Oaks, CA: Sage Publications. pp. 171-196.

Schein, E. H.(1969). *Process consultation: Its role in management development*. Reading, MA: Addison-Wesley.

Schein, Edgar H.(1985). *Organizational Culture and Leadership*. San Francisco: Jossey-Bass Publishers.

Schein, Edgar H.(1992). *Organizational Culture and Leadership*(2nd ed.). San Francisco: Jossey-Bass Publishers.

Shamir, B., House, R. J., & Arthur, M. B.(1993). The motivational effects of charismatic leadership: A self-concept based theory. *Organization Science*. Vol. 4. No. 4. pp. 577-594.

Shaw, M. E.(1976). *Group dynamics: The psychology of small group behavior*(2nd ed.). New York: McGraw-Hill.

Sternberg, R. J.(Ed.).(2000). *Handbook of intelligence*. Cambridge, MA: Cambridge University Press.

Stogdill, Ralph M.(1948). Personal Factors Associated with Leadership: A Survey of the Literature. *Journal of Psychology*. Vol. 25.

Stogdill, Ralph M.(1974). *Handbook of Leadership: A Survey of Theory and Research*. New York: The Free Press.

Tajfel, H., & Turner, J. C.(1979). An integrative theory of intergroup conflict. In S. Worchel & W. G. Austin(Eds.), *The social psychology of intergroup relations*. Monterey, CA: Brooks-Cole.

Tajfel, H., & Turner, J. C.(1986). The social identity theory of inter-group behavior. In S. Worchel & W. G. Austin(Eds.), *The social psychology of intergroup relations*. Chicago: Nelson-hall.

Thomas, Kenneth(1976). Conflict and Conflict Management In Marvin D. Dunnette (ed.), *Handbook of Industrial and Organizational Psychology*. Chicago: Rand McNally.

Thomas, Kenneth(1977). *Toward Multidimensional Values in Teaching: The Example of Conflict Behaviors*. Academy of Management Review.

Velasquez, M. G.(1992). *Business ethics: Concepts and cases*(3rd ed.). Englewood Cliffs, NJ: Prentice-Hall.

Vroom, Victor H.(1964). *Work and Motivation*. New York: John Wiley and Sons.

White, R. K., & Lippitt, R.(1968). Leader behavior and member reaction in three "social climates." In D. Cartwright & A. Zander(Ed.), *Group dynamics*. New York: Harper & Row. pp. 318-355.

Yammarino, F. J.(2000). Leadership skills: Introduction and overview. *Leadership Quarterly*. Vol. 11. pp. 5-9.

Yukl, Gary A. (1981). *Leadership in Organizations*. Englewood Cliffs, New Jersey: Prentice Hall, Inc.

Yukl, Gary A.(1989). *Leadership in Organizations*(2nd ed.). Englewood Cliffs, New Jersey: Printice-Hall, Inc.

Yukl, Gary A.(2002). *Leadership in Organizations*(5th ed.). Englewood Cliffs, New

Jersey: Printice-Hall, Inc.

Zaccaro, S. J., & Klimoski, R. J.(Ed.)(2001). *The nature of organizational leadership: understanding the performance imperatives confronting today's leaders*. San Francisco: Jossey-Bass.

Zaccaro, S. J., & Banks, D. J.(2001). Leadership, vision, and organizational effectiveness. In S. J. Zaccaro & R. J. Klimoski(Eds.), *The nature of organizational leadership: understanding the performance imperatives confronting today's leaders*. San Francisco: Jossey-Bass.

Zaccaro, S. J., Gilbert, J., Thor, K. K., & Mumford, M. D.(1991). Leadership and social intelligence: Linking social perceptiveness and behavioral flexibility to leader effectiveness. *Leadership Quarterly*. Vol. 2. pp. 317-331.

부 록

리더십 이론[1)]

여기에서는 조직 상황에서 리더십에 관련된 문제들을 검토하고자 한다. 먼저 조직 속에서 리더십의 본질(nature of leadership)에 관해 논의하고, 리더십의 기반 중의 하나인 영향력(influence) 또는 권력(power)의 개념을 검토하고자 한다. 다음은 리더십에 대한 특성이론적 접근방법, 행동과학적 접근방법, 상황중심적 접근방법 및 변혁적 리더십을 논의한다. 끝으로 다양한 리더십 스타일을 분석하여 제시한다.

1. 리더십의 본질

리더(leader)라는 영어 단어는 여행 중인 사람들을 안내하는 것을 의미하는 'laedare'라는 앵글로 색슨의 어원에 뿌리를 두고 거의 천 년 동안 변화하지 않은 채 사용되어 왔다(Bolman & Deal, 1991: 565). 일반적으로 리더십은 매우 좋은 것이고, 더 많이 갖고 있어야 한다는 주장이 당연한 상식으로 받아들여지고 있다. 리더십이라는 논제는 20세기 초부터 광범위한 연구주제가 되어 왔다. 그러나 리더십이 실제로 무엇을 의미하는가에 대해서는 많은 혼란이 있고, 학자들 간에 의견이 일치되지 않고 있다. 이 기간 동안에 연구자들과 실무자들 모두가 리더십을 분석하고 정의해 왔으며, 3,000개 이상의 경험적 연구들이 리더십을 검토해 왔다(Bass & Stogdill, 1990). 리더십에 대해서 수많은 책과 논문이 쓰였음에도 불구하고, 리더십은 여전히 이해하기 어려운 개념이다. 오늘날 효과

1) 박성식(2011). 교육행정학. 서울: 학지사. 제13장. 리더십 관리. pp. 381-422.

적인 리더십에 대한 정의는 그 개념을 연구한 연구자들의 수만큼이나 다양하다. 리더십에 관해 사회과학자들이 많은 연구를 했지만 역시 일반화할 수 있는 개념을 거의 제시하지 못하고 있다.

경영자들에게 무엇이 리더십인가라는 질문을 한다면 여러 가지 서로 다른 대답이 나올 것이다. 물론 그러한 대답들은 각기 한계가 있지만, 리더십의 개념을 보다 더 확실히 이해하는 데는 도움이 될 것이다.

첫 번째로 가장 널리 받아들여지고 있는 상식적인 개념은 리더십은 누군가가 원하는 것을 다른 사람들이 하도록 만드는 능력이라는 것이다. 이것은 리더십을 권력(power)과 동일시하기 때문에 리더십을 폭넓게 보는 관점인 동시에 한편으로는 너무 좁게 보는 관점일 수도 있다. 즉, 이러한 리더십의 개념은 리더십과는 매우 다른 강제력(coercion)의 행사와 같은 것이 개념 안에 포함되기 때문에 너무 광범위하게 리더십을 보고 있는 반면, 가치관, 비전(vision) 그리고 관계로서의 리더십(leadership as relationship)을 포함하지 않고 있다는 점에서 너무 편협하게 리더십을 보고 있다.

두 번째 정의에 따르면, 리더는 사람들을 동기부여시켜 일을 잘 처리하도록 한다는 것이다. 리더가 강제와 유인보다는 설득과 모범을 통해 사람들에게 많은 영향을 미치고 있다는 점에서 이 개념정의는 적절해 보인다. '일이 이루어지도록 하는 것'이란 개념은 리더십이 그 성과물에 의해 판단된다는 중요한 시각을 제시하고 있다. 그러나 여전히 목적과 가치에 대한 의문은 해결되지 못하고 있다. 즉, 리더십이 산출한 성과를 어떻게 평가할 것인가?

세 번째 상식적 정의에 의하면, 리더는 비전을 제공한다는 것이다. 이것은 앞의 정의들에서 빠뜨리고 있는 의미, 목적, 그리고 사명의 요소를 추구하고 있지만, 비전은 리더 혼자서 창출하는 것이라는 전제를 담고 있다. 또한 과연 누구나 리더의 비전을 좋아하거나 지지하는 것인가라는 질문을 간과하고 있다.

네 번째 정의는 리더십이 사실상 촉진제 역할을 한다는 것이다. 이러한 정의는 참여적 스타일의 경영자들에게 인기가 있다. 즉, 리더는 참여적이고 민주적이어야 하며, 구성원들이 스스로 자기의 할 일을 찾도록 도와주어야 한다는 것이다. 리더의 과업은 그가 원하는 것을 얻는 것이 아니라 부하들이 원하는 것을 이룰 수 있도록 역량을 강화시켜 주는 것이다. 이러한 정의는 리더가 주도하고 부하는 이를 따른다는 관념, 즉 리더는 힘이 있고 부하는 의존적이라는 고정관념이 깨뜨려질 수 있는 반면, 마치 바람이 부는 대로 돌아가는 바람개비처럼 그 역할을 전락시킬 위험성도 지적될 수 있다.

이와 같이 리더십에 대한 견해는 리더십에 대한 수많은 개념 중 몇 가지 예에 불과하다. 아래 〈표 1〉은 여러 학자들이 제시한 리더십에 대한 일련의 정의들을 보여 주고 있다.

표 1 예시적 리더십의 개념정의

- 리더십은 다른 사람 또는 집단의 행동에 영향을 미치려는 일정한 시도이다(Paul Hersey, 1984).
- 관리자는 주어진 일이 올바르게 처리되도록 하는 사람이고, 리더는 올바른 일을 하도록 하는 사람이다(Warren Bennis & Burt Nanus, 1985).
- 리더십은 무엇을 해야 할 것인가를 결정하고, 다른 사람들이 그것을 하고 싶어 하도록 만드는 능력이다(Dwaight D. Eisenhower).
- 리더십은 대부분 비강제적인 수단을 통하여 일정한 방향으로 집단을 움직이게 하는 과정이다. 효과적인 리더십이란 그 집단이 장기적으로 최선의 이익을 내도록 움직이게 하는 리더십이다(John Kotter, 1988).
- 리더십이란 리더가 제시한 목표 또는 리더와 그의 부하들이 공유한 목표를 추구하도록 한 개인 내지 팀이 집단을 유도하는 설득과 모범의 과정이다(John Gardner, 1989).
- 리더십이란 사람들에게 영향력을 행사할 수 있는 한 개인의 능력이다(Roach & Behling, 1984).
- 리더십이란 다른 개개인들의 생각과 감정, 행동 등에 영향을 미치는 각본을 구성할 수 있는 능력이다(Gardner, 1996).
- 리더십이란 다른 사람에게 동기를 부여하는 독창적이면서 방향을 제시하는 힘이다(Munson, 1959).
- 리더십이란 두 사람 혹은 그 이상의 사람들 사이에 존재하는 독특한 영향력이다(Hollander & Julian, 1969).
- 리더십이란 사람들이 의무감보다는 자발적 의지로 한 개인의 의사를 따르게 되는 대인관계의 형태다(Merton, 1969; Curphy & Hogan, 1994).
- 리더십이란 조직화된 그룹이 목표를 실현하도록 영향력을 행사하는 방법이다(Roach & Behling, 1984).

* 출처: Lee G. Bolman & Terrence E. Deal(1991). *Reframing Organizations*. San Francisco: Jossey-Bass Publishers. 김영진 · 김용구 · 신택현 · 윤방섭 · 최병순(역)(1995). 비젼시대의 조직 패러다임. 서울: 미래경영개발연구원. p. 568.

리더십에 대한 정의가 다양하다는 것은 그만큼 리더십 개념이 산만하고 논쟁의 여지가 있다는 것을 보여 주는 것이다. 리더십의 개념을 명확히 정립하기 위해서는 먼저 리더십의 기본요소가 무엇인지를 확인하고, 리더십과 관련된 개념인 권력, 권한 그리고 관리와 리더십을 구분할 필요가 있다

리더십에 대한 대부분의 이미지는 리더는 일이 이루어지도록 또는 부하들이 일을 하도

록 이끄는 사람임을 암시한다. 즉, 리더는 권력(power)을 가진 사람이다. 그러나 권력에 대한 수많은 예는 리더십에 대한 이미지와는 다르다. 무장강도, 약탈자, 골목대장, 교통경찰, 교도관들도 일정한 형태의 권력을 가지고 있지만, 이들은 거의 리더로서 여겨지지는 않는다. 리더는 비강제적인 수단으로 영향력을 행사하고, 협조적으로 일을 하게 만들며, 리더 자신의 이해관계를 초월한 목표를 추구한다는 암묵적인 기대가 깔려있기 때문이다.

리더십은 또한 권한(authority)을 보유한다고 본다. 그러나 권한을 가진 사람이 리더일 수는 있지만, 리더가 항상 권한을 가진 것은 아니다. 권한의 개념은 리더십의 개념처럼 논쟁의 여지가 있다. 권한의 개념은 Max Weber로 거슬러 올라간다. Weber(1974)는 권한이 합법성에 근거를 두고 있다고 보았다. 사람들은 합법적이라고 믿기 때문에 자발적으로 권한에 복종하며, 합법성의 상실을 인지할 경우에는 복종하지 않는다는 것이다. 권한에 있어서 합법성과 자발적 복종이라는 요소는 권한이 리더십 개념과 관계가 있음을 시사한다. 리더는 합법성이 없이는 지휘할 수 없고, 리더에 대한 복종은 강제적인 것이라기보다는 주로 자발적인 것이다. 그러나 두 개념 사이에는 중요한 차이가 있다. 권한은 법에 대한 복종과 같이 리더십의 영역 밖에 있는 여러 가지 자발적 복종 현상과 관련된다.

또한 리더십은 관리(management)와 자주 혼동되어 사용되고 있지만 관리와는 다르다. 리더가 아닌 훌륭한 관리자를 상상하기 어렵다고 해서 리더십이 반드시 높은 직위에 있는 관리자들이 행사하는 것이라고 잘못 생각할 수도 있다. 이러한 견해는 극소수의 사람들에게 너무 많은 기대와 요구를 품게 만들며, 관리자들이 실제로 수행할 수 있는 한도를 넘어 더 많은 책임을 지도록 부추길 수도 있다. 또한 어떤 사람은 관리자는 아니지만 리더가 될 수 있다. 학교조직의 경우, 교사들에게 누가 리더십을 행사하고 있는가라고 묻는다면 많은 교사들은 "분명 그것은 교장이 아니다."라고 적극적으로 나서서 주장할 것이다. Warren Bennis와 Burt Nanus(1985: 4)는 1,000개 이상의 연구들을 검토한 후, 관리자와 리더의 차이를 다음과 같이 진술하고 있다. 즉, "관리자는 주어진 일이 올바르게 처리되도록 하는 사람이고, 리더는 올바른 일을 하도록 하는 사람이다(Managers do things right, and leaders do the right thing)". 그러나 이 말은 리더십과 관리 사이의 중요한 차이를 보여 주고는 있지만, 리더와 관리자를 너무 극단적으로 대비시킴으로써 자칫하면 관리자를 상상력이 없는 바보로 간주하는 함정에 빠질 가능성도 있다.

Peter F. Drucker(1993)에 의하면, 효과적인 리더는 많은 의사결정을 하지 않는다. 그들은 조직의 보다 큰 측면에 영향을 미치는 중요한 의사결정들에 초점을 두고 있다. 그들은 일상적인 문제들을 해결하기보다는 포괄적이고 전략적인 것을 철저하게 심사숙고하려고 한다. 관리자가 바람직한 결과를 산출하기 위해 조직의 구조와 과정을 형성하는 데 관심을 갖는 반면에 리더는 헌신(commitment) 또는 비전을 가지고, 그들의 헌신 또는 비전의 주변에 사람들을 형성하려고 한다. John F. Kennedy, Martin Luther King, Lee Iacocca 등은 그들의 이상과 야망에 따라 사람들에게 영향력을 미치는데 성공한 사람들이다.

이와 같이, 오늘날 리더십에 관한 정의들 사이에는 다소간의 차이점이 존재하고 있을지라도 그것들은 모두 다음과 같은 두 가지 중요한 점을 포함하고 있다(Lunenberg & Ornstein, 1996: 114). 첫째, 리더십은 영향력과 권력이 공평하지 않게 배분되어 있는 두 사람 이상 사이의 관계(relationship)다. 이 정의는 집단의 공식적 리더(formal leader: 집단에 영향력을 행사하는 권한을 가진 사람)와 비공식적 리더(informal leader: 집단의 참여자로서 리더십 행위에 관여하는 사람)를 구별하고 있다. 둘째, 리더는 고립적으로 존재하지 않는다. 어떤 사람이 리더인가? 이러한 질문에 대해 답하는 한 가지 방식은 뒤에서 추종하는 사람을 살펴보는 것이다. 대부분의 경우에 개인은 다른 사람들에게 특수한 방식으로 행동하도록 강요할 수 없다. 그러므로 리더십은 추종자들이 영향을 받는 것에 대해 동의를 해야 한다는 것을 함축하고 있다.

리더십은 영향력에 관한 문제다. 영향력은 리더십의 핵심이다. 다음은 리더가 다른 사람들에게 행사하는 영향력의 원천(sources of leader influence)에 대하여 살펴보기로 한다. John R. P. French와 Bertram H. Raven(1968)은 리더의 권력 또는 영향력의 원천을 다음과 같이 다섯 가지로 제시하였다.

① **합법적 권력**(legitimate power): 합법적 권력은 조직에서 리더가 차지하고 있는 직위 또는 역할에 부여되어 있는 권력이다. 합법적 권력은 리더가 하위자들에게 영향력을 행사할 수 있는 권리를 가지고 있다는 점에 대해 상호 간에 수용할 수 있는 지각에 근거하고 있다. 예를 들면, 학교조직에서 교장은 교사들에 의해 완수되어야 할 구체화된 과업들을 기대할 수 있는 권리를 가지고 있다.

② **보상적 권력**(reward power): 일반적으로 리더는 조직에서 하위자들에게 보상을 제공할 수 있는 그들의 능력으로 인해 보상적 권력을 가지고 있다. 권력의 힘은 리더가 통제하는 보상의 양과 보상에 대한 하위자들의 욕망의 강도에 따라 달라진다. 봉급 인상, 승진, 좋은 업무의 할당, 칭찬 등이 보상적 권력에 속한다.

③ **강제적 권력**(coercive power): 강제적 권력은 보상적 권력의 반대다. 강제적 권력은 리더의 지시에 대한 불불종에 대해 하위자들을 통제하고 처벌할 수 있는 리더의 능력을 의미한다. 강등, 감봉, 징계, 처벌의 위협 등이 강제적 권력에 속한다.

④ **전문적 권력**(expert power): 전문적 권력은 리더가 가지고 있는 특수한 능력과 지식에 근거하고 있으며, 집단은 이러한 능력과 지식을 필요로 한다. 리더는 단위 부서에

할당된 과업들을 분석, 집행, 통제할 수 있는 능력을 가지고 있는 사람으로 간주된다. 전문적 권력은 교육, 훈련 및 경험에 의해 좌우된다.

⑤ **준거적 권력**(referent power): 준거적 권력은 리더의 개인적 인성의 힘으로부터 추종자들을 개발하는 리더의 능력이다. 어떤 의미에서 이것은 리더가 다른 사람들로부터 존경과 매력을 이끌어 내는 카리스마적인 힘이다. 마하트마 간디, 마틴 루터 킹 등이 역사적으로 잘 알려진 리더들이다. 또한 준거적 권력은 조직 내에 있는 강력한 개인과의 친분관계에서 연유될 수도 있다. 예를 들면, 교장과 친분관계가 두터운 교사는 어떠한 합법적 · 보상적 · 강제적 권력도 가지고 있지 않을지라도, 다른 사람들은 이 사람이 교장의 행동에 영향을 미치고 있다고 지각할 수도 있을 것이다.

Gary A. Yukl(1981)은 권력, 영향력 및 리더십 간의 상호관계를 [그림 1]과 같이 요약하여 제시하였다. [그림 1]에서 영향력 과정으로서의 리더십은 리더의 권력원천의 요소들과 하위자들의 이해관심과 욕구를 수용하는 정도의 함수다. 권력원천은 개인적인 것과 조직적인 것으로 나누어진다. 즉, 합법적 권력, 보상적 권력 및 강제적 권력은 조직적인 것이고, 전문적 권력과 준거적 권력은 리더의 인성으로부터 나오는 권력이다.

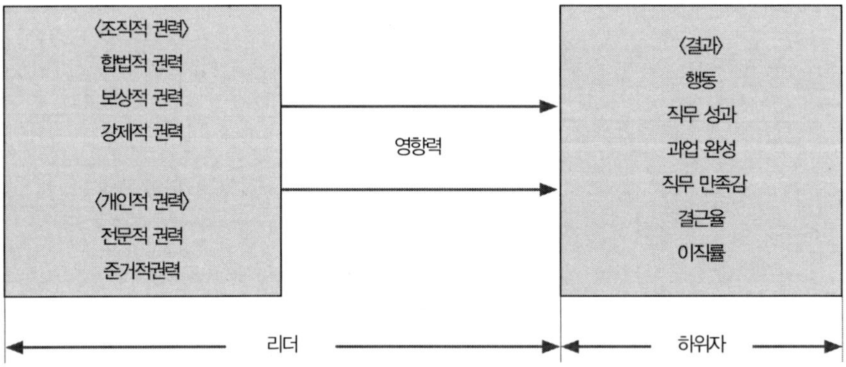

그림 1 하위자들에 대한 리더의 영향력의 원천

* 출처: Gary A. Yukl(1981). *Leadership in Organizations*. Englewood Cliffs, N. J.: Prentice Hall, Inc., p. 43.

2. 특성론적 리더십 이론

통속적인 문헌은 지도자들이 다른 사람들과는 다르다는 관점을 지지하고 있다. 만약에 지도자들이 다른 사람들과 다르지 않다면, 연구자들과 실무자들은 모두 리더십 연구에 그렇게 많은 관심을 기울이지 않았을 것이다. 리더들은 목적을 달성함에 있어서 그들의 하위자들에게 영향력을 행사할 수 있다는 점을 앞에서 지적한 바 있다. 따라서 리더십의 비밀이 리더들의 특성에 있는지의 여부를 탐구하는 것은 자연스러운 일이다. 리더들은 인성적 특성, 신체적 특성, 동기 및 욕구의 측면에서 리더가 아닌 사람들과 다른가? 성공적인 리더들과 성공적이지 못한 리더들을 구별해 주는 어떤 특성들과 기술들(skills)이 존재하는가? 여기에서는 이러한 질문과 관련된 문제들을 살펴보고자 한다.

리더십에 관한 특성이론(traits theory)은 기본적으로 개인의 인성적 특성들에 초점을 두고 리더십을 설명한 초기의 이론이다. 특성적 접근방법은 이 세상에는 리더와 추종자로 구분될 수 있는 두 종류의 사람들이 있어서 리더는 추종자가 소유하고 있지 않은 특성들을 지니고 있고, 그러한 특성들을 소유하고 있는 사람은 어느 집단이나 상황에서도 유능한 리더가 될 수 있다고 가정하였다. 이와 같은 가정 아래 수행되었던 초기의 리더십 연구들은 리더가 아닌 사람과 리더를 신뢰할 수 있게 구별해 주는 특성들을 분리시키려고 시도하였다. 즉, 1950년대 이전의 리더십에 관한 연구는 주로 리더의 특성 그 자체를 찾아내는 데에만 관심을 두어 왔다. 그러나 수많은 연구에도 불구하고 아직 모든 집단과 상황에 적용될 수 있는 유능한 리더의 특성에 관해서는 일치된 결론을 얻지 못하고 있다.

예를 들면, Ralph Stogdill(1974)의 연구에 의하면, 리더들은 리더가 아닌 사람들에게서는 발견되지 않았던 수많은 특성들과 기술들을 소유하고 있었다. 그러나 특정한 특성이 존재한다는 것은 상황에 따라 변하는 것 같았다. Stogdill(1974: 81-82)은 다음과 같은 다섯 가지 일반적인 표제어를 사용하여 특성들과 기술들을 분류하였다.

① **능력**(capacity): 지능, 기민함, 언어적 유창성, 독창성, 판단력

② **성취**(achievement): 학식, 지식, 운동기능

③ **책임감**(responsibility): 신뢰성, 주도성, 인내력, 공격성, 자신감, 수월성 욕망

④ **참여**(participation): 적극성, 사회성, 협동성, 적응성, 유머

⑤ **지위**(status): 사회경제적 지위, 대중적 인기

Cecil A. Gibb(1954: 914)도 특성이론의 제한점을 인정하면서 그가 종합한 연구결과를 근거로 ① 정열, ② 자신감, ③ 약간 높은 지능, ④ 언어적 유창성, ⑤ 지구력, ⑥ 집단구

성원 개개인을 이해하는 통찰력 등은 어느 집단이나 어느 상황에서도 공통적으로 적용될 수 있는 리더의 특성이라고 하였다.

위에서 제시한 리더의 특성군들은 일반적으로 리더가 갖추어야 할 특성들이라고는 하지만, 리더만이 그러한 특성을 소유하고 있다고 말할 수는 없다. 그 이유는 리더의 특성에 관한 실증적인 연구결과에 의하면, 위에서 제시한 특성군을 지니고 있지 못한 리더가 있는가 하면, 리더의 특성을 갖추고 있으면서도 리더다운 리더가 되지 못한 사례도 보여주고 있기 때문이다. 또 위에 제시된 특성군 중 어느 것도 상대적 중요성에 대해서는 명확한 검토를 거치지 않았기 때문에 특정한 상황에서 수용되는 리더의 특성들이 다른 상황에서는 받아들여지지 않는 경우도 있다는 것이다. 그러므로 리더가 되려면 일정한 특성군을 갖추어야 하지만, 그것은 단일적이고 일원적인 것이 아니라 리더마다 그가 처해 있는 상황에 따라 특성이 달라지는 것이다.

Stogdill(1948: 35-37)은 그 동안 이루어진 리더의 특성요인에 관한 연구 124편을 조사 · 분석한 결과, 이들 연구가 서로 다른 결론을 내리고 있다는 것은 발견하였다. 예를 들면, 리더의 연령을 다룬 연구 중 6편은 유능한 리더는 일반적으로 젊어야 한다고 했고, 10편은 나이가 들어야 한다고 했으며, 17편은 상황에 따라 고려되어야 한다고 했다. 또 리더의 정력, 정서적 안정, 지능 그리고 자신감에 관한 연구들도 서로 상반된 결과를 드러내고 있다고 지적하였다. 또한 Gibb(1954: 877-920)도 리더십에 관한 연구들을 검토한 후, 리더의 인성에 관한 수많은 연구들은 리더들을 특징짓는 어떤 일관성 있는 특성들의 유형을 발견하는 데 실패하였다는 결론을 제시하였다. Fillmore H. Stanford (1952: 51)에 의하면, 어떤 상황에서나 리더에게 적용될 수 있는 공통적이고 보편적인 특성은 존재하지 않는다. 만약 그런 특성이 존재한다고 해도 그 특성은 심리학적인 용어로 의미있게 기술될 수 있는 것은 아니다. 특정한 상황에서는 리더를 추종자와 구별해 볼 수 있는 특성이 있으나, 어떠한 특성을 기준으로 리더를 추종자로부터 구분하느냐는 상황에 따라 매우 다양하다고 하였다. 이러한 점을 종합해 보면, 어떠한 상황에서 어떤 특성들이 유능한 리더에게 중요하며 필수적인가를 밝히는 것이 중요한 과제가 될 것이다.

최근에는 리더십에 관한 특성론적 연구가 다른 방식으로 수행되어 왔다. 연구자들은 수많은 상황에 따라 리더와 리더가 아닌 사람을 비교하기보다는 동일한 상황에서 효과적인 리더와 비효과적인 리더를 비교하거나 또는 특성들과 리더십 효과성 간의 상호관계를 비교하고 있다. 이러한 연구들의 결과는 초기의 특성적 연구들 보다 강력하고 보다 일관성이 있다(Lunenburg & Ornstein, 1996: 118).

Lunenburg와 Ornstein(1996: 118-120)은 효과적인 리더들의 특성들에 관한 연구들을 다음과 같은 세 가지 범주로 분류하여 검토하였다. 즉, 첫 번째 범주는 리더들이 그들의 조직 단위의 실제적인 성과(actual performance)라는 용어로 평가된다. 왜냐하면 효과성은 대단히 많은 요인들에 의해 영향을 받기 때문이다. 두 번째 범주는 하위자들, 감독자들 그리고 리더 자신들은 어떠한 리더십 특성들을 가장 중요하게 생각하는가에 관한 평정결과가 리더의 효과성을 평가하는 데 사용되었다. 세 번째 범주는 효과성이 낮은 성과 평정결과(low performance ratings)에 의해 정의된다.

지금까지 살펴본 특성론적 접근방법은 리더는 추종자와 구별되는 신체적 · 지적 · 인성적 특성을 지니고 있고, 이러한 특성을 소유한 사람은 집단의 성격이나 상황에 관계없이 유능한 리더가 될 수 있다는 가정을 검증하는 데 실패하였다. 그러나 특성론적 접근방법은 리더십의 본질이 무엇인가를 밝히는 데는 상당한 공헌을 하였다고 볼 수 있다.

3. 행동과학적 리더십 이론

리더십을 이해하는 또 다른 방법은 성공적인 리더들이 어떠한 방식으로 행동하는가를 알아보기 위해 효과적인 리더의 행동과 비효과적인 리더의 행동을 비교하는 것이다. 연구의 초점이 '효과적인 리더들은 무엇인가(what effective leaders are)?'를 결정하려고 시도하는 것에서 '효과적인 리더들은 무슨 일을 하는가(what effective leaders do)?'를 결정하려고 시도하는 것으로 전환되었다.

특성적 접근방법과 행동과학적 접근방법 간의 이분법은 인간이 짐작하는 것만큼 분명한 것은 아니다. 리더의 특성들은 리더십 행동 또는 스타일에 아마도 영향을 줄 것이다. 여기서는 리더십에 관한 고전적인 행동과학적 이론들로 광범위하게 알려진 세 가지 연구들 즉, Iowa 대학교, Ohio 주립 대학 그리고 Michigan 대학교가 행동과학적 접근방법으로 수행한 리더십에 관한 연구들을 살펴보기로 한다.

1) 아이오와 대학교의 리더십 연구

서로 다른 리더십 행동 스타일이 집단에 미치는 영향에 관한 초기의 연구는 아이오와 대학교(Iowa University)에서 수행되었다(Lewin, Lippitt & White, 1939: 271-299). 일련의 실험에서 연구자들은 하위자들의 태도와 생산성에 미치는 영향을 결정하기 위해 세 가지 리더십 스타일을 조작하였다. 리더십은 실험기간 동안에 여러 가지 의사결정 상황들을 처리하는 리더십 스타일에 따라 아래와 같은 세 가지 서로 다른 유형으로 분류되었다.

① 전제적 리더십(authoritarian leadership): 리더들은 매우 지시적이었고, 의사결정에

참여를 허용하지 않았다. 그들은 하위자들을 위해 작업상황을 완벽하게 구조화하였다. 리더들은 완전한 권한을 가지고 있었으며, 과업의 시작에서 완료까지 완전한 책임을 떠맡았다.

② **민주적 리더십**(democratic leadership): 리더들은 집단 토론과 의사결정을 촉진하였다. 하위자들은 그들에게 영향을 미치는 조건들에 관한 정보를 제공받았으며, 그들의 아이디어를 표현하고 제안들을 제시하도록 조장되었다.

③ **자유방임적 리더십**(laissez-faire leadership): 리더들은 집단에게 완전한 자유를 주었으며, 하위자들이 그들 스스로 개인적 결정을 하도록 내버려 두었다. 본질적으로 리더들은 리더십을 제공하지 않았다.

아이오와 대학교의 리더십 연구 결과들을 요약하면 다음과 같다(Lewin, Lippitt, & White, 1939: 271-299).

① 세 가지 리더십 스타일 중에서 하위자들은 민주적 스타일을 가장 선호하였다. 오늘날 일반적인 경향은 참여적 관리 관행(participatory management practices)의 활용이 점차 확대되고 있다. 왜냐하면 참여적 관리 관행이 현대조직의 지원적이고 합의적인 모형들(supportive and collegial models)과 일치되기 때문이다.

② 하위자들은 전제적 리더십 스타일보다 자유방임형 리더십 스타일을 선호하였다. 심지어 하위자들은 혼란을 경직성보다 훨씬 선호하였다.

③ 전제적 리더들은 전제적 리더에 의해 야기된 좌절감에 대한 반동이라고 생각되는 공격적 행동 또는 무관심한 행동을 유발하였다.

④ 리더십 스타일이 전제적 스타일에서 자유방임적 스타일로 변했을 때, 무관심한 행동은 공격적 행동으로 변했다. 즉, 자유방임적 리더가 더 많은 공격적 행동을 야기하였다.

⑤ 생산성은 민주적 리더보다 전제적 리더 아래서 다소 높았으며, 자유방임적 리더 아래서 가장 낮았다.

이와 같은 아이오와 대학교의 리더십 연구결과에 대해 다른 행동과학 연구자들은 주로 방법론의 측면에서 상당한 비판을 하였다. 즉, 아이오와 연구에서는 많은 변수들이 통제되지 않았다. 그럼에도 불구하고 이러한 리더십 연구들은 리더의 행동들이 집단의 태도와 생산성에 미치는 영향을 결정하기 위한 획기적 사건으로서의 지위를 갖는다. 초기의 특성적 연구들과 마찬가지로 Iowa 리더십 연구들은 실험적으로 조잡하였기 때문에 종종 너무도 빨리 잊혀진다. 요약하면, 아이오와 연구들은 리더십 행동(leadership behavior)의 탐구에 초점을 맞추도록 하였다는 점에서 중요하다. 더구나 그들은 대안적인 리더 행동 스타일들을 기술하고 분류하기 위한 유용한 기반을 제공하였다. 사실 오늘날에도 50년 전에 아이오와 연구자들에 의해 확인된 세 가지 리더십 스타일이 교육행정 분야의 문헌과 실무자들 사이에 공통적으로 사용되고 있다.

2) 오하이오 주립대학교의 리더십 연구

오하이오 주립대학교(Ohio State University)의 연구는 집단과 조직의 목적 달성에 중요한 리더의 행동들을 확인하는데 목적이 있었다. 특히 연구자들은 다음과 같은 문제들에 대한 해답을 추구하였다. 즉, 리더들은 어떤 유형의 행동들을 나타내는가? 이러한 리더의 행동들은 작업집단의 성과와 만족감에 어떤 영향을 미치는가?
연구자들은 이러한 연구를 진행하는 동안에 서로 다른 유형의 집단과 상황에서 리더십을 연구하기 위해서 리더행동 기술 질문지(LBDQ: Leader Behavior Description Questionnaire)를 개발하여 사용하였다. LBDQ에 대한 집단의 반응은 요인분석(factor analysis)이라는 통계적 방법을 통해 처리하였다. 요인분석 방법으로부터 수많은 집단들과 상황에서 리더들의 행동을 특징짓는 두 가지 차원 즉, 구조 중심(initiating structure)과 인간에 대한 배려(consideration) 차원이 확인되었다(Hemphill and Coons, 1950).

① **구조 중심**(initiating structure): 여기서 구조 중심이란 리더가 조직의 성과 목적에 직접적으로 초점을 맞추고, 과업들을 조직하고 정의하며, 업무를 할당하고, 의사소통 채널을 확립하고, 하위자들과의 상호관계를 도출하고, 작업집단의 성과를 평가하는 정도를 의미한다. 구조 중심의 리더들은 구성원들에게 특정한 과업들을 할당하고, 명확한 성과 기준들을 유지하며, 일정한 절차들의 사용을 촉진하며, 구성원들에게 그들에게 기대되는 것이 무엇인지를 알게 하며, 구성원들이 역량껏 작업하도록 하는데 관심을 갖는다.

② **인간에 대한 배려**(consideration): 여기서 인간에 대한 배려란 리더가 하위자들에게 보여 주는 신뢰, 존경, 따스함, 지지 및 복지에 대한 관심의 정도를 의미한다. 구성원들의 아이디어를 경청하는 데 관심을 표명하는 리더들은 모든 구성원들을 친구처럼 동등하게 취급하며, 종종 고용인들의 아이디어를 활용한다. 배려 차원의 점수가 높다는 것은 리더와 하위자 사이의 심리적 밀접함을 나타내는 것이다.

구조 중심 차원과 인간에 대한 배려 차원이 결합되면, [그림 2]와 같은 네 가지 리더십 행동들이 나타나게 된다.

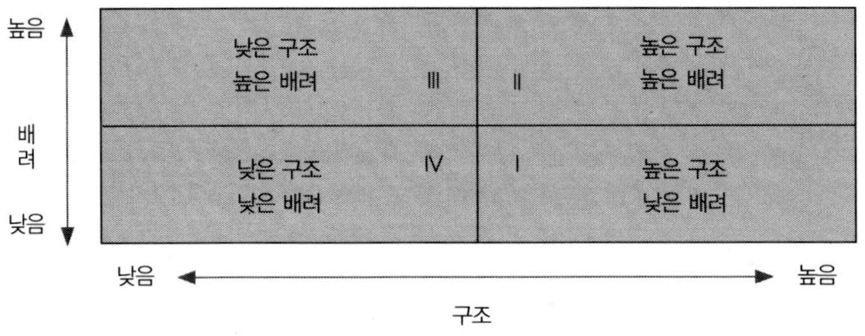

그림 2 Ohio 주립대학교 리더십

* 출처: Lunenburg, Fred C., & Ornstein, Allan C.(1996). *Educational Administration: Concepts and Practices*. 2nd ed., Belmont: Wadsworth Publishing Company. p. 128

요약하면, 오하이오 주립대학교 리더십 연구들로부터 진화된 이차원적 리더십 행동 이론은 리더십 이론과 실제에 대해 광범위하게 수용되고 있는 기본적인 접근방법이다. 이 접근방법의 주요 가치는 리더십 행동의 이러한 두 차원이 실제적이고 관찰 가능하며, 실제적인 리더의 행동의 상당 부분을 설명하고 있다는 점을 명백히 입증하고 있다는 것이다. 연구자들은 이러한 네 가지 리더십 스타일이 하위자들의 성과와 만족감에 미치는 영향을 결정하기 위해 수많은 연구를 수행하였다. 연구 결과에 의하면, 높은 구조 중심과 높은 배려 중심의 리더십 행동([그림 2]의 II 상한)은 다른 세 가지 리더의 행동들보다 높은 만족감과 성과를 초래하고 있다(Lunenburg & Ornstein, 1996: 128).

3) 미시간 대학교의 리더십 연구

오하이오 주립대학교 리더십 연구들이 진행되고 있는 시점에 일련의 리더십 연구들이 미시간 대학교(Michigan University)의 사회과학 연구소에서 진행되고 있었다. 미시간 대학교의 연구자들은 효과적 또는 비효과적인 리더로 평정된 리더들을 확인하는 접근방법을 활용하여 효과적인 리더와 비효과적인 리더를 구별시켜 주는 일관된 행동 유형을 개발하기 위해 이러한 리더들의 행동을 연구하였다. 미시간 대학교의 연구들은 Ohio 주립대학교 리더십 연구의 구조 중심과 배려 중심 차원과 매우 유사한 두 가지 뚜렷한 리더십 행동들을 확인하였다. 확인된 두 가지 차원은 생산중심 리더십(production-centered leadership)과 고용인중심 리더십(employee-centered leadership)으로 명명되었다.

① **생산중심 리더십**(production-centered leadership): 생산 중심 리더의 행동은 높은 구조 중심 리더의 행동과 매우 유사하다. 생산 중심 리더는 고용인들의 과업과 과업들을 성취하기 위해 사용된 방법들을 강조한다. 또한 그들은 철저하게 작업기준들을 설정하며, 세심하게 과업들을 조직하며, 따라야 할 작업방법들을 처방하며, 하위자들의 작업을 철저하게 감독한다.

② **고용인 중심 리더십**(employee-centered leadership): 고용인 중심 리더의 행동은 높은 배려 중심 리더의 행동과 매우 유사하다. 고용인 중심 리더는 고용인들의 개인적 욕구와 대인관계의 개발을 강조한다. 또한 그들은 하위자들과 지지적인 관계를 유지하는 경향이 있으며, 개인적인 의사결정보다는 집단적인 의사결정을 사용하고, 하위자들이 높은 성과 목적을 설정하고 성취하도록 촉진하며, 하위자들을 민감하고 사려 깊은 방식으로 취급하려고 노력하는 경향이 있다.

수많은 연구들이 기업조직, 병원, 정부 및 다른 조직들을 대상으로 수행되었다. 초기의 연구결과들은 가장 생산적인 작업집단들은 생산 중심 리더보다는 고용인 중심 리더를 가지고 있는 경향이 있었다고 밝히고 있다. 그러나 후속 연구들은 최고의 생산기록을 가진 리더들은 생산과 고용인 모두를 중시하였다고 결론을 내리고 있다. 따라서 미시간 대학교의 연구결과들은 완전히 일관성 있는 것은 아니었다(Lunenburg & Ornstein, 1996: 129).

4. 상황중심 리더십 이론

모든 상황에 적용될 수 있는 유일 최선의 리더들의 특성들(leader traits)과 리더의 행동들(leader behaviors)을 발견하려는 지금까지의 시도는 실패하였다. 오늘날 연구자들과 행정가들은 리더십의 실제는 너무 복잡하기 때문에 일련의 특성들 또는 행동들에 의해 나타낼 수 없다는 점을 믿는 경향이 많아지고 있다. 따라서 오늘날은 효과적인 리더십 행동은 상황중심적('contingent' on the situation)이라는 생각이 훨씬 지배적이다.

리더십에 대한 상황중심 접근방법(contingency approach)은 특성적 접근방법 또는 행동과학적 접근방법보다 훨씬 복잡하다. 상황중심 이론에 따르면, 효과적인 리더십은 리더의 개인적 특성들, 리더의 행동 그리고 리더십의 상황적 요인이라는 세 가지 요소들의 상호작용에 달려 있다. 본질적으로 상황중심 접근방법은 효과적인 리더십은 어떤 하나의 요인에 의해 설명될 수 없다는 명제에 기초하고 있다(Lunenburg & Ornstein, 1996: 130). 여기서는 지금까지 상당한 관심을 받아 온 Fred Fiedler의 상황중심 리더십 이론(contingency leadership)과 Robert House 등이 제시한 경로-목표 이론(path-goal theory)에 대해 살펴보기로 한다.

1) Fiedler의 상황중심 리더십 이론

Fred Fiedler와 그의 동료들은 20년 이상을 상황중심 리더십 이론을 개발하고 정련시키고 있다(Fiedler and Chemers, 1984). Fiedler의 상황중심 이론에 따르면, 높은 집단 성과를 성취함에 있어서 리더의 효과성은 리더의 동기체제(motivational system)와 리더가 상황을 통제하고 영향력을 미치는 정도에 달려 있다. 여기서 세 가지 상황적 요인은 리더-구성원의 관계(leader-member relations), 과업 구조(task structure) 및 리더의 직위 권력(leader's position power)이다. 아래 [그림 3]은 이러한 변수들 간의 상호관계를 나타낸 것이다.

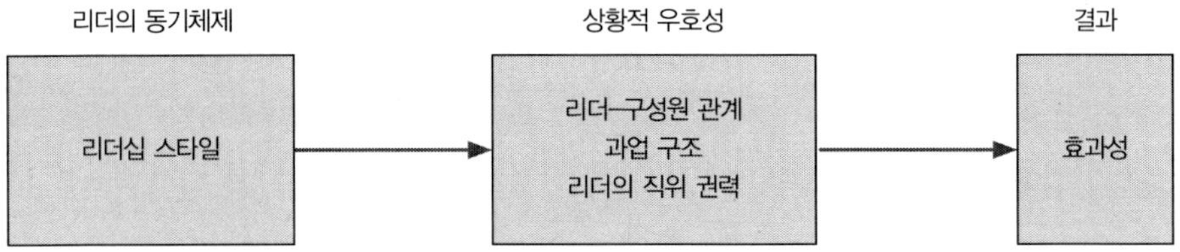

그림 3 Fiedler의 상황중심 이론의 주요 변수들의 관계

* 출처: Lunenburg, Fred C., & Ornstein, Allan C.(1996). *Educational Administration: Concepts and Practices*(2nd ed.), Belmont: Wadswroth Publishing Company. p. 132.

리더십 스타일(leadership style): Fiedler는 리더십 스타일을 측정하기 위해 독특한 기법을 개발하였다. Fiedler(1967)는 리더십 스타일을 분류하기 위하여 함께 일하기를 가장 싫어하는 동료(LPC: least preferred co-worker)라고 하는 16개로 구성된 의미변별 척도를 개발하였다. 리더에게 이 의미변별 척도 위에 과거나 현재에 함께 일하기가 가장 싫은 동료를 표시하도록 하게 하여(리더와 함께 일을 잘할 수 없는 사람들에 대한 정서적인 반응을 통하여) 측정치를 얻었다. 즉, 측정치는 LPC 척도를 통해 획득하였다. 리더의 LPC 점수는 어떤 방식으로 해석될 수 있는가? Fiedler는 리더의 LPC 점수를 리더의 동기체제(motivational system) 또는 행동적 선호(behavioral preferences)를 반영하는 인성(personality)이라고 해석한다. LPC 점수가 높은 리더들은 하위자들과 밀접한 대인관계를 유지하며, 그들에 대해 사려 깊고 지원적인 태도로서 행동하는 것을 기본적 목적으로 하고 있다. 반면에 LPC 점수가 낮은 리더들은 과업의 달성을 그들의 일차적인 목적으로 하고 있다. 따라서 높은 LPC 점수는 대인관계적 욕구를 가장 중시하는 관계지향적(고용인 중심) 리더를 나타내는 반면에 낮은 LPC 점수는 과업의 달성을 가장 중시하는 과업지향적(생산 중심) 리더를 나타낸다(Lunenburg & Ornstein, 1996: 132).

상황적 우호성(situational favorableness): Fiedler는 LPC 점수에 따라 리더들을 분류한 후에 어떤 유형의 리더가 가장 효과적인가를 규명하기 시작하였다. 그의 상황중심 이론의 기본 전제는 어떤 상황에서는 LPC 점수가 높은 리더들이 보다 효과적일 것이며, 다른 상황에서는 LPC 점수가 낮은 리더들이 가장 효과적일 것이라는 점이다. 따라서 Fiedler는 리더십 스타일과 효과성 간의 상호관계는 여러 가지 상황요인들에 따라 달라진다고 결론을 내리고 있다. 그는 리더-구성원 관계, 과업 구조 및 직위 권력을 세 가지 상황적 요인으로 보았다.

여기서 리더-구성원 관계(Leader-member relations)는 리더와 집단 간의 상호관계의 질을 의미한다. 이것은 하위자들이 리더를 존경하고 신뢰한다면, 리더는 과업을 달성함에 있어서 영향력을 행사하기가 훨씬 쉬울 것이라고 가정하는 것이다. 그리고 과업 구조(Task structure)는 하위자들의 과업의 본질이 일상적(구조화된)이냐 또는 복잡한(비구조화된) 것이냐를 의미한다. 수행되어야 할 과업이 고도로 구조화되어 있다면, 리더는 하위자들에게 상당한 영향력을 행사할 수 있을 것이다. 반면에 과업이 비구조화되어 있다면, 리더는 목적들이 불분명하기 때문에 하위자들의 성과를 평가하기 어려운 처지에 놓이게 될 것이다. 끝으로 직위 권력(Position power)은 리더가 하위자들의 행동에 영향력을 미칠 수 있는 능력의 정도를 의미한다. 리더가 지닌 직위 권력이 많으면 많을수록 리더십 상황은 보다 우호적이다.

상황중심 모형(contingency model): 리더-구성원 관계, 과업 구조 및 직위 권력이 리더에 대한 상황적 우호성을 결정한다. Fiedler(1967)는 리더십 스타일이 지닌 상황의 우호성이 효과성을 결정한다는 가설을 설정하고 검증하였다. 아래 제시된 [그림 4]는 과업지향적 리더들(task-motivated leaders)은 리더가 커다란 영향력을 가지고 있거나 또는 매우 적은 권력과 영향력을 가지고 있는 극단적인 상황에서 매우 효과적이었으며, 관계지향적 리더들(relationship-motivated leaders)은 리더가 중간 정도의 권력과 영향력

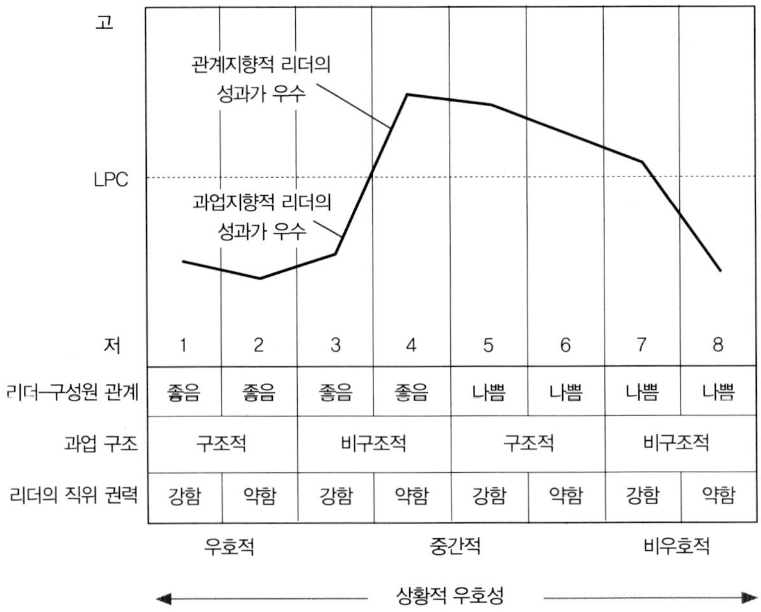

그림 4 상황중심 모형(Contingency Model)

* 출처: Fred E. Fiedler & Martin M. Chemers(1974). *Leadership and Effective Management*, p. 80; Lunenburg, Fred C. & Ornstein, Allan C.(1996). *Educatioanl Administration: Concepts and Practices*. 2nd ed., Belmont: Wadsworth Publishing Company, p.135 재인용.

을 가지고 있을 때 가장 효과적이었다는 연구의 일반적 결론을 제시한 것이다.

Fiedler의 상황중심 모형은 상당히 많은 연구를 촉진하였다. 연구결과들은 혼합적이었다. 대부분의 연구는 이 이론을 지지하였다(Rice, 1981: 288-294). 그러나 이 모형은 몇 가지 중요한 비판을 받아 왔다. 비판자들은 과업지향적 스타일에 대한 Fiedler의 선호는 Likert(1961)의 연구결과와 정반대라고 주장했다. 또한 LPC 측정치 자체도 조직상황에서 그것의 실제적 적용이라는 측면에서 비판을 받아 왔다. 이러한 비판들이 있음에도 불구하고, Fiedler의 상황중심 모형은 다음과 같은 몇 가지 이유에서 리더십 연구에 커다란 공헌을 하였다(Lunenburg & Ornstein, 1996: 136). 첫째, 상황중심 모형은 상황(사람, 과업, 조직)을 검토하는 최초의 리더십 접근방법들 중의 하나였다. 둘째, 이 이론은 리더십이 좋은 것 또는 나쁜 것이라고 생각되어서는 안 된다는 점을 시사한다. 대신 보다 현실적인 접근방법은 행정가들의 리더십 스타일을 어떤 상황에서는 효과적이고, 다른 상황에서는 비효과적이라고 보는 것이다. 끝으로 리더십은 리더십 스타일과 조직 내의 상황적 차원들 간의 상호작용의 함수이다. 그와 같은 상호관계는 적어도 두 가지 시사점을 가지고 있다. 즉, 리더들은 그들 자신의 리더십 스타일에 적합하도록 상황을 수정함으로써 그들의 효과성을 개선할 수 있다. 또한 리더들은 그들의 리더십 스타일을 상황과 보다 잘 결합되도록 변경시킬 수 있다.

2) 경로-목표 이론(path-goal theory)

상황중심 리더십 이론으로 널리 알려진 또 다른 것은 리더십 효과성의 경로-목표 이론(path-goal theory)이다. 경로-목표 이론은 동기부여에 대한 기대이론(expectancy theory of motivation)에 근거하고 있으며, 하위자들의 목표에 대한 리더의 영향과 목표를 성취하는 경로들을 강조한다. 리더들은 목표에 도달하는 하위자들의 능력, 목표달성과 관련된 보상 그리고 목표의 중요성에 대해 영향력을 행사한다.
일반적으로 오늘날의 경로-목표 이론의 발전은 Martin Evans, Robert House 및 그의 동료들에서 기인하고 있다(Evans, 1970; House, 1971; House & Dessler, 1974). 본질적으로 경로-목표 이론은 하위자들과 작업환경에 의해 중개되는 하위자들의 동기부여, 만족감, 노력 및 성과에 대한 리더십 행동의 영향을 설명하려고 시도한다. 아래 제시된 [그림 5]는 리더십 효과성에 관한 경로-목표 이론의 주요 변수들 간의 상호관계를 나타내고 있다.

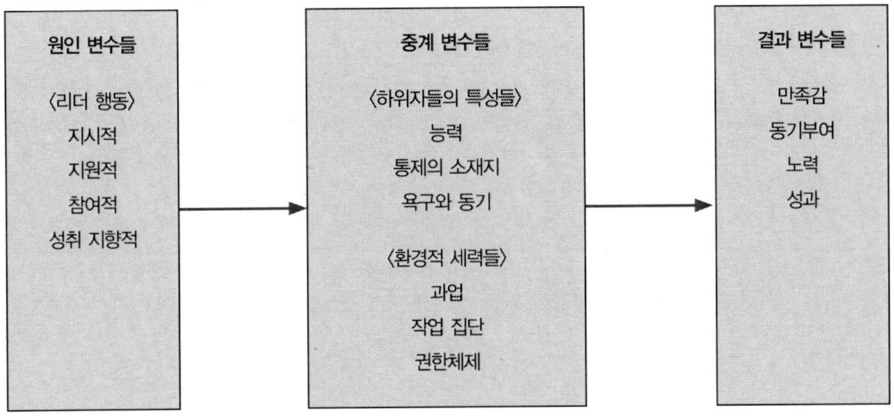

그림 5 경로-목표 이론의 주요 변수들의 관계

* 출처: Lunenburg, Fred C. & Ornstein, Allan C.(1996). *Educatioanl Administration: Concepts and Practices*. 2nd ed., Belmont: Wadsworth Publishing Company, p.139

리더 행동(leader behavior): House의 경로-목표 모형은 아래와 같은 뚜렷한 네 가지 유형의 리더 행동으로 구성되어 있다(Lunenburg & Ornstein, 1996: 136).

① **지시적 리더십**(directive leadership): 지시적 리더는 하위자들에게 그들에게 기대되는 것이 무엇인지를 알려 주며, 해야 할 일이 무엇이며 그것을 어떤 방법으로 해야 하는지에 관한 구체적 지침을 제공하며, 성과기준을 설정하고, 하위자들이 표준적인 규칙과 절차를 따르도록 요구하며, 업무를 계획하고 조정하며, 집단의 리더로서의 그의 역할을 설명한다. 지시적 리더십은 Ohio 주립대학교의 연구자들이 제시한 구조 중심 차원과 유사하다.

② **지원적 리더십**(supportive leadership): 지원적 리더는 친구처럼 접근가능하고 하위자들의 욕구, 지위 및 복지에 관심을 가지고 있다. 지원적 리더는 작업환경을 보다 유쾌하고 즐겁게 만들기 위해 하위자들을 동등하게 취급한다. 이러한 리더십 스타일은 Ohio 주립대학교 연구자들이 배려 중심 차원이라고 명명한 것과 유사하다.

③ **참여적 리더십**(participative leadership): 참여적 리더는 하위자들과 함께 작업과 관련된 문제들을 협의하며, 그들에게 의견을 요청하고, 종종 의사결정에서 하위자들의 아이디어를 활용하려고 시도한다.

④ **성취지향적 리더십**(achievement-oriented leadership): 성취지향적 리더는 하위자들을 위해 도전적인 목적들을 설정하며, 성과의 수월성을 강조하며, 높은 수준의 성과를 달성하기 위해 하위자들의 능력에 신뢰를 표명한다.

경로-목표 이론을 활용한 수많은 연구들은 동일한 리더가 다양한 상황에서 이러한 네 가지 스타일의 리더십을 나타낼 수 있다는 것을 제시하고 있다. 리더십 행동을 단일 차원으로 간주하는 Fiedler의 상황중심 모형과는 다르게 경로-목표 이론은 리더십 행동을 상대적으로 융통성 있는 것으로 간주한다.

상황 요인들(Situational Factors): 각각의 리더 행동의 유형은 어떤 상황에서는 효과적으로 작용하지만 다른 상황에서는 그렇지 못하다. 두 가지 상황적 요인이 리더 행동과 하위자의 산출물 간의 상호관계를 중개한다. 두 가지 상황변수는 하위자들의 특성과 환경적 세력이다.

하위자들의 특성과 관련해서 경로-목표 이론은 리더십 행동은 하위자들이 그와 같은 행동을 직접적인 만족의 원천 또는 미래의 만족을 위한 도구로 보는 정도에 따라 하위자들에게 수용될 것이라고 주장한다(House & Baetz, 1990). 하위자들의 특성들이 하위자들이 리더의 행동을 수용할 수 있고 만족스러운 것으로 지각하는 정도를 부분적으로 결정하는 것으로 보고 있다. House와 Baetz(1990)는 하위자들의 특성을 다음과 같은 세 가지로 파악하였다.

① **능력**(ability): 하위자들의 중요한 개인적 특성은 과업 수행에 대한 자신들의 능력에 대한 자신들의 지각이다. 예를 들면, 과업수행 능력이 낮다고 느끼는 하위자들은 지시적 리더십을 높이 평가하는 반면에 과업을 수행할 수 있는 능력이 충분히 있다고 느끼는 하위자들은 지시적 리더십이 불필요하다는 것을 발견하게 될 것이다.

② **통제의 소재지**(locus of control): 통제의 소재지는 개인이 환경을 그의 행동에 체계적으로 반응하는 것으로 보는 정도를 의미한다. 내부에 통제의 소재지를 가지고 있는 개인들은 산출물들이 그들 자신의 행동의 함수라고 믿는다. 반면에 외부에 통제의 소재지가 있는 개인들은 산출물들이 행운 또는 우연의 함수라고 믿는다. 내부에 통제의 소재지를 가지고 있는 사람들은 참여적 리더십에 보다 많은 만족을 느끼는 반면에 외부에 통제의 소재지를 가지고 있는 사람은 지시적 리더십에 더 많은 만족을 느낀다 (Lunenburg & Ornstein, 1996: 137).

③ **욕구와 동기**(needs and motives): 하위자들의 지배적인 욕구, 동기 및 인성적 특성들은 대안적 리더십 스타일들에 대한 그의 수용과 만족감에 영향을 미칠 것이다. 예를 들면, 안전에 대한 높은 욕구를 가진 사람들은 지시적 리더십에 더 많은 만족을 느끼는 반면에 자율, 책임감 및 자아실현에 대해 높은 욕구를 가진 사람들은 아마도 참여적 리더십에 의해 더 많이 동기부여가 될 것이다.

반면에 경로-목표 이론에서 상황적 요인 즉, 환경적 세력에는 다음과 같은 세 가지가 포함되어 있다(House & Baetz, 1990).

① **과업**(tasks): 하위자들의 산출물들에 미치는 리더 행동의 효과를 중개하는 중요한 환경적 세력은 하위자들의 과업이다. 일반적으로 연구자들은 과업들을 고도로 구조화되었느냐 또는 고도로 비구조화되었느냐로 분류해 왔다. 일부 연구결과에 의하면, 지원적 리더십과 참여적 리더십은 고도로 구조화된 과업에서 하위자들의 만족감을 보다 증가시킬 가능성이 있다는 증거를 제시하고 있다(Lunenburg & Ornstein, 1996: 138).

② **작업집단**(work group): 작업집단의 특성들 역시 특정한 리더십 스타일에 대한 하위자들의 수용에 영향을 줄 것이다.

③ **공식적 권한체제**(formal authority system): 마지막 환경적 세력은 ⓐ 과업의 성과를 제어하고 있는 규칙, 규정, 정책 및 절차, ⓑ 높은 스트레스 상황, ⓒ 고도의 불확실한 상황과 같은 문제에 관한 것이다.

지금까지 설명한 본 경로-목표 이론에 관한 연구결과들은 이 이론이 이용가능하다는 증거를 제시하고 있다. 그러나 이 모형에는 많은 변수들이 존재하기 때문에 동시에 모든 가능한 상호관계를 검증하는 일은 어려움이 있다. 일반적으로 경로-목표 이론은 성과를 예측하는 것보다는 하위자들의 동기부여와 만족감을 예측하는 데 보다 효과적인 것으로 나타나고 있다(Lunenburg & Ornstein, 1996: 138).

5. 변혁적 리더십 이론

변혁적 리더십 접근법(transformational leadership approach)은 1980년대 초부터 많은 연구의 초점이 되고 있는 비교적 최근의 리더십 접근법들 중의 하나다. 변혁적 리더십이 리더십의 중요한 접근법으로서 등장하게 된 것은 정치사회학자인 James MacGregor Burns의 고전적 저서인 『*Leadership*』(1978)을 통해 시작되었다. Burns는 그의 저서에서 리더와 부하의 역할을 연결시키려고 시도하였다. Bruns(1978: 18)에 의하면, 리더란 부하와 리더의 목표에 보다 더 효과적으로 도달할 수 있도록 부하의 동기를 자극하는 사람이며, 리더십은 권력을 휘두르거나 권력을 행사하는 것과는 아주 다르다. 왜냐하면 리더십은 부하의 필요와 욕구를 충족시켜주는 것을 떠나서는 결코 생각할 수 없기 때문이다. 변혁적 리더십은 부하의 도덕적 가치에 호소함으로써 윤리적 쟁점에 대한 인식을 높이며, 조직을 개혁할 활력과 자원을 동원한다(Yukl, 2002: 241). 따라서 변혁적 리더는 부하들의 동기와 욕구에 관심을 기울이며, 부하들이 그들의 능력을 최대한 발휘할 수 있도록 도와주는 데 노력을 기울인다. 간디(Mahatma Gandhi)는 변혁적 리더십의 전형으로 그는 수많은 국민들의 요구와 희망의 수준을 드높였으며, 그 과정에서 자기 자신을 변화시켜 나아갔다.
여기서는 변혁적 리더십의 개념, 변혁적 리더십 모형 그리고 변혁적 리더십 이론의 공헌과 한계를 살펴보기로 한다.

1) 변혁적 리더십의 개념

변혁적 리더십이란 리더가 부하들과 함께 리더와 부하 양자 모두의 동기유발수준과 도덕수준을 높이는 관계를 창조해 가는 과정이다(Northouse, 2007: 176). 변혁적 리더십은 그 이름이 의미하는 것처럼 부하의 가치관, 윤리, 행동규범 그리고 장기적 목표 등을 바꾸어줌으로써 개인을 변화시키고 변혁시키는 과정이다. 변혁적 리더십의 과정에는 부하들의 동기를 평가하고, 그들의 욕구를 충족시키며, 부하들을 완전한 인격체로 대우하는 것이 포함된다. 따라서 변혁적 리더십은 부하에 대한 일대일 수준에서의 제한적인 영향력 행사의 시도에서부터 조직전체 수준이나 문화전체에 대한 영향력 행사의 매우 광범위한 시도에 이르기까지 리더십의 폭넓은 범위를 포괄하고 있다. 변화와 변혁을 촉진시키는 과정에서 중추적 역할을 하는 것은 변혁적 리더이지만, 변화의 실천과정에서 리더와 부하간의 빈틈없는 결속이 항상 요구된다.

변혁적 리더는 조직이 성취해 나가야 할 사명이나 비전을 정확히 인식하고, 조직구성원의 능력과 잠재력을 높은 수준으로 계발하고, 개인적 이익을 초월하여 공동이익을 지향하도록 동기화 하는 리더를 의미한다. 일반적으로 변혁적 리더들은 다음과 같은 역할을 수행한다.

① 구성원들에게 변화의 필요를 명백히 한다.
② 새로운 비전을 창출하고, 구성원들이 이러한 비전에 헌신하도록 한다.
③ 장기적인 목적에 집중한다.
④ 구성원들이 개인적 이익을 초월하여 보다 높은 수준의 목적을 추구하도록 격려한다.
⑤ 현재 상태에서 일하기보다는 비전을 수용하도록 조직을 변화시킨다.
⑥ 구성원들이 자신과 타인의 발전에 대해 보다 큰 책임감을 갖게 하고, 리더와 변화 담당자(change agent)로 성장하도록 촉진하여 궁극적으로 그들이 조직을 변화시키도록 한다(Hoy & Miskel, 2001: 414).

요약하면, 변혁적 리더십이란 구성원의 성장욕구를 자극하여 동기화시킴으로써 구성원의 태도와 신념을 변화시켜 자신감을 갖게 하고, 더 많은 노력과 헌신을 이끌어 내어 기대 이상의 성과를 달성하게 하는 리더십을 의미한다.

2) 변혁적 리더십 모형

1980년대 중반에 B. M. Bass(1985)는 Burns(1978)와 House(1976)의 선행연구에 기초하여 변혁적 리더십을 보다 확장하고, 리더의 욕구보다는 부하의 욕구에 더 많은 주의를 기울임으로써 성과가 바람직하지 못한 상황에 변혁적 리더십이 적용될 수 있다는 것을 제안하였다. Bass(1985)는 변혁적 리더십은 다음과 같은 것들을 행함으로써 부하들로 하여금 기대 이상의 업적을 올리도록 한다고 주장한다. 즉, 변혁적 리더는 ① 특정한 이상적인 목표의 가치와 중요성에 대한 부하들의 의식수준을 끌어올리고, ② 부하들이 자신들의 조직과 그들이 소속된 팀을 위해서 자신들의 이익을 초월하도록 만들며,

③ 부하들이 보다 높은 수준의 욕구에 관심을 기울이도록 유도한다(Yukl, 2002: 253 재인용).

Bass(1985, 1990)가 제시한 변혁적 리더십 모형은 다음과 같은 네 개의 서로 다른 요인들로 구성되어 있다.

① **이상적 영향력**(idealized influence): 요인 1은 카리스마 또는 이상적 영향력이라고 불려진다. 이는 부하들에게 강력한 역할모델이 되고 있는 리더들을 가리킨다. 부하들은 그러한 리더들과 동일시하고 그들의 행동을 본받으려고 한다. 이러한 리더들은 보통 매우 높은 도덕적·윤리적 행동기준을 가지고 있으며, 항상 올바른 일을 하는 것으로 간주되며, 부하들에게 항상 비전과 사명감을 심어준다. 부하들은 그들의 리더에 대해 강한 신뢰를 하고 있기 때문에 리더들은 부하들로부터 깊은 존경을 받고 있다. 본질적으로 카리스마 요인은 다른 사람들로 하여금 리더 자신들이 제시한 비전을 따르도록 만드는 특별한 능력을 가진 사람을 설명하는 데 사용된다. 카리스마 요인을 지닌 리더십 소유자의 예는 만델라(Nelson Mandela)를 들 수 있을 것이다. 만델라의 카리스마적 자질과 그에 대한 국민들의 호응은 결국 국가전체를 변혁시키는 결과를 낳았다.

② **영감적 동기부여**(inspirational motivation): 요인 2는 감화(inspiration) 또는 영감적 동기부여라 부른다. 이 요인은 부하들에게 높은 기대를 표시하며, 조직구성원들 간에 공유된 비전을 실현하는 데 최선을 다하도록 동기유발을 통해 부하들의 의욕을 끊임없이 고무시키는 리더를 묘사하는 말이다. 사실상 리더는 부하들이 그들 각자의 이익추구를 뛰어넘어 집단구성원으로서의 노력을 집단의 목표달성에 초점을 맞추도록 하기 위해 때로는 정서적 호소를 하거나 상징적인 행동을 한다. 팀 정신(team sprit)은 이와 같은 유형의 리더십에 의해 증진된다.

③ **지적 자극**(intellectual stimulation): 요인 3은 지적 자극을 가리키는 말이다. 부하들의 창의성과 혁신성을 자극하고, 그들 자신의 신념과 가치뿐만 아니라 리더와 조직의 신념과 가치까지도 새롭게 바꿔 나가려고 노력하는 리더십이 이에 속한다. 이와 같은 유형의 리더십은 부하들이 조직의 문제점을 다루는 데 있어서 혁신적인 방법을 개발하도록 하고 새로운 접근을 시도하도록 부하들을 지원한다. 이러한 리더십은 부하들로 하여금 그들 스스로 판단을 내리고, 보다 신중히 문제해결에 임하도록 만든다. 이와 같은 리더십 유형의 전형적인 사례는 생산지연의 문제점을 해결하기 위해 자신만의 독특한 방법을 개발하여 생산적 근로자의 개인적 노력을 부추기는 공장장의 예에서 찾을 수 있다.

④ **개별화된 배려**(individualized consideration): 변혁적 요인들 가운데 요인 4는 개별화

된 배려라고 부른다. 이 요인은 부하들의 개인적인 욕구에도 세심한 관심을 기울이고 지원적 분위기를 조성하려는 리더들의 대표적인 특성이다. 이들 리더들은 부하들이 자기가 맡은 일에 완전히 익숙해지도록 돕는 동안, 코치와 조언자로서의 역할을 수행한다. 또한 이러한 리더들은 부하들이 도전을 받아 성장해 가도록 돕기 위한 수단으로서 권한위임을 활용하기도 한다. 이러한 리더십을 발휘하는 리더는 종업원들에게 매우 구조적이고 구체적인 지시를 내리는 반면, 어떤 종업원들과는 강한 우호관계를 가지고 있다(Northouse, 2007: 181-184 재인용).

변혁적 리더십은 부하들의 업적들과 관련되어 있으며, 부하들이 가진 잠재력을 최대한 개발하는 것과도 관련되어 있다(Bass & Avolio, 1990). 변혁적 리더십을 발휘하는 사람은 대부분 강한 일련의 내적 가치관과 이상을 가지고 있으며, 부하들이 그들 자신의 이익보다는 먼저 공동체의 이익을 위해 행동하도록 효과적으로 동기부여하는 사람들이다(Kuhnert, 1994).

변혁적 리더들이 보통 취하는 행동은 다음과 같다. 즉, 변혁적 리더들은 부하들에게 권한 위임해 주고, 변화과정에서 부하들의 능력을 키워 나가려고 한다. 리더들은 구성원들의 공익의식을 높이고 다른 사람들을 위하여 그들 자신의 이익을 초월할 수 있도록 하기 위해 노력한다. 변혁적 리더들은 변화를 이룩하기 위해 스스로가 부하들에게 강력한 역할모델이 된다. 그들은 고도의 도덕적 가치를 개발하고 자기결정적 정체성(self-determined identity)을 가지고 있다(Avolio & Gibbons, 1988; Northouse, 2007: 190 재인용). 그들은 자신감에 차 있고 유능하며 논리 정연할 뿐만 아니라, 뚜렷한 이상을 설득력 있는 말로 표현하기도 한다. 그들은 부하들의 말에 귀를 기울이며 반대의견에 대해서도 비교적 개방적이다. 그래서 리더와 부하 사이에는 빈번히 협력적 분위기가 조성된다. 그리고 부하들은 변혁적 리더들에게 뒤지지 않으려고 하고 그들을 본받으려고 노력한다. 왜냐하면 그들은 변혁적 리더들을 신뢰하게 되었고, 자신들의 리더들이 내세우고 있는 아이디어를 실현 가능한 것으로 믿게 되었기 때문이다.

변혁적 리더가 비전을 제시하는 것은 일반적인 현상이다. 비전은 변혁적 리더십의 초점이다. 비전은 리더와 조직이 나아갈 방향을 안내하는 '개념적 지도'를 제공하고 의미를 부여하며 조직의 정체성을 명백히 하기 때문이다. 더욱이 비전은 조직 내부의 정체성(sense of identity)뿐만 아니라 자기유능감(sense of self-efficacy)을 갖게 한다(Shamir, House, & Arther, 1993; Northouse, 2007: 190 재인용).

변혁적 리더는 또한 조직 내에서 새로운 방향을 제시하고 그것을 실행하는 변화 담당자(change agent)로서의 역할을 수행한다. 그들은 조직 외부로부터 오는 위협에 대해 주의를 기울일 뿐만 아니라 조직 내부의 반대의견에도 귀를 기울이다. 이들 변혁적 리더들은 부하들이 리더들과 일치하지 않는 의견이나 관점 그리고 문제점들을 말하도록 부추김으로써 자신들 스스로를 불안정한 상태에 빠뜨리기도 한다. 변혁적 리더들은 불확실성을 뛰어넘어 변화를 창출해 내는 사람들이다.

리더십의 변혁적 접근은 또한 리더들로 하여금 사회적 건축가(social architects)가 되도록 요구한다. 그것은 리더들이 조직의 새로운 가치들(emerging values)과 규범을 명확히 해야 한다는 것을 의미한다. 변혁적 리더들은 조직의 문화에 영향을 미치고 조직문화의 의미가 구체화하도록 돕는다. 이들 변혁적 리더들은 조직 내에 존재하는 공유된 의미를 조직을 위해 해석하고 구체화하는 데 앞장서 나간다.

Yukl(2002: 263-266)은 변혁적 리더십의 행사와 관련하여 다음과 같은 지침을 제시하였다.

① 뚜렷하고 호소력 있는 비전을 분명히 설명한다.
② 비전을 어떤 방법으로 달성할 수 있는지를 설명한다.
③ 자신감을 갖고 낙천적으로 행동한다.
④ 추종자들에게 신뢰감을 보인다.
⑤ 중요한 가치를 강조하기 위해서는 극적이고 상징적인 행동을 한다.
⑥ 실질적인 예를 들어서 지도한다.
⑦ 구성원들이 비전을 달성하도록 권한을 부여한다.

3) 변혁적 리더십 이론의 공헌과 한계

변혁적 리더십 이론은 리더십 과정의 여려 가지 측면과 차원을 포괄하는 광범위한 시각에 기초하고 있다. 이러한 변혁적 리더십 이론은 리더십 이론 발전에 많은 공헌을 하였지만, 일정한 한계를 가지고 있다. 따라서 먼저 변혁적 리더십에 관련된 장점들을 중심으로 공헌을 살펴보면 다음과 같다(Northouse, 2007: 191-192).

첫째, 변혁적 리더십은 많은 다양한 시각에서 광범위하게 연구되었고 대규모 조직의 저명한 리더들과 CEO들을 대상으로 하는 일련의 정성적(qualitative) 연구들을 포함하고 있다는 점이다. 또한 1970년대에 처음 소개된 이래 많은 리더십 연구문헌의 초점이 되어왔다.

둘째, 변혁적 리더는 직관적 호소력(intuitive appeal)을 가지고 있다. 변혁적 시각은 리더가 어떻게 선두에서 변화를 주장하고 옹호하는가를 설명하고 있다. 그리고 이러한 변혁적 개념은 리더십의 의미에 대한 사회의 일반적 통념과도 일치하고 있다. 사람들이 변혁적 리더십에 대해 매력을 느끼는 것은 그들이 변혁적 리더십을 의미 있는 것으로 이해하기 때문일 것이다. 리더가 미래에 대한 비전을 제공한다는 것은 매력적인 일이 아닐 수 없다.

셋째, 변혁적 리더십은 리더십을 부하들과 리더 사이에 일어나는 과정으로 간주한다. 이 과정은 부하의 욕구와 모두를 결합하는 과정이기 때문에 리더십은 리더 혼자만의 책임이라기보다는 리더와 부하 간의 상호작용으로부터 나오는 현상이라고 할 수 있다. 다른 사람들의 욕구는 변혁적 리더에게 중심적인 관심의 대상인 것이다. 그 결과, 리더십 과정에서 부하들은 상대적으로 더 중요한 위치를 차지한다.

넷째, 변혁적 접근법은 다른 리더십 모형들을 확대한 보다 더 폭넓은 리더십 관점을 제시하고 있다. 많은 리더십 모형들이 부하들이 목표를 달성하면 리더는 거기에 대해 보상을 제공하는 식의 교환관계, 즉 거래과정에 주로 초점을 맞추고 있는 반면, 변혁적 접근법은 보상의 교환뿐만 아니라 부하들의 욕구와 성장에 대해서도 주의를 기울이는 '리더십의 확대된 모습'을 제공하고 있다(Bass, 1985).

마지막으로 변혁적 리더십은 부하들의 욕구와 가치관 그리고 도덕성을 강조한다. Burns(1978)는 변혁적 리더십은 구성원들로 하여금 보다 높은 수준의 도덕적 책임감을 갖도록 하기 위한 리더들의 노력을 수반한다고 주장하였다. 이러한 유형의 리더십에는 자기 자신의 이익을 초월하여 팀과 조직 그리고 지역공동체의 이익을 위할 수 있도록 부하들을 동기유발하려는 노력이 포함된다(Shamir, House, & Arthur, 1993). 그래서 변혁적 리더십은 본질적으로 '도덕수준의 향상(morally uplifting)'을 위한 노력인 것이다. 변혁적 리더십이 도덕적 측면을 포괄하고 있다는 점에서 리더십의 다른 접근법들과 구별된다. 이와 같이 리더십의 도덕적 측면을 강조하게 되면, 독재자들에 의한 강제적 권력의 사용은 리더십의 모델로 인정될 수 없는 것이다.

한편, 변혁적 리더십은 다음과 같은 약점으로 인해 비판을 받고 있기 때문에 일정한 한계가 있다(Northouse, 2007: 192-194 재인용).

첫째, 변혁적 리더십은 개념적 명확성이 부족하다는 것이다. 변혁적 리더십은 비전 만들기, 동기부여하기, 변화 담당자 되기, 신뢰 구축하기, 육성시키기 그리고 사회적 건축가로서 활동하기 등 리더십의 매우 폭넓은 범위를 포괄하고 있기 때문에 변혁적 리더십의 변수들을 명확하게 한정하기가 곤란하다.

둘째, 변혁적 리더십이 갖는 또 다른 비판은 변혁적 리더십이 정도의 문제(matter of degree)가 아닌 '이것 아니면 저것(either-or)' 식의 접근으로 너무 단순하게 해석되고 있다는 것이다.

셋째, 변혁적 리더십은 리더십 자체를 훈련될 수 있는 행동이라기보다는 개인적 성격 특성이나 개인적 성향으로 다룬다는 것이다(Bryman, 1992: 100-102). 예를 들어, '비전 만들기'가 부하들의 자발적 참여와 개입의 정도에 달려 있음에도 불구하고, 변혁적 리더들은 환상을 쫓는 사람으로 비춰지는 경향이 있다. 뿐만 아니라 변혁적 리더들은 다른 사람들을 변혁시키는 특별한 자질을 가진 사람으로 보는 경향도 있다. 이러한 이미지들이 변혁적 리더십을 성격특성적 특성화(trait characterization)로 보이게 만들었다. 만약 변혁적 리더십이 성격 특성이라면 리더십 훈련을 시킨다는 것은 더 큰 문제가 아닐 수 없다. 왜냐하면 사람에게 자신의 성격을 바꾸는 방법을 가르친다는 것은 힘든 일이기 때문이다.

넷째, 변혁적 리더십이 선택된 엘리트의 것이고 반민주적이라는 주장이다(Bass & Avolio, 1993). 변혁적 리더들은 종종 변화를 창조하는 데 직접적인 역할을 하고 비전을 만들어 내며 새로운 방향을 지향한다. 이와 같은 점이 변혁적 접근법에서의 리더를 부하들과는 별개의 독립적으로 행동한다고 보게 만들고 있으며, 부하들의 필요를 고려하지 않는다는 인상을 주고 있기도 하다.

다섯째, 변혁적 리더십 접근법이 기본적으로 조직의 고위계층의 직위에서 일하는 리더들로부터 수집된 정성적 자료(qualitative data)에 의존한다는 것이다. 많은 연구결과가 나올 때까지 변혁적 리더십이 어떻게 하위계층의 리더들에게 적용될 수 있겠는가에 대한 의문은 여전히 남아 있게 될 것이다.

여섯째, 변혁적 리더십에 대한 마지막 비판은 변혁적 리더십의 남용 가능성이다. 변혁적 리더십은 사람들의 가치관을 변화시키고 새로운 비전으로 그들을 이끌어 가는 것과 관련이 있다. 그러나 그 새로운 방향이 바람직하고 보다 긍정적인지에 대한 결정은 누가 할 것인가? 새로운 비전이 더 좋은 비전이라는 것은 누가 결정하는가? 만약 리더가 부하들에게 가르치려는 가치관이 더 좋은 가치관이 아니라면, 그리고 만약 일련의 가치관이 종전의 가치관을 보완할 수 있는 것이 아니라면, 그 리더십은 다시금 도전을 받게 될 것이다.

지금까지 살펴본 변혁적 리더십은 일반적으로 리더들이 조직에서 중요한 변화를 어떻게 시작하고 전개하며 시행해 가는가를 설명하고 있다. 변혁적 리더십은 리더들이 무엇을 하라고 말해주는 모형이라기보다는 변혁을 하거나 변혁적 상황에서 업무를 수행하는 리더들의 전형적 특성이 무엇인가에 대한 일반화된 내용을 제공한다. 즉, 변혁적 리더십은 새로운 아이디어 개발, 영감적 동기유발, 혁신 그리고 개별화된 배려를 강조하는 리더십에 대한 일반적인 사고방식을 제시하고 있으며, 리더들로 하여금 자신들의 행동이 부하들의 요구와 어떻게 관련되어 있는가를 알아차리기 위해 노력할 것을 요구하고 있다. 이러한 변혁적 리더십은 상황중심이론이나 상황적 리더십과 같은 다른 접근법들과는 달리, 성공하기 위해 리더들이 특정한 상황에서 리더가 어떻게 해야 하는가에 대한 명확하게 정해진 가정들을 제공하지 못하고 있다.

변혁적 리더십 이론과 관련된 연구결과에 의하면, 변혁적 리더는 부하들이 자신들에게 보통 기대되는 것보다 더 많은 것을 달성하도록 만든다. 또한 부하들은 자신들이 속한 조직의 이익이나 집단의 이익을 위해 자신의 개인적 이익을 초월하려는 의지를 갖게 된다(Bass & Avolio, 1990; Northouse, 2007: 184 재인용). 일반적으로 변혁적 리더십 이론과 관련된 경험적 연구들은 변혁적 리더십 이론을 지지해 왔지만, 리더 행동과 부하의 수행 간에 발견된 긍정적 관계를 설명하는 배후의 영향력 과정을 검토한 연구는 거의 없다(Yukl, 2002: 267). 따라서 상이한 유형의 변혁적 행동들에 관련되는 조건과 배후의 영향력 과정을 파악하기 위해서는 더 많은 연구가 필요하다.

6. 리더십 유형(leadership styles)

고전적 리더십 연구들(특성적 접근과 행동과학적 접근)과 상황중심 리더십 이론들은 모두 인적자원들을 관리함에 있어서 리더가 활용하는 스타일에 대해 직접적인 시사점을 가지고 있다. 여기서 스타일(style)이라는 용어는 리더가 하위자들에게 영향력을 행사하는 방식과 대체로 상응하는 것이다(Lunenburg & Ornstein, 1996: 139). 아래에서는 리더십 스타일을 직접적으로 다루고 있는 가장 최근의 대표적인 접근방법들에 대해 살펴보기로 한다.

1) 리더십 유형 연속선(leadership-style continuum)

Robert Tannenbaum과 Warren Schmidt(1973: 162-180)는 초기의 특성적 연구와 행동과학적 연구에서 확인된 리더십에 관한 두 가지 유형을 정교화하였다. 그들은 한쪽 끝에는 보스 중심의 리더십(boss-centered leadership)이 다른 끝에는 하위자 중심의 리더십(subordinate-centered leadership)이 있는 연속선을 생각하였다. 이러한 양극단의 사이에는 관리적 권한(managerial authority)과 하위자들의 자유(subordinate freedom)가 다양한 형태로 결합되는 것을 대표적으로 나타내는 다섯 점들이 있다. 아래 [그림 6]은 이러한 리더십 유형 연속선의 개념을 제시한 것이다.

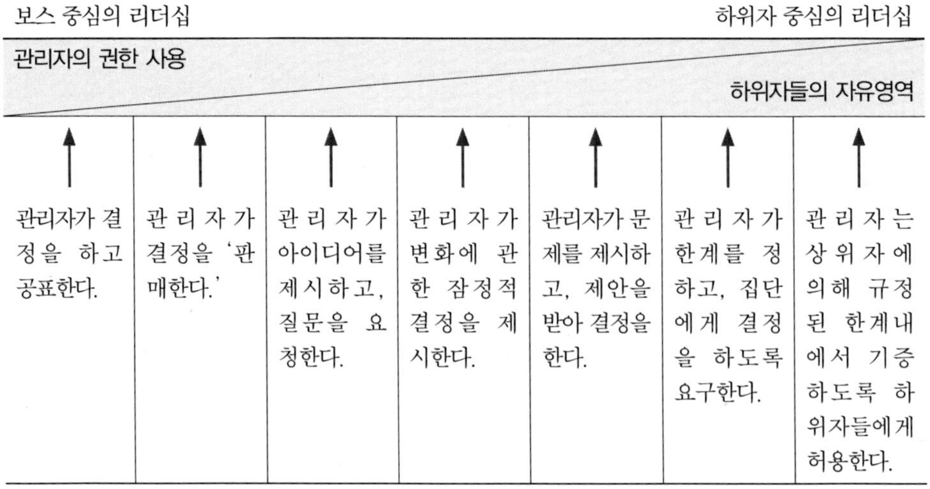

그림 6 리더십 유형 연속선

* 출처: Tannenbaum, Robert & Schmidt, Warren(1973). How to Choose a Leadership Pattern. *Harvard Business Review*. 51, p.167.

2) 리더십 그리드 유형(leadership grid styles)

Robert R. Blake와 Jane S. Mouton(1964; 1985)은 리더십 훈련 세미나를 발전시키는 동안 관리망(managerial grid)을 개발하여 지도성 유형을 새롭게 개념화하였다. 관리망 연구는 다른 리더십 유형들과 마찬가지로 생산에 대한 관심(concern for production)과 인간에 대한 관심(concern for people)이라는 두 차원을 결합한 것이다. 아래 제시한 [그림 7]은 이 두 차원의 결합을 통해 나타날 수 있는 리더십 유형을 보여 주고 있다. [그림 7]에서 수평축은 생산에 대한 관심을 나타내고, 수직축은 인간에 대한 관심을 표시하되, 양 축은 다같이 관심이 높을수록 1에서부터 9까지의 큰 수치로 올라간다. 이 관리망은 생산에 대한 관심과 인간에 대한 관심이 모든 정도에서 가능함을 나타내고 있다. 그래서 이론적으로는 81(9×9)개의 리더십 유형을 나타낼 수 있지만, Blake와 Mouton은 관리망의 네 구석과 한 중간에만 한정하여 과업지향형(9,1형), 관계지향형(1,9형), 무기력형(1,1형), 통합형(9,9형), 그리고 균형형(5,5형)에 대해서만 설명하고 있다.

① **통합형 리더십(9,9형)**: 과업의 요구와 인간관계의 요구를 통합함으로써 생산목표를 달성한다. 리더의 중요한 책임은 구성원의 참여와 책무수행을 통해서 능률적인 생산과 높은 사기를 이루는 것이다.

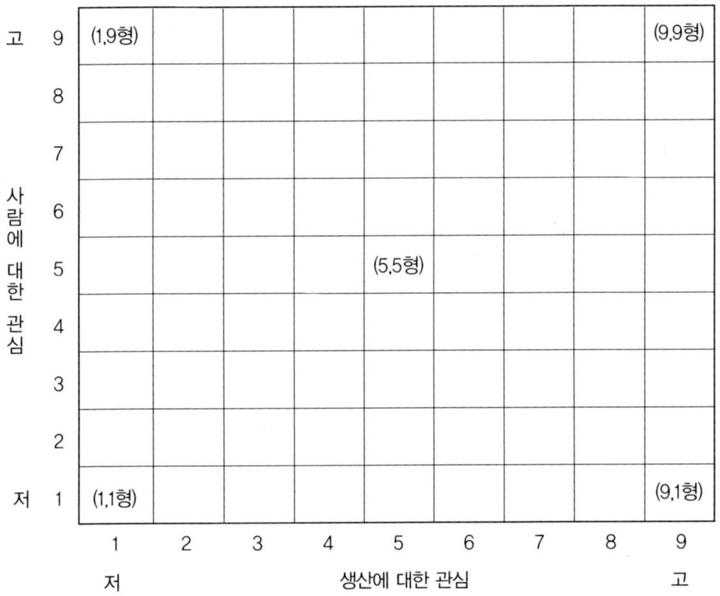

그림 7 **관리망**

* 출처: Robert R. Blake & Fane S. Moution(1964). *The Managerial Grid*. Houston, Texas: Gulf Publishing Co., p. 10.

② **과업지향형 리더십(9,1형)**: 좋은 인간관계는 높은 생산성에 부수적인 것이다. 리더는 생산목표를 강조하기 때문에 모든 활동을 기획하고 지시하며 통제하는데 모든 관심을 집중한다.

③ **무기력형 리더십(1,1형)**: 상호작용에 최소한의 영향력을 행사한다 생산성과 인간 모두에게 무관심하다. 대부분의 활동은 일상적으로 수행된다.

④ **관계지향형 리더십(1,9형)**: 생산성은 좋은 인간관계에 부수적이다. 리더는 작업조직이 즐겁도록 조화로운 집단관계를 발전시키는데 관심을 집중한다.

⑤ **균형형 리더십(5,5형)**: 리더의 목표는 높은 생산성과 좋은 인간관계 사이에 균형을 이루는 것이다. 따라서 리더는 적합한 사기 속에서 적절한 생산성을 올릴 수 있도록 중도노선을 취하려고 노력한다.

관리망 연구를 통한 리더십 유형의 분류는 개념적인 관점에서 볼 때 여러모로 유용하다. 관리망은 리더십 유형을 결정하는 것은 두 가지 차원 즉, '과업에 대한 관심'과 '사람에 대한 관심'이라는 전제에서 출발한다. 이 이론은 리더들이 하는 일이 어떠한 리더십 상황에서도 효과적이기 위해서는 과업에 대한 관심과 사람에 대한 관심을 통합해야 한다는 것을 전제로 하고 있다. 이와 같은 리더십 유형에 대한 개념화는 Ohio 주립대학교와 Michigan 대학교의 리더십 연구와도 이론적으로 일치하고 있다. Blake와 Mouton(1964: 232-233)은 통합형(9,9형) 리더십 유형이 가장 이상적이라고 지적하면서 산업조직에서의 연구결과에 의하면, 가장 전형적인 리더십 유형이 균형형(5,5형)이고, 그 다음에 (9,9형), (9,1형), (1,9형)이나 (9,1형)이었고, (1,9형)은 적었다고 결론을 내리고 있다.

그러나 관리망의 한가지 중요한 한계는 리더십의 본질이 관리자들과 직속 부하들 사이의 대인관계에 있다고 보는 암묵적인 가정에 있다(Bolman and Deal, 1991: 581). 또한 관리망 접근법은 직속 부하 이외의 다른 구성원들에게는 거의 관심을 두지 않는다. 그리고 대개의 경우에 관리망 이론은 조직의 구조적, 정치적 그리고 상징적 차원에 거의 주목하지 않고 있다. 이 이론은 리더들이 하는 일이 어떠한 리더십 상황에서도 효과적이기 위해서는 과업에 대한 관심과 사람에 대한 관심을 통합해야 한다는 것을 전제로 하고 있다. 그러나 조직의 구조가 적절하지 않다면 어찌할 것인가? 중요한 정치적 갈등이 있다면 어찌할 것인가? 또 조직문화가 공허하고 진부한 것이라면 어찌할 것인가? 또한 관리망 이론은 상황의 변동을 다루기 위한 개념이 결핍되어 있다. (9,9형)은 모든 상황과 모든 시기에 적합한 리더십 유형으로 제시되고 있다. 그러나 이 점이 그들의 이론에서 가장 심각하게 비판을 받는 요소가 되었다(Bolman and Deal, 1991: 582).

3) Reddin의 3차원적 리더십 유형(tree-dimensional leadership styles)

William Reddin(1970)은 리더십 유형을 확인하기 위한 또 다른 유용한 모형을 개발하였다. Reddin은 초기의 Ohio 주립대학교 리더십 모형의 과업 행동 차원과 관계 행동 차원에 효과성 차원을 추가함으로써 구체적 환경의 상황적 요구들과 리더십 유형의 개념들을 통합하려고 시도하였다. Reddin은 리더의 유형이 특정한 상황과 적합할 때, 그것은 효과적(effective)이라는 용어로 명명하고 있으며, 리더의 유형이 특정한 상황과 적합하지 않을 때, 비효과적(ineffective)이라는 용어로 명명하고 있다. Reddin은 모형의 중앙에 있는 통합형(integrated), 헌신형(dedicated), 관계형(related), 분리형(separated)이라는 네 가지 기본적 리더십 유형이 상황에 따라 효과적 또는 비효과적일 수 있다고 주장한다.

Reddin에 의하면, 리더십 유형은 단순하게 효과적 또는 비효과적으로 양분되는 것이 아니라, 상황적 요소에 따라 효과성 차원의 연속선상에 놓이게 된다. 즉, 연속선상의 한쪽

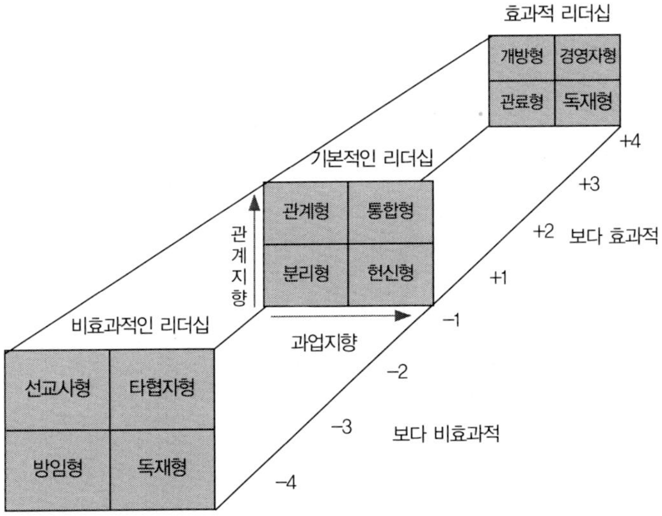

그림 8 Reddin의 3차원적 리더십 효과성 모형

＊출처: William J. Reddin(1970). *Managerial Effectiveness*. New York: McGraw-Hill. p. 230.

끝에는 4개의 효과적인 리더십 유형이 놓이고, 또 다른 한쪽에는 4개의 비효과적인 리더십 유형이 위치하게 된다. 이러한 관계를 나타내는 [그림 8]은 Reddin이 정교화한 3차원적 리더십 효과성 모형을 제시한 것이다. [그림 8]에서 동일 연속선상에서 리더십 유형이 효과적인 경우와 비효과적인 경우를 대비시켜 설명하면 다음과 같다(Lunenburg & Ornstein, 1996: 143-144).

먼저, 효과적인 리더십 유형을 살펴보면 다음과 같다.

① **경영자형**(executive): 이러한 유형을 활용하는 리더는 과업과 관계 모두에 대해 높은 관심을 나타낸다. 리더는 훌륭한 동기부여자로서 높은 기준을 설정하고, 개인차를 인정하며 팀 관리를 활용한다.

② **개발형**(developer): 이러한 유형을 활용하는 리더는 관계에 최대한의 관심을 보이면서 과업에 대해서는 최소한의 관심을 나타낸다. 리더는 사람들에 대한 신뢰를 바탕으로 개인적 개발에 주로 관심을 가지고 있다.

③ **관료형**(bureaucrat): 이러한 유형을 활용하는 리더는 과업과 관계 모두에 대해 최소한의 관심을 나타낸다. 리더는 신중한 사람으로서 주로 규칙에 관심을 가지며, 규칙의 활용을 통해 상황을 통제하고 유지하기를 원한다.

④ **자선적 독재형**(benevolent autocrat): 이러한 유형을 활용하는 리더는 과업에 최대한

의 관심을 보이면서 관계에 대해서는 최소한의 관심을 나타낸다. 리더는 조직구성원들의 분노를 야기함이 없이 수행해야 할 과업의 내용과 방법을 알고 있는 사람으로 간주된다.

반면에 비효과적인 리더십 유형은 다음과 같다.

① 타협자형(compromiser): 이러한 유형을 활용하는 리더는 단지 한 측면에 대해 강조를 요구하거나 또는 양 측면에 대해 강조를 하지 않아야 하는 상황에서 과업과 관계 모두에 대하여 높은 관심을 보인다. 리더는 형편없는 의사결정을 하는 사람으로 간주된다.

② 선교사형(missionary): 이러한 유형을 활용하는 리더는 상황적 요구에 부적합하게 사람과 관계에 대해서는 최대한의 관심을 보이면서 과업에 대해서는 최소한의 관심을 나타낸다. 리더는 오직 조직구성원들과의 조화를 중시하는 사람이다.

③ 방임형(deserter): 이러한 유형을 활용하는 리더는 상황적 요구에 어울리지 않게 관계와 과업 모두에 대해 최소한의 관심을 갖는다. 리더는 회피적이고 소극적인 사람으로 간주된다.

④ 독재형(autocrat): 이러한 유형을 활용하는 리더는 상황적 요구에 부적합하게 과업과 관계 모두에 대하여 최소한의 관심을 나타낸다. 리더는 다른 사람들을 신뢰하지 못하고, 단지 직무 자체에만 관심을 갖는다.

Reddin의 모형은 이미 앞에서 논의한 세 가지 이론적 기초들, 즉 리더의 특성과 행동, 집단 및 상황적 요인들을 통합하고 있다. 이 모형은 리더십 유형의 효과성은 리더가 처한 상황에 따라 좌우된다는 것을 시사하고 있다. 그러나 지금까지 이 모형에 대한 경험적 연구는 많지 않다. 대신 이 모형은 수많은 조직상황에서 행정가들을 훈련하는 대단히 인기있는 기법으로 사용되어 왔다.

4) 상황적 리더십 유형(situational leadership styles)

리더십 행동을 분석하기 위한 유용한 분석틀로서 잘 알려진 또 다른 것은 Paul Hersey와 Kenneth Blanchard(1988)의 상황적 리더십 이론(situational leadership theory)이다. 이것은 Tannenbaum과 Schmidt(1973)의 리더십 유형 연속선, Balke와 Mouton(1964)의 관리망 그리고 Reddin(1970)의 3차원적 리더십 유형을 확장한 것이다(Lunenburg & Ornstein, 1996: 145). Hersey와 Blanchard의 상황적 리더십 이론은

과업 행동과 관계 행동을 두 개의 핵심적 리더십 행동으로 파악하고 있다. 또한 그들의 모형은 하나의 핵심적 상황요인으로써 하위자들의 성숙성(maturity of followers)을 통합하였다. 그들은 직무 성숙성과 심리적 성숙성이라는 두 가지 유형의 성숙성을 특히 중요하게 보았다. 이러한 요소들에 관해 살펴보면 다음과 같다.

① **과업 행동**(task behavior): 리더는 각 하위자들이 해야 할 과업내용 뿐만 아니라 수행되어야 할 과업의 시기, 장소 및 방법을 설명함에 있어서 일방적인 의사소통 방식을 사용한다.

② **관계 행동**(relationship behavior): 리더는 사회심리적 지지와 촉진행동을 제공함으로써 양방적 의사소통 방식을 사용한다.

③ **직무 성숙성**(job maturity): 이것은 교육과 경험에 의해 영향을 받는 것으로써 직무를 수행하기 위한 인간의 성숙성을 의미한다. 예를 들면, 여러 해 동안 직무를 수행해 왔고 직무의 모든 분야에 정통한 교사들은 직무성숙성에 대해 높이 평정될 것이다.

④ **심리적 성숙성**(psychological maturity): 이것은 성취욕구와 자발적인 책임의 수용에 반영된 인간의 동기부여 수준을 의미한다.

Hersey와 Blanchard는 이상의 요인들을 결합하여 [그림 9]와 같은 리더십 모형을 제시하였다. [그림 9]에서 리더십 효과성의 핵심은 상황과 적합한 리더십을 결합하는 것이다. 그들은 모형에서 다음과 같은 네 가지 기본적인 리더십 유형을 제시하고 있다.

① **지시적 유형**(directing style): 이것은 높은 과업과 낮은 관계의 리더십 유형으로서 하위자들이 동기부여와 능력의 수준이 모두 낮을 때 리더십은 효과적이다.

② **지도적 유형**(coaching style): 이것은 높은 과업과 높은 관계의 리더십 유형으로서 하위자들이 적절한 수준의 동기부여와 낮은 능력을 가지고 있을 때 리더십은 효과적이다.

③ **지원적 유형**(supporting style): 이것은 낮은 과업과 높은 관계의 리더십 유형으로서 하위자들이 적절한 수준의 능력과 동기부여의 수준이 낮을 때 리더십이 효과적이다.

④ **위임적 유형**(delegating style): 이것은 낮은 과업과 낮은 관계의 리더십 유형으로서 하위자들의 능력과 동기부여 수준이 모두 높을 때 리더십은 효과적이다.

[그림 9]에서 볼 수 있는 바와 같이, 이 모형은 조직구성원의 성숙 수준에 따라 효과적인 리더십 유형이 결정된다. 즉, 리더는 구성원의 성숙 수준에 상응하는 리더십 유형을 활용할 수 있을 때 효과성을 극대화할 수 있다는 점을 시사하고 있다.

상황적 리더십 모형은 얼핏 보기에 그럴듯하게 보인다. 그러나 최근까지 Hersey와 Blanchard 모형이 타당성을 가지고 있다는 증거를 제시하는 경험적 연구는 거의 없

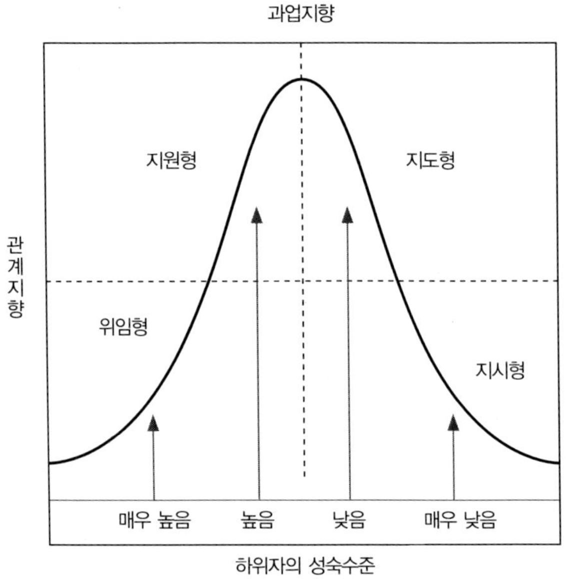

그림 9 Hersey와 Blanchard의 상황적 리더십 모형

* 출처: Paul Hersey & Kenneth Blanchand(1988). *Management of Orgarizational Behavior*, 5th ed. Englewood Cliffs, N.J.: Prentice-Hill, p. 171.

다는 점(Lunenburg & Ornstein, 1996: 147)에서 옳다고 주장할 만한 근거가 거의 없다. 예를 들면, 관리자가 일하기 싫어하고 능력 없는 부하들에게 많은 지시를 하면서 관심을 적게 가진다면 과연 어떻게 성숙수준이 높아지도록 그들을 동기부여 시킬 수 있겠는가? 특히, 이 상황적 모형은 사람에 대한 관심과 특정한 행위들에 대한 관심을 구분하지 못하고 있으며, 리더가 취하는 행동의 선택 폭과 리더가 직면하는 상황의 범위를 지나치게 단순화시키고 있다. 또한 이 이론은 피그말리온 효과(pygmalion effects)를 무시하고 있다. 즉, McGregor(1960)가 X이론에서 주장한 바와 같이 관리자가 부하들이 소극적으로 의무를 이행하고 있다고 믿는다면, 지시와 통제 위주의 리더십 행동을 통해 부하의 소극성을 지속적으로 강화시키는 경향이 있다. Hersey와 Blanchard는 관리자들이 부하들의 동기부여 수준과 능력에 대한 자신의 판단을 어떻게 검증해야 하는가에 대해서는 논하지 않고, 암묵적으로 관리자의 판단은 항상 신뢰할만 하다는 전제를 하고 있다. 그들은 관리자들이 어떻게 부하들에게 영향을 미쳐야 하는가에 전적으로 초점을 맞추고 있고, 다른 방향에서 행사되는 영향력의 중요성을 무시하고 있다(Bolman & Deal, 1991: 585-586). 따라서 이 이론이 상황변수로서 조직구성원의 성숙성만을 고려한다는 것은 앞으로 더 연구해 볼 과제다.

찾아보기

인명

Aristoteles 119

Bernard Shaw, G. 336
Blanchard, K. 91

Covey, S. R. 235

Deutsch, M. 105

Fiedler, F. E. 92
French, John R. P. 121

Gandhi, M. 25

Hersey, P. 91
Herzberg, F. 94
House, R. J. 90

Jacobson, L. 337

Kennedy, J. F. 24
King, M. L. 25

Likert, R. 105

Machiavelli, N. 120
Mandela, N. 25
Maslow, A. H. 35, 94
McGregor, D. M. 35
Mintzberg, H. 203

Northouse, P. G. 118, 123

Pondy, L. R. 105

Raven, B. H. 121
Robbins, S. P. 105, 106
Rosenthal, R. 337

Thomas, K. 104, 107

Vroom, V. H. 94

내용

5단계 리더십 향상법 147

갈등과 조직 효과 111
갈등의 개념 104
갈등의 과정 106, 107
갈등의 처리행동 107, 108
갈등 처리행동 진단검사 113
감성의 리더십 334
감성지능 334
강제적 권력(coercive power) 122
개념적 스킬(conceptual skills) 63
개념적 틀: 리더십 텐트 모형(leadership tent model) 191
경로-목표 리더십(path-goal leadership) 90
경로-목표 이론 91
경영자의 역할: 통념과 현실 203
고용인 중심(employee orientation) 리더십 53
과업 중심 행위 162
과업 지향적 리더십 52
과업 지향적 리더십(task-oriented leadership) 51
과업 지향적 스타일 51
과업 지향적 행동(task-oriented behaviors) 51
과업행동(task behaviors) 50
관계 지향적 리더십 53
관계 지향적 리더십(relationship-oriented leadership) 51
관계 지향적 스타일 51
관계 지향적 행동(relationship-oriented behaviors) 51
관계행동(relationship behaviors) 50
관계형(affiliative change style) 358
관리자와 리더의 차이 198
관리자와 리더의 특성 201
구조 중심(initiating structure) 리더십 52
권력(power) 121
권위의 법칙 271
규범의 명료화 81
규제형 리더십 299
기대이론(expectancy theory) 94
기술적 능력(technical competence) 60

낙천적 열정형 325
낭만적 개성주의형 324
뉴 리더의 조건 327
능력주의(merit or competence system) 228

대인관계 갈등관리(managing interpersonal conflicts) 62
대인관계 스킬(interpersonal skills) 61
도우미형 323
도전형 325
동기부여 181
동기부여의 중요성 183
동기-위생 이론 94

리더가 저지르기 쉬운 10가지 실수 331
리더 성실성 인지 척도(PLIS) 129
리더 성실성 진단검사 127
리더십 개념 진단검사 17
리더십 개발 모형 191
리더십 능력 진단검사 145
리더십 비전 진단검사 75
리더십 스킬(leadership skills) 58
리더십 스킬 모형 58
리더십 스킬 진단검사 66, 196
리더십 스타일 38, 39, 51
리더십 스타일 진단검사 45
리더십 역량 진단검사 142
리더십 유형 162
리더십 유형의 분류 163
리더십 유형의 진단검사 165
리더십의 금기 307
리더십의 도전 147
리더십의 비밀 307
리더십의 신화 151
리더십의 정의 12
리더십 지수(LQ) 163
리더십 철학 34
리더십 특성 22
리더십 특성 진단검사 28
리더십 행동 진단검사 55
리더행동 스타일 진단검사 99
리더 행동특성 진단검사 158
리더 행동특성 프로파일 160

마음의 엔진(engine of mind) 216
만족형(satisficing change style) 359
매니지먼트 스타일(management style) 216
문제해결(problem solving) 63
민주적 리더십(democratic leadership) 39
민주적 리더십 스타일(democratic leadership style) 42

변혁적 리더십 진단검사 364
변화관리 360
변화관리 스타일 358
변화관리 스타일 진단검사 352
변화관리의 이해 350
변화관리 진단검사 347
변화 대행자(change agent) 358
보상적 권력(reward power) 121
분위기 조성 진단검사 86

비전(vision) 70
비전 리더십(visionary leadership) 71
비전의 공표(Articulation of Vision) 72
비전의 실행(Implementation of Vision) 73
비전의 특성(Characteristics of a Vision) 71
비전 창조(creating vision) 64

사람 중심(concerned for people) 리더십 53
사회적 증거의 법칙 270
상호성의 법칙 270
상황적 리더십 이론(situational leadership theory) 91
상황 중심 이론(contingency leadership theory) 92
생산 중심(production orientation) 리더십 52
설득과 협상 263
설득 노하우 273
설득력 진단검사 256
설득의 개념 272
설득의 기술 272
설득의 종류 272
설득의 테크닉 276
설득의 프로세스 275
성공 가능성 진단검사 230
성공하는 사람들의 7가지 습관 235
성취지향적 리더십(achievement-oriented leadership) 92
성취형 324
수월성의 기준(standards of excellence) 83
승진 잠재력 진단검사 216, 218

안정지향 충직형 325
업무와 활동의 구조화 80
에니어그램 리더십 321
에니어그램 리더십 진단검사 312
에니어그램의 기본적 성격유형 321
에니어그램의 기본적 성격유형의 특징 323
연공서열주의(seniority system) 227
영향력 행사 스타일 179
욕구계층 이론 94
원리원칙형 323
윤리적 리더십 118
윤리적 리더십 관련 요인 119
윤리적 리더십의 원리 123
응집력 82
응집력 구축 82
의사결정 유형 진단검사 291
인간 35
인간관 37
인간관계 중심 행위 162
인간본질과 관리전략 35
인간본질과 동기부여 37
인력 관리(managing people) 59
인사고과(performance evaluation) 226
인사고과의 요소 227

인적자원형 리더십 298
일관성의 법칙 270

자원 관리(managing resources) 60
자유방임적 리더십(laissez-faire leadership) 40
자유방임적 리더십 스타일(laissez-faire leadership style) 43
장애물의 특징 92
전략적 기획(strategic planning) 64
전략형 리더십 298
전문가형(expert change style) 358
전문가형 리더십 299
전문적 권력(expert power) 122
전제적 리더십(authoritarian leadership) 39
전제적 리더십 스타일(authoritarian leadership style) 41
정서 지능 62
정서 지능(emotional intelligence) 61
준거적 권력(referent power) 122
지시적 리더십(directive leadership) 91
지식탐구형 324
지원적 리더십(supportive leadership) 91
집단 분위기 80
집단사고(Group Thinking) 296
집단의 규범 81

참여적 리더십(participative leadership) 92

카리스마(charisma) 24, 177

통합형(integrative change style) 359

평화유지형 326
포기형(abdicative change style) 359
피그말리온 효과 336

합법적 권력(legitimate power) 121
행동 변화의 어려움 141
행정적 스킬들(administrative skills) 59
혁신형 리더십 299
협상 259
협상론 259
협상 모델 262
협상의 개념 259
협상 전략 260
호감의 법칙 270
희귀성의 법칙 271

저자 소개

박성식(朴成植)

약력 및 경력

연세대학교 문과대학 교육학과(문학사)
연세대학교 대학원 교육학과(교육행정 전공, 교육학 석사)
연세대학교 대학원 교육학과(교육행정 전공, 교육학 박사)
금오공과대학교 학생생활연구소장(2000. 3.~2001. 8.)
금오공과대학교 교육대학원장(2006. 3.~2008. 2.)
현 국립 금오공과대학교 교양교직과정 교수(1991~2015년 현재)

저 · 역서 및 논문

교육조직이론(편역, 1994, 양서원)
교육행정관리론(저서, 1998, 학지사)
교육행정학 연구방법론(저서, 2002, 금오공과대학교)
교육행정학(저서, 2011, 학지사)
교육정책결정에 관한 연구(1984, 석사학위 논문)
사립대학 내부집단의 대학운영 참여인식에 관한 연구(1989, 박사학위 논문)
교수의 대학운영 참여에 관한 연구(1990)
상황이론적 리더십 이론에 관한 고찰(1991)
대학운영 모형에 관한 이론적 고찰(1992)
대학 내부집단의 특성과 관계 구조(1993)
교육행정 이론의 발전과정과 최근 동향(1996)
조직내의 인간행동에 관한 이론적 고찰(1996)
학교운영위원회의 효율적 운영 방안에 관한 연구(1997)
인적자원의 개발과 관리에 관한 연구(1998)
조직에 관한 이론적 관점의 비교(1999)

리더십 능력개발 - 교육훈련 프로그램 -

Leadership Development - Leadership training program -

2015년 9월 15일 1판 1쇄 인쇄
2015년 9월 25일 1판 1쇄 발행

지은이 • 박성식
펴낸이 • 김진환
펴낸곳 • (주) 학지사
121-838 서울특별시 마포구 양화로 15길 20 마인드월드빌딩
대표전화 • 02)330-5114 팩스 • 02)324-2345
등록번호 • 제313-2006-000265호

홈페이지 • http://www.hakjisa.co.kr
페이스북 • https://www.facebook.com/hakjisa

ISBN 978-89-997-0783-4 93370

정가 18,000원

이 도서의 국립중앙도서관 출판시도서목록(CIP)은 서지정보유통지원시스템 홈페이지(http://seoji.nl.go.kr)와 국가자료공동목록시스템(http://www.nl.go.kr/kolisnet)에서 이용하실 수 있습니다.
(CIP제어번호: CIP2015023460)